U0633212

乔治·桑自传

我的生活故事

〔法〕乔治·桑 著
管筱明 译

南方出版传媒
花 城 出 版 社
中国·广州

图书在版编目（CIP）数据

我的生活故事 /（法）乔治·桑著 ; 管筱明译. -- 广州 : 花城出版社, 2018.8
（慢读译丛 / 谢大光主编）
ISBN 978-7-5360-8631-9

Ⅰ. ①我… Ⅱ. ①乔… ②管… Ⅲ. ①乔治·桑(Sand, George 1804-1876)—自传 Ⅳ. ①K835.655.6

中国版本图书馆CIP数据核字(2018)第127253号

出 版 人：詹秀敏
责任编辑：余红梅
技术编辑：凌春梅
装帧设计：林露茜

书　　名　我的生活故事
　　　　　WO DE SHENGHUO GUSHI
出版发行　花城出版社
　　　　　（广州市环市东路水荫路 11 号）
经　　销　全国新华书店
印　　刷　恒美印务（广州）有限公司
　　　　　（广州南沙经济技术开发区环市大道南路 334 号）
开　　本　880 毫米×1230 毫米　32 开
印　　张　15.375　2 插页
字　　数　400,000 字
版　　次　2018 年 8 月第 1 版　2018 年 8 月第 1 次印刷
定　　价　70.00 元

如发现印装质量问题，请直接与印刷厂联系调换。
购书热线：020－37604658　37602954
花城出版社网站：http://www.fcph.com.cn

“慢读译丛”总序

谢大光

阅读原本是一个人自己的事，与看电影或是欣赏音乐相比，当然自由许多，也自在许多。阅读速度完全可以因人而异，自己选择，并不存在快与慢的问题。才能超常者尽可一目十行，自认愚钝者也不妨十目一行，反正书在自己手中，不会影响他人。然而，今日社会宛如一个大赛场，孩子一出生就被安在了跑道上，孰快孰慢，决定着一生的命运，由不得你自己选择。读书一旦纳入人生竞赛的项目，阅读速度问题就凸显出来了。望子成龙的家长们，期盼甚至逼迫孩子早读、快读、多读，学校和社会也在推波助澜，渲染着强化着竞赛的紧张气氛。这是只有一个目标的竞赛，千军万马过独木桥，无怪乎孩子们要掐着秒表阅读，看一分钟到底能读多少单词。有需求就有市场。走进书店，那些铺天盖地的辅导读物、励志读物、理财读物，无不在争着教人如何速成，如何快捷地取得成功。物质主义时代，读书从一开始就直接地和物质利益挂起钩，越来越成为一种功利化行为。阅读只是知识的填充，只是应付各种人生考试的手段。我们淡漠了甚至忘记了还有另一种阅读，对于今天的我们也许是更为重要的阅读——诉诸心灵的惬意的阅读。

这是我们曾经有过的：清风朗月，一卷在手，心与书从容相对熔融一体，今夕何夕，宠辱皆忘；或是夜深人静，书在枕旁，情感随书中人物的命运起伏，喜怒笑哭，无法自已。这样的阅读会使世界在眼前开阔起来，未来有了无限的可能性，使你更加热爱生活；这样的阅读会在心田种下爱与善的种子，使你懂得如何与他人与自然和谐相处，在纷繁喧嚣的世界中站立起来；这样的阅读能使人找到自己，无论身处顺境还是逆境，抑或面对种种诱惑，也不忘记自己是谁。这样的阅读是快乐的。“好读书，不求甚解。每有会意，便欣然忘食”，我们在引用陶渊明这段自述时，常常忘记了前面还有“闲静少言，不慕名利”八个字。阅读状态和生活态度是紧密相关的。你想从生活中得到什么，就会有怎样的阅读。我们不是生活在梦幻中，谁也不可能完全离开基本的生存需求去读书，那些能够把谋生的职业与个人兴趣合而为一的人，是上天赐福的幸运儿，然而，不要仅仅为了生存去读书吧。即使是从功利的角度出发，目标单一具体的阅读，就像到超市去买预想的商品，进去就拿，拿到就走，快则快矣，少了许多趣味，所得也就有限。有一种教育叫熏陶，有一种成长叫积淀，有一种阅读叫品味。世界如此广阔，生活如此丰富，值得我们细细翻阅，一个劲儿地快马加鞭日夜兼程，岂不是辜负了身边的无限风光。总要有流连忘返含英咀华的兴致，总要有下马看花闲庭信步的自信，有快就要有慢，快是为了慢，慢慢走，慢慢看，慢慢读，可以从生活中文字中发现更多意想不到的意味和乐趣，既享受了生活，又有助于成长。慢也是为了快，速度可以置换成质量，质量就是机遇。君不见森林中的树木，生长缓慢的更结实，更有机会成为栋梁之材。十年树木，百年树人，心灵的成长需要耐心。

在人类历史上，对于关乎心灵的事，从来都是有耐心的。法国的巴黎圣母院，从1163年开始修建至1345年建成，历时180多年；意大利的米兰大教堂，从1386年至1897年，建造了整整五个世纪，而教堂的最后一座铜门直至1965年才被装好；创纪录的是德国科隆大教堂，从1248年至1880年，完全建成竟然耗时632年。如果说，最早的倡议者还存有些许功名之心，经过600多年的岁月淘洗，留下的大约只是虔诚的信仰。在中国，这样安放心灵的建筑也能拉出长长的一串名单：新疆克孜尔千佛洞，从东汉至唐，共开凿600多年；敦煌莫高窟，从前秦建元二年（366）开凿第一个洞窟，一直延续到元代，前后历时千年；洛阳龙门石窟，从北魏太和年间（477—499）到北宋，开凿400多年；天水麦积山石窟，始凿于后秦，历经北魏、北周、隋、唐、五代、宋、元、明、清，各朝陆续营造，前后长达1400多年……同样具有耐心的，还有以文字建造心灵殿堂的作家、学者。“不应该把知识贴在心灵表面，应该注入心灵里面；不应该拿它来喷洒，应该拿它来浸染。要是学习不能改变心灵，使之趋向完美，最好还是就此作罢。”“一个人不学善良做人的知识，其他一切知识对他都是有害的。”以上的话出自法国作家蒙田（1533—1592）。蒙田在他的后半生把自己作为思想的对象物，通过对自己的观察和问讯探究与之相联系的外部世界，花费整整30年时间，完成传世之作《随笔集》，其影响一直延续至今；另一位法国作家拉布吕耶尔（1645—1696），一生在写只有10万字的《品格论》，1688年首版后，每一年都在重版，每版都有新条目增加，他不撒谎，一个字有一个字的分量，直指世道人心，被尊为历史的见证；晚年的列夫·托尔斯泰，已经著作等身，还在苦苦追索人生的意义，一部拷问灵魂的小说《复活》整整写了10年；我们的曹雪芹，穷其一生只留下未完成的《红楼梦》，一代又一代读者受惠于他的心灵泽被，对他这个人却知之甚少，甚至不能确知他的生卒年月。

这些就是人类心灵史上的顿号。我们可以说时代不同了，如今是消费物质时代、信息泛滥时代，变化是如此之快，信息是如此之多，竞争又是如此激烈，稍有怠慢，就会落伍，就会和财富和机会失之交臂，哪里有时间有耐心去关注心灵？然而，物质越是丰富，技术越是先进，越需要强大的精神力量去制衡去掌控，否则世界会失衡，带来灾难性的后果。对于个人来说，善良、真诚、理想、友爱、审美，这些关乎心灵的事，永远不会过时，永远值得投入耐心。千里之行，始于足下，就让我们从读好一本书开始。不必刻意追求速度的快慢，你只要少一些攀比追风的功利之心，多一些平常心，保持自然放松的心态，正像美好的风景让人放慢脚步，动听的音乐会令人驻足，遇到好书自然会使阅读放慢速度，细细欣赏，读完之后还会留下长长的记忆和回味。书和人的关系与人和人的关系有相通之处，物以类聚，人以群分，书人之间也讲究因缘聚会同气相求。敬重书的品质，养成慢读的习惯，好书自然会向你聚拢而来，这将使你一生受用无穷。

正是基于以上考量，我们编辑了这一套“慢读译丛”，尝试着给期待慢读的读者提供一种选择。相信流连其中的人不会失望。

2011年7月10日 于津门

■ 谢大光：百花文艺出版社原副总编辑，有20多年外国散文编辑经验，先后编辑出版“外国名家散文丛书”“世界散文名著丛书”“世界经典散文新编”等120余种散文书籍；主编《百年外国散文精华》《日本散文经典》《法国散文经典》《俄罗斯散文经典》《拉美散文经典》等。

目录 contents

我的家庭出身

我父亲的故事

我父亲与母亲的故事

我童年的故事

我的婚姻与社会交往

对他人仁慈；

持自身尊严；

在天主前真诚。

——这是我给正在撰写作品的题铭

1847年4月15日

乔治·桑

我的家庭出身

一

我生于拿破仑加冕称帝那一年，即法兰西共和十二年（1804）。我并不像好些为我写传记的人所发现的那样，名叫玛丽–奥洛尔·德·萨克森，德·杜德旺侯爵夫人，而是叫阿芒蒂娜–吕茜尔–奥洛尔·杜潘，而且我的丈夫弗朗索瓦·杜德旺先生也没给自己挣得任何爵衔。他只当过步兵中尉，另外，娶我的时候他才27岁。有人说他是帝国军队的老上校，其实是把他与我小说里的人物德尔玛先生混作一人了。

有人也可能把他与我，与我们的父母混为一谈了。玛丽–奥洛尔·德·萨克森是我祖母。我丈夫的父亲曾是帝国骑兵上校。不过他为人并不粗鲁，性格也不乖戾：那是个最最温和最最善良的男人。

我猜测那些给我作传的外国作家一定都是货真价实的贵族，因为他们都赋予我一个显赫的出身，却不愿意考虑我家的族徽上有个相当明显的印记，尽管他们应该都非常了解情况。

我们不单是父亲的孩子，我相信，我们多少也是母亲的孩子。我甚至觉得我们更是母亲的孩子，因为母腹以更贴肉、更有力、更神圣的方式包孕了我们。因此，即使我父亲是波兰国王奥居斯特二世的曾孙，从而我也是法国国王查理十世和路易十八非正统然而却是货真价实的近亲，我从血缘上说也同样亲密与直接地属于人民；而且，在这方面绝无私生与混血关系。

我母亲是巴黎老街上的一个穷苦孩子。她父亲安图瓦纳·德拉波尔德是个花鸟师傅，也就是说是个在沿河的百鸟街上售卖金丝雀金翅雀的商贩。在此之前，他曾在巴黎不知哪个角落开过一家带有台球桌的小酒馆。不过他几乎没在那里做他的生意。我母亲的教父有个在养鸟圈子确实闻名的姓氏，叫巴拉。至今这个姓氏仍在神庙林荫大道一座由各种规格的鸟笼搭建的建筑上面看得到。每天那些鸟笼里总有一群鸟儿在欢叫。我把那些鸟儿看作我众多的教父教母，因为它们是我神秘的保护主，对它们我总怀着一份特别的亲近之情。

如此说来，在我的血脉里混流着王族的血与平头百姓、穷苦人家的血。现在，我就来说说我父母的事情。

萨克森选帝侯兼波兰国王弗雷德里克–奥居斯特是当时最为荒淫放荡的王侯。血管里流淌着他的一点骨血在当时可能并非少有的荣耀，因为据说他有好几百个私生子。奥洛尔·德·柯尼格斯马克是个倾国倾城的美人，身材高挑，精明强干，以为自己美貌的力量比一支大军还要可怕。就连查理七世在她面前也要退让几分。而这位选帝侯却与她生有一子。尽管这位私生子担任的职务最高不过法国元帅，在高贵的程度上却要胜过老爸许多。他就是莫里斯·德·萨克森，打赢丰特诺瓦一战的统帅。他与老爸一样善良勇敢，在荒淫放荡方面也不遑多让。在战争技艺上他比老爸更有研究，而在征战实践上也比老爸走运，得到更加有效的支持与辅佐。

奥洛尔·德·柯尼格斯马克晚年成了一家新教修道院的受益人。就是那家葛德林堡修道院。她老死在这家修道院，也葬在里面。几年前，德国一些报纸上曾经发表消息，说是有人发掘了葛德林堡修道院的地下洞窟，发现了奥洛尔院长被妥善收殓、涂有香料、未遭破坏的遗骸，遗体衣着非常奢华，裹一袭缀满珠宝的锦袍，罩一件镶有貂皮的大红天鹅绒外套。在我乡间住所的卧室里，还挂着这位贵妇年纪尚轻、肤色艳丽、美丽绝伦的画像。从画面上甚至看得出她是施了脂粉后来到画家面前摆姿势的。她的皮肤是极深的褐色，绝对让我们想象不出她是一位北方美人。她的头发墨黑，由嵌了红宝石的发夹扣往后绾着，裸露的光洁额头透现出高贵之气。几条粗大的发辫垂落到胸前。她穿着金丝织的缀满珠宝的锦袍，罩着镶有黑貂皮的大红天鹅绒外套，就是人们后来发现她遗骸上罩着的那件。我承认，我并不喜欢这个大胆的悦人的美妇，甚至自从得知发掘她墓穴的消息以来，每到夜晚，当画像上的她用那双炯炯有神的眼睛望着我的时候，我都生出几分恐惧。我觉得她好像在对我说："你是我荣耀家族的后人，可你那可怜小脑瓜里灌满了什么糨糊呀？你的梦想里爬满什么样的平等魔怪呀？爱并不是你所认为的那样。男人也永远不会变成你所希望的那样。他们生来就是要被国王、女人和他们自己欺骗的。"

她的画像旁边是她儿子莫里斯·德·萨克森的画像，那是一幅精彩的彩色粉笔画，出自于拉图尔之手。画面上的他穿着锃光发亮的盔甲，头上扑了粉，一张英俊而善良的面庞，似乎总在高呼：擂起战鼓，燃起火把，前进！却没有考虑学点法语，好证明他被法兰西科学院接纳为院士是有道理的。他的模样像母亲，不过肤白发黄，是那种细皮嫩肉的鲜润皮色。他的蓝眼睛比母亲温柔，笑容比母亲坦诚。

然而关于莫里斯·德·萨克森的痴情的传说却常常玷污了他的光荣，尤其是他与法瓦尔太太的来往。法瓦尔在书信集里那么动情那么高尚地讲述了这段情缘。莫里斯·德·萨克森最后爱恋的人之一是歌剧院的名角维里埃尔小姐。维里埃尔小姐当年曾与妹妹一起住在乡间一幢小房子里。如今这幢房子还在，不过所处的位置已经不是乡间，而是巴黎新的市中心，就在安坦大街。从维里埃尔小姐与他的这段私情诞生了一个女儿，十五年以后，这个私生女作为德·萨克森元帅的女儿得到承认，并由最高法院的一纸法令裁决使用德·萨克森这个姓氏。作为一个时代的风俗画，这段历史相当怪异。

乔治·桑祖母的父亲德·萨克森元帅（莫里斯·冈坦·德拉图尔画）

我祖母面对舆论可以援引的一个不可置疑的证据，就是她在相貌上被人肯定的与德·萨克森元帅的相像，以及王太子的妃子，即

乔治·桑祖母的母亲玛丽-兰铎（弗朗索瓦-于贝·德露埃画）

德·萨克森元帅的侄女，奥居斯特国王的女儿，法国国王查理十世和路易十八的母亲把她收养的事实。那位王妃把她安排在圣西尔修道院，亲自照管她的教育，还负责操办她的婚姻大事，只是不许她去见亲生母亲，更不许与之经常来往。

到了15岁，奥洛尔·德·萨克森从圣西尔修道院出来，嫁给路易十五的私生子，国王在塞勒斯塔要塞的代理军政长官德·霍恩伯爵。她是在结婚之日的前夕才与那位丈夫见头一面的，一见之下惊骇不已，以为看到已故国王的肖像在行走，因为代理长官与路易十五像得吓人。只不过代理长官个子要高一点，模样也俊一点。但是他的神气也冷酷无情，倨傲无礼。我舅公德·勃蒙教士（德·布依荣公爵与德·维里埃尔夫人的儿子）出席了他的婚礼。

玛丽-奥洛尔·德·萨克森从来只是她头一个丈夫名义上的妻子，因为他们仅仅在君王的节庆活动中才见一见面。

丈夫死后，如果没有弄错，我认为那时仍然健在的太子妃又把玛丽-奥洛尔送进了修道院。不管是即刻送去的还是稍过一段时间，有一点是肯定的，即年轻寡妇很快就重获去见母亲的自由。她一直挚爱着母亲，就立即利用了这份自由。

德·维里埃尔小姐两姐妹仍然住在一起，过着富裕生活，日子甚至过得相当铺排，因为她们依然美丽动人，但又到了一定的年纪，不会沉溺在那些毫无意思的恭维吹捧之中。其中要数我的曾祖母最为睿智，最招人喜欢。另一个则貌美如花。我不清楚她是遗传了谁的基因。我忘记说了，当时大家管她叫“美人儿”和“傻大姐”。

她们的日子过得十分惬意，对于时代可能保留的对她们仍有点苛严的风俗并不十分担心，只管如时人所说，“一心伺奉缪斯”。当时大家在她们家里演喜剧。德·拉哈尔普[1]先生本人也把尚未正式出版的剧本拿来排演。奥洛尔在剧中扮演梅拉妮一角，取得了该有的成功。大家在那里只谈文学与音乐。奥洛尔像天使般美丽，又聪慧超群，受过良好教育，在智力层面与当时最为杰出的才俊处在同一高度。而且，她这份智慧通过她母亲的社会交往、谈话，以及母亲身边的人物而得到进一步培养与开发。此外，她还有一副曼妙的嗓子。我所认识的女歌手，没一个的嗓子比她要好。在她母亲家也演出歌-喜剧。她在让-雅克·卢梭的《乡村占卜人》里扮演柯莱特一角，在《野蛮人》里扮演阿翟米亚，在格雷特里[2]的所有歌剧和塞旦纳[3]的所有剧本里都扮演主要角色。在她晚年，我有上百次听见她咏唱那些年迈的意大利大师，如列奥、波尔波拉、哈斯、佩戈莱斯等人的乐曲，她从吃奶时起就把这些歌曲当成了更富营养的食物。她的手僵硬不灵了，只能用两三根指头在一架声音刺耳的旧羽管键琴上给自己伴奏。她的嗓音颤抖，但总是唱得准，也展得开。运气的方法还在，也不走调。任何乐谱，她一翻开就能唱出来，我也没听过比她唱得更好的伴奏更准的。她那种大气的风格、那份明快的单纯，那种纯粹的情趣，还有已经失传的那种发音的区别，今日是再也见不到了。

〔1〕德·拉哈尔普（1739—1803），原籍瑞士，作家与批评家，常写剧本。——译注（以下没有特别说明均为译注）

〔2〕格雷特里（1741—1813），法国作曲家，歌剧作者。

〔3〕塞旦纳（1719—1797），法国剧作家。

她曾让儿时的我与她同唱一首意大利小二重唱曲，是哪位大师的曲子现在我记不起来了：

莫要对我说，亲爱的姣娘，
莫要对我说，我是负心郎。

那时她唱男高音（原文如此ténor）声部。即使后来她到了65岁的年纪，力气有些不济，有几次她的声音也是那样高亢，那样富有表现力，那样感人，以至于有一天听得我热泪纵横，突然目瞪口呆，唱不出来了。早年的音乐感受是我一生中最珍贵的回忆，也许我应该把它们重新找回来。现在，我要言归正传，再来讲述我亲爱的祖母的童年故事。

在经常出入曾祖母家的名流之中，我祖母与布封特别熟，觉得他的谈吐别具一种魅力，让她终身难忘，记忆犹新。那个时期的祖母真是光彩照人，日子过得顺风顺水，甘甜如饴，引来许多人的喜爱与友谊。我手上就有许多当时的名流才俊用一些枯燥乏味的诗句写给她的情书。其中有一封出自德·拉哈尔普之手。它是这样写的：

我把恺撒宫里的一切放你脚下，
请接受这友谊奉上的礼品，
但什么也不要告诉爱……
我太怕它对我说出真情！

当时那种优雅风气，于兹可见一斑。不过奥洛尔穿过这个魅惑重重的上流社会和这群向她大献殷勤的人物，想的却只是如何开发自己的艺术潜能，培养自己的才智。除了对母亲的挚爱，她从未生出过别的激情，也从不知艳遇绯闻是怎么回事。不过她天性温柔高贵，心思敏细，感觉微妙。对宗教的虔信并不抑制她的个性发展。其实她信奉的也只是18世纪流行的那些学说，无非就是让–雅克·卢梭和伏尔泰的自然神论。只是她有一颗坚定的、有远见的、特别注重某种自尊自爱理想的心灵。她不知如何调情献媚，因为她拥有太多天赋，完全不需要这样做。再说挑逗撩拨这种做法也违背她的自尊自爱的理想与习惯。因此她虽然经历了一个十分放荡的时代，置身于一个非常腐败的上流社会，却从不曾在那里留下半点不是；虽然一种奇特的命运判给她一个无爱的婚姻，她却解决了，安静生活，避开种种恶意中伤、谣言诽谤这个重大问题。

我认为曾祖母离去时祖母才25岁。奥洛尔又回到修道院：那时你若是姑娘或年轻寡妇，没有父母引导你走进社会，通行的做法就是走这条路。你在修道院里安安静静，舒舒服服，甚至有些雅致地住下来，经常接待来客，早上，甚至晚上，戴上一条得体的头巾，还可以出门走走。这是防人非议的一个举措，也是一种遵从礼仪表明格调的做法。

我祖母有些正正经经的爱好，又养成了事事讲规矩守秩序的习惯。对她来说，退隐修道院倒是非常有益，而且机会难得。她在里面阅读了大量书籍，摘抄了大本大本的文章与语录。至今我仍保存着这些摘记，它们向我证明祖母的才学是如何扎实，时间又用得多么合理。曾祖母只遗给她几条系狗的绳子，和两三幅家人的画像，其中就有被德·萨克森元帅特别放置在她家的奥洛尔·德·柯尼格斯马克的画像。另外还有许多她的文友未曾发表的情诗与诗剧（它们不曾发表自有其道理）。最后是元帅的印章与鼻烟壶。后两件东西做工十分精致，至今珍藏在我这里。至于她的房子、剧场，她作为迷人女子的那些奢华物件，有理由认为它们都被她那些债主紧盯着，随时准备猛扑过去。不过，直到安宁无忧的临终时刻，祖母都相信那些人受过良好教育，所以并不担心他们逼债。那时的债主也的确很有教养。祖母并没有因他们而忍受丝毫不快。但她的生活来源被缩减为太子妃赏赐的一笔津贴。那笔津贴不仅数额不大，而且有一天就一下没了。祖母因这事给伏尔泰写了一封信，伏尔泰亲切地回了一函，祖母拿着它去找了德·索瓦瑟公爵夫人。

不过这次奔走可能并没有成功，因为奥洛尔在将近30岁的时候决定嫁给我祖父杜潘·德·弗兰柯依先生。祖父时年62岁。

杜潘·德·弗兰柯依先生就是让-雅克·卢梭在其《回忆

乔治·桑的祖父杜潘·德·弗兰柯依

录》[1]和德·埃匹纳太太在其《通信集》里提到的弗兰柯依那个人。在上世纪的人看来，他是个极为迷人的男子。他并不是什么大贵族。他父亲老杜潘先生是个包税人，早早就弃武转行，进入财政界。在迎娶我祖母的年代，儿子小杜潘自己也当了税务所长。杜潘家族年代久远，联姻众多，那些经过深奥难懂的纹章学确认的家谱树就有对开四大页，用五颜六色的艳丽枝蔓标画出来。但不管杜潘先生家世如何，我祖母还是犹豫了很久才嫁过去，不仅是因为杜潘先生的年纪是个巨大障碍，而且因为祖母的亲友觉得与德·萨克森小姐、德·霍恩伯爵夫人相比，杜潘先生的家世过于卑微。不过一考虑到财产身家，偏见成见就统统让步认输，因为杜潘先生那时已经非常富有。对我祖母来说，大好年华不想被关在修道院里无聊，还有这位老迈追求者的殷勤探视，以及他的优雅风度、不凡才智和迷人性格，这些都胜过财富的诱惑。在祖母犹豫期间，杜潘先生没有一日不去探访，在会客室与她共进午餐，说话聊天。这样过了两三年，祖母终于下决心成全爱情，成了杜潘夫人。

祖母经常跟我说起这场权衡如此长久的婚姻，还有我从未见过的那个祖父。她告诉我，她和祖父一起生活了十年，她一生中最亲爱的人就是丈夫与儿子。尽管她从不使用“爱情”这个词语，在说到祖父或别的任何人的时候我也从未听到她说过爱字，但听我说觉得她不可能爱上一个老家伙时，她总是微

〔1〕原文如此。卢梭并没有出版《回忆录》，但其《忏悔录》是一部回忆录性质的作品，而且卢梭在《忏悔录》里提到弗兰柯依。

微一笑，说："老家伙一旦动了情，就比小伙子还疯；人家是那么爱你，你不爱人家都不可能。我管他叫老丈夫、爸爸。他也愿意我这么叫他，也从来只管我叫女儿，即使在大庭广众也如此。再说，"她添上一句，"那年月人们什么时候衰老过？是大革命才把衰老带到人间的。闺女，你祖父模样俊着哩，不仅气质优雅，彬彬有礼，而且注重仪容，身上总是打香扑粉；还有生来一副好脾气，一天到晚快快活活，和蔼可亲，到死都没发过火。他可实实在在是个迷人的男子哩。他要是年轻点，那会把人迷得别想过安静日子，我也可能不会这么幸福；因为人家会跟我拼命争抢他。我相信，他把一生最好的年月都给了我；一个年轻男子，绝不可能让一个年轻女人过得像我这么幸福。我和你祖父时刻守在一起，从未分离。在他身边我从未感觉无聊。他的头脑装满知识和思想，抵得上一部百科全书。他有一身的本事，为我有使不尽的才华。他天生有种本事，就是善于接人待物，让别人也让自己都觉得舒服。白天他常常与我一起演习音乐；他小提琴拉得很好。他那些琴甚至都是自己做的。因为他就是个制作弦乐器的匠师。除了制琴，他还会做钟表、造房屋，会用车床加工零部件，会修锁配钥匙，会绘画写诗作曲，会装饰布景做木器，还会下厨做好吃的。他绣的花可绝了。我真不知道他还有什么不会。只可惜他为了满足这种种天赋，做各种实验，把家里的老底子都花光了。不过我从中看到的只是激情。我们是倾家荡产了，可我们是心甘情愿的。晚上，要是家里没有设宴请客，他就在我身边绘画，我则拆毛线织毛衣，并且你一段我一段轮流朗读书籍和文章，或者，座上有几个可爱的友人，展开一场愉快的交谈，让他充分发挥那妙趣横生的口才与丰富多彩的思想。我有些少妇朋友，嫁的都是年轻富贵的丈夫，但她们都不厌其烦地对我说，很羡慕我有一个老丈夫。

“这是因为，那个年代的人会生活，死也死得快活。”她又说，“那时的人没有什么讨厌的病痛呀衰弱呀来磨人。即使有点痛风，也照样走路不误，不会龇牙咧嘴叫痛。因为受过好教育，有病痛也会忍着，不会显露出来。那时的人没那些败坏心情加重精神负担的操心挂虑。就是倾家荡产，表面上也会无事一样。就像那些善赌的人，输了不动声色，也不暴露自己的欲望。半死的人要是碰上打猎，就是让人抬也要赶去参加。大家觉得，死在舞会或者戏院，也比死在床上，周边点着四支蜡烛，围着一群丑陋的黑衣人强。那时的人都看得开，也不装贫叫苦，即使有时真落到清贫境地，也不显现出来。那时人知书达礼，是因为人本身就有品位，而不是装出来的学问人，或者假正经。大家快快活活地享受生活，到了要走的时刻，就痛痛快快地走，绝不会苟延残喘妨碍别人。我那老丈夫跟我永别的时候，就劝我开开心心，在世上多活几年。表现出那么高尚的情怀，确实是叫人怀念的一个办法。”

诚然，这套关于财富，关于不受钱财支配保持宽容亲和的哲学是有趣的、诱惑人的，可是没有五六十万年金支持是做不来的。因此我看不出穷人与受压迫的人有什么办法能够利用这套哲学。

二

与杜潘先生成婚九个月以后，一天不多一天不少，祖母诞下一个儿子。这是她的独生子，取名叫莫里斯，以纪念德·萨克森元帅。当然，祖母想亲自哺育儿子，虽然这在当时有点怪诞，但她是虔诚读过卢梭的《爱弥儿》的女人，想以身作则，做出好榜样。另外，她还极具母爱，在她身上，母爱是一种取代了任何别的感情的激情。

但是身体不肯响应她的热情。她没奶。有几天她强忍剧痛坚持给孩子喂奶，可是孩子吸出的是血。她不得不放弃这种打算。这对她而言是一种强烈的痛苦，也是一个不祥之兆。

作为阿尔布莱公爵领地的税收所长，杜潘先生每年要带妻儿去夏托卢住一段时间。他们住在今日辟作省政府办公场所的老城堡里面。那座城堡雄伟壮丽的实体俯临着安德尔河，以及由河水灌溉的广阔草场。自从老父去世，杜潘先生就不再使用弗兰柯依这个姓氏，此时在夏托卢开办了几家呢绒制造工场，并且通过其经营活动与慷慨性格在四乡八邻撒下大量金钱。他出手大方，沉迷于声色之乐，过日子的排场可比王侯，养了一班乐师，雇了一些厨师，门下还有大帮食客与仆从，家里的犬马更是无数。无论是享福取乐，还是趋义行善，他都是大手花钱，一掷千金，只求自己高兴，也让他人与自己一样快乐。这种作派，与今日的金融家实业家委实不同。今日这些人可不会浪费钱财买欢求乐，也不会虚耗银两沉迷艺术爱好，更不会为体验一把过时的贵族感受而一掷千金。他们听从时代的谨慎想法行事，一如我祖父当年只拣他那条方便易行的道路行走。不过那时与现在都没有什么好吹的，因为大家都还不清楚自己在干什么，也不知道自己应该干什么。

婚后十年祖父去世，无论是国家账目还是个人生意，都留下一团乱麻。祖母表现出清醒的头脑，听取周围人理智的建议，并且积极地料理所有事务。很快她就开始清算，等国家与个人的债务清偿完毕，她发现自己“破产”了，也就是说，名下只有一笔七万五千利勿[1]的年金了。大革命很快使她的生活来源大为缩减，不过她并没有马上对这境遇的第二次打击逆来顺受，一开始就勇敢地应对。尽管我无法理解一年有七万五千利勿还不叫富裕，但万事都是相对的，她还是勇敢而达观地接受了这种“贫穷”。在这上面她服从了一条荣誉与尊严的原则。在她看来，这条原则是对的，虽然她认为革命派的没收财产与窃贼强盗的偷扒抢劫并无二致。

搬离夏托卢城堡以后，她在西西里国王街找了一个“小套

〔1〕法国古代记账货币，一利勿相当于一法郎。

间”住下，如果以今日我家里摆设的家具数量与尺寸来衡量，那么那个套间还是有些转身余地的。她请了一个年轻男子来当儿子的家庭教师。我在这男子进入老境后认识了他，因为我祖母也请他来当我的家庭教师。这个既严肃又滑稽的人物在我们家庭生活中占据了太多位置，以至于我在回忆中不得不特别地提他一笔。

他名叫弗朗索瓦·代夏特尔，作为勒莫瓦纳红衣主教团的教士，他戴上了打裥的小颈圈，因此就穿着教士衣服、挂着教士的头衔进入祖母家。不过在大革命中，由于各种头衔都会招来麻烦，这位代夏特尔教士就谨慎地变成了代夏特尔公民。在帝国时期，他成了诺昂村长代夏特尔先生，而到了复辟王朝，他又自愿恢复了教士的头衔，因为他对旧形式的喜爱并没有改变。不过他从未出家去当过神父。再说，看到他整天一副无所不能老子天下第一的神气，我就给他取了一个绰号：从此大家只管他叫“大佬”。这个绰号，他是甩不掉的了。

他曾经是个俊朗青年，在祖母雇用他时，他的模样儿还过得去：整洁，一张脸刮得干干净净，眼睛炯炯有神，小腿肌肉鼓鼓的。总之，他一副很称职的家庭教师模样。然而我坚信，在他最好的时光，任何人只要注视他就会哑然失笑。因为他脸上的每一道线条，身体的每一个动作都清楚地写着自命不凡几个字。

如果依他的样子写下去，他本该极其无知、好吃、胆小。可是实际情况却远非这样，他知识十分渊博，饮食很有节制，表现又非常勇敢。他的心灵具有种种优点，可是性格却让人难以忍受，自满自足到了发狂的地步。他观人论事的看法最为绝对，接人待物的态度最为粗鲁，说话用语最是傲慢自负。然而他对人又是多么忠诚，办事又是多么热心，心灵又是多么高贵敏感啊！可怜的“大佬”！既然我在此世原谅了你从前对我的虐待，你在彼世也就原谅我对你使的那些小伎俩，原谅我为报复你那让人气闷的专横而演的那些可恨的恶作剧吧！你教我的东西很少，但是有一点我要感谢你，因为它对我很有益：这就是不管我天生不受拘束的性子是多么激愤，我都长久忍受了世上最难忍的性格，容忍了世上最荒谬的看法。

祖母在把儿子的教育托付给弗朗索瓦·代夏特尔的时候，并未料到自己花钱雇来的竟然是个暴君，又是救星，亦是她终生的朋友。

父亲功课学得不好。代夏特尔不敢惩罚他，虽说他极为赞同“旧时的方法”，很想用掸衣鞭和戒尺来惩罚学生，可是祖母极为疼爱父亲，不许当先生的动用这些有效手段。他只好试着用热情与执着来取代鞭子这根他所谓的强有力的智力撬棒！他与父亲一起学德语、音乐，以及所有他个人无法讲授的课程。老师不在的时候，他就成了父亲的辅导老师。他出于忠诚，甚至致力于制作刀剑，并且让父亲在功课之余，研习冲刺劈杀等剑法。父亲那时虽然懒散，身体也病病歪歪，但是在刀剑室渐渐从浑噩状态中清醒。可是代夏特尔一旦插进来给他讲解动作，孩子就打起哈欠，站着就睡着了。可怜的代夏特尔就有这种本事：让一件较为有趣的事变得无聊乏味。

“教士先生，”父亲有一天幼稚地然而并无恶意地对他说，“哪天我要是真正去打仗，会不会更觉得开心呢？”

“我认为不会，朋友。”代夏特尔回答说。可是他错了。

乔治·桑的祖母杜潘夫人与独生子莫里斯

父亲早早就喜欢上战争，甚至可以说痴迷于战斗。他只有在骑兵的冲锋中才觉得自己是那么自在、那么从容，内心是那么惬意地骚动。

可是这个未来的勇士首先是个身体虚弱，被极度宠坏的孩子。严格地说，他是被娇生惯养出来的，由于患有一种成长发育方面的毛病，家人便将他纵容到这个地步：铅笔或者蘸水笔掉在地上，他竟要打铃唤仆人来捡。谢天谢地，他还清楚地记得此事。然而当法国的革命浪潮向四方边境漫卷过去的时候，第一批就将他也席卷而去，并且作为千万奇迹中的一个，让他来了个幡然改变。

当革命开始发出滚滚闷雷之时，祖母一如那个时代的开明贵族，看着它渐渐逼近，却并不恐惧。她从伏尔泰和让-雅克·卢梭的著作里吸收了太多的营养，不可能不憎恨宫廷的种种恶习劣行。她甚至是最激烈反对后党的人士之一。我找到一些纸箱，里面装满攻讦玛丽-安托瓦纳特王后及其宠臣的歌谣、短诗和辛辣的讽刺诗。当时有教养的人士都传抄这些抨击性文字。其中最精彩的篇什出自祖母之手。或许有些诗文有点做作：因为当时最流行的情趣就是写作讽刺后党权臣以耻为荣的短诗。当时持反对立场的哲学家都采用这种纯法国式的体裁。其中确实有一些很大胆很怪异的作品。有人编出一些让人难以置信的歌谣，讽刺太子生父不明，攻击“德国娘们”虚耗钱财，风流成性，让民众传唱，连菜市场的黑话行话也在取笑王后与太子。大家威胁要把那对母子绑在柱子上示众，并动用鞭刑。大家不要以为这些歌谣是来自民间！它们是从上层社会客厅下传到大街小巷的。我把其中好些都一把火烧了，因为它们实在太淫秽，我都没有勇气一直读到底。而那些出自神甫教士之手，我还是孩子时就读过的东西，那些出自正宗侯爵头脑的诗文，让我毫无疑问地感受到其中所包含的对当时贵族政治的深仇大恨与狂怒。我认

乔治·桑的祖母画像

（阿代拉依德·拉比依-吉亚尔画）

为民众本来是不必参与革命的；若果真如此，国王路易十六一家的命运虽然还会一样，但不会丢掉性命了。

另外，我很后悔，因为20岁时的假正经发作，把这些手稿中的大部分一把火烧了。它们传自祖母这样一个圣洁之人，我觉得双眼被灼痛了；然而我本应告诉自己，这是些历史性文献，可能具有重要价值。好些手稿也许是独此一份，或至少存世十分稀少。我留下来的都是有名的，或者在好些别的著作里提到过的文字。

我认为祖母先是十分欣赏纳克〔1〕，后来又很佩服米拉波〔2〕。但是在她觉得革命成了一件让人难以忍受的事情，成了一场个人灾难以后，我就把握不准她的政治思想踪迹了。

在她那个阶级的人士中间，她可能是最没有料到会在这场大灾大难中遭受打击的人。事实上，她的良知有可能在什么方面提醒她，她理所应当集体性地接受社会的惩罚？她的社会地位允许多大程度，她就在多大程度上接受了平等信仰。她与当时的所有先进思想处在同一高度。她接受让-雅克·卢梭的社会契约论，受伏尔泰影响她仇恨迷信，她甚至喜欢高贵的空想；她对共和国这个名词并不感到不快。她天生就是个友爱他人的人，是个乐于助人、待人和善的人，自愿平等地看待每一

〔1〕纳克（1732—1804），原籍日内瓦的法国银行家、财政家，主张税政改革。

〔2〕米拉波（1749—1791），法国激进革命家，大革命时的领袖人物之一。

个卑微不幸的人。如果革命能够不诉诸暴力，不走入歧途，她会毫无遗憾毫无恐惧地追随革命到底；因为这是一个伟大的灵魂，终身都热爱并寻求真理。她从未想过移居国外，保命逃生。她继续养育儿子，专心于这项神圣的任务。

她甚至接受公共危机给她的收入带来的锐减。她用残余的资产（她称之为残剩的原初财产），在离夏托卢城堡不远的诺昂花大约三十万利勿购买土地，她的社会关系与生活习惯把她羁留在贝里地区。

祖母渴望在这个平静的省份隐居，因为时代的狂热在此地还不怎么强烈。然而不久她就遭到一个意外事件的打击。

雪月十六日晚，菲利多尔[1]把我祖母押回英国人修道院。我祖母在这里一直被拘禁到果月四日（1794年8月22日）。有段时间，父亲每天可去英国人修道院的会客室探望一下母亲。每天他都在那冰冷的回廊里等待那幸福的时刻到来。天主知道那里是多么阴冷。我是在那间修道院长大的，我曾在那回廊里走过去走过来，整整走了三年。父亲常常在那里一等好几个钟头，因为拘押所总是朝令夕改，或是把门的狱警一时心血来潮，不让他们母子马上见面，或是按革命政府的意愿行事，因为革命政府惧怕被囚者与亲人见面太频繁或者联系太容易会带来麻烦，不好管理。要在别的时间，身体单薄虚弱的孩子或许会惹发胸部炎症。可是强烈的激动给了我们另一种体

〔1〕菲利多尔公民，公安特派员。

质，另一种身体构造。我父亲那段时间连一次感冒都没有患过，并且很快学会了不使小性子不发小脾气，不为自己所吃的小苦头、所受的小挫折而怨怪母亲。而平时他是习惯这样做的。他一下就长大了，被宠坏的孩子不见了，不会再随意使性子了。当他看见可怜的母亲来到铁栅前，因为担心他等了太久而一脸苍白、写满恐慌，因为碰到他冰凉的手而噙满泪水，要他保证以后不来这么早以免遭这些罪的时候，他为自己曾一时陷入的疏懒懦弱而感到羞耻。他责怪自己同意极度展现这份关心，并且最终通过自己知道了什么叫为所爱之人而痛苦而发抖之后，他便否认自己等了很久，他肯定地说自己不曾觉得寒冷，而通过意志的控制，他也确实不再感觉寒冷。

父亲的学业被打断了。不再有聘请音乐教师、舞蹈教师和剑术教师的问题。就连善良的代夏特尔本人，曾经是那样热爱教育，现在比起无心上学的学生，也更无心思授课了。不过这种教育也不比另一种教育差。对孩子来说，培养人的心灵与良知的时间是不会白花的。

三

在此我要把父系亲人的故事暂停片刻，来介绍一个新的人物。他被一种奇特的亲密关系置放于同时代的同一监狱。

我曾提到安图瓦纳·德拉波尔德，一个贩卖金丝雀金翅雀的花鸟师傅。也就是说，在经营一家带有台球桌的小酒馆之后，我外祖父干起了贩卖鸟类的营生。我对他的故事之所以说得不多，是因为我知之不多。母亲几乎从不提到她的父母，因为她对他们了解不深：父母去世时她还是个孩子。她的祖父是谁呢？她不知道，我更不清楚。她的祖母呢？同样不知道。这就是平头百姓的系谱无法与这个世界强人富人的系谱相抗衡的地方。就算他们的系谱制造了最优秀或者最邪恶的人，它们也对其中一些人未加处罚，对另一些人则是忘恩负义。那些在大地经过未留痕迹的默默无闻的一代又一代人，没有任何街头、任何标志、任何图画来保留对他们的记忆。穷人死了就什么也没有了，富人用鄙视封固其坟墓，并在上面行走，并不知道他轻蔑的脚步践踏的，也是人类的尘土。

母亲与小姨跟我说过一个将她们抚养成人的外婆，那是个善良而虔诚的女人。我不认为革命让她们祖孙三人倾家荡产。她们不可能失去什么东西，但是她们却一如所有平民百姓，在革命中饱受面包匮乏昂贵之苦。那个外婆不知何故是个保皇党人，在对革命的恐惧中将两个外孙女养大。应该承认，她们对革命是一窍不通，啥也不懂，但是一天上午人家来找两姐妹中的老大——当时老大不过十五六岁，名叫索菲–维克图瓦（甚至还有个名字叫安托瓦纳特，与当时的法国王后同名）——给她穿上一身白衣服，头发扑上香粉，戴上玫瑰花冠，带到市政厅。她本人不清楚这么打扮要做什么，但是刚从巴士底和凡尔赛回来的街区平民显要人物告诉她："年轻女公民，你是本县区最漂亮的姑娘，我们要你帮忙做件事情。这位是柯洛–戴尔布瓦公民，法兰西剧院的演员，他将教你如何辅以动作，来致献贺辞；这里是一顶花冠；我们把你送到市政厅，你在那里向巴依意公民〔1〕和拉法耶特公民〔2〕献上这些花，并致贺辞。做了这件事，你就对祖国有功了。"

在一群漂亮姑娘簇拥下，维克图瓦快乐地完成了她的任务。表面看上去，那些姑娘没有她这么优雅妩媚，因为她们没有东西献给当日的英雄，也没有向他们致献贺辞。她们在那儿

〔1〕巴依意公民（1736—1793），法国数学家、天文学家、政治家，法国大革命中的第一任巴黎市长。

〔2〕拉法耶特公民（1757—1834），法国贵族、军官、政治家，法国大革命的领袖之一，曾支援美国独立战争，被华盛顿任命为将军。

只是为了愉悦大家的眼睛。

克洛卡尔妈妈（维克图瓦的外婆）带着小外孙女吕茜跟在大外孙女后面，两人都很快活，也很得意，穿过一大群人，成功地走进市政厅，亲眼看到维克图瓦那颗街区明珠如何妩媚地向两位英雄献上花冠，并致献贺辞。德·拉法耶特先生深受感动，接过花冠，又优雅而充满父爱地把它戴在维克图瓦头上，对她说："可爱的孩子，你的面孔戴这个花冠，比我戴好看。"大家鼓掌，在为拉法耶特和巴依意举行的宴会上就座。宴桌周围，一对对男女翩翩起舞。区里的漂亮姑娘都被领进来。人群变得如此拥挤，如此喧闹，以至于克洛卡尔外婆和小吕茜看不到喜气洋洋的维克图瓦了。既然不再指望与她会合，又怕人挤人透不过气来，她们就出了市政厅，在外面广场上等待维克图瓦。可是人群又把她们挤出广场。热烈的呼叫声让她们骇怕。克洛卡尔妈妈不是个勇敢女人，她认为巴黎就要坍塌，就要朝她倾覆过来，赶紧带着吕茜逃命，还哭着叫着，以为维克图瓦会在这场规模巨大的法兰多拉舞中闷死，被人践踏死。

直到晚上维克图瓦才回到她们可怜的小屋，后面跟着一大队男女爱国者。这些人很尊重姑娘，很好地保护了她，以至于姑娘身上那件白袍子都没有弄皱。

在市政厅举行的这场欢庆活动与什么政治事件有关？我是一无所知。母亲与小姨也没法告诉我。虽然在其中扮演了一个角色，但她们可能也不知道更多情况。按我能做的推测，这场活动是在拉法耶特来区里宣布国王将返回巴黎时举行的。

或许那会儿德拉波尔德家两个女性小公民还觉得革命很有

意思，但后来她们就见到有人用木桩顶着一颗人头走过。那颗头颅上蓄着长长的金发，是不幸的德·朗巴尔公主[1]的头颅。这一幕给她们留下了极为恐怖的印象。从此她们只会通过这个恐怖的场景评论革命。

她们那时是那么贫困，吕茜要靠针线活挣钱餬口，而维克图瓦则在一个小剧团当哑角。小姨后来否认这一点。她是个非常坦诚的人，所以否认它一定是出于真心。有可能她并不清楚家里贫困，因为在那场风暴之中，她们俩像两片可怕的小树叶一样被卷走，在风暴中飘零，不知身在何处；在那场充满不幸、恐怖和莫名其妙的不安，有时是那么暴烈的乱局之中，有某些时刻我母亲的记忆意识完全被毁掉了，两姐妹有可能一度见不到对方，于是维克图瓦怕虔诚信教的外婆责骂，又怕谨慎勤勉的吕茜害怕，不敢承认贫穷或她那个年龄的冒失让她陷入何等极端的困境。贫困这一点是确实的，因为这是我母亲维克图瓦亲口告诉我的，而且将来在一些永难忘怀的场合我会代她讲述，不过在此我要恳请读者，在我做出结论之前，不要预作评断。

在恐怖时期，不知母亲在什么地方唱了一支反对共和国的煽动性歌曲，第二天就有人来她家搜查，搜出那支歌的手稿，是一个叫博莱尔教士的人给的。歌词确实有煽动性，但母亲只唱了一段，而那一段并没有什么煽动性。于是母亲与吕茜（天

〔1〕德·朗巴尔公主（1749—1792），法国王后玛丽-安托瓦内特的密友，1792年9月3日被杀。头被人砍下，用长矛挑着送到王后窗前。

主才知道是何故！）当场被捕，先是被押解到布尔伯监狱，后又转到另一家，最后来到英国人修道院。她可能与我祖母同期被囚禁在那里。

就这样两个出身平民的穷苦姑娘被关进那里，和最有身份的朝野贵妇享受同等待遇。

那时期修道院里拘押了许多人，而且人员不断更新：一些人被放出去，又一些人被逮捕关进来。在这些人中间，玛丽-奥洛尔·德·萨克森与维克图瓦·德拉波尔德没有互相注意到，也就毫不让人觉得奇怪了。事实是，她们相互间的回忆都不是始于那个年代。不过要请大家允许我在此做一部长篇小说的概述。我猜测莫里斯在回廊踱步，一身冻得发僵，两只脚板踢着墙壁，等待着拥抱母亲的时刻到来；我也猜测维克图瓦那一刻在回廊里漫步，注意到那个英俊少年；她那时已经19岁了，如果有人告诉她那是德·萨克森元帅的外孙，她会说："他是个俊朗小伙子；至于德·萨克森元帅，我可不认识。"我还猜测，有人可能告诉莫里斯："瞧那个可怜的漂亮姑娘，竟然没听人说起过令外祖大人呢！她父亲是个鸟贩子。你将来要娶她为妻……"我不知道莫里斯会做出什么回答；但这是我已经着手撰写的长篇小说。

不过，大家不要相信。他们可能从不曾在回廊碰到过。但他们在那里经过，互相望上一眼，打个招呼，哪怕只一回，却也是不无可能的。年轻姑娘不会太注意一个学生娃娃，而那个学生娃娃则因为沉湎在个人的忧伤之中，虽然见到了姑娘，却很可能过后即忘了。事实是两人多年后在意大利，在另一场风暴中相识时，谁也没有记起曾经见过面。

在我看来，母亲的存在在此完全消失了，正如在她看来，她在自己的记忆中完全消失一样。她只知道她入狱与出狱，不明白是怎样进来又怎样出去，也不明白为什么进来又为什么出去。克洛卡尔外婆有一年多没有听到两个外孙女的消息，以为她们死了，后来看到她们又出现在面前，一开始不但没有去与她们拥抱，反而骇怕得两腿发软，身体直往下坐，以为见到了鬼。

母系亲人的故事，以后到了能够捡起的地方，我再接着说，现在回过头来讲父亲的故事。多亏那些书信，他很少离开我的视野。

给母亲与其独生子带来慰藉的短暂会面突然中止了，革命政府对被拘押者的近亲采取严厉措施，把他们放逐到巴黎城外，并且不许他们返城，直到新命令下来为止。我父亲与代夏特尔去帕西安身，在那里住了几月。

这场再度分离比头次分离更令人悲痛。它更加专横毒辣，彻底摧毁了我父亲好不容易保留的些微希望。祖母悲痛欲绝，在拥抱儿子时，她想这可能就是最后一次了，不过她还是对儿子掩饰了自己的惶恐不安。

至于做儿子的，虽然没有如此凄切不祥的预感，却还是被痛苦压倒了。这个可怜的孩子从未离开过母亲，从未吃过苦，对吃苦也从未有思想准备。他俊美得像一朵纯洁的花，温柔得像一个小姑娘。他年方十六，身体还有些孱弱，灵魂却纯洁完美。在这个年纪，一个由温柔贤良的母亲一手养大的男孩就是个与众不同的造物。可以说他不属于任何性别；他的思想与天使一样单纯；他没有那种孩子气的卖弄，也没有那种让人不安的好奇心，更没有常常让处在早期发育阶段的女性烦恼的多疑与过敏。他热爱母亲，正如姑娘不爱并且可能永远不爱母亲。他沉湎在得到母亲完全的疼爱与喜欢的幸福当中。对他来说，母亲就是他崇拜的偶像。这是爱，少有动荡与错误的爱，后来对另一个女人的爱把他拖入动荡与错误之中。是啊，这是理想的爱，在男人生命中独一无二、转瞬即逝的爱。头天他懵然无知，还生活在温柔本性的麻木之中。第二天这份爱则已经成了受到干扰的爱，或者被别的情感分心的爱，或者可能与情人占优势的诱惑抗争的爱。

一个新的感情世界后来在他遭受迷惑的眼前显现；不过，他之所以能够热烈而高尚地爱上那个新偶像，是因为他从母亲那里学会了神圣的真爱。

对男人生命中这种独一无二、转瞬即逝的时刻所提供的这个观察课题，这个诗歌源泉，我发现诗人和小说家都缺乏相当的了解。确实，在可悲的现实世界，并不存在圣洁的青少年期，除非你是个以特别方式培养的孩子。我们每天见到的男孩子，都是头发乱蓬蓬、学习很糟糕、沾染坏习气，最初理想的圣洁在身上已经荡然无存的小家伙。或者，可怜的孩子即使碰到奇迹，幸免于学校这种瘟疫，也不可能保留他那个年龄童真的想象与圣洁的无知。另外，他对那些想把他带入歧途的同学，或者压制他的监狱看守也暗暗怀有仇恨。他暗中读了不少坏书，但总怕看见女人。母亲的抚摸让他脸红。好像他承认自己无资格享受母亲的抚爱。世界上最漂亮的语言，人类最伟大的诗篇，在他看来都只是厌倦、反抗、恶心的题材。他吸取的是最为纯洁的食物，但由于过于生猛，又无智慧，反把胃口败坏了，使得他只想吃劣质食品。得费好多年才能让他丢掉这种可恶教育的果子，消除忧郁的童年和奴隶的鲁钝在他额头印上的丑陋，让他从此抬头做人，正眼看人。只有到那时他才会热爱母亲；可惜情欲现在已经占据了他的心灵，他也就永远无法在童年与青年间一个宜人地带做一次歇息，以男人之灵魂来领略我上面说的那种天使之爱了。

尽管如此，这里却并不存在根据一个个案来下结论的问题。我父亲所接受的那种教育并不能够充作典型。它既过于美好，又有太多缺陷。由于两次被打断，一次是被恹恹无力的毛病，一次是被革命恐怖带来的惊恐不安，和由此而产生的时断时续从不稳定的生活，这种教育从未得到完整的实施。但即使如此，它也造就了一个无比纯洁、勇敢和善良的人。此人的一生就是一部战争与爱情交织的长篇小说。此人活了30岁，卒于一场意外的灾难。这场早亡使他在熟人的看法里保留了年轻人，并且是具有英雄意识的年轻人的状态，因为其一生完全处在历史上的一个英雄时期，不可能是一个了无趣味毫无魅力的角色。在我看来，此人的生活是多么鲜活的小说题材，尽管小说的主要人物只有我父亲、母亲和我祖母！可是，不论我做什么，不论我如何认为，有些以爱与虔诚写出来的小说是比任何事情都要严肃的东西，我都不能把自己或爱或恨的人写进去。我不敢把父亲的一生当作一部虚构作品的题材；大家稍后就会明白这是为什么。

再说，我并不认为有了外表上的文学装饰，父亲的一生就变得更加吸引人。如实讲述，这一生会变得更有意义，并且通过几件十分简单的事情，能够概略地叙述所处社会的道德史。

四

果月（1794年8月）四日，杜潘太太终于回到儿子身边。革命的惨剧暂时在他们眼前消失。温柔的母亲与卓越的儿子完全沉浸在重逢的幸福之中，把这一天看作一生中最美好的日子，忘记了所忍受的一切，所失去的一切，所见到的一切，以及有可能突然发生的一切。

共和三年一开年她就带儿子动身去诺昂。随去的还有代夏特尔、安图瓦纳和卢米埃小姐，一个带大我父亲、长年与“主子”同桌吃饭的老保姆。纳丽娜与特里斯丹[1]也没有被遗忘。

对于我生于滋长于滋，于滋度过几乎一生，并且希望能够死于滋的诺昂土地，我要说上几句话。

收入菲薄，住宅简单方便。尽管黑谷是个地域宽阔景色优

〔1〕纳丽娜和特里斯丹均为小动物的名字。

诺昂故居的花园

美的所在，但是坐落在黑谷中央的诺昂却乏善可陈。准确地说，这个中央位置处在峡谷地势最低地面最为平整的地段，是一条阔大的小麦种植带，它使我们避免了各种事故，但也剥夺了我们的深广眼界，使我们不能像在高地上山坡上那样居高远眺。然而我们却拥有广阔的蓝色地平线，环顾四周，也见得到起伏跌宕的土地。如果与勃斯和布里那两个地方相比，这也算得上壮丽景色了，但如果与门外一公里下到隐秘河床时所见的悦人细节相比，或与登上俯临宅屋的山坡时所收的满眼春色相比，这简直是一块光秃秃的受到局限的风景。

但不管怎样，我们喜欢这块土地，我们热爱这块土地。

我祖母也喜欢这块土地。我父亲穿过一生的动荡不安，来这里寻觅安宁的休息时刻。在那个平静安谧又低调的地方住了那么久，那些油汪汪的褐色耕地，那些圆实粗壮的胡桃树，那些绿荫如盖的小径，那些杂乱生长的灌木丛，那片覆满青草的墓园，那座披覆瓦盖的小钟楼，那道古色古香的门廊，那片离乱细高的小榆树，那些砌着漂亮院墙、围着葡萄藤绿廊和绿色大麻田的农家小屋，如今都成了悦目的景色和珍贵的回忆。

城堡（如果有城堡的话，因为这只是路易十六时代的一座普通房屋）紧邻村庄，坐落在乡村广场一边，就是一幢乡居，再没有别的排场。村子里大约有两三百户人家，散落在田野上，但是有二十来幢房屋挤在一起，邻近城堡，就好像门对着门，因此得和农民融洽相处，虽说他们活得自在，不受羁缚，进你家就像进自己家一样随意。我们对他们的感觉一直良好，尽管随便的产业主一般都会抱怨邻居太客气太谨慎，但是对邻居的孩子、母鸡和山羊却没有那么多抱怨，只能对他们的殷勤和好性格感到满意。

诺昂的居民都是农民，也都是小产业主（请读者诸君允许我在此谈论他们，并且说他们的好话，既然我断言农民都可以做好邻居，做好朋友，除非是例外），尽管一脸严肃正经，却是性喜戏谑，爱开玩笑。他们的品德都好，还保留着一丝虔诚，却并不狂热信教，衣着体面，行止端方，举手投足都是缓缓的，自有一份优雅，办事井井有条，极为洁净，性情直爽，毫不做作。与这些诚实人来往，除了一两个例外，我只觉得舒畅惬意。但我从未做过巴结他们的事，也从未用所谓的“行善”去使他们堕落。我帮他们做过一些事，他们也还了我的情。当然是按他们的办法，诚心诚意地，在自己的善良与智慧允许的范围内。因此，他们什么也不欠我，因为效个小劳，说句好话，小小地表示一下忠诚，完全抵得上我们能够做的事情。他们既不会迎合奉承人，也不会屈膝讨好人，我看见他们日益表现出适当的自负与当然的大胆，但从不会辜负你对他们表示的信任。他们也不粗鲁。比起我在那些被称为很有教养的人身上见到的，他们更持重，更有分寸，更有礼貌。

这就是我祖母对农民的看法。她在农民中间生活了二十八年，从来只对这段日子感到满意。代夏特尔因为脾气火爆，容易生气，与农民的关系就没有这么温和。我总是听见他说农民愚蠢，要揭穿农民的诡计，拆破他们的诈骗。我祖母总是修复他的错误，而他通过心底驻存的虔诚与仁慈，让大家原谅了他可笑的要求与发得没有来由的脾气。

我以后会经常重提这些“乡里人”。乡里人是他们的自称，因为自革命以来，农民成了侮辱人的称呼，是愚钝汉子和没受过教育的人的同义词。

我祖母在诺昂住了好几年，忙于与代夏特尔一起实施对我父亲的教育，并且把自己的生活境况理出头绪整出条理。

在让我父亲说话之前，我用几句话来介绍一下处在1796年的他的情况。从1794年起，他跟着代夏特尔读了许多书，但是在研习经典方面他并未变得十分擅长。因为他天生是当艺术家的材料，也许只有他母亲给他教的课程才于他有用。音乐、鲜活的语言、朗诵、绘画、文学才有让他着迷的魅力。他并不去啃数学，去苦学希腊语，或者一般性地去学点拉丁语。音乐对他的吸引超过了其余一切。他那把小提琴成了他人生道路上的伴侣。另外，他的嗓音很好，唱起歌来十分动听。他出自本能，发乎本心，激情冲动，胆气逼人，充满自信。凡是美好的东西他都喜欢，都全力投入，并不考虑原因，也不顾及结果。出于本性，或者说出于原则，他比他母亲还要信奉共和主义。在共和国最末和帝国最初的几场战争中，他给其中的骑兵交锋阶段打上了他的个人色彩。不过在1796年，他还只是个艺术家。

当年秋天，我祖母把她的宝贝儿子莫里斯送到巴黎，或者是想让他放个长假，快活快活，或者是出于其他我并不清楚但比信里所显示的要更为严肃的动机。

我父亲的故事

一

现在来讲述我父亲的故事，既然他是我的生活故事的真正作者。这个我几乎并不了解的父亲，这个光华灿灿的幻像，富有艺术才华与武士血性的年轻人一直活在我灵魂的冲动、肉体的宿命和我面部的轮廓中。我父亲是他自身的一个镜像，虽然有所折损，但还是相当完整。我的生活环境带来一些改变，因此我的缺点并非绝对由他造成，而我的才华则是他遗传的一种本能。时代发展了，我的外部生活也与他的外部生活有所不同，但如果我是男的，如果我早生二十五年，我知道、我感觉在任何方面也会像父亲那样行事，在任何事情上也会有父亲那种感受。

在1797年和1798年，我祖母为我父亲的未来有什么打算？我认为她尚未确定什么计划，而且对某个阶级的所有年轻人来说，那时恐怕都没有什么计划。在国王路易十六治下所有对受宠得幸者开放的职业，在巴拉斯[1]当政时期变成了要靠阴谋来谋取。在这方面只是换了人，别的没有任何改变。我父亲只能在兵营与家里火塘角落两者之间选择自己的位置。

我父亲一直梦想投入军旅生涯。有人曾经看见，在流亡期间，在对一个16岁的孤独少年来说是那样漫长、那样难熬的一个个白昼，他猫在帕西他那间小房间里，苦苦地研究西班牙王位继承战争中的玛尔普拉盖战役。但他母亲也许要等到某个王朝复辟，或者某个温和共和国让形势和缓之后，才会支持他的志向。当他发现母亲反对自己的秘密意愿后，就打算当个艺术家，写点音乐，导演歌剧，或者指挥交响乐，因为他当时并没有想过要违逆母亲的意愿行事。大家以后会看到，他的音乐志向与军人理想并驾齐驱，正如他的提琴常与军刀一同征战。

1798年，我父亲的故事中出现了一个情况。表面看上去，它无足轻重，实际它就如影响我们一生、甚至有时暗中支配我们青春期的所有强烈印象一样，非常重要。

他与邻城社会建立了联系。我应该说，拉夏特尔那座小城有着本省特有的大小毛病与弱点，但一直因在居民中，不论有产还是无产，拥有的大智慧者与受过高深教育者的数量而引人注目。但是总体上小城里的人却是很愚蠢、很邪恶，因为他们顺从于那些偏见、那些利益，和那种种虚荣。其实那些偏见利益和虚荣到处都有，但在小地方要比在大都会表现得更幼稚

〔1〕巴拉斯（1755—1829），法国大革命时期政治家，督政府主要成员。

或者更公开。市民有点小钱，却非大富，既用不着与骄奢淫逸的贵族作斗争，也很少与缺吃少穿的无产阶级交锋，因此城里发育出一个有利于智慧养成的环境，尽管对心灵来说那里太平静，对想象而言太冷清。

与三十来位男女青年有联系，尤其与其中好几位有亲密来往的父亲，与他们一起排演戏剧。这是份消遣，也是一种很好的学习。我发现其对年轻人的智力发展大有益处，非常重要。这点我会另文细说。确实，无论是业余戏班子，还是专业剧团，大部分时间不是被一些离奇可笑的追求，就是被一些斤斤计较的竞争对抗分化。但这是演艺人员个人的过错，怪不得艺术。在我看来，戏剧是一门综合概括了所有其他艺术的艺术。一个朋友圈子要是休闲娱乐，演戏是比什么事情都有意思的活动。要使戏剧成为一门理想的娱乐活动，需要两个条件：一是要有压得所有嫉妒虚荣噤声的真正善心；二是要有能让演戏这种尝试变得快乐和有意义的真正艺术感。

应该认为，在本文讲述的年代，拉夏特尔具备了这两个条件，因为不仅演戏这种尝试十分成功，而且那些临时演员都始终是朋友。最被人叫好的一出戏，让我父亲身上一种自发的不可抵挡的演员才华熠熠生辉的一出戏，是一部当时十分流行的并不高明的正剧，名叫《强盗头子罗贝尔》，不过作为历史颜色的一个样品，阅读该剧的剧本让我深受震撼。

这些戏剧演出给拉夏特尔的社会打发了几个月的空闲，并且出乎我祖母的预料，活跃了父亲的想象力。没过多久，这种戏台上的活动就不再让他感到满足了，他准备把漆得金光锃亮的木质军刀换成骑兵的马刀。

为排演《强盗头子罗贝尔》招募了一些跑龙套的角色。强盗是由一些匈牙利和克罗地亚人扮演的，作为战俘他们在法国被安置在拉夏特尔。导演让他们假装进行了一场战斗，告诉他们，战斗之后他们应该显出负伤的样子；他们如此出色地演绎了导演的意图，并且投入得如此尽心，以至于在演出中观众看到他们都跛着同一只脚走出混战。

就在我祖母尚未为儿子将来从事何种职业打定主意的时候，共和七年葡月二日（1798年9月23日）由儒尔丹[1]提出的那道著名法令颁布了。它宣布每个法国男子，出于权利与义务，在一生的某个限定时段都要当兵。

已经休眠一段时间的战争，又有再度全面爆发的危险。普鲁士人尚在犹豫是否继续保持中立，俄罗斯与奥地利则在狂热地扩军备战。那不勒斯全民征兵。法国军队被战斗、疾病与开小差造成大量减员。提出并通过那道法令之后，督政府马上将之付诸实施，命令招募二十万兵员。我父亲其时年满二十。

长久以来他的心就焦躁不安，无所事事让他难受，年轻人摩拳擦掌，盼望有个如他母亲所说的"稳定"政府能够让他实现从军梦想。然而他本人却忽略了事物的稳定性。当政府的征募要把他唯一的马匹强行带走时，他跺着脚说："假如让我从军，有这匹马我就有权当骑兵，就会从敌人那里为国家缴获一些战马，而不像现在，像个多余的没用的家伙，靠着脚杆子

〔1〕儒尔丹（1762—1833），全名让-巴甫第斯特·儒尔丹，拿破仑麾下重臣，帝国元帅。

步行。”

也许是有个当冒险家和骑兵的本性，也许是受了新思潮的诱惑，也许生就一副满不在乎的性格，也许更确切地说，是如他的书信在各种机会所证实的那样，清醒而冷静的头脑具有良好的见识，他从不怀念从前的制度，更不惋惜富贵的童年。光荣对于他是个空泛而神秘的词语，让他夜里在床上辗转难寐。当他母亲告诉他，为非正义的事业效力并无真正的光荣时，他不敢与之争辩，只是深深地叹息一声，小声对自己说，只要是保卫祖国，摒退外敌，任何事业都是正义的。

或许我祖母也是这种感觉，因为她很佩服共和军队的丰功伟绩，而且她对近年的杰玛普和瓦尔米大捷，和对丰特诺瓦大捷以及古代的弗勒鲁大捷一样如数家珍般熟悉。但是她不能因为景仰胜利就不担心在战争中失去独生儿子。她希望看到儿子指挥一个团的军队，前提是永远也不要爆发战争。一想到儿子有朝一日要埋锅造饭，野外宿营，她就恐慌得头发直竖。每次想到什么战斗，她就觉得自己会死了。我从未见过为自己的事比她更勇敢的女人，也从未见过为别人的事竟如此怯懦的女人，从未见过在个人危险面前如此镇定的女人，也从未见过在所爱之人的危险面前如此胆怯的女人。在我小时候，她对我大肆灌输有痛苦要努力忍受的道理，以至于我要是弄痛了自己，都不好意思在她面前显露出来。可要是她见到我哪里弄痛了，那么高声尖叫的一定是她这个亲爱的女人。

她一辈子都处在这种令人感动的矛盾之中，由于好心招来好报，真情换得真情，她饱含慈爱的懦弱在儿孙身上产生的，却是与她的教导截然相反的效果。我们隐瞒小伤小痛怕她见了心痛与恐慌，反而有更多的勇气忍受疼痛；要是躲不过被她看到，反倒真的觉得疼痛起来。我母亲的情况则完全相反。

我母亲对自己对他人都很严厉，因为她有难得的冷静，和能够救人于危难并赢得别人信任的可贵理智。这两种行事风格表面上都好，尽管实际上截然相反，大家尽可随意做出结论。至于我，在孩童的教育里，我没找到切实可行的理论。孩子是一些如此多变的人，如果人们在能够做到的时候不像她们那样多变，她们就会在生长发育的每个时刻摆脱我们。

在共和六年岁尾时，我父亲被召到巴黎结算几笔利息。共和七年岁首，颁布了那部可怕的征募兵员法，这给了他电打雷轰般的打击，决定了他的命运。母亲的不安，我已经讲得够多。儿子的秘密愿望，上面也讲了不少。现在就让他自己来说话吧。

我父亲写给他母亲的信：

致诺昂的杜潘女公民：

我的好母亲，我终于收到你的来信。它在路上走了八天。这表明投邮太早了点，也表明你对我十分惦念。这样说来，你既担心我成功，又害怕我没有成功。事情是有点特殊。至于我本人，对于家庭牵涉的案子，我并不着急。我和勃蒙舅舅一起来处理它。你就不要为此烦恼了，我们会摆脱困境的。

但是对于外部事件，你的担心让我感到烦恼。可怜的妈妈，我求你放宽心思。不管以什么理由，最后都不可避免。它绝对与我有关。将军们只会从军官阶级的人里挑选参谋。公共教育机构，如综合工艺学校、音乐学院等等，都接到命令，不

持扇的乔治·桑（缪塞画）

得从第一等级[1]招收学生。因此，你明白，必须参军，没有办法不去当兵。勃蒙舅舅把各个官署的门都敲过了，得到的是一样的回答。如果能够，人们不再从当官开始，而是从当官结束。勃蒙舅舅全巴黎的人都认识，尤其与巴拉斯有特别的交情。他把我介绍给正直的德·拉图尔–德·奥凡涅先生[2]。后者以其胆魄、才华和谦逊，完全有资格被称作当代的图莱纳元帅。在久久地打量我之后，他问我："德·萨克森元帅的外孙怕不怕打仗？"我听了这话，既不脸红，也不脸白，正视着他，平静地回答道："当然不怕！"接着又补上一句："但我学过一些课程，也获得一些才能，我认为如果做军官，或者在参谋部工作，比当个盲目的普通士兵能够更好地为国效力。""那是，"他说，"是应该有个体面的职位。但是得从大头兵开始。我以为这是最快也最少受罪的办法。"

"在第十骑兵团，我有个当上校的好朋友。您要进入他那个团。他会高高兴兴地认识您。此人出生于一个昔日的世家大族，当会竭诚对待您。在练习骑术提高本事所需要的时间里，您只要老老实实做个大头兵就够了。这个上校在将军的候任人员名单上。如果他被任命了，听了我的推荐他就会接近您，如果未被任命，我就将您转到工程兵部队。但不论何种情况，您在没有履行规定的条件之前是别想当官的。这是规矩。我们会

〔1〕即贵族。

〔2〕德·拉图尔–德·奥凡涅先生（1743—1800），法国共和国时期的英雄。

把荣誉与义务，光荣报效祖国的快乐与公正理性的法规结合起来考虑。”上面差不多是他的原话。嗨，妈妈，你的看法呢？对这番话没什么可说的吧？做个像德·拉图尔-德·奥凡涅那样的人，那样的勇士很棒吧？难道不应该做出某些牺牲，来换取这份荣誉？难道你愿意让人家说你儿子，你父亲的外孙，萨克森的莫里斯害怕打仗？跑马场是开放的。难道要偏爱一种永久然而可耻的安逸，而弃绝为国尽责的艰险道路？再说妈妈，你想一想，我20岁了，我们家破产了，我要走的路还很长，你也一样，我也只有当兵吃粮这条路可走，谢天谢地，只有这样我才有可能成为人物，也才有可能让你稍稍过上从前那样的康裕生活。这是我的职责，也是我的抱负。勃蒙舅舅见我有此志向感到欣慰。他说要考虑他的意见。显然，一个男人不会期望别人把他像所供商品一样登记入册，但是反过来，他志愿站出来，跑着去保卫祖国，他比强征卫国的人更勇敢，因而也更有权利获得晋升。这种表现不会得到我们阶级的人的认可？若果真如此，那我们阶级的人就错了，我不会认同他们的态度。让我们对他们说，他们最好以我为榜样，也来报效祖国。我发现他们中间有些人其实比我还爱国，是俊伟的提图斯[1]，但就是不急着去军旗下集合。

这里的人并不相信和平，而且勃蒙舅舅也不劝我指望和平。德·拉图尔-德·奥凡涅先生已经拿我当朋友。他对勃蒙舅舅说，他喜欢我一副从容不迫的样子，从我回话的样子，他

〔1〕古罗马的执政者，曾率军攻下耶路撒冷。

觉得我是个男子汉。我的好母亲，你会说，他见到我，正是我状态好的时候！可是，我终归常有这种状态好的时候，只要有机会就表现出来了。我们的财运被人翻倒了，难道我们因此就该听任别人宰割？难道我们不应该从自己的跌倒中，从犯错倒下的地方，从偶然被置放的山巅峰顶上站起来，而且更加魁伟？只有智力平庸的人才会觉得这种职业开端是让人厌恶的。但是你，我的好母亲，你不会耻于做一个勇敢士兵的母亲。现在的军队都有纪律，军官们都有功德，你不必担心害怕。再说也不是马上就开赴前线拼杀，而是要训练一段时间，练习骑马。你从前要是再让人多教我一点儿骑术，也许就不会比现在由别人来向我展示本事更无聊了。

骑马的事我不需要自吹。但我确实用不着伤筋动骨地学习，也不会惹来众人哄笑。在这件事上面你大可以放心。再见，我的好母亲，对我的考虑请发表你的意见，想想分离虽让我们愁苦，但会带来于我俩都有大益的结果。再见，我的好母亲，我衷心地拥抱你。

我拥抱代夏特尔，请他给提琴弓弦多打点松香，以免拉起来走调失音。来吧，笑起来吧，我的好母亲！

（可能写于）共和六年年末（1798年10月）于巴黎

做人低调的伟丈夫，一生的大部分活动是从不为人所知的。究竟有多少可敬可佩的活动，唯有天主与良心知道。我父亲在给我祖母的书信里，就提到一个深深震撼我心灵的例证。那个拉图尔-德·奥凡涅，法国的“第一掷弹兵”，那个纯朴而勇敢的英雄，不久之后就作为一个普通士兵出发了，虽说苍苍白发并未给他带来可适用的新法规……应该再提这段往事，可能有好些人都将之遗忘了。拉图尔-德·奥凡涅有一个老年朋友，一个靠孙子的劳作生活的八旬老人。征募兵员法给那个孙子以沉重打击。当时没有任何办法免服兵役。拉图尔-德·奥凡涅便从政府那里获得一纸特别恩惠，也得到了一生光荣的补偿：替代那个朋友的孙子当兵。这样，他便以一个普通士兵的身份应征入伍。他出发了，给自己披上一身新的光荣，他死在荣誉的军营，却从不愿意接受任何偿报、任何尊荣……唉，就是这样一个人，带着如此情怀，打定主意，在55岁的年纪要替一个可怜的孩子当兵，而且是当着另一个年轻人的面：一个在是否必须当兵上犹豫不决的年轻人。他认真观察这个被惯坏的孩子，知道孩子母亲希望让孩子远离战争危险，摆脱严格纪律的约束。他探究这个孩子的目光和神态。大家觉得，如果拉图尔-德·奥凡涅发现这个孩子有一颗懦弱的心，就不会对他感兴趣，就会让孩子为身为著名战将之外孙而脸红。不过简单扼要一句话，这个孩子的一个目光，足以让他预感到孩子是条汉子，于是他

乔治·桑

马上把孩子当作朋友，与之亲切说话，并且放下身段，以慷慨的承诺，应承孩子母亲的关心。他知道天下所有的母亲都不是英雄豪杰，他猜出这位母亲并不可能喜欢共和国，还猜出这个年轻人是被无尽的关爱与温情抚养大的，家长对他有大指望，不可能把一个拉图尔-德·奥凡涅的旧式忠诚当作楷模。不过这个拉图尔-德·奥凡涅似乎不知道他自己这个角色的崇高，他从中感到的虚荣是那么微小，以至于很少再跟别人提起。他并不要求具有和任何人同等的道德水准。对那些渴望得到他并不看重的福利与荣誉的人，他也能够喜爱与尊重。他赞同他们的打算，怀抱他们的希望，并且致力于将之实现，就像一个爱好生活甘美与财富微笑的寻常男子所做的那样。他总是简要地说："我们尽了义务，享了光荣；既得到了大张旗鼓为国效力的快乐，又遵从了公正理性的法规。"好像他是在告诫自己，不能自视功高，居功自傲。

在我看来，这种善良纯朴的语言从一个英雄嘴里说出来，就有了三倍的伟大与三倍的神圣。我们从一个光辉生命里所见到的、所知道的东西，永远能够从一种暗地的浓缩的自尊里找到原因。我们是在细节里，在表面无足轻重的事实里理解人类意识的秘密。如果说我过去对英雄主义的天真有过一丝怀疑，那么我未来将从"法国第一掷弹兵"的这份平和淡然中看到天真的证明。

我父亲没有分析这种感人的行为，至少他在给他母亲叙述此事时没有这样做，但与拉图尔-德·奥凡涅这位曾经指挥"地狱纵队"、心地如此仁慈、语言如此美妙的男子会见，肯定给他留下了深刻印象。从这天起他就打定了主意。他在自己身上发现了瞒哄他母亲的本事，让她不要为即将伴随自己新生活的危险担心。我们已经看到，通过跟他母亲谈学习和家务，他努力把他母亲的思想从即将发生战事的可能性上面转开。接下来，我们还将看到他如何巧妙地让他母亲免遭担心折磨，直到他本人对担心危险产生厌倦情绪为止。他似乎认为母亲已经习惯了战争的运气。不过他母亲从未同意儿子的决定。好久以后她还在给弟弟德·勃蒙教士的信中说：

我厌恶光荣。我恨不得把所有那些桂冠碾成齑粉。否则，我就是总在期望看到儿子的鲜血。对于这件残酷折磨我的事情，我儿子他却喜欢。我也知道，他不但不会防备危险，还会总是置身于最危险的地方，即使无益也会这样。从初次见到拉图尔-德·奥凡涅那天起，他就喝起了这杯醉人的东西。那个可恶的英雄让他昏了头脑！

我以后会再度引述这些书信。我无法相信读者会觉得它们太长或者太多。至于我，我觉得将它们发表，有时就是从遗忘中夺回一些给人类带来荣誉的细节。这时我就使自己与我的任务协调一致了，也就尝到了小说虚构从未给过我的快乐。

二

我父亲写给他母亲的信：

我的好母亲，我是在我们的纳瓦拉人家里给你写信。今早颁布的征募兵员法使我无法等待你的回信，因为它命令我们必须在二十六天内做出回复，因此我打定主意，就照我跟你说过的想法办。今天上午我们两人都去了轻骑兵团的上尉家，把当兵的事定下来。我的好母亲，你不要担心，我们只是开赴布鲁塞尔驻防地，并不是开赴杀敌前线。我可能会得到一个假，或者得到一个强迫我马上来拥抱你的命令。这里的年轻男子一个个都把脸仰向天空，而漂亮女子和善良母亲却一个个愁眉苦脸。不过我向你保证，不会有事的，我会穿上绿色的骑兵服，拿上大马刀，蓄上我的小胡子。你现在就是一个祖国卫士的母亲了，有权做亿万富豪了。这是一个非常明白的好处。来吧，我的好母亲，别难过。你很快就会见到我的。

共和七年葡月六日（1798年9月27日）

我是志愿兵。我挎着大马刀，戴着红军帽，穿着绿军服。至于我的小胡子，还没长到我希望的那样长，不过终归会长起来的。人家看到我的模样就已经害怕了，至少我希望如此。来吧，我的好母亲，你别难过。

我是个大头兵，但是德·萨克森元帅当年不也志愿当过两年兵？你本人也承认，我正是寻求出身的年纪。不过我一直做不了抉择，因为你太害怕战争。其实我期望为情境所迫，来遵循我的志向。机会来了。我将因为痛痛快快当兵，感受不到与你离别的痛苦，也不会被你的担心撕心裂肺而高兴。不过我的好母亲，我向你保证，不管我去哪儿，我都不会上阵，我也会经常请假来看你。来吧，你的轻骑兵儿子衷心拥抱你。轻骑兵团缺了个号兵。把这个职位向代夏特尔老爹推荐。拥抱我的保姆。再见，再见，我爱你。

共和七年（1798年）葡月七日

我给你写信，等会去伯农维尔将军家。他是佩兰先生的朋友。佩兰先生作为将军的密友，把我介绍给他。伯农维尔是英国军团的将军。我属于这支部队。我希望能在他的关照下得到迅速的晋升。你给他写信是适宜的。你就告诉他，你之所以没有更早把我送上保卫祖国的岗位，是因为不符合法律规定，既然现在人们把我算进了士兵阶层，那就说明征募兵员法终于允许我出发了，因此你求他做我的靠山。这里面只有一半不是事实，就是你送我当兵打仗的“热心”。总之你这话是说得通的。我也不会有什么难堪。这里人们都在谈论和平，我的事儿说不定会在散步兜风之中过了。

共和七年葡月十三日（1798年9月）

伯农维尔给我写了两封推荐信，一封给指挥我所在第十轻骑兵团的旅长，一封给美因兹军团的督察长德·阿维尔将军。他把我作为德·萨克森元帅的外孙介绍给他们，他说，德·萨克森元帅是“我们大家的榜样”。他先是为我申请传令兵的职务，接下来再看他们觉得我能干什么再申请什么职务。他向旅长大力推荐我，对旅长说希望能考虑他对我的关注。你看，有了这些推荐信，我的事情准会进展顺利，我也不会闲置在营房里当一辈子大头兵了。比如，他对那两人说，我的家庭会供养我，我不需要开饷。这绝非最让我高兴的事情，因为我们并不富裕，我又害得你花钱。不过希望我不久就可以自食其力。因此我的好母亲，你不要担心，要相信，你也许不用多久就会听人说起我……

有人告诉我，你不愿让贝里人知道我当的是什么兵。可是，我的好母亲，总归得让人家知道的。首先，有哪个傻瓜看到你儿子当了共和国的士兵会不高兴？其次，为了使你免受惊扰，我得给市政府寄一份当兵证明，否则，我会被人家看作流亡贵族，潜逃在外，这会对我不利的。

共和七年葡月十七日（1798年10月）

啊，我可怜的好母亲，你真好，没钱给我置办装备，竟给我寄来一些钻戒。你就像古罗马的贵妇人那样慷慨豪爽。你为了祖国的需要，奉献出自己的首饰。我准备拿去让人估价，尽量多卖几个钱。

共和七年葡月二十三日（1798年10月）

昨日我和德·拉图尔–德·奥凡涅先生一起在德·布依庸先生家吃晚饭。啊，我的母亲呀，德·拉图尔先生是个多开朗的人啊！你要是与他聊上一个钟头，就不会为看到我当兵而这么发愁了。不过我明白，现在不是向你证明我有道理的时候。你的愁苦让我没法顶撞你。我把你的信拿给德·拉图尔先生看了，他觉得信写得婉约动人，把他都打动了。这是因为他既是个正直人，也是个善良人。请允许我向你坦白，要是大革命有他这样的人，我会比现在要革命……也就是说，如果你没坐牢，没受那些折磨，我就成了革命者。

我从德·布依庸先生府上到意大利剧院看《蒙特内罗》。真可恨。

全巴黎的优雅女人都在那里。塔利央太太，朗日小姐，还有许多别的希腊的罗马的女人，但我仍然觉得乏味。

共和七年葡月二十五日（1798年10月）

我的好母亲，我今日出发。我刚刚从上尉那里辞行。他读了你的信，很高兴，就让我给少校带封信。接着他热烈地拥抱我。我不知道自己对他做了什么，但是这个可敬的人，这个是那么冷漠的人，却好像把我当成儿子一样喜爱。伯农维尔把我往各个方面推荐。他也一样，对我关怀备至。他管我叫“他的萨克森”。我深信得到他们的关照，都多亏我的好母亲写了那些信，当然也与我的良好意愿不无关系。现在寄上我的征兵文件副本。勃蒙舅舅把我领到他的教区，让我报了名。这个步骤是少不了的。否则，尽管我人到了部队，还是得遭受法律所规定的那些折磨。

因此你将看到我当的是轻骑兵，我的身高是一米七百三十三毫米。你也许不明白是怎么回事，以为我这个月长高了七百三十三肘[1]，其实一米七百三十三毫米只等于五法尺三法寸。昨天我去公共马车行订车票的时候，把给我办报名登记的职员带去了。“啊，先生，我被征兵了。”“您穿这套军装蛮合身嘛。能不能带我去跟你们上尉见个面？”“当然能，伙计；我这就去他家，跟我走吧。一个刚在车行登记的年轻人听了我们的对话，也跟我们去了。不久我又把马车夫和驿马也领去了。我的好母亲，你看，喜欢当兵的可不止我一个，因为他们都是快快活活、欢欢喜喜地去的。我要出发了，我爱你，拥抱你，我要嘱托代夏特尔老爹和我的保姆，甚至特里斯丹关心照顾你，让你散心，劝你放心。请相信我，我很快就会回来的，而且是高高兴兴地回来。

莫里斯

共和七年葡月二十七日晚上（1798年10月）

〔1〕法国古代长度单位，从肘关节到中指尖，约零点五米。

三

父亲在科隆的军旅生活。

莫里斯写给他母亲的信：

我现在到了科隆！嗬！怎么这么远！你想象一下我走进布鲁塞尔有六个室友房间时的情形。他们正准备在桌边坐下来，也就是说，准备围着大饭盆吃饭。有人礼貌地邀请我上桌。我拿起一个食匙，就和大家一起大吃大喝起来。我的天啊，汤做得很好，只不过有点烟熏味。我向你保证，吃这种伙食是绝不会死人的。接下来我请伙伴们喝了几罐啤酒，吃了几块火腿。我们抽了几袋烟，这下就成了好像同窗十年的朋友。突然一下集合号响了，我们跑到院子里。少校走过来，我向他迎过去，把上尉的信交给他。他握握我的手，告诉我旅长和将军率领我们团的其他部队，在美因兹军团的前哨。我顿时明白在布鲁塞尔我无事可干，就直截了当地对少校说我要去前哨。少校毫不犹豫，马上赞同，并且发给我一张去前哨的路条。这样，与我那些官长伙伴建立了十八个钟头的友谊以后，我又动身了。我的好母亲，命运对我的帮助，要超过谨慎。我的团驻扎在法兰克福附近，当我听说德·阿维尔将军公民，美因兹军团骑兵司令兼督察两天后抵达科隆，我便经由科隆去法兰克福。我在科隆停下来，等他到来。大家都对我说，有将军的朋友伯农维尔的推荐，我一下就会被他任用为司令部的参谋。因此我在身体上，至少在精神上就会比在底下营房里当个大头兵多了些活动。我的事情就这样顺利，请你放心。

你在报纸上会读到布拉邦特因征兵发生骚乱的消息。叛匪占据城市和玛利纳城堡，持续了几个钟头。不过无人能抵挡的法国军队杀死了三百多叛匪，把其余的人都驱散了，还把其中二十七人押解到布鲁塞尔。我那几天就在那里，我亲眼见到叛匪中各个年纪的人都有，甚至还有两个嘉布遣会的教徒。其实抵制征兵只是个借口，反叛目的是要为一支散居在奥斯登和冈城的英国人后裔谋利。我们的公共马车坏了，我们不得不在鲁汶待了八个钟头。沿途所有城市的人都走过来向我们打听消息。因为不见公共马车驶来，布鲁塞尔发生暴乱的消息便四下里传开了。这种惊恐发展成了传遍整个国家的消息。我说我离开的时候，布鲁塞尔非常安宁，可是大家不怎么相信。于是从美因兹军团调来很多军队，希望布拉邦特很快恢复平静。我的好母亲，我越来越庆幸儿时得到你的悉心培养。德语在这里起了大用。一路上我都在给马车上的乘客充当翻译。见我留在科隆，他们失去了译员，一个个都很恋恋不舍。——我的好母亲，你要在郁闷中度过一个冬天了。我一想到这点，就惆怅不已。但是我希望能够执行向安德尔省传达命令的任务，这样我就能够去看望你，安慰你，让你开心欢笑。我唯一顾虑的就是你的愁苦。因为我自己的事，无论发生什么我都不在乎，都会处理好。

雾月七日于科隆

在等待德·阿维尔将军到来的时候，我们的轻骑兵在莱茵河畔散步，尽管他为当上军人感到快乐，却因为远离母亲而感到忧郁。“莱茵河畔让我想起帕西的塞纳河畔。”雾月九日他给母亲写信说，“可是我想起你却突然变得郁闷，我呼唤你，就像在我们都那么不幸的年代。”他遇到雅各比将军的一位参谋，两人谈起音乐，并且一同演奏，就此结成了朋友。德·阿维尔将军终于来到，也立马就把伯农维尔保护的年轻人选作传令兵，答应尽快给他配一匹鞍具齐备的好马，因为当时马匹很少，不过轻骑兵等了很久才把这匹马等到。

将军当时名叫奥居斯特·阿维尔，是德·阿维尔伯爵，后来当上了参议员，是约瑟芬皇后的红人，他革命前曾当过旅长，革命期间在杜莫里埃将军麾下得到任用。1792年的杰玛普战斗，他稍显冷漠或者表现犹豫。在杜莫里埃将军背叛革命之后，他被移送革命法庭，但是幸运地被法庭宣告无罪。接下来他的生活与其是在光荣中还不如说是在宠幸中度过的。1814年他投票赞成皇帝退位，由此当上法国贵族院议员。此公是个正直勇敢甚至是个殷勤多情的男子，但是其为各方效力的主要人生经历并未给人留下光彩的记忆。人们在各个时代都可以怀疑其忠诚。这位将军十分看重人的出身。年轻的德·柯兰库尔侯爵是其亲戚，也是其参谋，他把这位将军推上高位，也促使他站在反对革命思想的阵营。我父亲的书信很好地描写了这两个人物的贵族性格。我在下面还要引述我父亲的书信，因为它们相当独特地展现了反动思想是如何在军中日益发展的过程。大家将从那些书信里看到，大革命确立的权利平等，已经完全不再是事实上的平等了。

……昨日将军的参谋们——其中一个叫柯兰库尔——请我吃饭。席间气氛友好，大家非常快活。饭后大家来到将军的房间，将军大腿上长了丹毒。我独自与他相处了半个钟头。他跟我谈起一个旧时人物的宽裕与随和，为我的住房和伙食感到担忧。接下来他对我的过往与社会关系提了很多问题。得知德·拉玛尔利埃将军的妻子与女儿曾在你那里度夏，德·吉贝尔将军的女儿嫁给我外甥，杜潘·德·舍农索太太曾经是我祖父的妻子，他变得越来越亲切。我看得出来，他是看重这些情况的。接下来我演奏了音乐。科隆有很多优雅男女，他们虽然是德国人，言语表达却也不俗。每个人都问将军：这个轻骑兵是谁？因为在德国，没有传令兵与高级军官同在一个沙龙欣赏音乐的习惯，这种违犯礼节的行为使他们的思想稍受震动。我对此并不在意，继续演奏，尤其是之后上来了一大盘精致点心，样样都是我喜欢吃的。接下来是潘趣酒……再下来大家跳起华尔兹。然后，参谋们又请我和要塞司令特雷吉埃将军的参谋们一起吃夜宵。我们喝香槟酒，都上了头，又喝潘趣酒，喝到半夜，大家都有些醉意才分手告别。

你看到我虽然一文不名，却活得像个王爷。参谋部由一些素质很好的人组成。参谋们都是些很友善的年轻人。德·柯兰库尔公民把将军的意思转告我，说再过三四个月就提我当军官。

军队一直在征剿叛匪。在蒙城与布鲁塞尔之间好些村庄被烧。科隆还平静……

请转告我的保姆，这边有些随军商贩的位置空缺，我替她报了个名。我拥抱代夏特尔老爹。对于我的外出，四乡八里有不少议论吧？我不是流亡了，而是当了兵，人们相信吗？我们那些好心的农夫有应征当兵的吗？他们没问我在哪儿吗？这儿来了一大批新兵。有人点名计数，把他们编入部队，把他们像绵羊一样领走。每天上午，参谋部这条街都挤满了人。一些人在唱歌，有几个人，都是可怜的孩子，则在流眼泪。我想安慰他们或者把我的快乐传递给他们。我觉得好像又回到你身边，回到西西里国王街，回到你饰着珍珠的灰色小客厅。真奇怪，音乐能让你沉浸到回忆之中。这就像气味，当我闻着你的信纸时，我就仿佛置身在诺昂的房间里。当我想到将看到你打开那么馨香的，让我想起一些古物的小箱子，我的心就怦怦狂跳，好像要蹦出胸腔。

走出戏院，（我的书记员朋友）这个鬼小伙子把我拖来吃夜宵。我不愿意喝葡萄酒，因为这边的葡萄酒太贵，另外我也想改掉喝酒的习惯。我有六天没有饮酒了，不过，看到桌子上摆了葡萄酒，又有伙伴劝饮，我也就没法抵拒了。

共和七年雾月二十六日（1798年9月9日）于科隆

好家伙，我的好母亲，我要是有胆子，就要责备你了，因为我没有收到你的信，因为我不能习惯这种情况。我刚刚在将军的电文堆里翻找，又一次郁郁而归。前天我见到了我们的老乡厚道的弗勒里上尉，是他们团里另一个上尉领我去的。我们乘一条小帆船，从莱茵河顺流而下，一直驶到穆勒海姆。由于有扎脸的疾风吹送，船速很快。弗勒里上尉款待我们吃了一顿十分丰盛的晚餐。我也需要吃这么一顿了，因为这阵好风把我肚子都吹空了。弗勒里上尉这个实诚人热情接待我们，我们只聊家乡贝里的事情。人们所称的乡梓之情其实有两种。一种是对乡土的热爱，你一踏上异乡的土地就感到这种情感，因为异乡的一切，语言、面孔、生活习惯、人的性格，没有一件让你觉得满意。这里面有一种民族的自尊，就是觉得家乡的一切都比异乡好，比异乡美。这里面也有军人的情感，天知道是为什么！总之，不管是不是孩子气，我觉得自己就有这么一股感情，要是别人拿我的军装或者我们的部队开玩笑，我就会生气，就像一个老兵，听到别人嘲笑他的马刀或者胡须就会大发其火。

再说，除了对故土的这份热爱，和身体的这种精神，还有对祖国的感情，祖国是另一种无法下定义的事物，我的好母亲，你不必说什么，不管这里面有什么空想成分，我都觉得我像《被解放的耶路撒冷》〔1〕里那个王爷谭克雷德一样热爱祖国：

〔1〕意大利诗人塔索的长篇诗作。

不管它配不配，我都为它献出生命！

弗勒里和我一次又一次使劲地碰杯。透过莱茵河流域出产的葡萄酒，我们都依稀品出了对法兰西，对贝里的这份感情。

你可怜的佃农情况如何？他那几个孩子被征兵了吗？代夏特尔老爹是否在继续做他的神奇疗法？他还骑我那匹母马吗？还在拉提琴吗？请转告我的保姆，自从离开她以来，我的衬衣就总是皱皱巴巴的。她让我把要整理的衣物寄回，那想法可真叫绝！来去邮费比衣服本身还要贵。

乔治·桑画像（奥居斯特·夏邦蒂埃画）

前天举行了一场非常隆重的舞会。将军带着他的副官参谋们参加了。我去向他致敬，他对我的脸色很好。他问我会不会跳华尔兹。我马上跳给他看。我注意到他的目光跟随着我，并且带着满意的神气跟他的一个副官谈论我。我的好母亲，你不喜欢战争，我也不愿跟你说旧制度的坏话，但是我更愿在战场而不是在舞场表现自己的才干。

你问我是否把柯兰库尔扔在那儿不管了。对我来说，那可不是一个可以扔下的人物，我向你保证，因为他在将军家里总是摆出一副充王称霸的样子，我一直对他敬重有加。但他是个并不十分讨我喜欢的怪人。今天他主动跟你说话，明天他接待你就冷若冰霜。他会说些代夏特尔那样的甜言蜜语，但是把他的几个秘书像小学生一样训斥。即使是最无意义的闲聊，他也是一种教训人的口气。他是个喜欢发号施令的人。他跟你寒暄，也像是在命令仆人备马。我更喜欢另一个副官杜洛斯纳尔。他说话总是直来直去，态度友善。前天的舞会他也去了，我们按军衔来排队跳华尔兹，先是德·柯兰库尔公民，接着是杜洛斯纳尔，再下来是我，总之让副官、参谋、传令兵像行星一样完成他们的运转。

我的好母亲，就我的处境，你对社会所做的思考都是对的。我会记在心里，并且从中获取教益。你的信写得很好，也许我不是第一个对你说，你写信的风格很像书信体大作家德·塞维涅夫人。但是你对世事的沧桑，比德·塞维涅夫人看得更透。

共和七年霜月二十三日（1798年12月）于科隆

……将军让德·柯兰库尔先生来请我吃饭。他让我讲述让-雅克·卢梭的事情，说我与我父亲的艳遇奇遇。他听我说话的神气，如果我是个傻瓜，准会被他搞得晕头转向。可是我保持了一份清醒，绝不做个口无遮拦的人，只说了我是怎样被人挑逗的。吃过晚饭，将军和杜洛斯纳尔坐上一架描绘了一条金龙、由两匹健马牵引的大雪橇，我与德·柯兰库尔上了另一架。我那个红衣轻骑兵伙伴看见我刚从将军的餐桌上下来，又上了将军的雪橇，把眼睛睁得拳头大，以为是在做梦。将军乘坐雪橇去城里，为次日的一场大聚会发请帖。他希望我跟着他上各家府邸，尤其是赫尔斯塔特夫人家拜访，请求她允许女儿次日光临。他开始拿自己的膝头开玩笑，说，夫人，您就忍心看我当着我的两个副官，还有我的传令兵，德·萨克森元帅外孙的面，这样久跪不起吗？那些太太瞪大眼睛，也许不明白我并非流亡贵族。

从报名参加的人员来看，我们的舞会十分盛大，所有高级官员都带着他们在当地的好舞伴来了。你也许不会相信，一个愚蠢的德国男爵夫人带来几个女儿，觉得我不该在场，竟不许她的女儿与我跳舞。住在她家的一个骑兵上尉过来把事情说给我听。他很气愤，准备马上就从她家搬出去。他的情绪是冲动了些，我不得不劝他稍安勿躁。可是昨天晚上，我没法阻止他去向所有法国军人以及在场人员发话；我请军需官和少校吃了晚饭，当我带着他们来到舞会时，有别的军官走过来，告诉我们，命令已经下达，大家都宣了誓：

“任何法国人都不要与德·XXXX男爵夫人的女儿跳舞。先生们，希望你们也做出同样的承诺。”我问何故，他们回答我说，男爵夫人禁止她女儿与法国士兵跳舞。于是我恍然大悟，这场密谋是我引起的……

我试图去祝福那个希望在军官们跳舞的时候，传令兵们在院子里等着的男爵夫人。此举为我招来了XXXX小姐最亲切的话语，和最迷人的眼风。于是我们四目相对，交换了彼此的关注和感激，这让我生出许多希望。这个年轻姑娘是个享有教俸的修女，差不多可以为自己的行为做主。她模样儿俊俏，再说，我的天，既然一个选帝侯教务会的修女不怕我的军装，那我就可以好好嘲弄年老的男爵夫人和她那几个讨厌女儿了……

共和七年雪月十八日（1799年1月）于科隆

你肯定已经知道艾伦布莱斯坦因化冻了。这里的莱茵河段灾情严重。科隆港挤满了荷兰商人的船舶：冰凌起初紧挤做一团，后来满溢出来，涌抬到港内船舶一楼的高度，在那上面又重新封冻。接下来莱茵河突然一下缩回河床，但是河水不再在冰下流动。冰面碎裂了。原来被前排船舶挤抬上去、高度与前排窗户齐平的船只，从三十尺高的地方落回水里，大部分都被摔破了。这是个独一无二的事件，也许历史上从不曾见过。昨日我在莱茵河边的堡垒里待了一下午，观察河水的运动。与我一起的是个炮兵军官，一个才华横溢的年轻人，我与他成了朋友。我们有间四人住的房间。冰凌每涌动一次，我们就放一炮提醒港口人员注意。我用眼睛回忆着西西里国王街的情形，在点火放炮的时候，我觉得这事仍然让我开心。我亲爱的母亲，你白说了，再没有比声音更悦耳的东西了。我真希望还能用噪声来吵你烦你！……可是有人来接我吃饭了。有人叫喊、欢笑，这是一种从未被人听到过的声音；不过，尽管我喜欢吵闹，但是在与你闲聊的时候，我是舍得放弃噪声的。好吧，我不得不搁笔了，但在走开之前，我得怀着满腹的敬爱拥抱你。

我的好母亲，你十分期望和平，而我却十分惧怕和平，因为战争是我唯一的晋升之路。只要重开战争，我就能轻易而幸福地成为军官。只要适当地参与某个战事，就能获得火线提拔，战场任命。那是多大的快乐！多大的光荣！只要想到这事，我的心就狂跳不止！届时我就有假，就能回诺昂愉快地住段时间，也只有到那时，所付的些许努力，才得到深厚回报！

……这里不再以公民和女公民相称；军人间日益以先生称呼，女士们仍以“女士”相称。请转告代夏特尔老爹，他是个酣睡不醒……的人。

再见，我的好母亲，一片深情地拥抱你。

共和七年雨月七日

母亲还健在，并能享受其温情照顾的孩子是幸福的，不是吗？他这是命中注定，因为他将独享被母亲关爱的幸福！

我的好母亲，你的信让我一整天都快乐。我和勒孔特（这是一个轻骑兵的名字，我曾给他充作证人）去莱茵河对岸散步，一回来就收到你的来信。他领我去看一个批发商朋友的大船。那条船很漂亮，并未受到冰凌的撞击，船上房间十分洁净。我们把船只从头到尾各个角落都参观了一遍。船舱装满了货物。批发商正带着所有员工上货，准备运到荷兰销售。无论老板还是雇员都聚集在甲板上。天气极为晴好。在那些忙碌的人中间，唯独我们两个，轻骑兵与我什么也不做。我佩着马刀，拿着烟斗……眼睛傻傻地盯着这个场景，暗忖：“这些大商人，城里有屋，水上有船，保险箱里有黄金，而我，作为共和国的士兵，虽然出生在比他们更富裕更高贵的阶层，可全部财产却只有一把马刀、一支烟斗。但是冰凌也好，起火也好，盗贼也好，海关也好，都不能阻止我睡觉。还有什么要担心呢？管你城市崩溃，港口沦陷，我都满不在乎……甚至，我都……我对轻骑兵说，甚至，我都……下等人，你们为自己干活，聚财攒钱；我们，我们是为祖国干活，得到的是荣誉。我们的职业比你们的高贵。”

想到这里，我把正在与商人朋友喝酒的轻骑兵留在船上，独自回来找到那个修女。她曾答应我借口头疼，要出去看戏，这样就能独自在自己家待一个晚上。

共和七年雨月二十日于科隆

柯兰库尔终于动身走了，我祝愿他身体健康，旅途愉快。他深施一个屈膝礼作为回复，但是表情比平时更加冷漠。奇怪，我竟然没有流泪！

将军说我做事不多。可是他什么也不安排我做，我又怎么可能做很多事，我连一匹马也没有，再说在这里除了四处走走，看看戏跳跳舞，就没有事情可以打发时间，我还有什么事情可做？要不是我痴爱音乐，早就无聊死了，因为我不得不在房间里学习骑兵连的指挥与操练。但这上面没有什么大东西可学。自从住进我的大夫家以来，我就陪着他女儿。在我的恳求下，我的美丽修女重新捡起音乐：她本来就拥有不俗的音乐知识和技能。她让人从美因兹运来一架钢琴，弹奏起来轻松裕如，很有情趣。我也经常去玛莱太太家，在那里拉琴、唱歌。玛莱太太的丈夫是国防部驻科隆特派员公署的长官。她在家里接待此地所有法国人的头面人物，将军也去过她家几次。

我们进行了一次极为壮丽的阅兵。老天相助，天气极好。

羽饰和绣饰闪闪发亮、引人注目，军乐声整齐悦耳。这一切都令我陶醉。我很高兴。但是这一切虽然让我尝到了军旅的滋味，却无法让我满足。的确，虽然没有宣布，但战争却是重新开始了。我希望，这会是我得到晋升的信号。但愿这个愿望不会吓着你。你想想，队伍里需要进行人员更替，这就轮到我来晋升了。你知道还有比拉施塔特谈判更为可笑的事情吗？双方都彬彬有礼，但在表现友谊的同时也在炮击对方的阵地。不久见！

你告诉我的来年收获的消息可不让人开心，可是以我的乐观思想来看，既然麦子收少了，价格也就高了。你不会有什么损失的。的确，受损的是穷人，穷人会成为你的负担，你会比平常更多地接济他们。在远方，我发现我的乐观主义出了差错，而且并不是有钱有物就有慈悲心肠……

请转告圣-让[1]，军中流传着一个消息，说要征募40岁到55岁的男子当兵。果真如此，我就竭力劝他到团里当个伙头军，这样，他就只要面对火炉，而不必上火线了。我认为他不适宜当炮兵的伙头军。

共和七年风月二十四日（1799年3月）于科隆

下面还有几封信，提到了父亲在科隆的生活：

我的好母亲，不管你说什么，我身上马厩的气味并不太

〔1〕圣-让：乔治·桑祖母雇佣的马车夫。

重。你想想，我的马是最微不足道的事情。只需要一件专门的衣服就行了。而且，我们身上这种香气是如此微弱，那些美女似乎都没有闻到。再说，也得让那些美女们习惯这种气味。要是我们与她们厮混久了，那气味会更加难闻。我的好母亲，你关于增加生活费为我雇请一个仆人的想法于我并不合适。我不想这样做，一则因为你现在还没有富裕到可以承受这份牺牲；二则一个大头轻骑兵雇个仆人擦马靴排队领给养会成为全军的笑柄。我向你坦白，想到自己这种地位还要带个仆人，我首先就笑了。但是对你的好意我深受感动。要是你想到我要给马刷毛，要拿叉子叉草就难过，那我告诉你，好让你放心，我不干这些活很容易，只要我愿意，一个月六法郎，就可以叫将军的马夫替我干这些活。

女人们天生就是安慰我们，给我们解除世上的所有苦难的。在她们身上，男人只见到那些专注而让人愉悦的体贴关心，而妩媚和同情给它们以那么高贵的价值。我的好母亲，当我在你身边的时候，你让我领略了它们。现在，你又补救了我干的傻事。啊，要是天下的母亲都像你，天下的家庭就不会缺失幸福与安宁了。日子一天天过去，但是你的信却让我对你的感激对你的爱日益增大。啊，不，不应该放弃这个虚弱的造物。我知道你不会放弃他。有人通过幼鸟之口发出对人类的可怕判决，我们切莫证实这种指控并非虚言：

只要我们是鸟，
都将受母亲抚育；
如果我们是人，

或属捡来的孩子。

我的好母亲，你的考虑让我深受感动。我本该早点想到这些事情！要不是你在此事上的表现修复了我一时冲动所造成的不曾预料的后果，我也许就会被迫做些无效而痛苦的事情。宣扬和践行美德，这是你的命运与习惯。我的好母亲，卓越母亲，亲爱的母亲，再见。有人叫我去将军家。我只来得及全身心地拥抱你。

莫里斯

共和七年花月十九日于科隆

在此解释一下上面这封信。一个在家里帮佣的年轻女子刚刚生育了一个俊美男婴。他后来成了我童年的伙伴、少年的朋友。这个漂亮女子并不是受人引诱的牺牲品，而是和我父亲一样，屈从了她那个年龄的生理冲动。我祖母没有责备她，只是把她打发走，供给她生活所需，但把孩子留下来抚养。

孩子被交给附近一个农妇喂养，农妇家十分洁净，几乎和我们家门对着门。在我父亲后来的书信里，我们会看到我父亲经常从他母亲的信里得知那孩子的情况。他们母子俩瞒着我，以“小屋的”[1]来指代那孩子。不过这与旧时那些放荡贵族的“小屋的”还不一样。这只是一个乡下的“小茅屋”；

〔1〕法国贝里地区人称私生子为小屋的人。

但是在一个温柔老祖母，一个老实的乡村奶妈和一个并未被扔在医院，而是像婚生子一样得到精心养育的大胖小子之间经常有些会面。终生的关怀弥补了一时的冲动。我祖母读过让-雅克·卢梭的书，也喜欢他那个人：她从卢梭所述的真理和所犯的错误中都得到了教益[1]。因为用个坏榜样，来做个好榜样，这是把坏事变成好事。

我的好母亲，你且放心，将军没有辞职。每年去庄园住一两个月是他的习惯。他也没有忘记我，刚才还很亲切地找我谈话，说不得不送我去兵站培训，因为我必须熟悉骑兵的演练，还说不会去很久，既然伯农维尔一个劲求他给我授个官职，勃蒙舅舅也在督政府那边活动。他对我说，你得知我去了兵站会生气的，这点他清楚，但从另一方面说，你希望我在他身边做事，可去兵站是留在他身边的唯一办法，既然兵站在蒂翁维尔，而将军要去梅茨或者梅茨周围。他提前发给我路上需用的盘缠。事情就这样，你也别担心，别苦恼。只要你开心，我在任何地方都好。你想想，你要是不开心，我哪怕再阔气，生活再奢华，也会不开心的。总有一天，你会看到我当上军官，从头到脚肩章饰带，衣锦还乡的。到那时，拉夏特尔那帮有权有势的家伙会匍匐在地，对你行大礼。来吧，我的好母亲，来点儿耐心，去外面走走，到水边度度假，散散心，尽量过得开心点，要是什么往事让你难受，一时半刻把我忘记也行。不，不

〔1〕卢梭写过有关儿童教育的著作，但是他把自己的五个私生子都送了人。

行，不能忘记我，要给我勇气。我需要勇气。今晚我需要鼓起勇气来与人告别！她还不知道我要离开。今晚我得告诉她，眼泪将取代幸福。从前我总是在陶醉中想念你，而今我将在痛苦中想念你。现在我要搁笔了，下封信我会写得更长。将军希望我在伯农维尔动身之前给他写封信。

你有关“小屋的”举措都是极好极让人放心的。你照顾了我的自尊，我向你保证，我绝不因此而暗自庆幸。你虽然没有责备我，但我做了很多自谴。你保护弱者，阻止不幸。你真善良，我爱你！

共和七年牧月（1799年6月）十九日于科隆

我的好母亲，你有烦愁，我也不开心，但这是因为你痛苦我才这样，因为我自己的痛苦，我有勇气面对，我总是对自己说，不能因为爱情而忘记责任。可是你的痛苦，我就没有力量承受了。我看得出来，你的生活被无休无止的极端的担忧毒害了。天哪！你给自己打造了吓人的噩梦。我亲爱的母亲，你还是睁开眼睛吧，好好看清楚，在这一切里面，根本就没有那么糟的情况。那么有什么情况呢？我动身去蒂翁维尔，一个最最安宁的内地城市，而且带着将军的友谊与保护。将军把我介绍给少校。因此只有奉他的命令我才能从那里出来，这样一来你如此担心的那些偶然事件也就不那么容易遇到了。要是我能让你当几天轻骑兵，让你看看当这种兵是多么容易，一旦穿上那套军服就啥也不用操心了，那该多好啊。你知道我会怎样离开科隆吗？流着眼泪离开？否，得收起眼泪，在欢庆的喧闹声中离开。当我把要走的消息告诉朋友们时，他们都叫嚷起来："得欢天喜地地把他送走。得在他第一个歇脚处跟他大喝一场，不醉不分手，因为不这么热闹一番，就显得太冷漠了。"这样一来，我们就套了三辆双轮轻便马车，两辆货运马车和五匹骑用马去波恩。送我的人不仅有同桌吃饭的战友，还有一个轻装步兵的年轻军官，他是个俊朗的巴黎人，受过很好的教育。还有摩尔诺瓦和将军的几个秘书，以及一个粮库保管员和要塞的一个年轻士官，他很敬重这个快活的群体，阻止人家因为大吵大闹而扣留他们。其实他性子温和，大家都喜欢他。你看得出来，钱财和社会地位在这群人中未起任何作用。大家都不看重这些，尤其是年轻人。年轻是真正平等和博爱的年纪。

我们这一行已经有二十来人了，但时刻还有新人加入进来。科隆这个城市是多瑙河军团左翼所有雇员的集合中心。在这些雇员中有大批优秀的年轻人。我与他们都有来往，我们一起游泳，一起打枪，一起玩球，等等。他们不愿意随便放我这个快乐伙伴离开，一定要举行一个隆重的告别仪式。公共马车行的承包人是个很友善的年轻人，连他也受到感染，虽然不愿参加聚会，但是让我们免费借用他的车马。我威风凛凛地骑在马上。如果当年古罗马皇帝亚历山大是洋洋得意地开进巴比伦城的，那我相信自己进入波恩城时，一定比他还要自负。

共和七年牧月（1799年6月）二十六日于科隆

四

父亲接受战火洗礼。

莫里斯给他母亲写道：

我的好母亲，正如我先前告知你的，我从科隆动身，一队载着吵吵闹闹疯疯癫癫的年轻人的车辆马匹随行。打头的是将军的参谋摩尔诺瓦和勒卢阿，我背着卡宾枪和子弹盒，骑着我那匹披着轻骑兵鞍鞯的匈牙利战马，走在他俩之间。沿途所经之处，岗哨都持枪立正，见到这些迎风飘摆的羽饰和招摇而行的马车的人，都不相信这些车马随从是在护送一个普通士兵。

我们没按原来的打算去波恩，离开大路之后，就径直朝昔日选帝侯常驻的官署布鲁尔城堡奔去。这里比波恩城更适合为一个年轻士兵举行送别仪式。一行快快活活的人用过点心，接下来就参观宫殿。这是一座模仿凡尔赛宫的建筑物。已经破败的套房里还保留着美丽的绘有壁画的天花板。非常宽敞明亮的楼梯由雕着浅浮雕的女像柱支撑着。但是这一切尽管富丽堂皇，却不可磨灭地打上了德国人低劣趣味的印记。他们在抄袭法国人的时候，忍不住画蛇添足；因此，哪怕他们只是模仿我们，那也模仿得太过拙劣。我与轻骑兵军官在这座宫殿久久地漫步。他和我都痴迷艺术。

接下来我们与大家在花园里会合，在里面四处走了一圈之后，有人提议来一场球赛。我们便在一个由高大乔木围着的漂亮草地上打起球来。天气晴朗。大家穿着短衣短裤，仰着头，盯着球，竟相击打气球。当人们从一条阴森的小路深处送上为宴会准备的各色菜肴时，大家都丢下气球，抢起食物来。那些小馅饼还没摆上桌子就被吞进嘴吃掉了。大家在席上一边发疯胡闹，一边又表现出恋恋不舍的似水柔情。到宴会结束，大家让我在浓荫如盖遮天蔽日的大树上刻下我们轻骑兵的一个号角和一把马刀，在中间则刻上我的姓名起首字母。我刚刻完，大家就一拥而上，在周围分别刻上他们的名字。还刻上这条题铭：我们的思念随他而去！大家傍着大树围成一圈，用葡萄酒浇灌它，然后轮流用我的军帽喝酒，称这是友谊的酒杯。由于天色已晚，有人牵来我的坐骑，大家一个个上来与我拥抱，然后让我上马。我在马上坐好以后，还有人要来拥抱我。我们洒泪而别。我策马疾跑，一会儿就看不见他们了。

我现在独自一人，行走在通往波恩的大路上，为失去朋友和情人而郁闷。上午我有多么开心，晚间我就有多么惆怅。总之这种麻醉自己的别离方式是我经历过的最最痛苦的方式。它不但不能鼓励你，反而会驱走给你勇气的理智；你刚才还坐在以为永久不散的宴席上，突然一下就成了个孤家寡人，以为走出了一个梦境……

再见，我的好母亲，我拥抱你，然后重新上路。

共和七年获月二日（1799年6月）于伦施特拉

嗨！我的好母亲，我要一劳永逸地让你不再担惊受怕，因为我现在很幸运。这里和别处一样，事情办得非常顺利。一进城，我就碰到一家理发店，我把马拴在门外，我走进里面。一如平日，我不让自己受半点委屈。我振作起来比马儿还快。我把这事看作一个好兆头。我飞身上马，它也一扫疲态。

我到达兵站司令部，找到参谋长布尔西埃，他以平常的快乐和坦诚接待并拥抱我。他对我说，将军的介绍信还没到，但是我尽可以先去报到，介绍自己。他带我去见兵站名叫杜普雷的司令长官。这是一个旧制度下的军官，很像我们的朋友德·拉多米尼埃尔先生。我向司令长官报告我是谁，从什么地方来。他也拥抱我，邀请我吃晚饭。他批准我不去司令部睡觉，对我说他希望我与军官们住在一起。的确，我每天都是与他和其他军官一起吃晚饭……

我是在参谋长家里度过白天的。我是在他的书桌上给你写信。我们的餐桌上还有一个新征的年轻人，也是个普通轻骑兵。他出生于列日一个数一数二的家庭，小提琴拉得像盖南或者梅斯特里诺一样好。除此之外，他又和善又聪明，很得司令长官的欢心。因为司令长官本人会吹长笛，喜欢音乐，重视教育，对有才华的人另眼相看。喏，我认为，每个人的差异有助于彻底消除刚刚取消的特权，而我们的哲学家们所憧憬的平等，只有等到每个人都具有某种文化修养，能够与别人融洽相处友好往来时才能实现。你怕看到我当个大头士兵，因为你以为我不得不与一些粗汉莽夫同吃同住。

其实你先想一想，粗汉莽夫哪有你想象的那么多，粗鲁只是一种性格问题，教育可以让天生粗痞的人变得文雅。我甚至认为，让粗汉莽夫虚有彬彬有礼的外表，只会使他们更加伤人，因为完全未受过教育而被人原谅的人，反倒没有他们这么粗鲁。因此我更喜欢与某些从农田走出来的新征士兵交往，而不喜欢与德·柯兰库尔先生这样的人厮混。我更喜欢我们贝里地区农民的性格，而不喜欢某些德国大男爵的格调。愚蠢不论在何处总是让人反感，而友善则反而可以让人得到宽宥。我承认，与没文化的人在一起，我不可能长久快乐。我觉得，别人缺乏思想会在我身上引起一种让我患病的思想需求。在这方面，你把我惯坏了。要是我不曾学到音乐这门让我陶然欲醉忘记一切的本事，本地一些不能不交往的圈子会让我无聊得要死。但还是回过头来说说你的忧愁吧。你明白你的担忧是没有理由的。我不管在什么地方，总能遇到一些可爱的、能够与你的士兵平等交往的人。我虽然避免拿出德·萨克森元帅外孙这个身份炫耀，可不论到什么地方人家都这样通报我介绍我，这肯定对我是有利的，能够为我开路。不过这也迫使我具有一种责任心，倘若我是个粗野人，或者是个讨厌鬼，那我远不会从出身里得到好处，反而会因此遭受指责，更加被人仇恨。

因此我们能否成人在于我们自身，或者更明白地说，在于我们从教育中得到的原则。我之所以还算个人，还能让别人生出好感，这是因为，我的好母亲，你费心尽力把我培养成为一个无愧于你的人。

加之我的运星把我推进友善的人群，因为驻扎在此地的舍姆堡龙骑兵团丝毫不像我们团。这个团的军官要傲慢得多，与无军衔的年轻人的距离也要远得多，尽管年轻人里面有些人很有教养。在我们团，情况完全相反，当年轻人讨官长喜欢的时候，官长是他们的伙伴、战友。他们会挽起我们的手臂，来和我们一起喝啤酒。而当他们和我们各自履行职守的时候，我们会更加服从他们指挥，更加尊敬他们。

在我们这里，情况完全反过来，下士与中士对我极为关心爱护，就好像我是他们的上级。他们有权指挥我，把我关禁闭室。但他们却侍候我，好像是我的马夫。操练时，我骑的总是最好的马，而且总是备好了马鞍，套好了笼头，由这两人牵来交给我，几乎都要扶我上马了。待到操练结束，他们从我手里接过马缰，接下来的事就不用我去打理了。他们做这些事的时候是那么滑稽，弄得我和他们一起捧腹大笑。我的司务长尤其是个有教育原则的人，他成了新兵们的代夏特尔。这些新兵是些善良的小农民，他绝对想培育他们养成良好的习惯。他不允许他们玩投石饼的游戏，因为这种游戏乡村味太重。他也注意他们的语言。昨日有个新兵跑来报告，说战马快都上鞍完毕。“怎么，”他有些生气地说，“我不是跟你们说过上百次了，不要说快都？就说：报告司务长，准备好了！再说，我也会过去的。”他训完这番话，果真过去了。

共和七年获月十四日（1799年7月）于蒂翁维尔

“我要是能读书识字，十年前就当下士了。”蒙托西埃说。我的好母亲，我能读书写字，在获得将军任命的军阶后，眼下正在履行我的职务，我当了我这支队伍的头头。此时，这支队伍排成一列，手持马刀，在接受训示：不论我怎么指挥，都要服从命令。今天这个著名日子之后，我的军服袖子就要添上两条人字形杠杠了。我是骑兵小队长，也就是说，是二十四个士兵的头，也是监督他们的衣着与发型的军纪检察员。这样一来，我就没有属于自己的时间了。从早上六点到晚上六点，我忙得连打喷嚏的工夫也没有。

我们母子分离是痛苦的，不过我应该做出努力，走出这种安逸的生活，由于我无忧无虑，又天生有些懒惰，在这种生活状态里也许变得有些自私。你是那么爱我，以至于没有发现我的自私。你看到我接受了你给予的幸福，就以为你的幸福是我给予的，但如果我自己察觉不到发现不了这一点，那就太不知好歹了。我必须依靠外部的并且是不可推却的情况来把自己拉出这种无所事事的状态。这其中也有宿命的成分。这种宿命会碾碎弱者和畏怯者的心灵，但是会拯救接受它的人的灵魂。瑞典的克利斯蒂娜有句格言：Fata viam inveniunt （命运为我引路）。我则更喜欢拉伯雷的圣言：Ducunt volentem fata, nolentem trahunt.（接受命运者，命运为其引路，抗拒命运者，命运让其爬行）。你会看到，这就是我的生涯。在一场革命中，总是由马刀来解决难题，现在我们与敌人交锋，来保卫哲学上征服的地盘。我们的马刀会有道理。我的好母亲，你的朋友伏尔泰与卢梭现在需要我们的刀枪。当我父亲当年与让-雅克·卢梭闲聊时，是谁曾这样对我父亲说，他儿子将来有一天不会做包税人，不会做财政官，不会是阔佬富豪，也不会是才子佳人，甚至也不会太达观明理，他不管自愿还是被迫，都会是一个共和国的士兵，而这个共和国就是法兰西？思想就这样变成了现实，而且是远远超出人们想象的现实。

我就想到这些。我的好母亲，再见。我去给马喂燕麦，或者清除马粪。

共和七年获月二十日（1799年7月）于蒂翁维尔

我的好母亲，我仍在蒂翁维尔。从早上四点到晚上八点，不是操步就是练习骑马，你想象一下，我作为下士压队的情景。晚上精疲力竭地下操回来，我没有半点时间与缪斯亲近，也无时间游玩与嬉笑逗乐。我错过了一些最有意思的聚会，疏忽怠慢了最漂亮的女子，也几乎不再拉琴练曲……我是个地道的下士，我一门心思研究战术，看到我成了一个严格的积极的榜样，我都愣住了。最奇怪的是，我居然喜欢这样，不再留恋过去那种自由散漫的生活。

你真好，这么关心“小屋的”！要是天下母亲都像你这样，现实中就不会有忘恩负义的儿子了！

我收到了钱，付清了所有的花销账。我现在收支相抵，也就是说，没有一文钱，但也不欠债。月底之前不要给我寄钱。这里买什么都可赊欠，再说我什么也不缺。我的好母亲，再见，我一片衷心爱你，拥抱你。请转达我对代夏特尔老爹和我保姆的友情。

共和七年果月十三日（1799年9月）于蒂翁维尔

上面大家读到的书信，写的是蒂翁维尔的日期，其实是在柯尔玛写的。这是个善意的谎言。下面这封信解释了我父亲说谎的原因。

一场收获桂冠，收获光荣，收获胜利的战争，在二十天的时间里，俄国人战败了，被赶出瑞士。我们的军队准备再次开进意大利。在莱茵河另一边，奥地利人也被打退了。这显然是重大新闻，幸运结局！……我的好母亲，你儿子感到满意，因为这个光荣也有他一份。在十五天时间里，他接连参加了三场战斗。他表现得非常神勇。他饮酒，欢笑，唱歌；想到明年一月他就可以拥抱你，可以把他有资格获得的桂冠带到诺昂，带进你的房间，献到你脚下，他就快乐得一蹦三尺高。

我发现你会为这种语言感到惊讶、窘困，会向我提出上百个问题，会有上千个疑问要我解释：我是怎么去瑞士的，为什么离开蒂翁维尔。我会回答你的所有问题，向你陈述当时的形势，以及引导我采取行动的思考。当时怕不必要地引你担心，我才没有告诉你去瑞士参战的消息。

我是军人，我希望继续军人生涯。我的运星，我的姓氏，我被人介绍的方式，我和你的幸福，都要求我严格要求自己，对得起人家给我的支持和保护。你尤其希望我出人头地，当上军官。唉，我的好母亲，如今在法国军队里，没打过仗的人是不可能当军官的，这就和在13世纪，把一个没有受过洗的土耳其人提为主教一样不可能。你必须明白，这是铁定无疑的事。一个男人，不管是什么身份，不管在哪支部队，没见过炮火就当军官的，都会被别人看不起，只能成为别人的笑料。那些看不起他笑他的人，不是他的部下就是他的同伴。他的部下不会评价他的才能，只会敬重有胆魄的人。他的同伴虽然能够评价他的才能，却也看不起他的经历。由此推出两件必须做的事情，一件是为当军官必须参战，另一件是，为当个幸福的军官也必须参战。我从一开始就对自己说，一定要尽早参战。因此，你会认为我离开诺昂是想在卫戍部队过一辈子，当个讨人喜欢的大头兵？既是这样我还有什么必要去兵站受训？答案当然是否定的，我一辈子都在梦想参战。我的好母亲，要是在这件事上我对你说了谎，请你原谅，因为我害怕吓着你，才这样做。

在将军打算让我离开他之前，我就申请回到战斗部队。他先是愉快地接受了这个申请，后来又被你的来信打动，生怕让你担心，便答应你对我的命运负责。因此他派人把我叫回来，说送我去兵站受训，因为你不愿让我打仗。但是我告诉将军，天下的母亲多少都像你这样，但是一个男人，唯一允许做的，甚至必须做的违逆之事，就是参加战争。将军认为我说得有理。

“先去兵站吧，”将军对我说，“到那里，一旦开战，您可以随同第一支参战部队出发。那样，您母亲就没法指责我了。您是凭自己的意愿行动。”

于是我来到蒂翁维尔，第一件事就是打听有没有部队开拔参战。我掩饰不了渴望重返部队的心情。我焦急地等待了一个月。终于，兵站组织了一支参战的小分队，我成了其中一员。我每天参加这支部队的训练，与资格最老的轻骑兵谈论战事。他们也看出我是多么渴望分担他们的疲劳和工作，分享他们的光荣。我的好母亲，这正是他们对我友好的秘密。它远超过我对他们的“欢迎”。最后出发的日子定下来了。我们只需等待一周。我给你写了一些无聊事情，但是我如果没有参战的想法，你认为我会去热心地洗刷战马，配置装备吗？

就在我准备出发之际，收到将军一封来信，将军措辞确实亲切，但是意思十分明确，就是他希望我留在兵站，直到接受新命令为止。你瞧他要我扮演一个多坏的角色呀。我要是留下来，又怎样向全团官兵解释，让他们相信，这事怪不得我呢？我绝望得要死。我把这封要命的信拿给所有朋友看。军官们倒没问题，他们都明白我是无可奈何，十分痛苦。但是不识字不会推理的士兵却不会相信。我听到背后有人议论：“我就知道他不会出发的。世家子弟害怕了。人家有人罩着，绝不会上战场。”听了这些话，我额头上直冒汗，我把自己看作一个受到侮辱的人。尽管白天训练很累，夜里我却辗转难寐。我患了心病。你可能注意到了，那段时间我很少给你写信。怎么告诉你这种事呢？你是绝不会相信的。

最后，我实在没办法了，就去找杜普雷长官，把那封要命的信拿给他看，告诉他我决心违抗将军之命，如果需要，我将离开骑兵团，舍弃下士军衔，以一个志愿兵的身份，加入遇到的第一支部队参战。我那时就像疯子似的。杜普雷长官拥抱我，赞同我的做法。他把我的情况通报给队长和团里的一些军官。他很清楚，我要是不能在这次战斗中抓住机会出人头地，显声扬名，那就会耽搁，甚至可能耽误前程。他对我说，他负责向将军报告我出发的消息，并说即使因此失去将军的保护与善待，我也不要犹豫，因为将军也不见得会怎么样。听了他这番话，我大受鼓舞。出发的早上，我与分遣队的战友骑上马，所有军官都来与我拥抱告别。让所有士兵觉得意外的是，我居然和他们一样踏上开赴瑞士的大路。我不愿意告诉你我的决定（首次遭遇敌人让我接受的洗礼证明我的决定是对的），我就把柯尔玛写信的日期改成从蒂翁维尔发信的日期，并且把信寄给玩乐器的高手阿尔迪，请他帮我从蒂翁维尔转寄。我们在路上走了二十天，穿过巴塞尔地区，在格拉里地区与骑兵团会师。在那里我们看到了覆盖着深绿色松树的陡峭群山。而上面覆盖着永不消融的皑皑白雪的群峰则插入云端。从山岩间冲出来的湍流发出震天动地的轰鸣，从森林间穿过的风发出尖声呼啸。不过现在那里不再有牧人的歌声和牲畜的嗥叫。居民们一看见我们就逃走了，匆匆地抛弃了他们的山间木屋，赶着牛羊进了大山。村子里不见一只活物，整个地区死气沉沉，一片凄凉。看不到一只果子，喝不到一杯牛奶。十天来我们就吃可恶的面包，还有政府配给的更加可恶的肉类。另外行动的十天我们只能食用几乎是生的土豆和能够找到的烧酒。因为我们没时间留下来把土豆煮熟。

葡月三日开战。我们从所有地点向敌人发起攻击，从利马斯和林斯切断他们的后路。凌晨三点发起进攻。人们跟我说过那么多头一炮！大家都谈论它，却没有一个能够跟我说出头一炮的感受。但是我愿意说出自己的感受。我向你保证，它远不会让你难受，反而让你觉得有些快意。你想象你在郑重其事地等待什么事情发生，突然传来一声震天动地的巨响。这是第一幕，威武雄壮的歌剧正式开演。在深更半夜，在十倍百倍放大声音（你知道我喜欢声音）的山岩中间，千炮齐发，万枪齐射，这是声音多么响亮的开演！效果多么震撼的开演！当太阳照亮战场，给盘旋着上升的硝烟镀上一层金晖，全世界所有歌剧加起来也没这样美。

从早上起，敌人就放弃了左翼阵地，把力量收缩到右翼的乌兹纳克。我们朝那里进发。我们跟在步兵后面，保持战斗队列。步兵在横渡阻隔在我们与敌人之间的河流。工兵冒着敌人的炮火架桥。与我们交锋的是俄国人，那些家伙打仗真行。桥一架好，就有三个营的部队从桥上开过去。可是他们刚到彼岸，大量敌人就朝他们压过来，人数比他们要多得多。于是过了桥的部队仓皇后撤，溃散过桥，半数士兵已经到达左岸，就在这时因为负重太大，桥一下断了。还在右岸尚未退回的士兵看到后路断了，便横下心来，反正是死，索性拼死一搏。他们等着二十步外的俄国人，与之展开一场可怕的戮杀。我承认，尽管我们部队的英勇自卫让我心生敬意，可看到这么多人倒下，我还是全身发抖，不寒而栗。我们在高地上安放了一门十二寸大炮，炮兵及时开炮，支援对岸的我军。桥很快修好了。后军飞速过桥去支援我们的勇士。于是胜局已定。如果桥没断，敌人利用我军溃退冲过来，战斗就会失败。河边都是沼泽地，骑兵没法前进，只能在战场露营。而把伤兵运送到救护车的道路，必须经过我们的营地。我们烧起熊熊的篝火，把营地照得明如白昼。那个场面真是恐怖，我从未想到，我看到那个场面会如此难受。我真想让那些决定民族命运的最高主宰在那里停留停留，哪怕只停留一个钟头。作为惩罚，应该让那些掌握着战争或者和平钥匙的人，那些不是出于神圣动机，而是出于可耻的个人利益而决定战争的人，眼前不断浮现出那个场面。

那天晚上我满意地保全了一个人的生命。那是个奥地利人，躺在我们火堆旁边，我仔细察看他的情况，发现他只是大腿受了伤，但是又饥又累，几乎停止呼吸。我喂他喝了点烧酒，让他回过命来了。我们的人都睡了，我去向他们提出，要他们帮我把这个伤员送上救护车。但是他们也都饿了，便拒绝了我的提议。他们中的一个建议我来完成这件事情。这个想法让我不满。我本来也是又累又饿，正窝着一肚子气，也不知道琢磨他们话里的意思，就激动起来，愤怒地跟他们说话，指责他们心狠。最后他们中有两个人站起来，过来帮我抬伤员。我们用一块木板和两支卡宾枪扎成一副担架。又有一个轻骑兵被我们带动，也加入我们的队伍，我们四人就抬起伤员，蹚着没膝的泥水，走过沼泽，把他送上两公里外的救护车。他们在路上抱怨担架太重，商量扔下伤员，好歹让我独自对付。我则一路上给他们打气，并用大兵们的语言对他们大背哲学家们关于我们应该怜悯战败者，这样我们就有望在将来受伤时受到同样对待的精彩论述。这些人并不坏，因为担架很沉，但他们还是听从了我的劝说。最后，我们到了，把伤员安置到一个有望救他性命的地方。我亲自叮嘱了伤员几句，就和三个轻骑兵一起走回来，心情愉快，比参加了一场最隆重的舞会，或者听了一场最动听的音乐会还要满足。回到营地，躺在篝火旁，我安心地睡了，一觉睡到大天光。

过了两天，我们到了敌军盘踞的格拉里。这场攻击战的指挥官莫里托尔将军向部队要一个聪明人。部队就把我派到他身边。他晚上去侦察敌军阵地，我陪他前往。第二天我们发起攻击，把敌军赶出城。在战事进行期间我给将军充当参谋，这个差使让我十分开心。我几乎给他麾下的不同部队都传达了命令。敌军往后撤退，林斯河十几公里河面上的桥梁都被焚烧一尽。两天之后，由于敌军向我军右翼发起强有力的反攻，莫里托尔将军便派我去苏黎世，给玛塞纳将军送信，可能是请其支援。我坐联运车前往。我在距离苏黎世三十公里的雷舍维尔下了车。你猜我下车在岸边碰到的第一个人是谁。是德·拉图尔-德·奥凡涅先生！他与安倍尔将军在一起。他认出我来，便跑过来搂住我，我也激动地拥抱他。他把我介绍给安倍尔将军，说这是德·萨克森元帅的外孙。

将军邀我消夜，并在他家里睡觉。我很需要睡一觉，因为我精疲力竭，眼皮子都打架了。第二天，德·拉图尔-德·奥凡涅先生与我聊天，跟我说到你，对我没有过多征求你和阿维尔将军的意见表示赞同，因为你太慈柔，将军又太谨慎。他还补充说，今年冬季我要请个三十天假去探望你其实很容易；还说督政府有权每年任命五十名军官，我可能在那名单上。他准备不久后回巴黎。他会去跟伯农维尔说一说。他本人在督政府那里也有些影响力，负责为我请假。这样一来，我的好母亲，搭帮你那个讨厌的英雄，我就能够回来拥抱你了！我沉湎于这个念头，眼前浮现出自己回到诺昂，扑到你怀里的情形。伯农维尔有可能把我安排进他的参谋部，这样我就能够更经常地回家看望你。我的好母亲，今年冬季我们就能安排好这一切。万事开头难，但总得经过开头这一段。请放心，我做的事情没有错。

我们于四天前离开格拉里，前往康斯坦斯。路程为十八当地里，合二十五法国里（相当于一百公里）。我们冒着倾盆大雨，马不停蹄走完这段路程，到达目的地，在几乎成为泽国的草地上宿营。但是我们疲惫之至，到处都有人睡着了。我们赶到时战斗还在进行，到晚上我们就成了城市的主宰。敌军似乎就要完蛋了。我们来到此刻我给你写信的村庄。要在这里露营二十来天。这是唯一能够写信的地方。我们的目的达到了，便放弃了瑞士。现在我们去休整。我的好母亲，不要为我担心，我尽可能经常给你写信。尤其不要为我今日才把参战消息告诉你而生气。我要是早早告诉你，你绝对不会同意，或者你会终日处在担惊受怕之中。战争只是一场游戏。我不知道你为什么视之为吃人魔怪。其实它根本算不了什么。我向你保证，攻打格拉西，看到俄国人往山上爬，我觉得很好玩。我们很轻松就把他们干掉了。他们的精锐部队士兵就像坐在车队里的士兵一样成了我们的死目标。他们的骑兵里有很多鞑靼人。他们穿着莎士比亚《奥赛罗》里骑兵那种褶子马裤，一件有盘花纽的短上衣，一顶乳钵形状的无檐帽。我给你附上一幅速写。他们在格拉里地区有六千之众。他们的战马大多未钉马掌，都留在路上，几乎都被累死。

我刚刚收到你两封信，是果月五日与八日的。我的好母亲，它们给我带来多大的快乐和福利啊！我还收到一封热月二十五日的。是六天前收到的，当时我们正在瓦伦斯达特湖畔露营。我坐在一块伸出于那个美丽湖泊之上的岩石尖角上读信，那一刻真是舒适惬意：眼前是一片迷人风光；心中是为祖国尽了力的豪情，手上是你的来信！这是我一生中最幸福的时刻。

你想认识我们队长？他名叫奥尔德纳，是个四十来岁的阿尔萨斯人，身材高大，性格刚毅，非常勇敢，打起仗来异常勇猛，在军事历史地理方面受过教育，是个出色的官长。乍一看上去有点像队长罗贝尔。由于是伯农维尔介绍的，他接待我非常客气。

正如我告诉过你的，我收到了你寄到蒂翁维尔的那一百五十法郎。除了两个月三十法郎的葡萄酒钱，我把所有账都付清了。酒钱阿尔迪替我付了，到时我再还他就是。你瞧我与伙伴们饮酒并没有让我倾家荡产。我更愿意一钱不剩出发，而不愿意在身后留下一屁股债。不错，我在战争中没有发财，因为四个月来部队没有开饷。不过我不清楚有什么地方要请你给我寄钱。你且放心，别人过得去，我也会过得去。你要愿意，就请把阿维尔将军的地址寄给我。我不知道在什么地方可以见到他。我的好母亲，再见。

我希望这是一封长信。天知道我什么时候会有时间再给你写这样的信！不过请确信，我不会白白放过机会。别担心。我全身心地拥抱你，拥抱你一千遍。再见到你时我会多么快乐！告诉代夏特尔，我在炮声中想念他，想念我的保姆。保姆真该来我们的宿营地替我掖被子。

共和七年葡月二十日（1799年10月）于图尔戈维区韦因费尔登

五

跟随拿破仑参加马伦哥战斗。

我父亲希望度假，可是好不容易才得到批准，而且还必须借用德·拉图尔-德·奥凡涅的信誉。1800年初，母子两人终于在巴黎团聚，并在那里过冬。我父亲被人介绍给波拿巴特·拿破仑，波拿巴特·拿破仑答应将他调到第一轻骑兵团，以参谋部参谋的身份在杜邦将军麾下效力。

我父亲于威尔司令部写给他母亲的信：

我总算到了这里！没有马，徒步穿过山区、在无人的荒漠和荒凉的村庄跋涉，真不是件轻松事。每天我都与参谋部相差一个白昼的路程。他们终于在巴尔德要塞前面停下来。我们的大军受其阻拦，无法进入意大利。我们现在处于皮埃蒙特的崇山峻岭中央。昨日一到此地，我就被人介绍给杜邦将军，受到他十分友善的接待。我成了他的参谋助理。今日收到任命书副本和任职资格证书。我先把此事报告你，免得你担心着急，觉得先前讲述的事情都变成了折磨你的精神苦刑。我们现在到了一个会要饿死人的地区。司令部的组成人员，除了三个将军，在我看来都怪异可笑。不过到达二十个钟头以来，我注意到除了副司令和所有参谋对我比较尊重以外，其他人都不把我当回事。我认为明白了其中的缘故。以后等我观察更加全面以后，我会告诉你的。

我穿过了圣-伯纳尔山。现实的山峰比文字与图画所描绘的还要险峻。头天夜里我在山脚下的圣-皮埃尔村休息，早上起来饭也没吃，就去十二公里外的山上的修道院，那里位于冰川，是永冻地带。十二公里路程都是在雪地上跋涉，在山岩间穿行，一路上没有一株树和一棵植物，每走一步都面临深渊和洞穴。头天发生了雪崩，溃雪截断了道路，使得我们无法通行。我们在一直没到腰部的雪里行走，摔了很多跤。唉，半个旅的人马肩扛大炮和弹药，就在雪地行走，穿过一个又一个障碍，登上一座又一座山岩。这支队伍坚毅决绝，艰难地行动，高唱战歌，发出声声呐喊，这是最为特别的场景。在这些群山之中，集合了两个师的部队。阿维尔将军是这些部队的指挥官。他就是为指挥这些部队才来到这冰天雪地之中的！到达修道院，我遇见的第一个人就是阿维尔将军。他看到我来到如此高的山上，也很惊讶，尽管冻得一身发抖，还是很友好地接待我，既未提起我违反命令之事，也未对我表示任何批评责备的意思。也许他会留在别的时刻来做，当下他只想着吃饭的事儿。他邀我与他一同进餐。但是我不愿离开一路同行的战友，就婉言谢绝了他的好意。修道院的院长让人给我们送上非常简陋的饭菜。我一边吃饭，一边与院长聊天。他告诉我，他的修道院是欧洲海拔最高的居住点。他指着一些肥狗说，它们帮他搜寻被雪崩埋住的爬山客。一个钟头之前，波拿巴特·拿破仑还抚摸过这些狗。于是我也毫不拘束地像波拿巴特·拿破仑那样摸了摸狗。当我向院长说起在我们的舞台上，他的修道士们好客的美德获得公众钦佩赞赏时，我很吃惊地从院长嘴里获悉，他知道那出戏。向院长友好地道别之后，我们往山下走，到皮埃蒙特的阿奥斯特山谷。二十八公里路程，一直是下山路。我让骡子背负我的行李，一直行走了四十公里。到了阿奥斯特，我跑到领事馆，去见勒克莱尔，在那里遇见的头一个人，就是波拿巴特·拿破仑。我走过去，感谢他任命我为参谋。他突然打断我的谢辞，问我是谁。——“德·萨克森元帅的外孙。”——“哦！好哇！您在哪个团？”——“第一轻骑兵团。”——“很好！但第一轻骑兵团不在这里呀。这么说，您是司令部的参谋？”——“是啊，将军！”——“很好！看到您我很高兴。”——说完他就转身离开了。说实话，我总是有运气。要是成心干什么事，反而干不成。我一下就当了参谋，而且不用等三个月求见，就由波拿巴特·拿破仑亲口证实了此项任命。你以后写信，就写预备队司令部参谋杜潘公民收，保准送到我手里，不用再写别的称呼。

我们对面的那座要塞，巴尔德要塞，阻止我们进入意大利。不过我们已经决定要绕过它。因此司令部准备明日去伊弗雷驻扎。我觉得很欣慰，因为在此地我们只能吃到半份食物，我的鬼肠胃不肯老老实实地接受半饱。你在巴黎把我喂肥是做对了，因为我认为此地没有人会这样做。我的好母亲，再见，我衷心地拥抱你。希望这次离别没有让你像从前那样难过。想一想我们不久又会见面的，而且会带来好结果。

共和八年牧月四日于威尔司令部

哇！我们到了，我们到了！让我们畅畅快快地呼口气吧！到了哪儿？米兰。要是一直这么快走下去，我相信，不久就要到西西里岛了。波拿巴特·拿破仑把一个货真价实的司令部改造成了一支轻装简从更为灵活的先遣队。他让我们像野兔一样奔跑。也罢！从威尔动身以来就一刻也不曾停歇。最后，我们于昨日到达此地，我抓紧时间写信与你说说话。接下来我们又将恢复从威尔开始的行军。我跟你说过，我认为巴尔德要塞是唯一阻挡我们进入意大利的障碍。波拿巴特·拿破仑一到，就指挥部队发起攻击。他检阅了六个连队。“我的掷弹兵们，今夜拿下这里，要塞就是我们的了。”过了一些时候，他走上一块山岩，坐下来。我跟着他，就站在他身后。所有师长都围在他身边。卢瓦宗向他报告顶着敌人的炮火攀爬这些山岩峭壁的困难。此地易守难攻，敌军只消点燃炸弹炮弹，让那些浑圆的弹丸滚下来，就可阻挡我军接近。波拿巴特·拿破仑什么也不愿意听，在检阅时他反复对那些掷弹兵说，要塞属于他们了。凌晨两点发起进攻的命令下来了。要塞距司令部有八公里，我没骑马，也没接到上前线的命令，就和散步的同伴一起回到威尔。吃过夜宵，向同伴们道过晚安，也没给他们打招呼，我就独自一人再度向巴尔德要塞出发。到那里要经过一条狭长的山谷，两旁峭壁林立，上面覆满岩柏。夜色浓重，伸手不见五指。荒岭野地间，只有黑暗中湍急的溪流声，和远处要塞的沉闷炮声，才打破这一片静寂。我轻快地往前走，已经能够清晰地分辨出炮声了。不久我就看见了炮口的火焰，又过一会我就进入了大炮的射程。我看见两个士兵卧在一块岩石后面避开炮火。我判断杜邦将军应该和总司令在一起，就问那两人是否看见总司令。“喏，就在这里。”其中一人边回答边站起来。原来他就是贝尔蒂埃〔1〕本人。我告诉他我是谁，想找谁。他把杜邦将军所在的位置指给我看。他就在巴尔德城的大桥上。我去桥上，发现将军在那里，周围都是掷弹兵，正等待进攻的命令。我加入他的随从行列。在他转过头来的时候，我祝他晚安。——“怎么，是你？”他吃惊地说，“你没接命令就来了，而且是步行？”——“将军，请允许我来参加战斗。”——“来得正好！进攻就要开始了！”

士兵们把六门大炮和一些弹药送到要塞脚下。将军的参谋们随同前往。我跟着他们，始终是步行。走到半路，有三颗炮弹同时射过来。我们进入一座敞开的房子躲避。等炮弹爆炸过后，我们继续赶路，但仍然被榴弹或者圆炮弹尾随。进攻一时无效。我们翻过最后一道沟壑。但是敌人仍不停地发炮，弹丸在岩石间四处滚动。而云梯太短，测距失误，致使我们进攻失败，铩羽而归。

次日早晨，我们去伊弗雷。从一条当地人从不敢牵骡行走的小径绕过要塞。我们有好几匹骡子失足坠入山沟。波拿巴特·拿破仑的一匹坐骑也摔断了腿。走到俯临要塞的一处高

〔1〕贝尔蒂埃（1753—1815），法国著名将领，拿破仑麾下的元帅。

地，波拿巴特·拿破仑停下来，心情烦闷地举起望远镜观察这个刚刚锉败他的进攻的战略要津。经过千辛万苦，我们终于来到平原。由于我是步行，杜邦将军便赏我一匹坐骑，因为他对我昨晚的表现十分满意。我与杜邦将军他本人的，波拿巴特·拿破仑的和贝尔蒂埃的参谋们一起行动。在这支引人注目的队伍里，杜邦将军一个名叫莫兰的参谋开口说话。他说，诸位先生，在总司令部的三十个参谋当中，前天晚上来到，尚未获得坐骑的杜潘先生是唯一跟随将军对要塞发起进攻的人。别的参谋都小心翼翼地睡着。现在我得跟你讲讲我新来乍到对这个司令部的印象。这是一个最最混乱的团队。大家管这个团队的成员叫参谋，可是不分阿猫阿狗谁都有这个衔头。然而我们还是有八九个比其他人称职，我们这几个就混做一堆，来往密切。随着部队前进，司令部也得到净化。那些不称职的人鲁莽冒失的人被留在我们所占领所经过的地方效力。拉居埃[1]对你讲述我的职位的好处，可是他弄错了。我们没有那些副官受器重。我们其实更像传令兵，四处奔跑传令送信，却不知道所传的内容。我们不与将军交往，也不与他一起吃饭。

在部队抵达伊弗雷后，我明白部队会一直往前开进，但我的战马一时半会送不上来，就决定轻装步行前往前哨阵地。昨日缴获了一些马匹，第十二轻骑兵团的一个军官让与我一匹，价钱是十五路易。在巴黎，这样的马要卖三十路易。这是一匹野性十足的匈牙利战马，原来属于敌军一个上尉。它的毛是灰

〔1〕拉居埃（1755—1841），法国18世纪军人与政治家……

褐色的，四条腿非常苗条，无比矫健。眼睛是火红色，嘴巴轻薄。而超出这一切的优点，是看上去雄姿勃勃，一举一动都像猛兽。对于陌生人，它张嘴就咬，只肯让主人来上它。我费了好大的力气才坐到它背上。这畜生不愿为法兰西效力。我拿大量面包喂它，不停地抚摸它，终于使它就范。不过，头几天，它还是像魔鬼一样咬人，还直立起身子不让我骑。不过一旦骑到它背上，它就服了，变得又乖又安静。它跑起来像风，跳起来像岩羊。等我另外两匹马到了，就可以把它卖掉。此刻邮车到了。我的好母亲，再见，我只来得及拥抱你了。再见，再见！

共和八年牧月（无日期）

如果我继续讲述父亲的故事，读者会说我迟迟不兑现讲述自己故事的承诺。但是有无必要在此重提卷首说过的话？读者的记忆力短暂，因此，尽管要冒着翻来覆去说旧话的危险，我还是要再来扼要地介绍一下我对所写文字的想法。

所有人的生活都是彼此关联的，如果一个人只是独立展现自己的生活，而不将它与别人的生活串连在一起，那么他提供的就是一个无法拆解的谜。当人们讲述的是如孩子与父母、新旧朋友与新旧朋友、昨日今日的同代人与同代人那种密切关系的时候，这种关联性就更加明显。至于我（一如你们），如果我不在以往中再读一次宇宙登记簿上我的个性这一页之前的文字，那么在我眼里，我的思想、感情、信仰、反感和本能就是一个谜，就只能把它们归入无法解释这个世界的偶然。单单这

乔治·桑最早的照片（约摄于1845年）

个个性没有任何意义，也没有任何重要性。它只是在成为全部生活的一小部分，在与我的各个同类的个性融为一体的时候，才具有某种意义。它就是通过这种途径才成为故事。

这话搁下不提，为了不再回到这个话题，我肯定地说，我要讲述和解释我自己的生活，就不能不讲述并让大家理解我的亲人的生活。无论是个人历史还是人类历史，这都是必须的。单独阅读一页革命历史或者帝国历史，而不了解在革命与帝国之前的全部历史，你什么也弄不明白；因此为了理解革命与帝国，你得熟悉整个人类的全部历史。我在这里讲述的只是一种个人的私下历史，人类也有其存在于每个个体身上的私下历史。因此我得了解百年左右的时段，才能讲述我四十年的个人生活。

否则，我就没法调配我的记忆。我经历了帝国与王朝复辟；一开始我太年轻，不能通过自身来理解在我眼前形成在我周围鼓荡的历史。当时我是通过父母亲人的感受，时而被说服，时而以自己的反应来理解革命与帝国。我的父母和亲人是从旧王朝与革命中走过来的。如果没有他们的感受，我的感受就会空泛得多。而且我能从幼年就保留如此清晰明确的记忆也值得怀疑了。这最初的感受是很重要的，尤其是在它们还鲜明强烈的时候，因为我们的余生常常是它们的严峻后果。

我在上面扔下了正离开巴尔德要塞的年轻士兵，为了让读者记起他的处境，我且从一封发自伊弗雷，寄给他的外甥勒内·德·维尔纳夫的书信里引出讲述同一些事件的若干片断。他讲述了通过圣-伯尔纳走廊和攻打巴尔德要塞的经过，表现了在我们最为辉煌的历史时刻，士兵们是多么快乐，没有丝毫炫耀之意。

……我到达一块岩石脚下，不远处即是一道悬崖。我的司令部就安营在此。我去见将军：他接见了我。我安顿下来后就去向波拿巴特·拿破仑致敬。当夜他下令攻打巴尔德要塞。我随将军置身于进攻的第一线。炸弹、圆炮弹、榴弹、弹丸吼叫着、呼啸着砸过来、滚过来，在四处爆炸。进攻失败了，但我未受伤……

我们借道山岩与深渊，绕过要塞。波拿巴特·拿破仑与我们一起攀山爬岭。好些官兵掉下悬崖。最后我们下到平原：就在这边厮杀。一个轻骑兵刚刚缴获一匹骏马，被我拦住了，现在我骑在马上了。打仗必要战马。今早我去前哨阵地传令，发现一路上尸体狼藉。明日，或者今夜，又有一仗要打。波拿巴特·拿破仑没有耐心，他绝对希望前进。我们做好了准备……

我们毁坏了一个美丽的地方。鲜血、屠杀、劫掠随我们而行。死亡与废墟标记着我们的行踪。谨慎对待居民是徒劳的，奥地利人的顽抗迫使我们用大炮轰击一切。不过我对于这些是第一个发出抱怨的。但是我被这可恶的征服欲控制了，被渴望光荣的念头控制了，一心只盼着战斗、胜利、前进！

我父亲共和八年牧月二十七日从于托尔迪加罗弗洛司令部给我祖母写的信，记述了他参加著名的马伦哥战役的情形：

历史学家们，请剪好你们的羽毛笔；诗人们，请骑上你们的佩加斯宝骏[1]；画家们，请准备好你们的画笔；记者们，请你们随意讲述！现在提供给你们的，是千载难逢的题材。我的好母亲，至于我，我将把所见所闻，所发生的事情如实地讲

〔1〕希腊神话墨杜萨被斩首后从其血液里诞生的骏马。

给你听。

在蒙特贝洛大败奥地利军之后，我们于二十三日到达沃格拉。次日上午十时我们的英雄率领我们出发，下午四时到达圣-丘利亚诺平原，在那里发现敌军，遂展开攻击。我们狠揍了敌军，把他们赶到波尔米达的亚历山大墙下。夜幕把敌我双方隔开。第一执政[1]与总司令去托尔迪加罗弗洛一个农庄住宿。我们未吃晚餐，倒地就睡，一下就睡着了。次日早上，敌军向我们发起攻击，我们便赶往战场，到那里发现八九公里的战线上，两军正在激战。枪炮声密集得震耳欲聋。据资历最老的军人说，从未见过炮火如此强大的敌军。厮杀是如此激烈，到九点光景，从马伦哥到托尔迪加罗弗洛的大路上，就排起了两列抬送伤员的长队。我们的部队已被赶出马伦哥。右翼已被敌军包围，那里的大炮与战场中心的大炮形成了对攻的局面。炮弹球下雨一样从四面八方砸下来。参谋部当时正在集合。一颗炮弹球从杜邦将军副官的马肚子下面穿过。另一颗擦过我的战马的后臀。一颗炮弹头落在我们中间爆炸，幸好没有伤人。不过我们还是考虑了采取什么行动是好。总司令把一个名叫拉包尔德的副官派往左翼。我与这位副官交往甚密。他还没走出一百步，坐骑就被炸死了。于是我陪斯达邦拉赫副司令去左翼。走到路上，遇到一队第一龙骑兵团的官兵。领头的军官苦着一张脸朝我们走来，指着身后的十二个兄弟对我们说，

[1] 指波拿巴特·拿破仑，他从1799年11月10日到1804年5月18日任法兰西共和国的第一执政。

早上带五十个兄弟参战，现在就剩这些人了。在他说话期间，一颗炮弹球从我的马鼻子下面掠过，把他吓晕了，仰面倒在我身上，就像死人一样。我敏捷地从他身下挣脱出来。我原以为他死了，看到他又站起来，大吃一惊。他竟然没有伤到哪里。于是我们，副司令与我再度上马，往左翼赶去。我们发现那里的部队正在往后溃退。于是尽最大努力，重新集合起一个营的官兵，正要往左翼开进，忽然发现一队逃兵在撒腿奔逃。副司令派我去拦截他们。可是根本拦不住。我发现步兵与骑兵混在一块，牵着战马，搂着行李。伤兵被遗弃在大路上，遭受大炮与弹药车的碾压。惨叫声不绝于耳。尘土遮天蔽日，两步以外的东西都看不清楚。在这种极端混乱的场面里，我冲出大路，一边往前走，一边大喊："站住！打头的站住！"没有一个长官。没有一个军官。我遇到柯兰库尔的儿子，他头部受了伤，由他的战马驮着奔逃。最后我见到一个副官。我们俩一同努力，好不容易才把溃军拦住。我们拿马刀背揍了一些逃兵，又表扬了一些士兵，因为在他们中间还是很有一些勇士。我跳下马，让士兵们架好一门大炮，好不容易拼凑起一支队伍。我还想拼凑一支，可是不等队伍成形，第一支就已经跑散了。我们放弃了重整队伍的打算，赶快跑回总司令身边，就见到波拿巴特·拿破仑正在且战且退。

时值下午两点，我们已经战败了，十二寸大炮不是被缴获就是被拆散了。士气普遍低落。人困马乏，精疲力竭。伤兵阻塞了大路。我已经意识到要再度渡过波河和泰辛河，穿过一个居民人人与我们为敌的地区。当我正在这样想着的时候，一阵安慰人的声音让我们重振勇气。德赛和凯勒曼师带着十三门大炮赶到了。我们恢复了力气，拦住了逃兵。接着又赶到了好几个师。我们掉过头来发起攻击，突破敌人的防线，轮到他们溃逃了。我们士气高昂，达到顶点。我们一边大笑一边冲锋。我们缴获了八面军旗，二十门大炮，俘虏了六千官兵，其中有两个将军，夜幕降临，我们只好停止疯狂的追击。

次日一早对方的梅拉将军派来一个谈判代表：这是个将军。在执政卫队奏响的音乐声中，我方在我们居住的农庄里接待他。卫队成员全副武装。他带来一些建议。对方愿意将热那亚、米兰、托尔托纳、亚历山大德里、阿吉、皮希吉托纳，总之米兰全部，意大利一部让给我们。他们承认战败了。我们今日去亚历山大德里，在他们的地盘吃晚饭。签订了休战条约。我们在梅拉将军的官殿发布号令。奥地利军队一些军官来要我在杜邦将军那里给他们说说话。说实话这真是太有意思了！今日法国军队与奥地利军队合成了一支军队。神圣罗马帝国的军官看到别人给自己这样发号施令，十分气恼，可是他们白气了，因为他们战败了：V·victis！[1]

上午由我陪同去左翼的斯达邦拉赫将军被任命为休战条约执行官。他握着我的手，说对我很满意，说我在战场的表现像条汉子，还说杜邦将军已经得知我的表现了。其实，我的好母亲，我可以告诉你，我虽然一整天冒着弹雨，却毫发无损。我们有很多人都受了伤，由于他们都是被炮弹炸伤的，很少人能

〔1〕拉丁语。意为该败军倒霉。当年高卢人首领布雷诺在战胜罗马军队时说了这句话。

够救过来。昨晚送了几百个伤员到司令部来，今早起来一看，院子里全是死尸。马伦哥平原十来公里的地面上，尸体狼藉，惨不忍睹。空气里弥漫着一股尸臭味。天气闷热。我们明日去托尔托纳。我觉得高兴，因为，且不说在这里饿得要死，光是疫病感染就会很严重，再过两天，就没法待下去了。多么可怖的景象！大家都看不惯。

然而我们的情绪都很饱满，十分开心；这就是战争！将军的副官都很不错，对我表现出深情厚谊。我的好母亲，你就不要再为我担心，现在都和平了。安心睡觉吧，不久，我们就只需要枕着桂冠睡觉了。杜邦将军会提拔我当中尉。真的！我几乎都要忘记告诉你了，因为这几天我自己也没想着这件事。他一个副官受了伤。我现在暂时顶着那副官的位置。我的好母亲，再见。我累坏了，就在草堆上睡一觉算了。我衷心地拥抱你。过几日要开往米兰，到那里再跟你多说些话，再给勃蒙舅舅写信。

我父亲与母亲的故事

一

我父亲共和九年霜月二十九日（1800年12月）从阿佐拉写给我祖母的信，透露了他与我母亲相识相爱的信息：

我的好母亲，我好久都提不起兴致给你写信。你也许会说，这怪谁呢？说实在的，这也不能太怪我。自从到达阿佐拉以来，我们四处奔跑，侦察敌人的阵地。一回到司令部，碰到的又是吵吵嚷嚷一大帮人，过了半夜还在打闹说笑。头天精疲力竭躺下，次日再度开始劳累。你会责骂我，会叫我聪明一点早早上床。可是你要有士兵这样的体质，就会知道，疲倦产生刺激；只是在危险来临之时，我们的职业才会让我们冷静。在别的场合，我们都是疯子，我们也需要发泄疯劲。接下来，我有个好消息要告诉你。我刚刚知道这事定下来了。莫兰只说最近我有可能得到任命，将军刚才确认了此事：送我一份副官的委任状，还有黄色的羽饰，和吊着金色流苏的大红绶带。

这样一来我就是杜邦少将的副官了。你下次给我写信，得在信封上写明这个职务，以便尽快送达。新规定允许将军配备三个副官。我终于到达一个受人尊敬的、被人喜爱的、体面的岗位……是啊，被一个漂亮的、可爱的女人喜爱的岗位。要是你来我这里，我就幸福美满，样样不缺了……

因为你会知道，由于杜邦将军的长官公署和瓦特兰师聚集在此地，我们每天晚上都有聚会。瓦特兰太太年轻美丽，光彩照人，像明星一样引人注目。然而我说的那个可爱女人还不是她，是另一个在我看来比她更柔美更温良的女人。

你知道在米兰我曾经动过爱情。你是猜出来的，因为我没有告诉你。我有时以为被女人爱上了，可后来发现或者以为发现，其实女人并不爱我。我力图让自己麻醉，然后出发，不愿再想这事。

这个女人在这里，我们没说什么话，我们只对望了几眼。我似乎有些气恼，尽管这不是我的性格。她对我表现出傲气，尽管她心地慈柔、热烈。早上吃饭时，我们听到远处传来炮声。将军命我上马，去看看发生了什么事情。我立即起身，几个箭步冲下楼梯，跑到马厩，在飞身上马之时扭头望了望那个亲爱的女子，只见她一脸羞红、窘迫，久久地朝我投来担心、关切和爱慕的目光……我真想跑过去搂住她的脖子亲吻，可是在院子里，在大庭广众之间，我不可能这样做，只是不舍地握握她的手，然后跃上战马。那马也是充满热情和胆气，连蹦三蹦，在大路上狂奔起来。我很快就来到发出炮声的前哨阵地，发现被打退的奥地利军队又返回来与我军发生了一个小冲突。我把消息带回司令部。她还在那儿。啊，我得到认可，多开心哪！那餐饭吃得多惬意，多舒畅！她对我的关注是多么微妙啊！

那天晚上，一件意外的偶然的事情，使我与她单独相处。因为白天四处奔波，大家都累了，早早就上床睡了。于是我抓紧时间对她说我是多么爱慕她。她热泪盈眶，一下扑到我怀里。接着又挣脱我的怀抱，跑回她的房间，关上门。我想追上去，她央求我，恳求我，命令我让她独自待着。我作为听话的情郎，服从了她的命令。由于天一亮我们就要骑马出去侦察情况，我便待在她房间外面跟我的好母亲说说白天的激动。你那写满八页纸的长信是多么珍贵啊！让我多么快乐啊！一个人，有人喜爱，有个好母亲，有些好朋友，有个美丽情人，有一点光荣，有几匹骏马，有敌人可打是多么甜蜜幸福啊！而这一切我全有，样样不缺，其中最好最好的，就是我的好母亲！

莫里斯

二

在生活中的某个时刻，我们争取幸福、获得信任、感受陶醉的能力达到顶点。接下来，疑虑与忧郁就罩上来，并把我们永远裹住，就好像我们的灵魂不能再满足它们的需求。或许这就是其实正在黯然隐去的命运，我们被判定要缓缓地步下曾经乘兴勇敢地攀上的高坡？

我父亲刚刚第一次感到了一股持久激情的冲击。他在给外甥的书信里带着一股热情与一丝轻佻谈论那个女子，那个优雅妩媚的娇娃，他以为可以像忘却那个小修女和好些别的女子那样将她忘却，却没想到她将要占据他的一生，并要将他带进一场反对他本人的斗争。这场斗争，牵系了他生命最后八年的所有幸福、烦恼、失望与崇高。从这一刻开始，这颗天真善良、迄今为止向所有外部感受，向一种无边的善意，向一种对未来的盲目信任，向一种没有丝毫个人成分，只与祖国光荣同一的雄心壮志开放的心，这颗只是充满一种几近痴情般的感情——子女对父母之爱，并且保持着宝贵的单纯状态的心，就要由另一种感情来分享，也就是说，就要被两种几乎不可调和的爱来撕裂了。幸福而自豪的母亲，只享受儿子之爱的母亲，从此为女人心里一种天生的嫉妒所折磨。由于母爱是这位母亲一辈子唯一的痴情，这种折磨也就越发让她担心，让她心痛。虽然我祖母从未自认这种内心的不安，但这是太确切的事情，换了任何别的女人都会生出这种不安。除此之外，我祖母还尝到一些偏见带来的苦涩滋味。这是一些伤害感情，但却应受尊重的偏见。在往下叙述之前，我想就这些偏见来做些解释。

不过首先应该说明，我父亲在米兰梦寐以求，在阿佐拉征服得手的这位可爱女子，这位与我祖母在同一时期被囚禁在英国人修道院的法国女子，就是我母亲索菲-维克图瓦-安托瓦纳特·德拉波尔德。我在此列出她的三个教名，是因为在她动荡的一生当中，她相继使用了这三个名字。再说这三个名字本身也各自象征了当年不同时期的时代精神。在她童年，家人可能更愿意叫她安托瓦纳特，因为这是法国王后的名字。在帝国征战期间，人们自然更愿意称她做维克图瓦（胜利）。而我父亲与她结婚以后，一直称呼她索菲。

在表面看来最具偶然性的人类生活细节中，一切都具意义，都有象征作用（而且是以最为自然的方式）。

我祖母大概更愿意替我父亲找个具有同样社会地位的伴侣。但是她亲口说过并写过，对于她那个时代与她那个社会所称的门不当户不对的婚姻，她倒并不觉得苦恼。她不再看重出身；至于财富，她能够舍弃，也能从个人的撙节俭省里找到过日子的办法，来应付儿子这种风光体面却并不赚钱的职位所带来的开销。只不过接受一个曾经被迫把青春交给可怕的偶然性支配的女子做媳妇，她还是很不情愿的。这是一个要解决的棘手问题。不过只要是真爱就行。爱是心灵最高的智慧，是心灵至高无上的伟大之处。是爱果断地在我父亲的心灵里解决了这个棘手问题。其实有一天我祖母也会让步的。不过此刻我们还没说到那一天；在那之前，我还有好多痛苦的事情要对你们讲述。

我母亲婚前那段时间的故事，我知道得十分不全。我在下面会讲述一些人怎样把一些事情讲给我听，以为这是为我着想，并且这样做才把事情办得周全。其实我最好不知道那些事情，再说也无法证明它们的真实性。不过它们就算是真的，也有一个事实在天主面前存在：那就是我父亲爱我母亲，而且从表面看我母亲也配得上这份爱，既然她对父亲的悼念一直延续到她生命终结。

我祖母见到她儿子娶下我母亲，失望得很，本想用眼泪来溶解固化那场结合的婚约。但是她虽未受到理智的冷静指责，却受到母爱的严厉批评，因为她担心如此行事会带来不良后果。她替儿子骇怕一种如此大胆的结合会发生的风暴与斗争，正如她替他骇怕战争的劳顿与危险。她也骇怕来自于某个社会的指责会绑定在儿子身上；一种免于指责的生活使一种道德的自豪在她身上扎了根，现在她则因此感受痛苦。不过不用多久她就见到，一个有天赋的本性自在地展振翅膀，只要人家给它打开空间，它就能一飞冲天。我祖母为人善良，也喜爱儿媳，但是母亲的嫉妒心毕竟存在，因此内心无法平静。如果说这种温柔的嫉妒是一种罪过，那也只有天主才能指责。因为天主避免了人类，尤其是女人的苛严。

从阿佐拉，也就是说从1800年年底开始，直到1804年我出世为止，我父亲在感情上不得不经受亲爱的母亲与挚爱的女人之间的拉扯，心灵深感痛苦。只到1804年娶下这位女人，意识到完成了一个责任，他才觉得安宁些了，有了更大的力量，尽管他曾多次试图为母亲牺牲这位女人。

三

在我继续叙述这件事之前，在钦佩父亲经受了这些内心斗争之余，又对他深表同情的时候，我要讲述他在阿佐拉的作为。我在上面引述了他于霜月二十九日在那里给他母亲写的最新一封信。这个日期标志着当时一个重大的军事事件：强渡乇西奥江。

德·柯本泽尔[1]先生那时还在吕内维尔与约瑟夫·波拿巴特·拿破仑谈判。正是在这一时期第一执政希望以一个大胆的决定性的打击，来打破维也纳宫廷的犹豫不决，就命令由莫罗指挥的部队强渡伊恩河，同时命令由布鲁纳指挥的意大利军团强渡乇西奥江。相距没有几天，这两条战线都取得了胜利。莫罗打赢了霍亨林登战役。意大利军团不缺优秀军官与士兵，

〔1〕德·柯本泽尔（1753—1809），奥地利外相。德文名为路德维希·冯·柯本泽尔。

也打退了奥地利军队，通过逼迫敌人放弃伊比利亚半岛，就这样结束了战争。

意大利那边的军队和别处一样，都表现得十分英勇，好些军官的活力与个人灵感弥补了司令长官的错误，但是，布鲁纳的指挥方式很糟糕也是确凿无疑的。我在这里并不引述官方历史，只希望读者读一读著名军事史家梯也尔先生的叙述。他的著作总是清晰、准确、引人入胜和忠于事实。我父亲指控指挥这场战斗的将军不仅犯了错，而且犯了罪，梯也尔先生为他的指控做了担保。那位将军听任麾下部分军队在一场力量不对等的战斗中遭到抛弃，失去支援，而他之所以不作为只是因为自尊心所导致的残忍固执。杜邦将军指挥一万大军渡河作战，布鲁纳将军对驱使杜邦将军行动的活力不满，便阻止苏歇给杜邦提供足够的支援：要不是苏歇看到杜邦的部队被三万奥地利军队包围，尽管进行了英勇抵抗，仍有全军覆没的巨大危险，遂违背布鲁纳的命令，派出嘎赞师的余部赶去支援，我方右翼就完了。司令长官的这种残忍或者惰性致使好几千勇敢的士兵牺牲了生命，也使我父亲失去了自由。由于勇敢，也由于太相信"运星"（这是当时的幻觉。虽然大家并未想到效仿波拿巴特·拿破仑，但都相信自己如他一样受到命运佑护），我父亲才被奥地利人俘虏。对于渴望光荣与军功的年轻人来说，被俘是比身负重伤还要可怕，比战死沙场更让人悲伤的事情。

这是度过一个惴惴不安、心潮起伏之夜，又度过一个感情剧烈动荡的早晨之后痛苦的觉醒。在辗转难眠之际，他激动的心情按捺不住，索性披衣起床，给母亲写信："被人爱，有个慈母，有些诚实朋友，有个美丽的心上人，享有一点光荣，还有几匹骏马，另外还有敌人可杀，这种感觉真好！”不过他没有告诉母亲，就在这一天，就在写信这一刻，他就要开赴前线与那些敌人厮杀，虽然他们的存在构成他的一部分幸福。他用火蜡封好信。他刚刚在信上做了温柔的诀别。而这很可能是他最后的永别。他让母亲认为他只是骑马去做一次侦察。他把全部心思都放在爱，放在战争上面，尽管当天与前面多天的劳顿让他疲乏至极，但他根本没有想到要睡上一两个时辰。对他而言，对所有人而言，此刻的生活是如此充实，如此紧张。就在这同一天夜里，他也给亲爱的外甥勒内·维尔纳夫写了信，在那里面他把话说得更加明白。那封信表现了一种迷人的自由精神。如果这种自由精神是那个时代历史的一宗个案，那就会让人觉得意外。他对外甥说起在罗马买的一块浮雕玉石，用了相当多文字，可是一个手脚笨拙的工人想把那玉石搬出来时将之打碎了。不过他告知外甥会寄上一些同类艺术品，说龚扎尔维枢机主教答应亲自护送。“因为你得知道，”他对外甥说，“我与主教阁下关系很好，与教皇陛下的关系还要好。”接着他对外甥说起自己的处境和军队的形势。“现在是半夜两点。再过两个钟头我们就要上马执行任务。昨天我们奔走一天，忙着调兵遣将，将所有炮兵调往前线，等到天亮时分，我们将发起攻击。你没准会听人说起二十九日，因为部队发起全面进攻。

“……有人在给将军的战马装鞍鞯。我听见他们在院子里干活。等我给母亲写上几句话以后，也去叫他们给我的马装鞍鞯。因此，好朋友，我就不多写了，要去和等着我们的那帮克罗地亚佬、瓦拉几亚佬、达尔马提亚佬、匈牙利佬和别的什么佬拼杀了。会是一场激战呢。我们有八门十二寸的排炮。真可惜，你不能来这里听听我们的大炮怒吼！我相信，你要是听到了，一定会开心的。”

第二天，他就落到了敌人手上。他离开了战争舞台，把得胜的大军留在身后。他那些朋友准备回法国拥抱母亲和友人们。他则徒步踏上漫长而艰苦的流亡之途。这个事件也让他与心爱的女人分离，陷我可怜的祖母于可怕的绝望之中。而且它给这个从1794年起就忘记什么叫痛苦、孤独、强制和反省的年轻人带来一些影响其一生的后果。或许他内心深处开始了一场决定性的革命。从这个时期开始，他的外表少了欢乐，至少内心变得多疑，更加持重。在战争的喧哗与陶醉之中，他也许忘记了“胜利”；在流亡与监禁难熬的精神闲暇中，他恢复了不可避免地与他的所有思想相关的形象。没有任何东西使他预先具备一种大灾大难般的伟大情感。

父亲被俘之后，于共和九年雪月十五（1801年1月15）日从帕图亚给我祖母写信说：

我的好母亲，千万不要担心；我曾请求莫林给你写信。因此你肯定已经知道我当了俘虏。此刻我在帕图亚，在去格拉兹的路上。我希望很快就被交换回来。在我被俘那天上午，杜邦将军就向德·贝尔加德先生提出这个要求。现在，我无法告诉你更多情况。但我希望不久就能向你通报归程。再见！衷心地拥抱你。也同样衷心拥抱代夏特尔老爹和保姆。

写这寥寥数语只是为了让可怜的母亲放心。被俘被囚的日子要比信里讲的长得多，也难受得多。两个月过去了，我祖母没有从我父亲那里收到任何新消息，只觉得愁苦难熬。要是换了男人，遭受这种折磨，可能都撑不下去。在这方面女人的精神与肉体是个奇迹。大家都不理解，她怎么会有那么强大的力量来抵抗如此强烈的痛苦。可怜的母亲天天难以入眠，只靠一点凉水为生。看见人家给她端来食物，她就忍不住哭泣，发出绝望的叫喊。“我儿子饿死了！”她哭叫道，“没准这一刻就咽气了！你们想这饭我还吃得下吗？”她也不肯上床睡觉。“我儿子就睡在地上，”她说，“人家也许一把垫草也不给他！他也许是受伤被俘的。他连块包扎伤口的布也没有。”看到自家卧房、自家圈椅、自家火塘，还有自家所有舒适便利的生活设施，她都触景生情，免不了要拿儿子的困境来做一番痛苦的对比。她的想象力夸大了她亲爱的儿子可能遭受的苦难。她仿佛看见儿子被五花大绑关在一间黑牢里，仿佛看见他被一些亵渎神圣的罪恶之手殴打，看见他被长途押解，精疲力竭，累倒在道路尽头，在奥地利下士的棍棒威逼下，又爬起来拖着脚步赶路。

可怜的代夏特尔努力想让我祖母分心，可是枉费力气。除了他对这类事情一窍不通以外，他性格上也比任何人都喜欢危言耸听，再加上他本人也如此郁闷，以至于他和我祖母两人晚上在牌桌上拿着纸牌摸来摸去，却不知道该出什么牌，也不知道谁赢谁输。看到这一幕真觉得他们可怜。

终于，将近风月[1]底的时候，圣-让一路奔跑回到家里。

[1] 法国共和历的六月，相当于公历二月下旬到三月中旬。

出了邮局后没进酒馆，他一辈子或许就这一次。一路上不停地用那只银马刺催马快跑，他一辈子或许也就这一次，因为那匹不急不躁的白马几乎活了他一样的年纪！听到他那不同寻常的兴奋的脚步声，我祖母打了个激灵，赶忙跑过去，收到了下面这封信：

我终于脱离了他们的股掌！我总算松了口气。这一天是我获得幸福与自由的日子！我肯定有望在不久之后见到你，拥抱你了；过去吃的一切苦头都将忘记。从这一刻起，我的一切奔走活动都将是力争回你身边团聚。关于我的种种不幸遭遇，要说细节的话太费时间，我只告诉你，我在他们手上两个月，就在卡兰提和卡尔尼奥勒荒漠里跋涉，被他们一直押到波斯尼亚和克罗地亚边境，即将进入到匈牙利。这时由于一个最最幸运的事件，他们又押着我们往回走。我是最后一批被俘的，却是头一批被放回的。我现在到了法国境内的第二家驿站。我在这里发现了一张床，这可是我久违三个月的家具呀，因为在被俘之前，我有一个月没脱衣裤睡觉，然后从被俘到今天为止，我只有一把干草垫在身下睡觉。我本希望回到部队后能见到杜邦将军和那些战友，但我得知将军因为勇敢地横渡黾西奥江一事被召回国内。那次渡江行动刺激了一个男人的嫉妒心，因为两相比较，人们马上就能看出他的无能。

杜邦将军如我所简述的，已经带走了我的马匹与行李，因此我只要去找莫尼埃将军就行了。这位将军也是个少将师长。我相信他会给我一些盘缠，好让我回到你身边。目前这位将军在博洛尼亚，我这就去那里找他。我不可能服役到交换为止，我是做了口头保证才被放回来的。

恢复自由、能够回到你身边而不被人指责，这份快乐我是体验到了！我虽然喜不自胜，但是一个忧郁的习惯还是阻止我领略我的全部幸福。明天我去特雷维兹，在那里了解到的新情况将决定我的行程。再见，我的好母亲，不要再担心，不要再忧伤。我拥抱你，只盼早点见到你。拥抱代夏特尔朋友和我的保姆。可怜的代夏特尔老爹，好久没见到他了。

莫里斯

共和九年风月（1801年2月）六日于柯尼格利亚诺

四

希望读者允许我以我父母的教名来指代他们，以便概述几个小说般的事件。的确这是长篇小说的一章，只不过每一点都是真实的。

莫里斯在1801年5月初回到诺昂。一见面迸发的喜悦过后，他母亲开始带着几分惊讶打量他。这场意大利之战比瑞士之战对他的改变更大：他长高了，但也瘦了，人显得更加强健，但是脸色也更加苍白。自从应征入伍以来，莫里斯长高了一个大拇指，在21岁的年纪这是相当少见的事情，不过这也许是超常行走带来的结果，因为奥地利人逼迫他走了很多路。母子重逢，起初两人心里都充满欢悦与快乐，但不久大家就发现做儿子的有时陷于沉思，显得怀有什么心事。接下来，他有一天独自去拉夏特尔，在那里逗留很久，超出了理性的逗留时间。次日他又找了个借口去那里，第三天又找另一个借口再去。接下来，看见母亲为此担心、发愁，莫里斯便向母亲坦白，说是维克图瓦投奔他来了。维克图瓦为一分自由无私的爱，割舍了一切，牺牲了一切。她为这分爱情向莫里斯做出了最不能置疑的证明。莫里斯充满感激，倍觉温暖，为此心都醉了。可是他发现母亲是如此强烈地反对他与维克图瓦的会合，以至于他不得不将所有的想法强压在心底，并且掩饰这分感情的力度。看到母亲很为这场情事势必引起的议论担心，莫里斯便答应劝说维克图瓦马上返回巴黎。可是他只有做出保证，或者与她同去，或者马上前去与她会合，才可能说服维克图瓦，也才可能说服自己。这才是让他为难之处：必须在母亲与情人间做出选择。不是哄骗一方，就是让另一方失望。可怜的母亲打算让儿子在归队之前一直留在自己身边。不过归队之日可能相当遥远，因为那段时间整个欧洲都在致力于和平，而和平也是波拿巴特·拿破仑那时的唯一想法。维克图瓦牺牲了一切，已经破釜沉舟，没有退路，除了不忧明日，不悔昨日，只为现在与心上人一起自由自在地生活，再也没有别的财富与幸福。但是做母亲的为宝贝儿子当兵参战叹了那么多气、流了那么多泪、担了那么多忧，吃了那么多苦，儿子从战场回来才几天就要离开，做得出来吗？维克图瓦为他表现出如此赤诚的牺牲精神，他莫里斯能在这种时刻把他母亲的担心、把省内那些假正经的愤怒告诉她，并把她当作一个一时冲动的粗俗情妇打发走吗？在这上面岂止是两种爱情在交锋：两种义务也在斗争！

为了让他母亲放心，我父亲试着让事情往开心的方面转。但他这样做可能错了。他用一些郑重其事的理由，让我祖母动了心，或者被他说服了。不过他怕我祖母焦虑，因为我祖母很容易产生这种情绪，另外父亲还怕我祖母嫉妒，因为这是大大确凿无疑的事情，何况此时这种嫉妒第一次找到了滋养它的现实养料。

可以说，这种局面是没法改变的。是代夏特尔朋友通过一个巨大的错误解决了这个难题，从而把我父亲从重重顾虑中解脱开来。

代夏特尔这个可怜的迂老夫子出于对杜潘太太的耿耿忠心，出于对自己从未体验过的爱情的轻蔑，还出于对社会习俗的尊重，冒出一个倒霉的想法，想来个惊人的行动，想象通过一场轰动来结束一种有可能绵延不断的局面。一个晴朗的早晨，学生还没有睁开眼睛，他就从诺昂动身，去拉夏特尔，到了黑头客栈。那位年轻女旅客还在客栈里安安心心地酣睡。他对店家自称是莫里斯·杜潘的朋友，店家就让他等了一会儿，不久，年轻女旅客就匆匆穿戴齐整来接待他。看到维克图瓦的美丽与妩媚，代夏特尔微微一怔，有些生硬而笨拙地——这是他的性格特征——向她致了意，就开始问她一些例常事情。维克图瓦被他的面孔逗乐了，再说她也不清楚是在跟什么人说话，先是心平气和地回话，后来兴致一高，回话就随便些了；由于她把来人当疯子来看，最后竟哈哈大笑起来。代夏特尔一直保持着威严的声调，这时忍不住来了气，变得粗暴蛮横，竟至于训起她来。接着又从责备转为恐吓她。代夏特尔的头脑并不怎么敏细，心地又不怎么温和，也就无法提醒自己，不要犯一个低劣错误：辱骂一个保护人不在场的女士。他大发雷霆，斥骂维克图瓦，命令她当天就回巴黎，还威胁说，如果她不以最快速度收拾行李走人，他就要让权力当局来管一管。

维克图瓦并不怕事，也没有好耐心，于是轮到她来嘲笑和冒犯这位迂老夫子了。她生就一副伶牙俐齿，回话敏捷，又无顾忌，与代夏特尔生气时的结结巴巴形成鲜明对比。最后，这个心思狡黠言语尖刻像真正的巴黎顽童的姑娘硬是把代夏特尔推到门外，啪一声关上门，透过锁眼朝他扔出一句话，说当天她一定回巴黎，不过是与莫里斯一起走。代夏特尔被她如此放肆搞得目瞪口呆，勃然大怒，思考片刻，便打定主意，做出让他的疯狂达到顶点的行动。他去找镇长和在镇里担任某个职务的一个家族朋友。我不知道他是否报警，但权力当局的这些可敬代表很快闯进黑头客栈。一时间市民们以为爆发了一场新革命，至少以为是逮捕一位重要人物。

听了代夏特尔的报告，这些官员宪警先生不安起来，就鼓起勇气朝客栈走去，准备迎击一番进攻，因为他们以为要面对的是一支疯狂的大军。走在路上，他们寻思采用什么合法办法来迫使敌人退出本城。首先得让敌人出示身份证件，如果拿不出来，那就要求她马上开路，否则投进大牢。如果拿得出，那就得想方设法挑出其不合规定之处，找个什么碴儿。代夏特尔气鼓鼓的，还在不停地激发他们的热情，声称要找武装力量来干预。然而这些官员宪警却认为还没到动用

乔治·桑的父亲莫里斯·杜潘的画像

军队这架机器的地步。他们闯进客栈，不待对美貌宿客很感兴趣的客栈老板做出自我介绍，就往楼上走，表现的勇气与沉着冷静的气质一样多。

乔治·桑的母亲索菲·维克图瓦（乔治·桑画）

法律规定在发生暴乱的情况下要发三次警告，我不知道他们在门外是否这样做了，不过他们肯定不需要跨过任何形式的街垒路障，在如代夏特尔所描述的虎穴狼窝里他们也没有发现什么妖魔鬼怪，见到的只是一个靓如天使的小妇人，正披散头发，裸抱双臂，坐在床边垂泪。

官员宪警们本就没有代夏特尔这个迂老夫子激愤，看到这一幕，先就放了心，接着态度也和缓下来，到最后竟然心软了。我以为是其中一个爱上了这个可怕的女人，另一个则马上明白年轻的莫里斯可能全心全意地爱着这个女子。他们彬彬有礼甚至殷勤有加地与这个女子说话。起初女子态度傲慢，不肯回答他们的问题，后来看到他们站到自己一边，并不支持代夏特尔骂人，并且逼他住嘴，另外对自己也表现出父兄般的好意，也就慢慢平静下来，开始带着几分妩媚、勇敢与信任，和言悦语地与他们说话。她什么也没隐瞒，把在意大利如何遇到莫里斯、如何爱上他、如何为他舍弃一个富有保护人的经过都告诉他们，还说她不知道有哪条法律，会判她为一个中尉舍弃一个将军，为爱情舍弃荣华富贵的行为有罪。于是官员宪警竞相安慰她，并向代夏特尔指出，他们无任何权力对这个年轻女子采取强硬行动。他们劝代夏特尔撤离客栈，答应好言劝说年轻女子自愿离开本地。代夏特尔果然撤离了，也许是听到了莫里斯赶来与心上人相会的马蹄声。一开始莫里斯激忿难平，对愚鲁的家庭教师很是不满，天知道莫里斯在盛怒之下，会不会跑去抓代夏特尔暴打一顿，多亏官员宪警好言劝抚，好不容易才让他安静下来。接下来一切问题就都友好地协商解决了。然而代夏特尔却是救他母亲于水火的忠诚朋友，是他一辈子的忘年之交，再说代夏特尔刚刚犯下的这个错误，也是有其原因，是由于爱他母亲与他本人，才冒出这么个馊主意的人。可代夏特尔刚才冒犯的、欺凌的，是他莫里斯爱慕的女人。莫里斯额头上直冒大汗，一时觉得头晕目眩。“爱神呀，你失去了特洛亚！”好在代夏特尔此时已经走远。他和平时一样，总那么鲁钝笨拙。等下他会给莫里斯的母亲描绘一通那位“女冒险家”的可恶面目，并对被那危险女人控制，变得盲目的莫里斯来点预测，说一说其不妙的前景，又要让她老人家大大地生发一番忧愁了。

就在代夏特尔行将结束其气愤与错乱引发的错误之时，莫里斯与维克图瓦在已经成为他们共同朋友的官员宪警劝说下渐渐平静下来。官员宪警对这对年轻男女很感兴趣，但他们也忘不了那位善良可敬的母亲，他们的任务是让人尊重其安宁，照顾其感受。莫里斯不需要他们好意提醒，就明白自己该干什么，他也让女友理解了这点。维克图瓦答应当晚就动身。不过等官员宪警一离开，两人就说好，过几天莫里斯就去巴黎与她会合。莫里斯有这个权利，尤其是从今以后他有这个义务。

当莫里斯回到母亲身边，发现母亲很生气，并且不肯怪罪代夏特尔，他就更觉得自己有这个义务了。年轻人的头一个反应是马上就动身，以避免与代夏特尔大吵一场，而杜潘太太骇怕他们两人见了面互相刺激，也并不反对他动身。不过对这位如此慈爱，又被他莫里斯如此敬爱的母亲，莫里斯不想显得不听话，也不想顶撞她，就装出征询意见的样子，对她说，他想先去勃朗镇外甥奥居斯特·德·维尔纳夫家走一走，再去库尔赛勒另一个外甥勒内家住一住，以排遣激忿的心情免不了带来的沉重压力，避免与代夏特尔痛苦地大吵一架，断绝来往，问她这样做合不合适。他对母亲说，住几天，等心平气和了，我就回来，既然维克图瓦离开了，代夏特尔的心情也平复了，您的愁也消了，不再为我担心了。看到母亲难过得直哭，他又加上一句，说维克图瓦没准也会得到安慰，至于他自己，会努力将维克图瓦忘记。可怜的孩子在说谎。而被母亲略显懦弱的慈爱逼着说谎，这不是第一回，也不是最后一回。这种欺骗母亲的需要是莫里斯一生中最大的痛苦，因为从未有过比他还正直、真诚、自信的品格。为了掩饰，他不得不使劲压着自己的本性，以至于总是难以自圆其说，并且根本瞒不过母亲明察秋毫的洞察力。因此，次日早上母亲看到儿子上马要走，就闷闷不乐地对他说，她很清楚他上哪儿去。他发誓说自己是去勃朗和库尔赛勒，母亲不敢让儿子发誓不会从那儿去巴黎。因为她觉得儿子不会发这个誓，或者即使发了誓也不会守誓。她还可能觉得，儿子在她面前为了维持假象、保全面子，会尽力做出尊重并恪守在这种情势下所做承诺的样子。

如此说来，我可怜的祖母刚刚脱离痛苦，又陷入新的愁苦、新的担忧。代夏特尔把他与我母亲那段激烈对话报告了我祖母。我母亲对他说："嫁不嫁给莫里斯，全看我的意思。就算我真像您认为的那样有心高攀，我也要否认您的这番侮辱。莫里斯爱我到什么程度，我是清清楚楚；可您呢，您毫不知情！"从这一刻起，杜潘太太就开始担心儿子的婚姻大事。可在那个年代，这是一种无谓的并不实际的担心。不论是莫里斯还是维克图瓦，都没有想过这点。但由于当时总是发生人们过度担心的危险被激发的事情，我母亲的威胁就变成了一种预言。而我祖母，尤其是代夏特尔则通过他们采取的阻止措施，加速了这个预言的实现。

五

正如所做的告知与承诺，莫里斯去了勃朗镇，从那里写了一封信给他母亲，很好地描绘了自己的心灵状态：

母亲啊，你受苦了，我也一样。我们中间有个罪人。当然，他是出于好意，这我承认，但他不明事理，做事又没有分寸，可把我害苦了。自从大恐怖以来，这是我一生中头一次真正担忧。是深愁重忧哇，或许比恐怖还叫我难受。因为大恐怖年代我们纵然不幸，但人在一起，而且没有争吵，我们只有一种想法，一个意愿，而今日我们却人在两地，倒不是说感情疏远了，而是在某些相当重要的问题上，我们的看法有了分歧。这是有可能到来的最大的痛苦。而针对代夏特尔朋友此次对你施加的可恶影响，我好不容易才做出自己的决定。我的好母亲，你对事情的看法怎么竟和一个男人一样？当然他可能是个正派人，忠心耿耿，但毕竟为人粗糙一些，判断某些行为与情感像个色盲。在这件事上我是什么也不明白：我扪心自问，却问不出结果，我甚至想不起有任何对你不住的地方，我只觉得对你的爱更加纯粹，更加深厚，远超出对其他人的爱。我绝不会想到要让你痛苦，令你担心，正如我绝不会去想犯罪一样。

但是母亲，请理智地想一想，我对这个那个女人的喜爱，怎么就成了对你的侮辱，成了对我的危害，就让你担忧、流泪？你在做出这些反应的时候，总是把我看成一个行将做出自毁名声事情的男人。其实在我与×××小姐相好的时候，你就已经深深地担忧，好像那女子会引我犯下不可原谅的错误。难道你希望我是一个教唆人家干坏事给众多家庭带来纷扰麻烦的人？而当我遇到一些怀有良好意愿的人，你又希望我扮演卡顿[1]的角色？让代夏特尔来扮演这个角色倒是合适，因为他不再是我这个年纪，再说他也许碰不到多少作孽的机会。这么说并无恶意。不过我们还是言归正传。我也不是孩子了，对于激发我好感的人，我还是很知道好歹的。有些女人，用代夏特尔的话来说，是婊子和娼妇，我不喜欢她们，也不会追求她们。我没有那么放荡，去滥用自己的力气，也没有那么富裕，去包养那些女人。但是对一个真心实意的女人，是不能施用这些可恶词语的。爱能净化一切。最卑贱最下流的女人有了爱都变得高贵，那些除了不幸被扔到世上，孤立无援，毫无生活来源，也无人引路，再无别的过错的女人就更是如此了。因此，一个这样被抛弃的女人，在一个正直男人心里寻求安慰与支持，怎么就有罪呢，而上流社会的女人，在享乐与受人尊敬方

〔1〕古罗马有老少两个卡顿。此处揣捐老卡顿（前234年—前149年），为负责户口调查和风纪监督的监察官，以措施严厉著称。

面样样不缺，为了对付她们丈夫的无聊乏味，个个找起情夫，这种行为却只是风流潇洒？我同意，一个女人，男人尽可以爱她，在她周围堆满福利与快乐，可一旦离开她，她就会令你惆怅，让你不安。但要是这男人爱她爱到给她姓氏，保证她前程的地步，情况又会如何呢？不！我就是明知她是自由的，可以随时离开男人，我也毫不后悔追求过她，并得到她的爱慕。启发她的爱，分享她的爱，我远不会为此感到羞耻，相反会感到骄傲，尽管这会让代夏特尔和拉夏特尔那帮长舌妇扫兴，因为我知道，面对面与我相处，那些指责我丑化我的女人是无权那么假正经的。在这方面，我会稍微笑一笑，如果在你——我的好母亲因为爱我而忧愁的时候我笑得起来的话！

不过，说到底，你究竟怕什么？你想象会发生什么事情？你以为我会娶一个以后让我脸红的女子？首先，请相信，我不会做任何有朝一日让我羞愧的事情，因为我若是娶这个女子，那就表示我尊重她，人是不可能真爱自己不怎么尊重的人的。其次，你的担心，或者更确切地说，代夏特尔的担心是根本站不住脚的。我还从未动过结婚的念头：我年轻得很，想这种事未免早了一点，再说我目前的生活也不允许我娶妻生子。维克图瓦并不比我更想结婚。她年纪很小时就嫁过人了，丈夫死了，扔下一个幼小的女儿由她抚养。她对那孩子照顾得非常精心，但那毕竟是她的一个沉重负担。既然得干活来养家糊口，那就干吧，她已经开了家时装精品店，并且经营得很好。因此她也无意嫁给我这样一个只拥有马刀，官小人卑的穷光蛋，因为这样做并无好处。而我也不想破坏你的安逸生活，今日我所做的，已经太让你伤神费心了！

因此你看得清楚，理性的代夏特尔这些预见都超出了常识。当他让你生出这些恐惧担忧时，他的友情就既不体贴也不明智了。他本应安慰你，让你放心，但他做的却恰恰相反，让你担心、痛苦。他就像寓言里的那些笨熊，本是想打死朋友脸上的一只苍蝇，结果一块铺路石头甩过去，把朋友的脑袋砸瘪了。请你把我这番话转告他，就说若想保持友情，就不要再说这个话题了。否则，朋友就难得做了。我可以原谅他对我做的荒谬事，但他勾起你的痛苦，又想让你相信，我对你的爱经不起任何考验，这就不可原谅了。

再说，我的好母亲，难道你不了解我吗？难道你不知道，即使我有结婚的打算，即使我有最强烈的意愿结婚（这并不是真的），只要你不快乐，只要你流泪，就会叫我把一切都放弃？难道我会做出违背你意志和愿望的决定？请你想一想这是不可能的，因此你就安安心心睡觉吧。

奥居斯特和他太太想留我再住两三天。没有比他们两口子更热情的人了。这可不是嘴里说得好听，这是真情，是友谊。

再见，我的好母亲；我恨不得就来见你，安慰你。不过，还是让我在可敬的外甥这里住两三天，听听他郑重的演说和理智的建议。我是个宽厚的舅舅，有耐心听他灌输大道理。我听厌了代夏特尔的说教，需要更柔和的布道。我觉得眼下诺昂或者拉夏特尔的空气还不大适合我。我衷心地拥抱你，我对你的挚爱比你认为的更深。

莫里斯

共和九年牧月（1801年5月）于勃朗镇

六

我的好母亲，我自己都不曾想到，我会在勃朗多待一天。现在我到了阿尔让通，住在我们的好友塞沃尔家。他也想留我住两天，看到我有些犹豫，就忍不住叫起来。啊！母亲啊，三年来我的生活有多大的改变！这是一件了不起的事情。近些日子我演练了乐曲，甚至演练得很精彩。我准备在这里继续演练，因为塞沃尔一直是个如痴如醉的乐迷，对我本人，对我的小提琴都很追捧。唉，换别的日子，我不会想到别的事情，演练起音乐来，我会忘记所有事情，只是今日音乐让我发愁而不是为我解忧。我害怕和平，热烈地期盼重开战争。我不明白为什么会这样，也说不清楚这是怎么回事。但接下来我又想到，我希望仍然远离你参战，又给你准备了新的忧虑牵挂。这么一想，我将在战场和营房领略快乐的念头也就变得索然寡味了。你又会尝到忧愁与烦恼的滋味，我也一样。如此说来，这个世界莫非没有幸福可言？我开始意识到这点；我是个痴人狂汉，但是我忘了这点，这个新的发现把我惊得目瞪口呆。然而远离战斗我却感到没法给自己解忧，让自己沉醉。在经历过战斗拼杀那么强烈的情绪刺激之后，世上的一切在我看来都平淡乏味，唯有你的温情才能让我忘记这一切，哪怕这种幸福在某些时刻会受损害。

每当我看到部队从我面前列队走过，每当我听见耳边奏响战斗的乐声，我都禁不住热血沸腾，激动如狂。我们这些军人都是疯子，是和别的疯子一样，看见听到刺激情绪的事情就要加倍发狂的疯子。今晚我看到有半旅人马从眼前经过，就处于这种精神状态。当时我拿着小提琴，马上就把它扔了。当军号一吹响，战鼓擂起来，那就再见吧海顿，再见吧莫扎特！我为自己的碌碌无为而叹息，我几乎难过得痛哭。我的天主啊，我少年时的无忧无虑、神闲气定到哪儿去了？

我的好母亲，不久后就会见到你了，我将在你的怀抱里找到安慰，让自己平静下来。祝代夏特尔晚上好。请转告他，他在此间享有农业科学家和封地活字典的美誉。我衷心地拥抱你。还有我可怜的保姆，她可没对我扔过石头，她！让她来安慰你，让你放心；你听她的话。她比别人多些常识，更有见识。

莫里斯

于阿尔让通

我祖母一封情意绵绵的信把莫里斯拉回老家住了几天。代夏特尔板着一张脸，相当冷傲地接待他，看到自己没法走上去与之拥抱，他就转过身去责备园丁，说有一畦生菜没有莳弄好。过了一刻钟，他与自己的学生在一条小径上狭路相逢，莫里斯发现可怜的迂老夫子眼里噙满泪水，忍不住扑过去一把搂住他的脖子。两人什么话也没说，只是一个劲地流泪，然后手挽着手来见我祖母。祖母坐在一条长凳上等他们，看到两人和好如初，感到十分欣慰。

但是维克图瓦写信来了。如果说那个时期她能够写信表达自己的思想感情，让人明白自己的意思，那也是仅此而已。她在1788年从一个免费教穷人孩子阅读和背诵基督教教义的嘉布遣会老修士那里学了一些基础课程，这就是她所受的全部教育。结婚若干年后她写了一些信，连我祖母都佩服那些信写得情感充沛、文笔优雅和智趣不俗。不过在我讲述的那个年代，还需要一双充满爱的眼睛来解读那些不易辨识的小字，理解那些找不到表达形式的痴情冲动。不过莫里斯明白维克图瓦失望了，以为自己被人误解，遭受背叛，被弃于忘川，便又打算去库尔赛勒走一趟。于是又引出新的担心，新的眼泪。然而他还是动身了。他于牧月二十八日从库尔赛勒写信给他母亲。

我的好母亲，经过相当艰难的跋涉，我于昨晚乘快船到达此地。行军虽然艰难，却也十分迅速。只不过对我来说，这次旅行相当苦闷。你的痛苦和眼泪直达我内心，唤起我的内疚。然而我的心却告诉我，我没有过错。因为你对我的全部要求就是爱你，我也真切地感到我爱你。然而你的泪水！我是这样渴望看到你快乐，有可能会害你流泪吗？但你又为什么如此痛苦呢？我百思不得其解，为此坐陷愁城，不得轻松。那个少妇从未想过我会娶她，既然我本人也从未动过这个念头，她对代夏特尔说的那番话，只不过是激忿之下的冲动言辞，是被代夏特尔说的那番冷硬决绝话逼出来的。我也不会过多地向你重复，代夏特尔要是心平气和一点，就绝不会有后面这些事儿。既然他到拉夏特尔来干涉我们的事情令你如此不快（也许你不应该为这事操心），我也就不会大发脾气，叫他滚蛋。不过，既然事已至此，我也就向你保证，我绝不会再在你眼皮下找情妇，也绝不会再跟你谈论我的情事艳遇。当然这么做会让我有点难受。我已经养成习惯，遇到什么事，内心有什么感受，都要告诉你；我想不出自己会有什么事情瞒着你。这么件可悲的事情逼得我对自己采取多么严酷的措施呀！都是代夏特尔那不开窍的脑袋做的好事！算了，我们再也不说这件事了。我不可能与他闹翻，我也绝不会为任何事让他与你失和。他是不会主动改错的。尽管如此，我们还是看重他的人品，还是喜欢他那个人。

此地是人间天堂。我在此地的树林里奔跑，在此地的水边漫步。我曾在此地受到友好的接待。勒内与他妻子住在公园里的一个岛上。他乘船过来接我，我们的拥抱是那么热烈，差点把一船人都翻倒在水里。再见，母亲，不久后再见！请不要再难过，仍像过去一样爱我。还请相信，你要是不开心，我也就不好过，因为你的烦恼就是我的烦恼，你的愁苦就是我的愁苦。我带着一片衷情拥抱你。

牧月二十八日（1801年6月）于库尔赛勒

不久我父亲从巴黎给我祖母写信说：

你只见到我在巴黎生活一天，就说我不可能不来这里住些时日。情况果然如你的预料。我见过了勃蒙舅舅和我的将军。明日我美丽的牝马帕梅拉动身去诺昂。将军明日动身赴里摩占。半月后回巴黎时，他答应从诺昂经过，届时我会在家协助你接待他。今早我见到乌迪诺，他由于比我们蒙受更多的皇恩圣眷，会去——我根据夏尔·希斯的指点，希望——为我谋取上尉军衔。我也将领取我的薪饷，然后得以置件衣服，去拜见来此地商谈政教和解大事的龚扎尔维红衣主教。此公在决定此行时似乎颇为艰难，因为他认为离开罗马就是走向断头台。从前陪我去罗马执行使命的夏尔·希斯已经在此地见过红衣主教大人，受到大人的热情接待。这么说吧，我的好母亲，这个小小的交游，虽然你把它看作怪诞之事，但不仅不会给我的命运带来任何危害，反而有可能利于我的升迁，并且不用你花费半个子儿。关于德·戈本塞尔先生所说让我缴付二十六个路易之事，我还未听说。明早我会去见他。再见，我的好母亲，我不久就会回到你身边。要是老天佑助，我就会戴着上尉军衔回来。别难过，我求你开心点，永远不要怀疑儿子对你的亲情。

共和九年获月（1801年6月）7日

这次莫里斯在巴黎一直住到获月[1]底。有好多事情都可充作借口。拜访龚扎尔维大人，缴付二十六个路易的交易佣

[1] 又称穑月，法兰西共和历的10月，相当于公历6月19日–20日至7月19日–20日。

金，为获升迁而做的种种奔走疏通（其实他对升迁已不抱希望，也不大操心），给自己当坐骑的那匹母马在披马甲时受了伤，7月14日国庆节，种种名目，给这些奉献给爱情的日子覆上并不怎么神秘的罩布，都是多少说得过去的理由。这可怜的孩子还不会撒谎，而且还不时地流露出一声灵魂的呐喊。“一个为我舍弃一切、失掉一切的女子，我要关心她，你竟不愿意。不过这不可能！我的好母亲，瞧你说的是什么话，对一个为追随你而失去职位的仆人，你都不会表现得这么冷漠，对一个心灵真诚而高贵的女子，你认为我要做个忘恩负义之人吗？不，你不会劝我这样做的……”

莫里斯于热月上旬（1801年7月下旬）回到诺昂，在那里一直住到年底。他是否下决心忘记维克图瓦，从而结束与他母亲的这场斗争？这不可能，既然我母亲在巴黎等我父亲，并且发现他在那里更加钟情于自己。不过那四个月里两人的书信来往我没有看到只言片语。大概在诺昂两人的通信多少受到监视，那些书信可能被随手处理掉了。

七

1802年。

莫里斯在将近1801年底时回到巴黎。他仍以与过去一样的精准笔触写信。不过他的信与过去大不相同。他不再像过去那样无所挂虑，尽情倾发自己的情绪，或者，即使显得无所挂虑，有时也有些强装的意味。显然，可怜的母亲有了一个对手，她因慈爱而生的嫉妒催生出她所怀疑的灾祸。

从共和十年霜月[1]一直到同年花月[2]，莫里斯在信里写了他对所见到和所想到的世界一些趣味盎然的评价。我想摘引一段给大家看看，但不知从何下手。那些信每一封都很精彩。他在下面这封信里描写了在那些带着狐狸（Fox）而来的英国人面前装腔作势的巴黎社会。他讲述了签订和解协议的欢庆活

〔1〕法兰西共和历的三月，相当于公历11月21日－22日至12月20日－21日。

〔2〕法兰西共和历的八月，相当于公历4月21日－22日至5月20日－21日。

动。他的个人见解也代表了周围军界人员的观点。不过在此我只引述与他个人历史有关的片断。

……我们今日举行了那次著名渡江行动的周年纪念活动。右翼几乎全部指战员在我的将军家聚会。大家没想到会上竟会唱歌。我做了个大包裹，放进几句歪诗。就餐时将军的仆人负责将它送到席上。将军迫不及待地将它打开，只听他扑哧一笑。

歪诗表现了那场战事的壮烈与滑稽。将军大声念出来。大家也都跟着笑，并且各展其才，以诗句来描绘当时的真实战况。大家很快猜出是我写的，希望我来歌唱自己的作品。我唱了由另几段副歌组成的表现同一题材的作品，为的是不重复大家已经读过的部分。这让我获得了一些廉价的荣誉。大家欢笑着从桌边站起来，杜邦将军从我开始，与大家逐一拥抱。如果有人真见过男人间的“平等”与“友爱”，那么那一刻我们就是。

×××社会最招人喜欢的家伙是我见识过的最虚浮最会逢场作戏的年轻人。他们聊了一个钟头，却什么也没有说，他们胡乱做决定，借口注意风度，只记着互相抄袭模仿，以至于你见过其中一人便认识了他们全部。“得在世上混嘛。”你说，我的好母亲；这是可能的。但是再没有比所有那些家伙更蠢的人了。他们的全部价值只是姓氏，但是那姓氏的光辉却不属于他们。

……跟我的作曲老师在一起，弹着租来的钢琴，我觉得比泡在上流社会要开心得多。夜里，当我进入忘我之境，研习音乐到凌晨三点的时候，我觉得自己远比去舞会上寻找乐子要安心与快乐。我打算成为一个优秀的和声专家。我会成功的。我也没有忽略小提琴。我是如此喜爱这种乐器！我的手头不太宽裕，因为我为参加阅兵不得不从头到脚添置装备。但由于我自吹是太阳神阿波罗的一个孩子，即使当叫化子乞讨，也在所不辞。

我在看节目时见到勒惹纳[1]。他在绘制油画《马伦哥战役》时，曾在整个巴黎找我。他说“没把我的头夹在腋下”带回家安在画上，他一直耿耿于怀。

我结识了好些贵妇。德·埃斯盖尔的太太，据别人告诉我，她竟然屈尊降贵，觉得我很好；德·佛拉奥太太，她刚刚推出一部长篇小说，而我呢，竟然粗心到不曾阅读那部小说；还有德·安德劳太太。当然勒内仍是我最好的朋友，但他有个大缺点，就是喝起水来像鸭子。幸好这毛病不传染……

我以所有最神圣的名义向你发誓，维克图瓦有工作，不花我一个子儿。我不明白你为何如此担心。当我自己还是穷光蛋一个的时候，我是绝不会包养任何女人的，因为那得拿你的钱去养。另外，你并不了解她，只是听代夏特尔的一面之辞来评判她。而代夏特尔更不了解她。求求你，我们不说她了，因为我们说不到一块去。只不过有一点要请你相信，我宁愿烧坏脑子，也不愿做出该受你责备的事情，因为我最最苦恼的事情，

[1] 勒惹纳（1775—1848），法国第一帝国的军中画家。

就是让你难受……

我要把那些英俊少年的可笑之事讲给你听，可能就没法搁笔了。英国人对此很有感觉。我看着他们罩着斗篷发笑就气得要命，却无法找到他们骨子里瞧不起我们民族的这种样品有什么过错。那些英俊少年中有些试着笨拙地模仿外国人，其实他们心里想的只是在外国人面前贬低自己的国家。这是让人非常反感的事情，首先外国人就对此耸起肩膀。那些英国年轻爵士在他们国家都是军人，他们贪婪地问我有关我们军队的情况，我很热情地回答他们的问题，给他们讲述我们军队的不朽功绩，他们也情不自禁地表示钦佩。我尤其叮嘱他们不要根据在上流社会听到的话来判断公众精神。我向他们指出，我们国家的民族精神要比他们国家强旺。他们如果忘记我们的胜利，会认为这句话说得不对。但是你明白，我从这个社会出来时，更加惆怅，但也更加醒悟。我的好母亲，晚上好。我爱你胜过爱自己的生命。我给保姆寄去她要的做针线活的顶针。

共和十年雪月四日

与两个外甥的遗产官司完全结束了。除了房子，我手头还拥有四万法郎现金。天哪！我都不相信自己有这么富裕。你马上拿一万法郎去还你的债。佩尔农、代夏特尔和我的保姆。我不愿叫他们等待。我希望你摆脱所有这些小烦恼。你为我做的事情太多，我永远无法回报。因此我的好母亲，在这上面不要再啰嗦，否则我会跟你打官司，逼迫你收下我的钱。凭着房租收入和我的薪饷，我现在一年坐收七千八百四十法郎。我的天哪，很不少了哩，因此没理由失望。加上诺昂的收入，我们总共有一万六千法郎收入，明年有这笔钱可用，而且无债一身轻。这真好，看到你不再为债务担心烦恼，我也觉得高兴。花钱吧，该花的就花。我向你保证，就算花掉一半，剩下的两万也够你花用了。

雨月二十四日

……我的将军这下倒与波拿巴特·拿破仑恢复了交往。波拿巴特·拿破仑派人接他。在几次责怪他疏远自己之后，把拥有二万五千人马的强大的第二师指挥大权交给他了。第二师占据阿登纳地区和卢森堡大公国。这一来我们就有了充沛的活力。波拿巴特·拿破仑还补充说，如果我的将军提出请求，会得到几个更有油水的职务。

我的牝马到了，我很高兴。布洛涅树林真是迷人：新近树林里又开了些道路，每天各式车辆络绎不绝奔走其中，数量是那么巨大，以至于在长田马车大道上，不得不动用国民自卫队来充当警察。当我们刚从一场似乎消灭了一切财富的革命走出来的时候，看到这个场景真是不可思议。唉！比起旧制度，眼前的奢侈要强过百倍。当我回想起1794年在帕西流亡，看到彼时的布洛涅树林是那么冷清凄凉，真以为今日被人群推拥着来到此地是在梦中。这是一群英国人、俄国人、外国使节等等，他们炫耀着各自的气派与奢华。如今轮到巴黎的上流社会来压倒盖过他们了。长田大道将呈现出无限风光。

……此刻为庆祝和约签订鸣放礼炮。母亲们与妻子们欢欣不已。而我们这些人，稍稍做了个鬼脸……

风月（三月）二十四日

巴黎让我稍觉厌倦。总是一样：奢华、虚荣与掩饰不尽、只盼抚慰以求表现的野心。

有人在马耀门准备盛大午宴。所有名流显贵都将前往出席：他们每人一个金路易，买下在三十个窗户中的两个出头露面的权利。这些人不是王公贵胄，就是文坛大佬，不是军中雄鹰，就是被俘归来的将士，不是商场巨子就是业界翘楚。各路精英济济一堂蔚为大观。可是我不会前去混场子！……

芽月（四月）二十三日于巴黎

……对于与基督教会签订和解协议的欢庆活动，各家报纸做了铺天盖地的报道，你大概已有所耳闻。杜邦将军和目前人在巴黎的所有将军一样，接到了参加活动的命令。我跟着他加入随行的马队。那些将军也都在随从队列里露面，看上去就和被人鞭挞的家犬有几分相似。在万众的欢呼声中，我们列成纵队，行进在巴黎的大街上。民众为军事机器所吸引，但更对欢庆仪典本身感兴趣。我们一个个仪容整齐，英姿勃勃，很是引人注目。至于我本人，坐骑帕梅拉与我，从头到脚金光灿灿，更是威风凛凛，不同凡响。教皇使节坐在马车上，前面另有一辆马车，载着十字架。我们一直行进到圣母院门口才下马。所有这些豪华披挂的宝驹骏马围聚在大教堂四周，踢蹬前蹄，你嘶我鸣，呈现出一个别有洞天的场景。我们在军乐声中走进教堂，待到遮护着三位执政的华盖来到近前，军乐声突然一下停止了。有人默默地甚至相当笨拙地引导三位执政往前走，来到为他们专设座位的讲坛。那个华盖的形状有点像乡村小客栈的帐帏顶罩：上面插看四根难看的羽饰，下面悬着低劣的流苏。红衣主教的华盖要比三位执政的富丽得多，讲坛上覆盖着灿烂夺目的罩布。德·布阿热林先生的演讲我们一句也没有听见。我置身于

乔治·桑于1826年（托马斯·苏利画）

乔治·桑于1835年（夏尔·路易·格拉西亚画）

杜邦将军旁边，卫护着前面的第一执政。我尽情享受着满眼的富丽华瞻，聆听着感恩赞歌。但坐在教堂中间的人什么也听不见。在起身的时刻，三个执政都在地上跪下来。在他们身后，至少坐着四十名将军，其中有欧热罗、马塞纳、麦克多纳、乌迪诺、巴拉盖-迪利埃和勒库尔伯等等。没有一个在椅子上动一动，这就形成了一个奇怪的对比。出教堂之后，将军们骑上自己的坐骑，各奔一方而去，以至于执政们的随护队伍里只剩下军团和卫队的官兵。时值五点半钟，大家极其无聊，又饿得要死，都失去耐心。至于我，上午九点钟上马，执行任务到此刻，不仅未吃午饭，还一直遭受高烧折磨。那天我是在塞沃尔家吃的晚饭。今日我在将军家给你写信。我见到了第一执政的医生柯维萨尔。他答应给我假。过两三天，我就可以旅行了，可以去拥抱你，然后动身去我们的司令部。我迫不及待地想与你重逢，这种心情使我不能及时痊愈。我要拥抱市政官。他在庆典上披着肩带，带着助手，可能给大家留下深刻印象。

共和十年芽月三十日于巴黎

在他母亲身边住了一个月以后，莫里斯离开诺昂，准备在巴黎待两三天，然后去投奔驻扎在夏尔维尔的他的将军。不久维克图瓦也不顾代夏特尔的训斥，去那里与莫里斯会合。正如大家所见，代夏特尔那些唠唠叨叨的说教在学生身上没起作用。不过这个可怜的迂老夫子并不气馁，仍然坚持把维克图瓦看作一个心怀诡计的女人，把莫里斯则看作一个太容易受骗上当的年轻人。他看不到这个错误评断的作用，就是使我父亲一天比一天更看出女友的无私，人家越是不公正地指责她，他就越要还她以公正，就越是依恋她。代夏特尔处在这种境况，就借口要办几件事情，送我父亲上巴黎，也许他怕莫里斯在巴黎泡下来，而不去部队履职。与此同时，我祖母则对儿子表示了希望看到他娶妻成家的意愿。年轻人没有家庭约束的状况让她生出不安，可是这份不安却更让年轻人珍惜自己别无家累的自由。就这样，大家为拆散他与所爱女子而做的一切努力就只有一个作用：加速命中注定之事的到来。

与莫里斯在巴黎短暂居停期间，代夏特尔以为应该守着学生，须臾不离。可是对一个打过一些光荣硬仗的年轻军官，家庭教师这么做未免为时太晚。我父亲为人善良（这一点，大家从他的书信里看得出来），对这位为人迂直的家庭教师，其实还是很敬爱的。他不会真正对老师做无礼之事，不过他孩子气还相当重，就像一个真正的小学生，能够骗骗性情粗暴的老师那滑稽可笑的监视，他还是从中感到些许快乐。有天早上，他悄悄离开两人同住的房子，准备去王宫花园与维克图瓦会合，两人已经约好一起在一家餐馆午饭。可是等莫里斯与维克图瓦刚刚见面，维克图瓦刚刚挽起莫里斯的手臂，扮演梅杜莎[1]角色的代夏特尔就出现在他们面前。莫里斯壮起胆子，对监视者装出笑脸，提议三人一起去吃饭。代夏特尔同意了。他虽不是享乐至上的人，但是好酒还是喜欢的，而且来者不拒。维克图瓦打定主意要温文尔雅地拿他开开玩笑。几道菜吃过，到上餐后点心时迂老夫子变得

〔1〕梅杜莎，希腊神话中的蛇发女怪。凡人看到她会瞬间石化。

通点人性了，可是临到分手，由于我父亲要送女友回去，代夏特尔就不开心了，闷闷不乐地回他带家具出租的旅馆。

在我父亲看来，夏尔维尔的小住十分乏味，直到他的女友来到此地，付上一笔低廉的食宿费，在一个诚实正直的市民家安顿下来，情况才有所好转。维克图瓦来此本是为了与我父亲秘密结婚，可是事情没有办成，不过从此以后两人几乎不再分离，彼此把对方看作是绑在一起的同命鸟。

这一切我那善良的祖母都不知道。无论远近，代夏特尔一直在监视莫里斯，不时地有一个令人不安的发现，也并不瞒着我祖母。由此他找莫里斯谈话，让莫里斯做出解释，虽然结果能让他一时之间安心，但各人的境况却什么也未改变。

……我们插上长长的羽毛头饰、披上镀金衣饰，骑着战马，摆出一副魔鬼架势。一直到索瓦松，一直到让-弗朗索瓦·代夏特尔所在的拉翁乡，到处都有人谈论我们！可是这么大的光荣我们却几乎不为所动，我们不愿使出热情去炫耀，更愿意显得低调。再说，此地的民众和拉夏特尔的一样，好奇心重，多嘴饶舌。将军已经想试着来点艳遇，可是还没有与同一个女人说上两次话，色当、梅齐埃尔和夏尔维尔三个城市就传言蜂起。

获月（六月）一日于夏尔维尔

我的将军突然心血来潮，冒出一个怪念头。他原来只是泛泛得知我是德·萨克森元帅的外孙，现在他开始向我打探详情。当他得知你的名分得到了最高法院文件的承认，而波兰国王是我家先祖时，思想受到多大震动，你都想象不出来。当天他就这事跟我谈了二十次，问了我许多事情。可惜我从未在家族系谱上面下过功夫，也就没法给他绘出我家的系谱树。我想不起你母亲的姓氏，也不清楚我们是否瑞典名将列文侯的亲戚。现在的情况是你不得不向他的怪念头让步，把这一切都告诉我。他打算让内政大臣和莫尔索、麦克唐纳两位将军给我写推荐信，把我送到德国，好让别人都认识我这个唯一健在的名门之后。

我本该小心避免撞上这类荒唐小事，可是我又不愿过于怠慢杜邦将军这种怪癖，因为他表示，我有这样一个姓氏，理该晋升上尉，他会不遗余力帮我争取。我认为凭自己的勋劳也无愧于此衔，便任其活动。你还记得我不愿找靠山的时候吗？那是在当兵之前，我对生活还抱有幻想，以为只要勇敢聪明就能升官。共和国让我心怀这莫大希望，可是一旦接触现实，我就发现，从前的制度并未改变，波拿巴特·拿破仑虽然表面不喜欢旧制度，其实内心更加喜爱。

热月（七月）一日于梅齐埃尔

我父亲写给代夏特尔的信：

朋友，为我的事情，您如此辛劳奔走，真是太好了。请相信我，您这样一个朋友的价值，我是铭感在心的：凡是与我有关的事情，您都投入极大的热情，此情此义，我是感激不尽。不过请让我直言一句，在有些方面，这种热情未免有点过分；我并不想否认您有权关心我的行为操守，比如您关心我的衣物与身体，这是情感的权利，尽管它对我有所伤害，但我还能忍受。我认为已经在一些微妙的场合对您做过这样的表示，可是您的热情让您把事情看得黑暗，本来是吉祥美好的事情，您却认为是坏事。因此这是把事情看偏了。我纵然对您友好，也不可能迫使我跟您一起骗自己。

比如，您对我预言，我会在30岁上就像老年人一样病弱伤残，做不了什么事情，而之所以造成这种状况，就在于我24岁时找了个情妇。但是您说这话时并没让我感到多么骇怕。另外，您拿我祖先元帅大人做例子，可是您在举这个例子的时候推理出了毛病。我外祖父确实是个情圣，这方面我是远远不及。但他打胜丰特诺瓦之战时不小于45岁。您的“汉尼拔”[1]是个在大军拿下卡普亚时睡着的傻瓜；不过我们这些法国人，我们只有走出某个漂亮女子怀抱时才强壮而勇敢。至于我本人，我认为自己在爱恋唯一的女子时，要比每天心血来潮换女人或者去花街柳巷寻欢要理智得多，贞洁得多。我对您说实话，我对那种事不感兴趣。

确实，为了让自己保持前后一致，您乐于把我爱恋的女子当作“妓女”对待。大家看得很清楚，您可能并不知道“妇女”是怎么回事，但您肯定更不清楚“妓女”是怎么回事。我呢，准备来教一教您，因为我已经了解了轻骑兵的生活。而正因为我了解这种生活，才赶快退出这种生活。在这个题目上我们已经费了相当多的口舌。我觉得再来讨论这事没有必要。但既然您坚持要指控我爱的女子，那我也只好坚持为她辩护。

[1] 公元前247年—前183年，北非古国迦太基名将，军事家，32岁时曾指挥军队攻下卡普亚。

既然还需要对您做解释，那么我要说，一个妓女就是一个做生意的女人，是出卖自己爱情的女人。大千世界有许多妓女，尽管她们有显赫的姓氏，家里宾客盈门，高朋满座。与她们在一起，我会活不过一星期。但是一个妇女则是一个在你苦难时爱恋你，在你表面飞黄腾达时抵拒你的追求，及至看到你破衣遮体要饿死时（我逃出克罗地亚人之手时正是这样）却让步接受你的女人，是自从爱上你之日起就对你忠贞不渝，当你获得一份小小遗产，想给她一点钱财以确保生活来源时劈面扔回你的百元大钞，并生气地践而踏之，然后又哭泣着将之焚毁的女人。不，一百个不，这样的女人绝不是妓女！这样的女人是人们可以忠心耿耿地爱慕、认认真真地爱慕的女人，是人们可以为她遮挡各种各样攻击的女人。这样的女人，不论其过去如何，你利用了她的爱情，接受了她的帮助，然后还要指责她，这种人只可能是懦夫！您很清楚，没有维克图瓦，我要回法国会很难很难。是当时的形势决定了我们的接近，而且在我们年纪轻轻，一无钱财二无靠山之时，常常不由我们自主……女人，比我们弱小，我们，以惑乱弱小女人为荣，被我们诱惑的女人，可能容易失去理智。但是天国的头一批圣女，你在她们周围布满各种诱惑，你让她们与不幸与离弃搏斗，你就会看到，她们战胜不幸与离弃，是否和您自以为做了有益评判的某些女人一样容易。

朋友，您弄错了，您给我出主意，以为它们是好主意，可我却认为它们是馊主意。以上就是我抵制这些馊主意要说的话。至于我母亲，我要请您行行好，千万不要劝我来爱她。在这上面我不需要任何人的鼓励。我从未忘记该对母亲怎样尽孝，无论发生什么事情，我对她的敬爱都不会消减半分。别了，亲爱的代夏特尔，我怀着一片衷心拥抱您。我对您的感情，您比任何人都清楚。

莫里斯·杜潘

共和十年热月八日于夏尔维尔

莫里斯写给他母亲的信

是呀，我的好母亲，我向你承认，对于事业上的发展趋势，我是有点不满意，但是并不像你认为的那样忧愁。目前公众事务方面形势有很大改变，而且前景并不十分看好。这个局面肯定会引出各种困难，如果第一执政去世，这些困难就会突然冒出来；不过这是对旧制度的全面回归。由于国家的上层职务是稳定的，底层人就几乎没法脱颖而出；你偶然落在哪个阶层，就待在那个阶层好了；这就和过去一样，一个勇敢的士兵一辈子都是个兵，而只要主子高兴，一个浪荡哥儿就能当上长官。你会看到，这种君主政体的复辟不会让你高兴长久，在我看来，至少会让你怀念战争带来的机遇与共和派的竞争。

我目前的职位本身并不讨厌，而且，在战时这是个显眼的职位，因为它把我们置于危险之下，因为它让我们行动：可是在和平时期，它却成了个相当尴尬的职位，而且私下说来，它并不让人觉得多么光荣。因为说到底，我们只不过是些有军衔的仆人。我们的命运取决于某个将军的心血来潮。我们想出门的时候，却必须留下；我们想留下的时候，却不得不出门。在战争中，这是有意思的：因为我们服从的并不是将军。将军代表的是祖国的旗帜。他是为了拯救国家和民族才支配我们的意志。当他对我们说："往右边打，要是留得性命，就往左冲，如果没有阵亡，就继续往前冲。"这很好，这是为了尽义务，我们都喜欢接受这种命令。可是在和平时期，当他对我们下令："上马，陪我去狩猎，"或者"来，跟我走，做我的随从，去探访某人"，这就没那么有意思了。我们服从的，就是他个人的心血来潮。我们的尊严就受到伤害。我承认，每当这时候，我的自尊心就要经受严重考验。不过杜邦将军还是个性格非常好的人，没几个将军像他那样善良、坦诚。但不管怎么说，他终究是将军，我们是副官，他要是不把我们当仆人，我们就对他毫无用处，因为没有别的事情可干。德古希前天受了个说大不大但很严重的屈辱，因为担任参谋长，也就只好忍着。那天将军在情妇家勾连，竟让他在院子里等了三个钟头。他差点把将军撂在那儿，打算什么都不管了。莫兰是个不操心想事的家伙，不管别人说什么，他总是回答："这有什么要紧？"我呢，在心里对自己说：这事是这样要紧，我可不愿受这种屈辱，哪怕给我大笔财富，我也不干。

这事是这样要紧，以至于我生出最最强烈的愿望，要回我的团里去。我准备为此给拉居埃写报告，他是职位最高的主事人和改革者。

鉴于我"在考试中表现的卓越才能和良好品德"，近日我被任命为compagnon[1]，马上就要当长官了。

[1] 法国某些行业对结束学徒期行将出师者的称呼，似可译作师傅伙伴，此处可能是借用。

八

共和十一年，也就是1802年到1803年之间，我父亲给他母亲的一些书信：从它们的内容可以看出，我祖母非常关心我父亲的升迁问题，尤其是为我父亲与我母亲的关系郁闷、纠结。

我的好母亲，刚刚收到你的来信，读了很高兴：你在信里教导儿子，从头到尾责备我，可是我感受的却始终是融融的母爱。任何东西都不可能替换这份母爱，要是失去它，我会永远都得不到慰藉：你很清楚，因为没有任何东西可以给我补偿。你虽对我有所不满，却总是对我满怀温情：我的好母亲，让你的温情覆盖我全身吧，因为我一直配得上这份温情。我向你承认，我就怕你又听到什么虚假报告，看到什么骗人表相，会让心里这份温情一时冷下来。我不论走到哪里都怀着这份担心：它压迫我的灵魂，搅扰我的睡眠；现在好了，你刚才终于让我放心了！

早两天代夏特尔这个怪人写信通知我，说你很久都不会给我写信，原因是我惹你忧伤发愁了！我跟他做过太多的表示，说他是错的，可是他为报复我，要让我难受，而且是拣我最软的地方下手。我纵然体格健壮，没被一头熊打死，可被它拿爪子抓挠也受不了呀。近一个月他给我写了好多信，虽然还是惯常那种彬彬有礼的笔调，其实就是要向我证明，我是个名誉扫地的男人，一身沾满污泥。没别的，就为这事！好漂亮的结论！前面对我说那么多道理也就值了：对他那些话，我考虑到激起他的愤怒与热情的动机，也就好心不去计较了。他最近一封信我还没回，但我给自己保留了这个小小的乐事，给他寄上一支精美好用的双膛猎枪，希望他去打猎消遣，如果他不太笨的话，可以打些山鹑给你吃。

不，我的好母亲，我从不想把你我的生活分开。即使我真如你指责的，在营房和露营地变成了“酒鬼和靠不住的伙伴”（我不认为是这样），也请你相信，在这种动荡生活中，至少我没有失去对你的爱。之所以没征询你的意见，就给军务管理大臣拉居埃写信要求回原来的部队，那是因为时间太紧，要是等你回信后再做这事，就会耽误时间：本来我有望得到好结果的日子也没有几天。现在一切都结束了，拉居埃没有给我丝毫希望。按照新的命令，我得留在杜邦将军身边。我表示服从，虽然有些气恼，但既然你觉得满意，我也就没那么不愉快了……

再见，我的好母亲，请相信，只要你幸福，我也就幸福，不管我采取什么行动，考虑什么事情，摆在第一位的，永远是你的幸福。衷心地亲吻你。

奥居斯特被任命为巴黎市的税务官！我已向他贺喜。

葡月一日（1802年9月22日）于夏尔维尔

你愿意这样，你要求这样，你把我拖进了你我的失望之中。我听命了。维克图瓦在巴黎。我想尽最大努力，也做了不可能之事。但是离她这样远，还得好好关照她的生活。我让师里的发晌官预支我六十路易薪晌，同时我也要求她在巴黎找工作。在动身的时刻，她把那笔钱还我。我追赶她，把她带回来，两人一起在泪水中泡了三天。我跟她说起你，我让她生出希望，说哪天你更了解她以后，就不会再怕她了。她听从了我的话，动身走了。不过让她经受这样的考验，也许不是治愈一分痴情的办法。总之，我为你做了人力所及的事情。不过以后不要再跟我老说她。我还做不到十分冷静地回复你。

发自西勒里德·瓦朗斯先生家（无日期）

我祖母从接下来的信里发现她亲爱的莫里斯好忧愁，就要儿子回家住住，并且在杜邦将军那里做通工作，让他批准莫里斯去巴黎为晋升一事活动活动。这是让莫里斯回诺昂的一个借口，但莫里斯只是过了一段时间才回诺昂。他为爱情去了巴黎，但是也用同样的借口搪塞他母亲。他当时十分希望进入第一执政的警卫部队，做了一些努力，但没有效果。这种结果是容易预见的，因为他心里装着太多别的事情，为自己奔走活动也就不那么积极，再说他也有些幼稚，把自己看得太重，不会开开心心地讨好卖乖，趋奉逢迎。我常常听见他那些朋友惊讶地说，他那么勇敢聪明，举止风度又是那么迷人，怎会没有得到更快的晋升。我呢，倒是很明白。我父亲是个多情公子，有好几年时间，他没有别的追求，就是希望被人家爱慕。再者，他也不是溜须拍马的人，而且这时早已是不付出巨大代价就什么也得不到的年代了。接下来就是让波拿巴特·拿破仑非常烦恼的事情了，皮舍格鲁、莫罗和乔治[1]等人的事件，德·昂吉安公爵[2]被处决，这些事件解释了波拿巴特·拿破仑头脑里把这些老人旧部拉到身边、又把他们逐得远远的，然后再度拉近，并与他们言归于好的思维运动。

……我终于见到了柯兰库尔，这可不是一件易事；但是，谢天谢地，我灵机一动，相信他会忘记我们之间的细小恩怨。果然，他一认出我来，就友好地拥抱了阿维尔老爹从前的传令兵，并且十分关切地询问你的消息。我刚告诉他想来谋取晋升，他不待我开口求他帮忙，就主动揽下事情，说

治·桑于1850年（托马斯·库图尔画）

〔1〕皮舍格鲁（1761—1804），法国革命军队的将军，后任驻瑞典大使，五百人院议员，后背叛革命，与流亡贵族联系，1804年被处决。莫罗（1763—1813），法国革命军队的将军，拿破仑麾下的元帅，后背叛，1813年率军与拿破仑军队作战，身中炮弹死亡，被俄国沙皇葬于彼得堡大教堂。乔治（1771—1804），法国布列塔尼政治人物，反对大革命的舒昂党人首领。

〔2〕德·昂吉安公爵（1772—1804），法国波旁王族幼支的代表，大贵族，1804年被拿破仑逮捕处死。

包在他身上。他问我在军中的职务，答应明日去圣克卢，亲自将我的申请表送交第一执政审批。他叮嘱我把所有情况都写清楚，尤其要写明我是德·萨克森元帅的外孙，说要办成事情非这样不可。“可我在瑞士，在马伦哥立的战功就不管用了？”我问他说。“有用，有用，”他回答说，“现实表现很重要，可在今日，过往历史更重要。说说丰特诺瓦战役那位英雄的事情。千万别忽略这方面。”幸亏我头天去奥登纳[1]家吃了晚饭，并受到他敞开怀抱的欢迎，因为柯兰库尔问我与奥登纳的关系如何，听了我的回答，他向我保证说，这事办起来就一帆风顺，稳操胜券了……

共和十一年霜十八日（1802年12月）于巴黎

……昨天奥居斯特穿上了他巴黎市财务官的庄严制服。上下一身黑色衣裤，腰挂佩剑，拴着钱包，这副行头把我们笑得死去活来。他一张脸总那么英俊，配什么衣饰都好看，这套衣穿得也很合身挺括，只是看到旧时的衣物再度出现总让人有一种怪怪的感觉！勒内想当宫里的侍卫长，他太太则想做宫里的女官。昨日我对他说，他太太真做了女官，那些贵妇对她就没有好眼色了，把他气得发狂。可是第一执政是那么随和，对她是那么殷勤，以至于她忍受了众人的冷漠，并且最终承认，那

〔1〕奥登纳（1755—1811），法国大革命与帝国时期的将军，颇受拿破仑器重。

些高官显爵很傲慢，对人无礼。其实他们之所以这样，尤其是因为他们中的大多数也要寻求主子的恩宠。

霜月二十九日于巴黎

……你不要责备我，我已经尽力了。可是天生不是溜须拍马的人，你叫我怎样取得成功？昨日我又见到柯兰库尔，他叫我和他一同吃午饭。他告诉我，他把我的申请书放进第一执政的公文包里了，他甚至跟第一执政提了我的事。可是第一执政回答说：这事以后再看吧。这话可能就是一个提前的拒绝。你叫我做什么是好？我进参谋部，是波拿巴特·拿破仑亲自点的名，是拉居埃给我出的主意。现在，拉居埃说做参谋鬼都不值，可是波拿巴特·拿破仑不放我们走。我要是把事情办成了，那会是个莫大的恩宠，可是我不会伏地跪拜，来求这么件如此简单又如此应该的事情。但我又不敢放弃，因为我的全部愿望，就是在巴黎定居下来，如果和平延续的话。为此我们要做好安排，让你来这里过冬；我们是不会永久分离的，因为这会使我过得很不开心，你也不会舒坦。对于此事，我既不能不闻不问，也不能慢慢吞吞，从长计议，可是我的好母亲，你既然没有把我培养成一个溜须拍马、巴结逢迎的人，我也就不会守着后台靠山的家门。柯兰库尔对我是够好的了，他当着我的面吩咐他的看门人，说我随时可以进去见他。但他也清楚，我不是滥用这个信任的人，他确实愿意帮我，而不需要我时不时上门烦他。我今晚将去阿维尔将军家，今天是他的接待日。我会把帽子夹在腋下，穿着绿色的燕尾服，短套裤，黑丝袜，眼下军人就是这种装扮！……因此别跟我说你会尽可能少想我。我已经是那么不快乐了。你要是不再爱我，想叫我变成什么人呢？……

雨月十四日于巴黎

××××设精美夜宴招待德·图泽尔太太，我在席上再度见到Sxxx，非常高兴。至于其他人，不论男女，仍是那样愚蠢，那样无用。上流社会丝毫未变，将来也不会变。仅有几人是例外，尤其是维特洛尔，既有才智，又有性格。

雨月二十七日于巴黎

柯兰库尔再次向第一执政说了我的事情。第一执政不见了我的申请报告，向柯兰库尔另要一份。这是否意味着我有望得到晋升呢？啊！要是那位大人物知道我多想把他打发走，多么不愿再在这里没有光荣地侍候他到倾家荡产啊！如果他希望不再被我打搅，那就再给我们一些光荣吧！不幸就在于眼下他的日子也不好过。

风月七日于巴黎

……我经常与我的朋友艾克尔见面。由于他住得很远，我们各走一半路程，在杜伊勒莉王宫花园碰头。我们一边没完没了地推导问题讨论事情，一边在园子里漫步，把那里的角角落落都走遍了。艾克尔是我遇见的人里最有教养最优雅的一个，他的情感是那样高贵，以至于我离开他时总觉得比接近他时更好一些。眼前他谋取一所中学的校长职位，我请杜邦将军将他的申请报告呈递给波拿巴特·拿破仑。我能帮成这个忙吗？我喜爱这个称职的人，心甘情愿给他出主意。可是政府的精神却是只给那些已获利益的人以利益。那些大衙门的想法套路，说起来就太复杂了……

风月二十八日（1803年3月）

最近勒内请了一餐非常丰盛的午宴，来宾有波拿巴特·拿破仑的继子欧仁·博阿内，亚德里安·德·曼，斯图亚特爵士，波拿巴特·拿破仑的弟妇路易·波拿巴特太太，多尔戈鲁基王妃，德·哥尔东公爵夫人，德·安德劳夫人，和德·哥尔东公爵夫人的侄女乔尔吉亚女士。午宴的操办是秉承欧仁的意旨，因为他爱慕乔尔吉亚女士，也得到这位女士的爱恋。据说上流社会将这位女士视为美的星辰。星辰要配得上这个名声，只缺了一张嘴巴一口牙齿。不过在这方面欧仁与她无可指责。公爵夫人巴不得把侄女嫁给欧仁，但是亲爱的波拿巴特·拿破仑这位继父却听不进这种安排。公爵夫人行将赴英国，这可愁煞了两个恋人。这就是所谓的位高权重让人幸福！

神圣的星期五

过三天我将与勒内同赴舍农索[1]。叫人把马一直送到圣–阿酿，这样过五天我就扑进你怀里了。是啊，是啊，我早就应该回家看看了。你为此痛苦，我也为此难过。你将领我在你的新花园里走走，让我看看小蛙池变成了特拉西麦纳湖，那些小径成了宽阔的大路，草地变成绿茵茵的沟谷，小树林如今成了埃尔西尼森林。啊，我也不求更美的事了！我将通过你的眼睛看到这一切。既然我在你身边，那么一切在我眼里就都是美景！

芽月二十九日（公历4月）

〔1〕与诺昂同在夏特卢境内。舍农索城堡是法国著名城堡，属于乔治·桑的祖父弗兰柯伊家。

九

父亲陪祖母在维希温泉区住了三个月，之后接到一道命令。下令者是第一执政。他命令所有将军将部下召回。父亲回到巴黎。在那里，人们开始谈论远征英伦。

至于我的钱财事宜，希望你不要跟我谈这事，也希望你不会跟我商量别的什么事。我从不把钱财看作目的，只把它看作工具。你所做的事情，在我看来都永远是明智的、正确的、仁慈的。我很清楚，你拥有的财物越多，给我的也就越多。这是你每天都在做给我看的事实。但是我不愿意你放弃丝毫享受去增加区区几亩土地。一想到要继承你的遗产我就直打寒噤。我不可能操心你百年之后的事情，因为，你要不在了，留给我的就只有痛苦与孤独了。老天不许我为一个无法预见，甚至都不愿意去想的时期做打算。

热月十日

我于昨日到达，发现杜邦将军很有一副嘲弄人的样子，对我的“兴奋”不为所动。我们等待波拿巴特·拿破仑亲临，等了一时又一时。没有比此地的传言更有意思的事情了。军人们都在准备接受检阅。地方行政官员在起草演讲辞训话稿。年轻市民自带一应物品，组成仪仗队。我们在色当集合了三个骑兵团，四个步兵联队。我们开展实弹演习，在平原上操练排兵布阵。这是最为壮观的部分，其余节目就很稀松平常，安排也乏善可陈了。头一天的灯饰将耗尽全城的灯油与蜡烛。幸好第二天夜晚会有月光。

我会利用这个机会，让杜邦将军替我向第一执政申请，在他的卫队里谋个中尉职位。由于将军从未替我求过什么，也许这次愿意替我出头。不过我也不奢望。在巴黎居住，并把你也接到巴黎只是个美梦。我不是那种在和平时期取得成功的男人。我能做的事情就是在战场上刀砍剑挡，出生入死：呈递申请书获取宠幸不是我的强项。杜邦将军对登陆英伦的设想一点也不感兴趣。也许是情绪不好，也许是心中有疑，他根本就不愿参与谋划。动身赴色当的次日，我在鲁埃尔见到玛塞纳。他答应登陆英伦时和我结伴渡海。这就是我的计划，打仗或留在巴黎，因为驻防生活并不那么可恶。

我的好母亲，我担心这封信过度枯燥乏味让你不舒服。你是那样善良，每次来信说的都是我的事情，而我却不知你身体怎样。……

热月十五日（1803年8月）于夏尔维尔

……杜邦将军对我做了最最美好的承诺，可是没有守诺。他陪第一执政在此住了一周，却没有找到一分钟来给第一执政说说我的事情。随护波拿巴特·拿破仑驾临色当的柯兰库尔很够朋友，甫一到达即告诉我说：“喂！好机会就在眼前，让你们的将军向上面举荐你们吧！”可是走的时候，他看到将军对我们漠不关心，深感惊愕。他对我推心置腹，说第一执政的想法总是变化不定。去年冬天他向第一执政举荐，说我是德·萨克森元帅的外孙，要替我在第一执政的卫队谋取中尉职位，可是第一执政回答他说：“不行！不行！我不需要这类人！”而现在，这个头衔却似乎对我有益无害了，因为第一执政改变了看人论事的方式。

共和十一年果月八日

正如大家看到的，莫里斯被绑在参谋部，觉得了然无趣，就从共和十二年岁首开始，做了一些认真的尝试，想重返前线。杜邦将军觉得自己没有守诺，伤了他的心，有些后悔，就写了一封为他谋取上尉军衔的申请书。拉居埃批示同意向上呈递，柯兰库尔、贝尔蒂埃将军、奥居斯特·德·维尔纳夫的岳父德·塞居尔先生多方奔走，想让这个新的举动获得成功。而这一次，是让莫里斯留在巴黎的一个扎实理由。他仍然经常给他母亲写信，不过在他那些书信里，对一些溜须拍马很会做官的人做了那么多嘲讽，若是转引那些文字，免不了要伤害很多人，而这并不是我的目的，因此就不在此引述了。

我父亲什么也没谋到。那时我祖母也许期望他退伍回家。

可是战争虽然并非迫在眉睫，至少也是有可能发生，在这种情况下，“毫不宽容的荣誉”禁止他退伍。共和十二年头几个月（1803年的后几个月）父亲回祖母家住了一段时间，登陆英伦的计划日益被人当真对待。由于人们总是轻易地相信自己所冀望的事情，莫里斯便希望征服英伦，像当年攻入佛罗伦萨一样攻进伦敦。

于是他在霜月上旬重返杜邦将军的部队，一如既往，在离开巴黎时写信给祖母，说他没有危险，战争不会爆发。“求你别为我担心，开往沿海地区并不危险。在那里除了望远镜，也许都用不上别的武器。”情况也确实如此。不过大家都知道，拿破仑是怎样放弃了一个曾经耗费那么多金钱与时间，动用那么多科学知识的计划。

现在我又一次在让人搭建的农庄或者划出的军队领地给你写信。在等待杜邦将军到来期间，我们将此作为司令部使用。欧斯特洛赫村是个迷人的村庄，坐落在俯瞰布洛涅地区与大海的高地上。我们的兵营是按古罗马人的方式布置的。这是个规矩的方形。今早我画了营房草图，以及海边别的师团的位置图，装在一个公函袋里寄给杜邦大人。这是一片可以一直没及耳朵的烂泥，而且没有好床好铺睡觉，没有旺火烘衣，没有宽大的扶手椅供人摊开手脚仰躺，更没有慈爱的母亲无微不至的关心，也没有亲爱的女人来温柔照顾。整天奔来跑去，安置到达的军队，可是临时的木棚尚未搭好。一天到晚在泥里踩，水里蹚，在岸坡上爬上爬下上百趟，这就是我们的职业！要打仗这些事情是不可避免的，可是既然在等待壮伟的出征时无法改变位置，也不能打枪消遣，那战争就失去了一切魅力。现在这里人只关心会不会来一场出征。因此我的好母亲，你不要担心，什么也没有准备好，也许要过上一年，我们才会去掳获一些英国马。

共和十二年霜月三十日（1803年10月）于欧斯特洛赫村营房

有些时刻幸福抹去了所有的痛苦！我刚刚接到你26日的来信。啊！我的好母亲，我是百感交集，心都承受不住了。我的眼睛充满泪水，凝噎无声。我不知道这是欢喜还是痛苦，不过，每次读到你表示的爱意和善意时，我都要哭起来，就好像我只有10岁。啊！我的好母亲，我的卓越非凡的母亲，怎样对你说呢？你的忧愁和不满让我倍觉痛苦！啊！你很清楚，我从未起过让你痛苦的念头，让你流泪，是我能够感受的最最难堪的痛苦。你上封来信让我五内俱焚。今天这封则让我安心、高兴。我从中读到了我的好母亲的语言与心意。我的好母亲认为我不是不肖之子，不该经受如此多痛苦。我又与自己和好如初：因为，当你说我是个罪人时，尽管我的良心并不这样责备自己，但我却相信你是不会出错的，也就不准备反驳你，而是指责自己犯下了种种罪过。

我不清楚是谁告诉你我想投海：我不曾有过这个念头。你这样爱我，我要是起过这个念头，我都认为是对你犯罪。我虽然不止一次遭遇落海而死的危险，但从未想到过这么做的危险。真的，我在陆上觉得不愉快，在水上就感觉自在得多。风的呼啸声、船的剧烈晃荡，比什么都更适合我的心情，在这种动荡之中，我找到如鱼得水的感觉。

再见，我亲爱的母亲，留着给我写最近这封信的羽毛笔，不要再用别的笔给你儿子写信。儿子爱你的程度，就和你的善良一样。儿子拥抱你亲吻你，就和爱你一样温柔。

我真想把代夏特尔留在这里，让他尝尝被大海前后摇荡和左右晃动的滋味，看他会显出什么鬼模样。

共和十二年雨月（1804年1月）七日于欧斯特洛赫营房

近些日子，驻扎在蒙特勒依兵营的第一师师长杜邦将军带着我东跑西奔，时而上岸登坡，时而下海逐浪，我忙得没一刻空闲给你写信。前天，正待铺纸蘸墨动笔，十二寸大炮又把我惊扰。这是我方炮兵与英军舰队一场炮战的前奏曲。这场炮战持续了整个白天。我们理所当然跑出去观看，享受了一场持续七个钟头的视觉盛宴，真是又刺激又惬意，因为整面岸坡燃起大火，锚地停满战舰，双方发射了两千发炮弹，可是我方无一阵亡。敌方大炮的弹丸从我们头顶上飞过，落在田野里，没对任何人造成伤害。

……我在此地遇见贝尔特朗将军。此前去他府上六次，无一收获。他终于来杜邦将军家里吃饭了。我被他迷住了，他性情直率，为人亲和友善，既不装腔作势，也无自命不凡的神气。作为远在他乡的老乡，我们谈起贝里好不开心；我们聊家乡的趣事，聊让我们牵肠挂肚的事，聊得多的尤其是母亲。

共和十二年雨月三十日于欧斯特洛赫司令部

在莫里斯这样给他母亲写信期间，此时已名叫索菲的维克图瓦（从此时起莫里斯养成如此称呼她的习惯）来法耶尔与他会合。维克图瓦即将分娩。正如大家可以想见的，她在布洛涅兵营时就怀上了我，但并没有想到，因为没过多久我就没想更多地出生了。这个离开母腹的事故是在巴黎发生在我身上的，时间是共和十二年获月十六日，正好是我父母不可挽回地互订终身之后一个月。我母亲知道产期将至，想回巴黎。父亲于牧月十二日也跟着回了巴黎。十六日，他们悄悄去了第二区的民政机构办理结婚手续。当天父亲就给祖母写了下面这封信：

我抓了个来巴黎的机会，到了这里。杜邦同意我来，因为我中尉四年任期已满，有权晋升上尉。我刚才已经提了申请。我本想去诺昂，来个不宣而至，可是今早接到杜邦的来信，他亲手写了一份申请，让我替他交给大臣，希望得到随便哪个空缺的职位，这样我就得在这里逗留几天。这次若办不成，我就出家当僧侣。维特洛勒想买下维尔迪约的土地，会和我一起动身去贝里。德·塞居尔先生支持杜邦的申请。总之，我希望很快就能见到你。我收到了从布洛涅转来的你最近的来信。它真是来得好啊！……行，如果可能，周二我就会拥抱你了。对我来说这是幸福的一天。亲爱的母亲，我拥抱你，亲吻你！

父亲那天在灵魂里经历了生死两重天。他刚刚对一个真心爱慕他将为他生孩子的女人尽了义务。他愿意通过一个不可解除的承诺来使自己的爱情神圣化。这份爱情已经成了他的良心本身。不过他虽因服从了爱情而自豪、而幸福，但却像所有被压制、被虐待的孩子一样欺骗了他母亲，暗地里违背了他母亲的意愿，并因此而痛苦。他的全部过错就在这里，因为他远远谈不上被压制、被虐待，本可以果断行动，老老实实说出真相，而从那个慈良母亲的无限温情里得到一切。

他没有这份勇气。倒不是缺乏直话直说的坦诚，而是如果说了实情，他就不得不进行一场明知自己会输的战斗。就不得不听到一些让人痛苦的抱怨，看到一些眼泪。而只要想到母亲流泪，他就无法让自己安宁。他觉得自己软弱到那个地步，其实谁又敢为此指责他呢？他决定娶我母亲已经有两年了，两年来他每天都让我母亲发誓同意嫁给他。对天主做出娶我母亲的承诺已经两年了，感受他母亲那份强烈的慈爱和有点嫉妒的失望，因恐惧而后退也有两年了。在这两年之中，我父亲瞒着我祖母，不让她知道自己是多么喜爱维克图瓦，以及未来他会对维克图瓦多么忠诚，只有这样才能让我祖母安下心来，否则，父亲常年在外就会让她持续不断地痛苦。他什么也未告诉亲人和最好的朋友，就把他母亲的姓氏给予一个因为爱他而配得上这个姓氏，可他母亲却是那样难于习惯与之分享其爱情亲情的女子，在那一天，他该忍受了多大的痛苦啊！然而他却果断地做了这件事：他是忧愁，他是骇怕，但他未曾犹豫。在最后一刻，索菲·德拉波尔德，高兴得直颤栗的、因为怀孕而惹人怜爱的，对自己的未来毫不担心的索菲，穿件麻纱小袍子，指头上只戴一枚薄薄的金箍子（因为他们的收入只是在几天之后才允许他们买下一枚真正的六法郎金戒指），向他提出放弃结婚手续，因为——她说——它不可能给他们的爱情增添任何东西，或者带来任何改变。他坚持自己的意见，等他与索菲一同从民政机构回来，他双手抱头耽了一个钟头，因为违背了最最善良的母亲的意愿而痛苦。他试着给我祖母写信，可是写了上面引述的那几行就写不下去了。尽管他努力掩饰，那些文字还是透露了他的恐惧与内疚。接下来，他寄出那封信，祈求妻子原谅他一时的真情流露，并且把我姐姐卡罗莉娜，索菲与另一个男人的孩子抱在怀里，发誓要同等喜爱这一个与将要出生的那一个。接下来，他就收拾行李，准备赴诺昂住一星期，希望向祖母坦白一切，并征得祖母的同意。

但这只是一厢情愿。他首先说起索菲怀孕了，接着，他一边抚摸我的私生子哥哥伊波利特，一边提起他当年得知这个孩子出生时感受的痛苦，因为孩子的母亲不可避免地变得如同路人。他又说起一个女人对男人做出如此忠诚的表现，男人对她的排他性爱情就要求男人承担责任。从我父亲开始说话起，我祖母就泪如雨下，并且什么也不听，什么也不讨论，只是摆出说过千百遍的有些自私与阴险的理由：“你爱别个女人超过爱我，”她说，“这么说你就是不爱我了。在帕西过的日子你都忘了？你对亲生母亲的排他性感情到哪儿去了？你那时写信对我说：‘等你回来后，我就再也不离开你，一天也不离开，一个钟头也不离开。’我现在真怀念那些日子！我为什么不和很多人一样，死在1793年呢？真要死了，你会一直怀念我，我也会一直活在你心里，也就不会与什么争夺你的感情了！”

如此强烈的母爱，莫里斯能怎么回答呢？他哭泣起来，什么也没回答，只是关上心扉，把秘密埋在心里。

他没有说出秘密，回到巴黎，平静生活，退隐到低调为人的内心。我的好小姨吕茜这时正准备与一个军官结婚，他是我父亲的朋友。那段时间他们经常与一些朋友集会，在家里举办欢庆娱乐活动。有一天他们跳四对舞。那天我母亲穿件漂亮的玫瑰色袍子，而我父亲则用他那把忠贞的克雷莫纳提琴（现在我还留着这件古老乐器，听到它的声音，我就想象起当天的情景），以他的方式拉起一支四对舞曲。我母亲有些难受，就退出舞蹈，回她房间。由于她的脸色并不太坏，而且她是从从容容地退出来的，父亲也就没有管她，继续拉琴。跳到最后一次交叉交换位置，吕茜小姨走进母亲的房间，立即大叫起来："快来，快来，莫里斯，你有了个女儿。"

"她和我可怜的母亲一样，就叫奥洛尔吧。我母亲今天没在这里，但总有一天她会为孙女儿祝福的。"我父亲把我接过去抱在怀里，说。

这是1804年7月5日。共和国的最后一年，帝国的头一年。

"她是在音乐声中出生的，是在玫瑰色里面世的，她会得到幸福。"我小姨说。

十

1804年7月5日，我来到世界上。那天我父亲演奏着小提琴，母亲则穿着漂亮的玫瑰色袍子。这只是片刻之间的事情。至少那天我如吕茜小姨所预言的那样，享有并未长久折磨母亲的幸福。我生下来就是个合法的婚生女儿。如果我父亲未下决心置家庭的偏见于不顾，我就可能得不到这个身份；而这也是一种幸福，因为如果没有这个身份，我祖母可能就不会以后来所表现的那么大的爱心来照料我，我也就得不到那个思想与知识的小宝库。在生活中无聊的时刻，这个小宝库给我带来慰藉。

幼年我的身体很好，而且，在整个童年，我都显示出长大后是个大美人，可我却没有守住这个承诺。这也许是我的过错，因为，在美丽如花一样盛开的年纪，我已经把一夜又一夜工夫用于阅读和写作。我的父母都十分英俊秀美，作为他们的女儿，我本是不应该蜕化变丑的，我母亲素来把美丽看得比一切都重要，就经常毫不客气地责备我不注重仪容。对我来说，我永远都不可能强迫自己注意形象。我虽然极爱洁净，可是寻求保持娇媚柔和的外形却总是让我觉得无法忍受。不让自己读书写字，以保持眼睛的清亮；抵制艳阳的吸引，不在阳光下奔跑；不穿宽大舒适的木屐走路，怕腿脚变形；常戴手套，也就是说，宁肯放弃手的灵活与力量，让自己变得永远笨拙，永远虚弱；当一切都在要求我们不要节省力气的时候，我们却总不肯让自己动一动，累一累，最后住进一家修道院，以免脸皮晒黑，皮肤皲裂，过早憔悴，这样的事情，我是绝不可能顺着人家的意思去做的。母亲的斥责已经够狠了，祖母却比她还厉害，以至于帽子手套成了童年最让我失望的话题。不过，尽管我并不是有意反抗，强制却不可能伤害到我。我只有一段时间显得娇艳，却从未显得美丽。我的五官虽然相当端正，但我从未想到要给它们一些表情。几乎从摇篮里就养成的紧皱眉头想事情的习惯，一种我自己意识不到的习惯，早早就让我有了一股“傻妞”的神态。我之所以直截了当地说出“傻妞”这个词，是因为在我一生中，无论是童年，还是在修道院，在家人中间，大家都对我这么说，而他们说的必定是一个事实。

总之，我有头发，有眼睛，有牙齿，也没有任何畸型残疾，年轻时虽然算不上美女，但也不是丑八怪。我把这不美不丑看作我的一个重大优势，因为美会给你带来成见偏见，丑则会从相反的方向带来成见偏见。人们对靓丽的外表寄予太多期望，对令人厌恶的丑貌则不予信任。因此最好有个过得去的既不艳丽也不吓人的面孔。因为有副这样的面容，我与男女朋友都相处融洽。

我现在谈及我的面容，是为了以后不再谈论这个话题。在叙述一个女人的生活时，这个题目有可能无限延长，从而可能吓坏读者。现在的习惯是要写一个人，就得描写他的外表，我也顺从这个习惯。因此我从与我有关的第一句话起就这样做，为的是在下面的叙述里完全摆脱这种稚气做法。也许我本可以根本不扯这方面的事情，但是我考查了习惯，发现一些非常认真的人认为在讲述自己的生活时，不应该避开自己的容貌不提。否则看上去就可能对不住读者略显幼稚的好奇心。

然而我还是希望未来，我们可以回避这种好奇的要求。退一步说，如果一定要描绘相貌，那也仅限于拷贝护照上街区警所所描述的体貌特征，也就是说用一种如实的既不夸张也不会使名誉受到影响的文笔来描写。下面就是我对自己的描写：黑眼，黑发，额头平常，肤色苍白，鼻子挺直，下巴浑圆，嘴巴中等大小，身高四尺十寸[1]，身体特征：无。

我父亲让人在临海布洛涅公布了结婚预告，并且背着我祖母在巴黎结婚。由于革命给人际关系带来的混乱与不确定，这种在今日做不成的事情在当年做成了。新法典留下了一些规避“尊重证书”[2]的办法，而“家长不在”则是一个变得非常常见且易于得到流亡贵族容许的情况。那是新旧社会的过渡时期，新社会这架机器上的各个部件运转还不很灵。尽管各种材

〔1〕法国计量长度单位，一尺约合325毫米，一寸合27.07毫米。如此看来，乔治·桑身高略超157厘米。

〔2〕旧时法国的一种结婚证书，婚约缔约双方在婚前由公证人和双方家长签署的证书。

料文件我眼前就有，但这方面的细节我就恕不一一列举了，免得一些枯燥乏味的法律问题搞烦读者的心情。当然有些今日不可缺少的手续当年没有办或者办得不够，但是表面看上去当年人们也并不认为这些手续绝对重要。

在精神上我母亲是这个过渡时期的典型。她所理解的非宗

乔治·桑像（1860，纳达尔摄）

教婚姻证书的全部意义，就是它能保证我出生的合法性。

她是个虔诚的天主教徒，而且一直如此，但并未达到盲信的地步。儿时相信的事情，长大后她仍终生相信，对于非宗教的法律问题她并不操心，也未想到一份民政结婚证书能够替换一场宗教结婚仪式。因此她对方便她办理民政结婚手续的不合规定行为没有半点顾虑。当事情关系到宗教结婚手续的时候，她是那样坚持按规矩办，以至于我祖母再不情愿，也不得不出席他们的婚礼。这是后来的事情，到时我再叙述。

迄今为止，对于丈夫违背他母亲意旨的行为，我母亲都未参与。当她听人说杜潘太太对她十分气恼的时候，她总是习惯性地这样回答：

“真的吗？这也太不公平了，她一点也不了解我。请告诉她，只要她不同意，我就永远不会去教会与她儿子结婚。”

我父亲明白他永远也不可能战胜这种幼稚的偏见和实际上真实而应受尊敬的信仰，因为，如果你不愿意否认天主，那就得希望天主的想法在诸如婚配这样的祝圣仪式中起作用，于是他就最最强烈地希望自己的婚姻也举行这样的祝圣仪式。我父亲一直担心索菲并不把他看作是在信仰上受契约约束的人，从而把一切事情都折腾成问题。他对我母亲并不怀疑，因为在感情上贞操上她绝无可以怀疑的地方。不过当我父亲让我母亲隐约悟出我祖母反对他们的婚事时，她的自尊心受不了，也大发了几次脾气。她所打算的无非是到远方去，靠自己的劳动养活孩子，并通过这个行动表明，她绝不愿意接受那个傲慢贵妇的施舍或者谅解，因为她对那个老太婆形成了并不公正的可怕看法。

莫里斯想让我母亲相信，双方自愿缔结的婚约是不可解除的，他母亲迟早会在上面签字同意，这时我母亲回答道："哦，不，你在民政机构登记的婚姻不能证明什么，因为它允许离婚。教会不允许离婚，因此我们还说不上结婚，你母亲也就没什么可以指责我的。只要我们的女儿生活有保障（我那时已经出生），我就心满意足了。至于我本人，我也不向你要什么，这样在人家面前我也不会感到脸红。"

这番非常爽直充满力量的推理，的确并未得到社会的认可。今日当社会最终坐落在自己的新基础之上时，它就更不认可这种推理了。可是，在发生这些事情的年代，人们已经见到那么多的怪事奇事，受过那么大的震撼，以至于都不知道自己是在哪块土地上行走了。对这一切，我母亲持有的是和民众一样的看法。对于革命社会新基础的因果，她并不做评判。"这还会变的，"她说，"我经历过只有宗教婚姻没有别的婚姻的时代。可突然一下有人断言宗教婚姻没有用了，不作数了。有人又发明了别的婚姻，可这种婚姻是站不住的，是不可能作数的。"

然而这种婚姻还是站住了，只不过改变了一种主要的方式。离婚先是得到允许，接着又被取消，现在又有人打算将之恢复。提起一个如此重大的问题，选择的时机从未如此不恰当。尽管在这方面我已有些确定的想法，但如果我是议员，我会要求恢复离婚的日程表。

我出世时父亲26岁，母亲30岁。我母亲从未读过让-雅克·卢梭的著作，可能也没怎么听人说起过他，但是这并不妨碍她哺育我，一如她从前和以后哺育她所有别的孩子。不过，为了让我自己的故事有些条理，我得继续讲述我父亲的故事。他那些书信充当了我的路标，因为大家可以想到，我在共和十二年还不可能记事。

如我在上面所说，我父亲结婚后去诺昂住了半个来月，没有想出任何办法向母亲坦白实情。之后他借口继续谋取那总是到不了手的上尉委任状去了巴黎，但未获成功。他在巴黎找了所有在新王朝吃得开的熟人亲戚：皇帝的侍从长柯兰库尔、皇后约瑟芬的侍从长德·阿维尔将军，路易亲王的侍卫官善良的外甥勒内，以及勒内的妻子，亲王夫人的陪媪等等。勒内的妻子把我父亲在军队的履历表呈交给缪拉[1]的夫人，缪拉夫人把它塞进“紧身胸衣”里面。这事让我父亲在共和十二年牧月十二日发了这番牢骚：“现在竟到了贵妇们支配官帽的时代了。在这个时代，一个王妃的胸衣比战场更能给我们以升官的希望。我希望战争爆发时能给自己洗雪这个胸衣的污点，并且用祖国迫使我走后门谋取的东西来回谢祖国。”……接下来，又提起他个人的烦恼事：“我的好母亲，刚才有人给我送来你的一封来信，你在信里让自己苦恼，也让我感到难受。你说我在你身边时忧心忡忡，还说了一些不耐烦的话。可那些话我有哪一句是对你说的？哪怕在心里我都没有说过。我宁愿去死也不会对你说那些话。你很清楚，那些话是对代夏特尔说的，是回复他那些伤人的不合时宜的训诫的。我在你身边的时候，从未不耐烦地提到要离去的日子。啊，这一切是多么残酷，让我多么痛

〔1〕缪拉（1767—1815），拿破仑麾下战将，后升任法国亲王与元帅。

乔治·桑像(1864，纳达尔摄)

苦！我亲爱的不怀好心的母亲，我不久就会回家问你写这些信的原因！”

我于获月十二日出生[1]。祖母对此一无所知。十六日，父亲给她写信，说的是完全与此无关的事情。

莫里斯致身在诺昂的母亲：

我收到你写给拉居埃的雅致书信，并亲自送去。他在圣克卢。昨天我去见了他，并从那里返回。我的申请送到了国防大臣官署，下周应该呈送皇帝陛下御览。我已经上了晋升名册。另一方面，我们家庭的亲友也有所发达：德·塞居尔先生刚被任命为帝国的高级幕僚和大司仪，享有十万法郎薪俸，作为国事顾问，另享四万法郎。勒内已上任履职，官袍后面绣着一片偌大的金钥匙。亲王将配有一名侍卫官。阿波莉娜[2]答应让我统带一个连。亲王……将担

〔1〕关于自己的生日，乔治·桑本人的记忆也有些混乱，前文曾说是获月十六日出生的。

〔2〕缪拉之妻。

乔治·桑像（1864，纳达尔摄）

任陆军统帅。我揉揉眼睛，看自己是否在做梦。但我再闭上眼睛也是枉然，还是生不出雄心壮志，我总觉得自己不是上战场，就是回老家在你身边过日子。我只有这种命，不可能有更加辉煌的人生，而别人的飞黄腾达，在我看来总是怪怪的，突梯荒唐。不过我喜欢的人得到升迁，我也为他们的幸福高兴，因为我并不是天生的嫉妒狂。但是升官发财并不是我的幸福。我希望的是战斗，是荣誉，要不就是享受天伦之乐，过过温饱的小日子。我要是当了上尉，你就可以来我这里，我会有足够的钱财买辆避震很好的马车供你兜风；我会照料你的起居，让你忘记所有烦心事：我肯定，代夏特尔虽然不在场，我们会过得和从前一样快乐。不管你说什么，我都是这样爱你，你最终也会相信我是爱你的。你最近这封信和你本人一样善良，我一时高兴，就把它拿给大家阅读。你千万不要骂我。我一片衷心拥抱你。

勃蒙舅舅为圣马丁门剧场排了一出情景剧。反响并不好。不过演戏这种事也并不一定要获得成功。何况做这件事已经让他那么开心。

皇帝陛下的驾临使我的返家计划推迟到九月份。届时我将去帮你收摘葡萄，要是代夏特尔那时还在行医，我就让他泡在他的酿酒池里。

共和十二年获月十六日于巴黎

我父亲那阵子患了猩红热。在他患病期间，勒内给我祖母写信，以免她挂念担心。勒内以为我祖母得到了通知，已经知道我出生的消息，也就在信里无意间说了些有关我出生的情况。不过他那些信没有提到父亲结婚的事情。我不认为他得知了我父母的秘密，但是他将莫里斯为晋升奔走却无甚结果一事归结为莫里斯对索菲太忠贞不渝的缘故。我觉得这一点并无根据，因为包括我父亲在内的所有参谋人员在当时普遍不受重视。如果他通过不懈的奔走只为自己谋得一次破例的蒙恩宠，那我也不会因为他在这种类型的成功方面笨拙无能而心生怨意。但是我祖母在读出德·维尔纳夫[1]先生笔下最最委婉的暗示之后，又担心又气恼，遂给儿子写了一封措辞相当严厉的信。这封信让父亲的病情再次发作。父亲给她的回复饱含痛苦与温情。

我的好母亲，你说我是个忘恩负义的人，是个疯子。忘恩负义之人，我永远不会做！疯子，我将来倒是有可能，因为像我现在这样肉体有病，精神也受了伤害。你的信给我带来的痛苦，比国防大臣的回复要大得多，因为你指责我自己的霉运，希望我做出奇迹来避免它。但是我什么也不会做，无论是卑躬屈膝求人，还是阴谋诡计谋职。你还是关心关心自己，因为你很早就教我鄙视那些阿谀奉承、讨好卖乖的京官。如果你不是多年来远离巴黎，从上流社会退隐，就会知道在这方面新政体比旧制度还要坏，就不会指责我原地踏步，不求进取。要是战争持续更长时间，我相信自己会得到所有官阶。但自从人们要在候见厅里谋取官职以来，我承认在这方面自己没有出色的战

〔1〕即勒内，莫里斯的外甥。

绩可以炫耀。你责备我从不把内心想法告诉你。其实是你从不想了解我的内心！当我一开口说话，你就指责我是个不孝之子，你说，我还能说出内心想法吗？我被迫沉默，缄口不言。因为我只有一句话回复你，这就是我爱你，爱你胜过爱任何人，但是这句话并不让你满意。我期望离开杜邦将军，重返前线，难道不是你一直表示反对？眼下你承认我走进死胡同，可是为时太晚。现在要蒙皇帝陛下特别开恩，才能获得晋升。可是恩宠从来就和我无缘。

获月十日（1804年8月）

父亲回到诺昂，在那里住了一个半月。在那段时间，他本是有可能将心里埋藏的那个要命秘密说出来的，可是不待他开口，我祖母就已经猜出来了。

从我父亲那方面来说，他大概接受了一个专门人士的建议（因为凭我父亲本人，免不了落进母爱的陷阱），想把结婚这个事实一直瞒到母亲停止反对之日为止。因此他们母子两人是彼此欺骗，在来往书信里一字不提，好像什么事也没有发生。这也是他们彼此所处位置必然发生的可悲事情。我虽然说他们是相互欺骗，但他们其实并没有对对方说过谎言。对自己所关心的主要问题，两人在信中都保持沉默，这是母子俩唯一使用的欺骗手法。

十一

莫里斯致母亲：

我的好母亲，一个半月来，我在你身边过得是如此幸福，以至于现在不能面谈，只能写信，几乎成了件郁闷事情。在诺昂过了安宁和幸福日子，此刻在巴黎被喧闹、不安与传言包围，更让人觉得这种日子无法忍受。

我希望不会被迫去法耶尔找到我的伙伴们与小阁楼，因为苏歇将军昨日抬举我，专门停下马车告诉我说，所有的师长们都会被召去出席皇帝的加冕大典，杜邦将军很可能不会再处于被放逐的境地。这样一来，我就要在这里再待上几天，届时我会向你报告大典的盛况。

至于×××，她对我装出一副找到保护人的样子，那神气可是够怪异的。而充当她靠山的则是一个对我毫无用处的人。她昨天说，要是杜邦把我的好评语寄给她，她早就让我升迁到手了，可是我原来看到的都是一些“太靠不住的人”。现在我看到的人与她周围的人都一样好。维特洛尔一边跟我讲述这些事，一边哈哈大笑，笑她这番话无礼，不客气地把她称作“多嘴多闻的傻大姐”。“去会你那个多嘴多闻的傻大姐吧。”不过我不怨他。大家都是这个样子。宫里人的举止谈吐，在以前从未踏进宫廷一步的人看来，就是一个毛病。

共和十三年雾月（1804年9月）末

在我正要动身去法耶尔，从而将失去参加加冕大典的机会时，纳伊元帅终于告诉我，说他刚刚派了个信使去见杜邦，召他回来，还说让我明天等着他。于是我马上跑去取回已经托运的箱子。我好说歹说，磨破嘴皮，才好不容易从车夫手上拿回箱子。我抛了锚收了帆。杜邦果然在大典前夕回来。我们是关系太好的朋友。他曾经关心我获取十字勋章的事情，而加冕大典之后可能会发出报告。

又：

我的奥洛尔身体很好。大家都赞美她美丽。你询问她的情况，让我非常高兴。

你的来信让我非常惬意。你在信里真是“我的好母亲”！我所见到的傲慢怪物给心怀傲气的人带来的幸福，不及我从你的慈爱表示中感受到的四分之一。替我保留这份幸福吧！每天我都在怀念我们共度的黄昏时刻，我们的交谈，我们愉快的晚餐，还有我们的大客厅，总之整个诺昂。只有想到可以重返诺昂，我才稍感安慰。再见，我亲爱的好母亲，转达我对德·安德雷泽尔和有创造才能的代夏特尔的问候。托办的事情都已办好。

共和十三年霜月（1804年11月）七日

大家看到，通过上面这封信，善良的母亲接受了我这个孙女的存在，而且她还禁不住表现出对我的关心：不过她仍然不接受那桩婚姻，还在和德·安德雷泽尔教士一起，收集这桩婚姻因她未签名同意而无效的证据；给这桩婚姻办理登记手续的区长是被一些靠不住的证明材料欺骗了。我祖母想掌握一套那些文证材料的复制件，她的要求提醒了区长，也就没有急于做出回复，可能是怕犯下什么过失，或者造成不良后果，要他本人或者治安法官来承担责任。而在第五区区长这边，由于他没有理由不作答复，还由于他已经让人家把有关材料传送过来了，也就给我祖母写了回信，告诉她那些手续是怎么办下来的，不过他的回复至少带着很得体的保留态度，只限于说出有关我母亲出生、有关鞣革工场码头的鸟贩子克劳德·德拉波尔德，以及我那当时还健在，还穿着红色大礼服，戴着三角礼帽的外祖父克洛卡尔（严肃认真的区长在回复中并未写这些情况）的情况。那套衣服是外祖父在路易十五朝代结婚时的行头，大概是他最好看的服饰，有那么长的一段时间他每个星期天都要穿在身上，由于舍不得置新的，最后把那套衣服都磨破了。关于媳妇这种不大光彩的出身，共和十三年霜月二十七日我祖母给上述区长写信说：

……不论您打算采集的信息让我的心是如何痛苦，我都照样对您满足我可悲好奇心的用心表示感激。小姐的亲属关系倒并不怎么让我难受，就是小姐那些随行人员让我很不舒服。先生，您在她这方面不置一词，确实让我和我儿子深感不幸。这是我儿子犯下的头一个错误。从前他是所有做儿子的人的榜样，而我也被人誉为最幸福的母亲。先生，我的心碎了，我是在哭泣中向您表达感激之情和非同一般的尊重，以感谢您的义举……

祖母与巴黎第五区区长的所有来往书信就在我眼前。祖母把她的信都复制了一份，并把两人的来往书信装订成册。对上面这封信，第五区区长回信说：

夫人，根据您对我上封信函的回复，我判断，痛苦让您对一篇文章产生了错觉。我认为我有义务纠而正之。这篇文章是能让我满意、能让您安宁的最主要的材料。

夫人，我觉得，在这种情况下，只有建立在事实基础上的专有材料才能减轻一个母亲内心所受的煎熬。至少是本着这个意愿，出于这个想法，我才去寻求并向您转达结果。

是否由情感引起的精神痛苦，让您匆匆忙忙地相信了您儿子惧怕的事情？在这方面，我觉得我的信函含有一些信息，与您所得知的儿子所选妻子的随行人员信息正好相反。由于我只能，也只愿说些确切事情，就凭自己的判断，如我告诉您的，派遣一个聪明可靠的人，不管以什么借口，进入那对年轻夫妇家里。一如我已经有幸对您说过的，那人见到一个极为简陋但收拾得很干净的地方：两个年轻人外表得体，甚至高雅：年轻母亲处在孩子们中间，给最小的孩子哺乳，似乎完全沉醉于母爱之中。年轻男子彬彬有礼，神态坦诚，充满善意。由于我派的那人用的借口是打听一个住址，您儿子不清楚，就下楼询问马雷夏尔先生。马雷夏尔先生是维克图瓦·德拉波尔德的妹妹吕茜·德拉波尔德的丈夫。马雷夏尔先生就很殷勤地上楼告诉杜潘先生。马雷夏尔先生是个退休军官，外貌很讨人喜欢。总之，我派的人的判断是，不论被调查人从前情况如何（这方面我是完全不清楚），现在的生活是再正常不过，甚至自然而然地表现出一种守秩序讲体面的习惯。对我派去调查的人，您可以完全信任。另外，那两口子说话间语调温和、关系亲密，看来日子过得和和美美。根据外部得来的一些信息，我认为没有任何迹象"显示"您儿子对结婚一事感到后悔。

也许我说错了，早晚有一天他会为伤了母亲的心而悔恨的。不过夫人您本人也说过，这是他犯的头一个、唯一的一个错误！而我有充足的理由相信，即使对您来说这是个严重错误，它也可以通过您和他本人的亲情来修复改正。应该由您的仁慈之心来宽恕它。我乐于通过证实一件事情来带给您以安慰：在您儿子家见到的温馨场面并未使您的痛苦预言得到验证。

夫人，本着这番美好心愿，谨祝您幸福安康。

无论这封善意而诚实的回信是多么让人放心，我祖母仍然坚持要拿到那些可能有望让她打破这对夫妇婚姻的材料。

德·安德雷泽尔教士带着所有必需的全权代理委托书动身去了巴黎。德·安德雷泽尔教士（自革命爆发以来，人们就不再称其为教士）是我认识的最风趣最和蔼的人之一，因为从希腊文翻译过什么著作，就被人视作学者。他曾当过大学校长，在复辟王朝某个时期还担任过书报检查官。不过他并不是思想极端的保皇党人。年轻时他是个十分英俊的小伙子，我认为上年纪后他仍然持有自由主义思想。因此对于承担我祖母交托的这样一桩严肃使命，他其实并不十分合适。不过他为此做出不少努力。因为构成我父亲婚姻案卷的所有查证材料都交到他手上或者被他索取。从这些材料里他得出一个结论，这桩婚姻是牢不可破的，主持婚姻登记的官员是出于好意，针对他的调查只会导致个人报复，而对缔结的婚约没有影响。

在德·安德雷泽尔教士赴巴黎活动期间，我祖母从诺昂给儿子写了一封信，信里没有表现出自己的气愤与痛苦，我父亲的回信仍然不谈主要问题，只谈他的军中事务与奔走活动。

我乘着凉爽，从蒙特勒依赶来。我是在三十日前不得不赶去那里的，因为我要在军队人数核查员面前露面，不然就上不了核发薪晌人员的名单。回来后，我觉得勒内为我的事更加起劲地奔走活动了。他与杜邦在他的亲王家晚饭，他们为我的事作了长久交谈。杜邦大肆鼓吹我的“才华与价值”。亲王得知我晋升如此迟缓，很是讶异。我准备去面见亲王。他说对我很感兴趣。不过眼下他的话不大管用。如果亲王夫人能够给我打打招呼，事情就会稳靠一些。

为了服从你的意思，我准备再做所有努力，争取调入卫队：我打算在保护人那里和官廷大臣们那里再活动活动。至于国库的位置，财政员的保证金是十万埃居（法国古代钱币，一埃居大约相当于五个法郎）现金。想都别想……

我在酝酿我的歌剧，我会给你寄上写作计划。告诉我你是否同意。

我的好母亲，我替你亲吻奥洛尔，她感觉到了。要是她会说话或者写字，她会用最温柔最优雅的词语祝你新年快乐的。她虽然还不会说话，但我向你保证，她并不是没有思想。这是我喜爱的宝宝。原谅我爱她，这绝不会妨碍我爱你。相反，只会让我更加理解与珍惜你对我的慈爱。

你大概知道，约瑟夫亲王将被任命为伦巴底国王，而欧仁·勃阿纳[1]则会被任命为伊特鲁里亚[2]国王。人们议论马上就要宣战了。

共和十三年霜月

我亲爱的好母亲，说实话，我要是用你写信的语气来读你的来信，就只有跳河寻死一条路了。我看得很清楚，你在信里对我说的话，其实没有一句思考过。孤独与遥远的距离使你放大了问题。尽管我深信自己问心无愧，也无法避开你言语的伤害。你总是责怪我命不好，好像我是有意求来厄运，好像我不曾上百次对你说过，对你证明过，参谋人员现在都不吃香了。

绝不能认为偶然性与保护人的意愿合谋，主张提拔或者反对提拔我们。皇帝自有他的规章制度。克拉克与柯兰库尔已经在他耳边为我说了不少好话。杜邦本人近来也为我说了好话，尽了力。我升不了官绝不怨天尤人，尤其是不嫉妒任何人。我

〔1〕欧仁·勃阿纳，拿破仑妻子约瑟芬与前夫勃阿纳子爵的儿子。

〔2〕意大利古地名。

为亲人与朋友得到恩宠而高兴。只不过我对自己说，走同样的路我是上不去的，因为我不知道怎样做。皇帝独揽大权，提拔任命官员都是他一人说了算。大臣只是头号打工者。皇帝知道他在干什么，也知道他想干什么。他想把那些干过漂亮事的人都拉过来，想把旧阵营里的一些廷臣拉到自己和家人周围。他不需要讨好我们这样凭着一腔热情打仗的小军官，因为他并不需要担心这些小军官。你要是被投进上流社会，被卷入阴谋，你要是与外国友人一起谋反，要推翻他的统治，对我来说倒是好事，因为这样一来，我就不会被忽略，被冷落了。我就无需花钱打点，无需风餐露宿，上百次拿生命冒险，牺牲自家安逸为祖国效力了。我的好母亲，我并不指责你的无私、智慧与美德，反过来，我爱你，尊敬你，为你的性格而崇拜你。因此，现在轮到你来原谅我了，原谅我不是个勇敢的战士，不是个“真诚的”爱国者。

不过我们也有慰藉；让战争来临吧，这一切可能全都改变。在拿枪打仗方面，我们倒是能够干点事情，到那时，人家就要想到我们了。

我不想再读来信的最后一页：把它烧了。唉！你给我写了什么呀？不，母亲，一个多情男子是不会自毁名声的，因为他爱一个女人；而一个得到多情男人爱慕的女人就不是妓女，那男人会抹去命运泼给女人的污水。你比我更清楚地知道这点。我总是虔诚地倾听你的教诲，我的感情是在你的教导下形成的，因而表达的只是你的灵魂。我在精神与肉体上成了你希望让我成为的人，可今日你却又通过什么不可思议的命数，来指责我这个人呢？

你的责备里永远饱含着慈爱温情。不知是谁告诉你，我有段时间日子过得很苦，你一听就急了，就担心。好吧，去年夏天我确实在一间小阁楼上住过，我们这个充满爱情与诗意的家确实与我金光锃亮的军装形成特殊对比。不过那个拮据时刻怪不得任何人。我从未对你提起过那个时刻，也从不抱怨那个时刻。造成那个小小灾祸的唯一原因，是一笔债务。我以为已经把所欠的债款清偿了，没想到归还的债款被转手人贪污了。现在这笔债已从我的薪晌中扣除。目前我住着一个很舒适的小套房，什么都不缺少。

安德雷泽尔跟我说，你可能把诺昂卖掉，会住到巴黎来。他这话是什么意思？我一点也不明白。啊，我的好母亲，来吧，一番真诚而温和的交谈解释，会让我们所有的困难烟消云散。只是切莫把诺昂卖掉，否则你会后悔的。再见，衷心地拥抱你，虽然我的心还在为惹你不满意而惆怅、而畏惧。不过老天作证，我是爱你的，我也有资格得到你的慈爱。

莫里斯

风月九日于巴黎

我父亲与我祖母的通信到此结束。此后他还在世上生活了四年，在这因战火复燃而导致经常分离的四年之中，他大概还写了很多信。但是他们的通信续集消失了，我不清楚为什么消失又是怎样消失的。因此我就只能从父亲的服役登记表和他写给妻子的几封信，以及从我儿时的模糊记忆中得知他的故事的下文。

我祖母在风月去了巴黎，意欲打破儿子的婚姻，甚至希望儿子同意她这样做，因为她从未见过儿子在她的眼泪面前还能死硬顶住。她先是瞒着儿子来到巴黎，因为她没有明确告诉儿子她动身的日子，到巴黎后也没有照例通知儿子。她先是去找德赛尔先生咨询，看儿子的婚姻是否有效。德赛尔先生觉得她儿子新婚不久，法律使之成为可能。他请来另两位著名律师，几个人商议的结果是，这场婚姻有打官司的理由，因为这个世界的任何事情都总有打官司的理由，但是婚姻的有效性十有八九是由法院裁定：我的出生证表明我是婚生子女，假定我父亲与我母亲离婚，那我父亲的意图，也是他的责任，必然是履行必要手续，与他想给予合法地位的孩子母亲缔结新的婚约。

我祖母或许从未有过明确的意愿，要与儿子打官司。即使她有过这种打算，她也肯定没有这份勇气。放弃她与儿子过不去的朦胧想法，她的痛苦也许就减轻了一半，因为对所爱之人怀恨，也就是加倍让自己痛苦。不过她还是愿意过几天再去看儿子，大概是为了耗尽自己思想上的阻力，同时也是为了多了解媳妇的一些情况。但是我父亲发现我祖母来到巴黎了：他明白我祖母什么都知道了，便让我来充当他的辩护人。他把我抱在怀里，乘上一辆出租马车，在我祖母下榻的旅馆门口停下，三两句话就赢得了看门女人的同情，便把我交给这个女人。看门女人圆满完成了下面所述的任务。

看门女人上楼来到我祖母住的套房，随便找个借口要求与她说话。被领到我祖母面前之后，她不知跟我祖母说什么事情，交谈几句后突然对我祖母说："夫人您瞧，这是我漂亮的小孙女儿！她的奶妈今天送她来看我，我抱着她高兴得不得了，一刻也舍不得放手呢。”

“是呀，她气色真好，真是个健康宝宝。”我祖母说，一边寻找糖果盒。看门女人把她的角色演得真好，见我祖母要拿甜食喂我，并开始又惊又喜地望着我，便马上把我放在她的膝头上。突然一下，我祖母把我推开，叫道：“您骗我，这不是您的孙女。她一点也不像您……我知道，我知道是怎么回事！……”

我似乎被这个把我从祖母怀里推出来的动作吓坏了，开始哭起来。是的，我没有叫，但是我流出了真正的眼泪。这一节产生了极大的效果。“来，我可怜的心肝宝贝，”看门女人把我接过去说，“人家不愿见你，我们走。”

我可怜的祖母认输了，说：“把她还给我，可怜的孩子！这一切都不是她的过错。是谁把这孩子送来的？”

“夫人，是您儿子亲自送来的。他在下面等着。我这就把他女儿还给他。要是有冒犯之处，请您原谅。我什么也不清楚。什么也不清楚。”

“去吧，去吧，亲爱的，我不怪您。去把我儿子叫上来。把孩子给我留下。”我祖母对她说道。

我父亲四步一跨四步一跨登上楼梯，看见我被祖母抱在膝头上，紧贴着她的胸怀，她在哭泣，却在努力逗我笑。在我父亲与祖母之间发生了什么事，没有人告诉过我。由于我那时只有八九个月大，也许留不下什么印象。有可能他们一起哭了，然后经过此事，彼此之间更加亲爱。我母亲在讲述我人生头一回遭遇的事情时，告诉我说，父亲把我抱回家以后，她在我手上发现了一枚漂亮的戒指，上面嵌了个硕大的红宝石。我祖母从她指头上脱下这枚戒指，让我给母亲戴上。父亲让我一丝不苟地遵从了祖母的嘱托。

不过，仍然过了一些日子，我祖母才同意来看孙女。但是关于她儿子结了桩门不当户不对的婚姻的消息已经流传开来。而她不肯接受儿媳的传闻也自然让人从中归纳出一些于我父母亲不利的说法。我祖母对自己的抵触情绪有可能给儿子造成的伤害感到害怕，就接见了怕得发抖的索菲，而索菲以其天生的顺从和温婉的亲热让她解除了武装。在我祖母见证下举行了宗教婚礼，婚礼之后全家人一起吃顿饭，正式确认我母亲与我成为家庭成员。

我的记忆不会骗我。以后待我查询过自己的记忆之后，会讲述这两个习惯与观点如此不同的女人，在对方心里留下什么印象。至于现在，我只限于说两个人的态度都极好，互相亲热地称对方为母亲和女儿，我父亲的婚姻虽然在身边相当狭小的亲友圈子里引发了议论，但是在父亲经常出入的上流社会，却无人操心这事，我母亲在那里受到欢迎，没人问她祖先是谁，家里有没有钱。但是我母亲绝不喜欢上流社会，可以说只是碍于父亲后来在缪拉元帅麾下所担任的职务，才迫不得已，满不情愿地进一进这位君王的宫廷。

与一些自以为身份地位比我母亲高的人待在一起，我母亲既不觉得受了侮辱，也不觉得受了抬举。她巧妙地嘲笑他们傻瓜的傲慢，和暴发户的虚荣，并且，由于她觉得自己是个彻头彻尾的小老百姓，也就自认为比地球上所有的天潢贵胄都高贵。她总是说她这个家族的人血要比别人红，血管要比别人粗。我后来认为她这句话说得相当有理，因为，如果家族的优越性确实是由精神与肉体的活力构成的话，那就不能否认这种活力在丧失劳动习惯与吃苦勇气的种族身上消失。当然这话并非没有例外。我们还可补充一句，过度劳动与过分痛苦与游手好闲无所事事一样，也会让机体组织变得软弱无力。不过一般而言，可以确定的是，生命力正如树的汁液，始发于社会底层，随着逐步升高而渐次衰弱。

我母亲并不属于那些大胆玩弄阴谋的人。那些人暗地里怀着固执念头，欲与时代偏见作斗争，以为冒着遭受千百次侮辱的危险，攀附虚假的上流社会大人物之后，自己也会跟着伟大。她是过于尊重自己，以至于不愿看人家的冷脸。她的态度是那样矜持，似乎都到了羞怯的地步。不过，要是有人试着摆出保护人的样子，鼓励她大胆说话做事，那她除了矜持以外，还会冷冰冰地，不苟言笑，一副拒人于千里之外的样子。

对那些有充分理由尊重的人，我母亲的态度非常得体，这时候的她殷勤体贴，妩媚迷人。不过她真正的性格是活泼好动，喜欢逗弄人，因而完全不能忍受限制

以扇掩面的乔治·桑（乔治·桑画）

与束缚。她不喜欢盛大的宴席，冗长的晚会，无趣的游览，甚至舞会也让她生厌。这是个要么守在家里火塘一角要么去外面开心走快步的女人。不过无论在她内心，还是在她散步之时，她都需要私密，需要信任，需要与人完全真诚的交往，需要生活习惯与作息表上的绝对自由。因此她总是生活在退隐之中，注意避免与一些成事不足败事有余的熟人打交通，而不是渴望与他们来往从而谋取好处。其实我父亲骨子里也是这种性格。在这方面，他们俩堪称绝配。他们只在自己的小安乐窝里才觉得快乐。出了家庭，不管在什么地方，他们都觉得郁闷乏味，很不自在。他们把这种暗地的孤僻性格也传给了我，使我总觉得外部世界难以忍受，一定要守在“家”里。

应该承认，我父亲打起精神所做的种种努力没取得任何成功。他曾多次很清醒地表示，他天生不是在和平时期升官晋级的材料，打不赢上门巴结献媚邀宠的战斗。只有真正的战争才能使他走出参谋部这条死胡同，迎来个人发展的新天地。

他随杜邦将军回到蒙特勒依军营。我母亲在1805年春季随军，在那里最多住了两三个月。在那段时间，由吕茜小姨来照料我和我姐姐的起居生活。我在前面已经提到这个姐姐的存在，在下面我会谈到她。她比我大五六岁，名叫卡罗莉娜，并不是我父亲的亲生女儿。与我母亲嫁给我父亲同时，我善良的吕茜小姨嫁给了退休军官马雷夏尔先生。在我出生五六个月后，他们的女儿也出生了。这就是我亲爱的克洛蒂德。她是我表妹，也可能是我幼时最好的朋友。我姨父先前在夏约买了一幢小房子，小姨就住在那里。当时那儿还是乡间，如今已经划入城市了。她从邻近一个园丁手上租了一头小毛驴，让它驮着我们三姐妹散步。小姨她们找来两个篮筐，在里面铺上干草，把我们放在干草上。平常这种篮筐都是用来装运果蔬去集市售卖，而这时却是用来装运我们。卡罗莉娜独占一个，我和克洛蒂德共一个。似乎我们很喜欢这种出行方式。

在那段时间，为别的事情操心或者以侵略别的地方作为消遣的拿破仑皇帝，前往意大利给自己头上戴铁冠冕。这位伟人曾说过，谁触碰他谁倒霉！而英国、奥地利和俄罗斯决定去触碰触碰他，于是皇帝对他们遵守了诺言。

就在大军于英吉利海峡岸滩集结，焦急地等待上峰发出登陆英格兰的信号的时刻，皇帝窥见了他在海上将遭受背叛的命运，于是一夜之间改变了计划。那是一个有神灵感应的夜晚，狂热在皇帝的血管里冷却下来，促使他打消了在海上争强充霸的念头，转而在脑子冒出了一个新的想法。

十二

我父亲写给我母亲的信：

我和德库希来这儿给全师部队安排营房，因为这是我们的习惯。我们在纳伊元帅家里吃了晚饭。他警告我们说，我们将连续行军八十多公里，要渡过莱茵河，只会在杜尔拉赫停下来喘口气。大概在杜尔拉赫会遇到敌军。那样一支部队在奔驰六百公里之后，仍然有可能把我们全部干掉。可是管他哩，这是命令。在横渡莱茵河时，我们把第一轻骑兵团和巴登选帝侯军队的四千人马收归麾下。这样一来，我们这个师就有一万二千人马，是一支强大军队了。你会听到人家谈论我们的。嗯？我的朋友，你不在身边，打架与战斗就成了我唯一能够领略的消遣，因为你不在，什么快乐消遣都成了让我愁闷的理由。反倒是可能让别人烦躁不安的事情，虽然也同样让我烦躁不安，但我似乎觉得它们比快乐事更能忍受。看到许多和平时期的好汉与要人满脸惊愕，我心里暗自高兴。大路上挤满了宫里的马车，车上坐的都是宫里的贵族实习生、侍卫侍从和仆人跟班。他们也不顾路途上泥浆飞溅，尘土飞扬，兀自穿着白丝袜旅行。当心溅一脚泥巴呀！

如果说在见不到你的时候还有什么事情能让我欣喜，我认为那就是正在进行的战斗准备。你不要担心我会做出什么不忠的事情。因为在很长时间内我都只会同男性混做一堆。奥地利的先生们不会让我们闲着的，照目前的形势来看，我不认为人家会给我们留下动歪心思的时间。

我不会去斯特拉斯堡，也就不会去见××××、××××和××××等人，他们都不是出入枪林弹雨的角色。

自分别以来，我一刻都不曾得到安宁。有六夜没有睡眠，八天不曾解衣。总是打前站，为部队找房子，累得我都失音了。我向你要求一件事，如果处在这种境地，在我心里把一切都给你的前提下，请允许我想做这事，即在途经并宿营的村庄里，去那些美丽村姑身边假装一下讨人喜欢的家伙。如果我不相信你的爱，如果我未领略其美妙温馨，那对我来说，这样做不如说是让自己不安。啊！如果我开始嫉妒，那我也要以你的目光来嫉妒，而这样一来，我就会为了丁点小事成为世上最不幸的男人。不过让这种妨害我们爱情的灾祸远离我吧！亲爱的妻子，我收到了你寄自萨尔堡的家书。它像你一样温馨，让我恢复活力，鼓起勇气。我们的奥洛尔是多么可爱啊。你这下让我变得多么焦急，此刻我多想赶回家，把你们两个都搂在怀里啊！亲爱的朋友，我向你恳求，经常给我来信。收信地址如下：纳伊元帅麾下第六集团军第一师指挥官杜邦将军参谋杜潘先生收。这样写信址，不管部队有什么调动，我都能收到。亲爱的妻子，你得想到，远离你，身在战务繁忙、劳累困顿之中，这是我唯一能够享有的快乐。你就给我谈你的爱情，我们的孩子。你得想到，你是我妻子，我爱你，我只是为了你才喜欢生存，才把我的生命献给你。你得想到，除了荣誉与义务，世界上没有任何东西能把我羁留在远离你的地方；我现在处在身心疲惫、万物匮乏之中，在我看来，你不在我身边而留下的空虚，比什么匮乏都让我难受。你得想到，唯有与你重逢的希望才给我以支持，才让我依恋生命。

亲爱的妻子，再见，我累得撑不住了。今夜我有张床睡！从明夜起，好久都会要在泥地上睡觉。因此，我要利用这个机会来梦你。再见，亲爱的索菲，如果能够，到杜尔拉赫后我会给你写信。请收下我的千个温馨亲吻。替我转给奥洛尔同样多的亲吻。不要为我担心，我知道怎样干好我的事情，我有幸碰上战争。晋升证书与荣誉勋章在等着我。

共和十四年葡月一日（1805年9月22日）于哈格诺

附言：你从哪里打听到战时要付双倍薪晌。情况恰恰相反，因为这不仅是个发饷员如何到达的问题。不过，由于我们并不要渡海作战，而且发饷员迟早也会到来，你也就不要为我担心，我母亲给的钱也尽管用，一点也不要给我留着。你到巴黎后给她写封信告知。

亲爱的妻子，在马不停蹄地追赶逃敌四天之后，我们于昨晚来到此地，奥地利军队全军覆没，都做了我们的俘虏。只跑了几条漏网之鱼，好回去报讯，把恐怖传到德国腹地。指挥我们的是缪拉亲王，他对我们很是满意，准备于明日或者后日，为我和师里另外三个军官向皇帝申请荣誉勋章。

这十天来的疲劳与危险，就不一一向你述说了。这就是行伍生涯的苦处。不过比起你不在我身边让我感到的不安和愁闷，这又算得上什么呢？我没有收到你的信。甚至有人说，由于敌人持续不断地骚扰我们的左翼，我们的信一封也没寄到法国。你想我该多么烦恼，多么不安。我又怎么知道你是否为我极度担心，是否收到我托人带去的钱，我的奥洛尔身体是否好呢？远离我在世界上最亲爱的人，却得不到她们只言片语，这该是多么痛苦！不过我的朋友，鼓起勇气来！你要想到，离别并没有让我的爱情变质。将来重逢，永不分离，那该是多大的幸福！等战事一结束，我就会心醉神迷地飞进你的怀抱，永远不再离开，并把我的所有关爱，所有时间都献给你，还有奥洛尔。在远离你的地方，身受无聊和忧愁包围，只有这个念头才支持我战而胜之。在战争的恐怖之中，我回想着在你身边的日子，你温柔的样子让我忘记了严寒、忘记了冷雨，忘记了狂风，以及我们遭受的种种苦难。从你那方面说，亲爱的朋友，请记挂着我。你要想到，我把最最温柔的爱奉献给你，只有死亡才可能让它在我心里泯灭。你要想到，我之所以离开你，是因为我把责任与荣誉视为神圣的法律，而你的感情稍稍降一点温，就可能把我剩下来的日子毁掉。

明早五点我们将离开纽伦堡，开赴拉蒂斯堡，三天后到达。我们师一直归缪拉亲王指挥。

共和十四年葡月二十九日于纽伦堡

我的妻子，我亲爱的妻子，这是我一生中最美好的日子。在饱受不安与劳累之苦之后，我终于随着我们师的大部队开进了维也纳城。我不清楚你是否还爱我，身体是否健康，我们的奥洛尔是快乐还是忧愁，我的妻子是否还是我的索菲。我飞跑到邮局。我的心怦怦直跳，既怀着希望，又怀着担心。我找到你的一封来信，迫不及待地打开。读到你那些情意绵绵的温馨话语，我的心幸福得直颤栗……啊，是啊，亲爱的妻子，我一辈子都属于你，世上任何事情都不能令我对你的热爱降温。只要你与我分享爱情，我就敢于与命运、机遇和可笑的偏见抗争。我很需要阅读一封妻子来信，来忍受一生的无聊。

在作为一名优秀战士英勇作战之后，在千百次冒着生命危险获取胜利之后，在目睹一些最亲爱的战友在身边牺牲之后，我却为我们最为辉煌的战功被无视，被歪曲，被那些军中小人抹黑而倍感忧虑。“我明白自己说什么”，你也应该明白我说什么，并且熟悉那些溜须拍马的家伙。由于不断与师内各团头脑打交道，我发现勇敢与顽强其实是无用的品质，唯有邀欢获宠才是取得桂冠之途。总之，两个月前我们有六千人马，今日只剩了三千。我们得到的战绩是，缴获敌人军旗五面，其中有两面是俄罗斯军队的，俘敌五千，毙敌两千，缴获大炮四门，这一切都是在六个星期里取得的，可是我们每天在战报上，看到的是一些“什么也没做”的人的名字，而我们的名字却始终被遗忘被埋没。不过让我感到欣慰的，是战友们的尊重与喜爱。将来征战归来，我仍是个小军官，身无分文，可是我在战场上结交了一些朋友，他们比宫里那帮先生真诚得多。我又在发牢骚，怨天尤人，让你心烦了，不过如果不是向我的索菲，我又能把心里这些苦水向谁倒呢？还有谁比索菲更能分担我的忧愁，抚平我的痛苦呢？

由于我们与俄国佬连续作战，八天未歇，士兵已经疲乏不堪，上面终于把我们从莫拉维亚送到这里休整。在哈尔拉赫战事中我把一切都弄丢了，后来碰到拉图尔手下一个龙骑兵军官，我把他拉下马，从他那里得到了补偿。

上面总是给我们大许其诺，可是天知道能不能够兑现！母亲给我写信，说你什么也不会缺的，叫我放心。顺便插句话，你告诉我的是多么荒唐的事情！我说给德贝纳听，把他眼泪都笑出来了。卢米埃小姐是我的老保姆，因为我是她抚养大的，我母亲就给她设了一份养老金。我出生时她都40岁了！多么生动的嫉妒题材！我要把这个荒唐故事讲给所有朋友听。

今早我见到比埃特，引出了无限的快乐，因为这让我想到了住在梅斯莱街的日子。我把他当作最好的朋友来拥抱，因为我能够与他谈你，他也能够做出回答。尽管他没有与你身体状况直接相关的消息要告诉我，我还是一个劲地问他，直到他感到厌烦为止。

有人在说很快就会把我们送回法国，因为缺乏战斗员，所以这边的战事结束了。奥地利人不敢再跟我们较量，因为他们吓怕了。俄罗斯人正在全面溃败。人们看到我们在这里都是满脸惊愕。维也纳的居民几乎不相信我们在这里。

再说这座城市相当乏味。进驻此地才二十四个钟头，可我觉得就像坐牢一样，无聊至极。富人都逃跑了。中产阶级吓得战战兢兢，都躲了起来。一般民众则惊慌失措，不知如何是好。据说我们会在三四天以后起营，开赴匈牙利，让奥地利残余的军队放下武器，并由此加快和约的订立。

我不在你身边，你闷闷不乐；是啊，亲爱的妻子，我就喜欢你这样。但愿任何人都不去看你。这样你就只想着照料我们女儿的事情。这样一来，我虽然远离你，也会能多高兴就有多高兴了。

再见，亲爱的朋友，希望很快就能把你拥在怀里。千遍吻你，吻我的奥洛尔。

共和十四年雾月三十日于维也纳

这个“据说”开赴匈牙利的消息最终变成了1805年12月4日的奥斯特里茨战役。我不清楚父亲是否参加了这场战役。尽管有多人向我肯定，对他的悼念文章也证实这点，但我总是不太相信。因为杜邦将军指挥的那个师被哈斯拉赫和迪埃斯特恩的奇迹弄得疲乏不堪，那段时间不得不留在维也纳休整，而且在我所读的有关奥斯特里茨战役的叙述文章里，都未见到杜邦将军的大名。我们在此顺便说一说杜邦这个在西班牙、在贝伦[1]犯下如此大罪或者命运如此倒霉的将军，这个在皇帝阵营里头一个背叛法国军队光荣却得到复辟王朝如此可耻报偿的将军。在我们刚才概述的战事里，他的表现确实像个战时伟

〔1〕西班牙城市，1808年杜邦将军率一万八千人马在此被围，遂向西班牙军队投降。

人。大家看到在和平时期，我父亲只是随便地提他几句，但在别处谈论他时则很严肃。皇帝本人对这位将军是否怀疑，是否暗地里怀有成见？情况大概是这样，要不就是杜邦喜欢扮演心怀不满的角色。我父亲在上面那封信里所发的怨言，肯定是受了一种集体感觉的影响。至于他个人，并不是一个重要到会认为自己受到特别歧视的角色。我不清楚父亲那样忿然提到的那些溜须拍马的家伙，那些军中小人是谁。由于他为人豪爽，最最与人为善，那就应当相信，他的抱怨是有充分理由的。

大家知道，在那个战役期间，皇帝遇到多么顽强的对抗，发了多少怒气，也知道缪拉鲁莽冒失，自以为是，犯了多少错误，还知道这事在纳伊元帅心里激起多少愤怒。如果读者查查历史，就肯定能找到了解我父亲在战场上产生痛苦的钥匙，因为它标志着在马伦哥战役中疯狂追随第一执政的人心情起了显著变化。帝国这些战役显然是伟大的，我们参战的士兵也远比敌人强大。在指挥这些战役时拿破仑是世界上最伟大的统帅。但是宫廷的精神状态已经使共和国的年轻热情黯然冷却。在马伦哥，我父亲在写给他母亲的信的附言中说："啊，天哪！我差点忘记告诉你我被火线任命为中尉。"这话表明，他在疯狂地为事业而战时完全将个人升迁置之度外。而在维也纳，他给妻子写信，倾吐出对于将获得的报偿的轻蔑怀疑。在帝国治下，人人想着自己，而在共和国时期，人人忘记自己。

从横渡黾西奥江以来，我父亲的职业生涯就受到失宠的打击。但无论如何，这种表面的失宠中止于1805年的战斗。他终于获准下到前线，于共和十四年霜月三十日（1805年12月20日）被任命为第一轻骑兵团的上尉。他回到巴黎，把我们，我母亲、卡罗莉娜和我都接到他的不知驻防在何处的部队。当他于1806年再度开赴前方时，他从同格尔的团部军需仓库给妻子写信。期间他可能往诺昂走了一趟。但我只从下面几封信里了解到他的故事。

自从离开美因茨以来，我们四处行军，漂泊不定，以至于找不到时间来给你写信报告信息。首先要告诉你的，是我仍然如痴如狂地爱你。这对你来说并不是什么新消息，可这是我最最急切地要告诉你的话。唉，这种远离你的生活，我已经厌烦了：我发誓，等到这场战斗结束，不管发生什么事，我都不再离开你。

三天来，我带领连队奔驰了三十六法里（合一百四十四公里），为皇帝陛下护驾。昨晚到达伍兹堡。我们在小城周围宿营。所有步行的卫队也赶到了。皇上在路上问了我好几个问题，都与骑兵团有关。问到最后一个时，由于马车的声音太大，我没听清楚，但是皇上重复问了三遍，于是我只能胡乱回答道："是啊，陛下。"我看见他微微一笑，便判断自己也许说了蠢话。如果他认为我是个傻子或者聋子，要把我打发回家，那我会为回到你身边而感到欣慰。

再见，我漂亮的妻子，我亲爱的朋友，你是我喜爱的女人，想念的女人，最渴望伴守的女人。我衷心地拥抱你。我爱奥洛尔，爱我们的孩子们，爱你妹妹，爱属于我们的一切。

1806年10月2日于普林林根

亲爱的妻子，半个月来，我骑马跑遍了波洛尼亚的所有荒原，每天从早上五点开始，一直走到夜里，只找到一家穷人烟熏火燎的破房子，好不容易能弄到一捆干草，打地铺过夜。今日我来到波洛尼亚的首府，终于能够把一封信投邮了。我爱生命，但更百倍爱你。无论在何处，怀想你我都感到欣慰，但同时也感到沮丧。在睡梦中我见到你；醒来时我想念你；我的整个灵魂就挨着你。你是我的天主，是我乞求保护，在疲惫与危险中呼唤的守护天使。自离开你以来，我未享受过一刻安宁，但我不需要说没有领略过一刻幸福。爱我吧，爱我！这是唯一减轻我的苦难生活的办法。给我写信。我还只收到你的两封信。我把它们读了又读，百遍还不止。保持你的原样，还用那么温柔那么可爱的语气给我写信。但愿别离不会让你变得冷漠。我相信只要可能，小别会增添我对你的爱恋。我们千万不要失去快快团聚的希望。目前敌我双方正在坡冉镇谈判。我们的胜利很有可能迫使俄国人求和。等会我去见菲利普·塞居尔，把包裹托他寄给你。他会有办法快速寄到的。明日我们开往维斯图尔。俄国人离这儿有四十公里，我们的行军与机动让他们很难做出准确判断。对我来说，只盼着挥刀来一场厮杀，负伤致残，解甲归田，回到你身旁。在我们这个时代，一个当兵吃粮的人，只有丢了胳膊卸了腿，才有可能指望休息，安享家庭幸福。我在部队碰到的人，没一个不怀着和我一样的心愿。不过可咒的荣誉摆在那儿，把我们都留在部队。我虽然抱怨很多，却并不觉得如何痛苦，因为无趣也好，物质匮乏也好，疲劳也好，都没有什么关系，都不是我当兵吃粮最愁最苦的事情。我所愁苦的，是你不在身边，是我的苦楚无法跟别人诉说。不认识你的人，不知我对你的爱有多深。熟悉你的人，才对我的心了解很深。

多跟孩子们谈谈我。我被迫去寻找粮草。甚至没时间来给你写信，享受这种远远不够但聊胜于无的安慰！我像疯子一样爱你，你也爱我吧，如果你愿意我保全性命。

1806年12月7日

在渡河事件发生之后，我父亲被任命为少校。1807年4月4日，缪拉把他调到身边，担任参谋。代夏特尔曾告诉我，这是皇帝的推荐。皇帝在注意到他这个人才后，对缪拉亲王说：“这是个英俊又勇敢的年轻人。你的参谋就该选这样的人。”我父亲本未指望得到这份恩宠，差点拒绝接受，因为他明白这会进一步迫使自己处于服从地位，并会给自己梦寐以求的回家享受彻底的安宁设置新的障碍。我母亲对他所谓的雄心并不怎么感兴趣，因此他得做解释，就像在下面信中所做的这样：

在四处奔跑了三个月，给亲王交出一份相当漂亮的样品，让他看到我在执行任务方面是如何能干之后，我来到此地，收到你两封信：一封是3月23日的，一封是4月8日的。第一封把我打晕了。我觉得你在通知我，说打算“努力冲淡一点点对我的爱恋”时，已经不再爱我了。幸好我拆开了第二封信，我发现你是因为太爱我才写下这些伤人的傻话。啊，我亲爱的妻子，我的索菲，你写下这些残忍的文字，并且把这服致命的毒药从千多公里外寄来，让我有可能在半月之中深受痛苦折磨，然后才收到另一封安慰我让我放心的信，你真是做得出来！这下，我真要感谢天主，让我长时间收不到你的来信。我的朋友啊，还是抛掉这些可怕的想法，这些不公正的猜疑吧！你对我都怀疑，这是真的吗？你对我的指责，最伤心的，莫过于说我想不起卡罗莉娜的存在，以及想到这孩子的前途，你就不寒而栗。我究竟有什么不是，应该遭受这些不公正的猜疑？难道我有哪一刻不曾把她当自己女儿看待？难道我对她与对我别的孩子的呵护照顾，有些微不同？自从第一次见到你那天以来，我难道有一刻停止过爱你和属于你的一切：你女儿、你妹妹，你爱的所有人？更叫我难受的，是你竟然指责我，说我贪图游走世界的快乐而抛弃你？我以荣誉与爱情的名义向你发誓，我根本没要求升官发财，我根本没觉察到大公会把我调到他身边工作，更没觉察到竟会怀着深深的无奈，看着团聚的日子远离我们而去。我要把一切都告诉你吗？我差点拒绝了这个任命，因为我觉得自己没有勇气面对要再次延迟复员返家这个事实。不过亲爱的妻子，如果我抛弃主动找上门来的机运，那么对你，对为了我的军旅生涯而牺牲自己安逸的母亲，对我们的孩子——三个很快需要父亲的收入与地位的孩子，我尽到了义务吗？

你说起我的野心，我这号人，野心！如果我不是这样忧愁，你这句话真要让我笑掉大牙。唉，自从认识你以来，我就只有一个野心，这就是修正命运与社会对你的不公，就是在万一我被炮弹砸中的情况下，保证让你过一种体面生活，免遭苦难折磨。难道我不应该给你这些？给因为爱我，曾长久忍受我的倒霉命运，并且从一座宫殿搬到一间小阁楼的你？我的索菲，在评判我这个人的时候请稍微好一点儿。要根据你自己的感觉来对我做评判。我在生活中没有一刻不想着你。在我看来，我的爱妻的简朴卧房比世上万物都更有价值。那里就是我的幸福圣地。在我的眼睛里，什么都比不上妻子那样漂亮的黑发、那样美丽的眼睛、那样洁白的牙齿、那样优雅的身材，那细棉布的裙袍、那秀美的双脚，以及那玲珑的斜纹呢布鞋。我仍像头一天一样爱这一切；除了这些我在世上再无所求。不过为了百分之百安全地拥有这份幸福，为了不用再拖儿带女与贫困作斗争，现在必须做出某些牺牲。你说住宫殿也不会比住我们这间狭小阁楼幸福，还说在和平时期，亲王将变成国王，我们会被迫搬去他的国家居住，那样一来，我们就不会像现在这样默默无闻，不会像现在这样单独相处，就会失去巴黎这份珍贵的自由。的确，亲王是很可能成为国王，他也很可能带我们赴任。但是我不认为那时不会比现在幸福，因为到那时我们团聚在一起了，也不认为今后会有什么事情妨碍我们由婚姻肯定的爱情。可怜的妻子，说来你有点傻气，竟以为我一旦过上奢侈豪华的生活，就不会像现在这么爱你了！但你同时也很可爱，竟然把奢侈豪华都不放在眼里！不过你知道我也一样，我厌恶虚荣，不喜欢讲排场，一旦置身于奢侈豪华的生活，那些无聊的乐趣会让我难受。你也知道，我会多么急迫地溜出来，与你安安静静地待在一个小角落里。今天我工作、打仗，接受一份报偿，并且盼望当团长（因为这样就可以让你随军，我们就有个属于我们的，像我们希望的那样安静、简朴、亲密的小天地），正是为了我那个小角落。再说，当我有时向幸福得光彩照人地躺在我怀里的你显出几分自尊，以报复某些怜悯我们小家庭的人那愚蠢的轻蔑，这样做有什么不好？我承认，我会为自己感到骄傲，因为我凭着勇敢，凭着对祖国的热爱，独自赢得了别人要靠恩宠、阴谋或者出身来获取的机遇与财富。我知道那些人依靠太太的姓氏，或者依靠太太的风骚升官发财，可是我的太太却拥有不同的名头。她拥有忠贞的爱情和丈夫的功勋。

现在美好的季节又回来了。亲爱的朋友，你在干什么？啊，但愿一片美丽的草场，一座行将变绿的树林闯入眼帘，用忧郁而美妙的回忆来充实我的灵魂！去年在莱茵河畔，我在你身边度过了多么美妙的时光！幸福时刻啊你过于短暂，随你而来的是多少遗憾！在马里昂韦德，我满腹惆怅，独自在维斯图尔河边漫步，心被忧伤与不安吞噬。我看到大自然里一切都在复苏，而我的灵魂却紧闭门扉，不让幸福的情感进入。在柯布伦茨，我们坐在草地上，你是那样恐惧，我把你紧抱在胸前，让你放心。我在维斯图尔河畔所处的地方就和那里一样。我回想着和你一起度过的时光，觉得它就像烈火一样把我点燃，我像疯子一样四处游荡，我寻找你，呼唤你，可是枉然。我终于走累了，被痛苦伤重了，坐下来。在这荒凉的河岸，我找到的不是我的索菲，而是孤独、凄惶和嫉妒。是啊，我承认，嫉妒，我人在远方，也被一些魅影纠缠，但是我不告诉你，怕你受到冒犯。唉！只要行军的疲惫和战场的喧声暂停片刻，我的心就遭受种种忧思愁虑撕咬。痴情热恋的所有疯狂念头都来纠缠我。我尝尽了爱的担心和不安，深感它是多么脆弱无能。是啊，亲爱的妻子，我像头一天一样爱你！让我们的孩子不断向你问起我：只带着她们陪你出门散步，让她们时时提醒你记住我们的婚誓和结合。你也跟她们说说我。我只为她们，为你，为我母亲而活。

这里，我们所处的春季，所驻扎的地方都让我想起法耶尔。不过，唉！布洛涅远在千里之外，荒凉的城堡留给我的是满心的遗憾。刚到的时候，我发现城堡里空无一人，所有人都随亲王去了艾尔滨，皇上在那儿举行了著名的阅兵仪式。亲王有令来了，让我飞奔前往。别了，亲爱的妻子。大家都在谈论和平，没有重启战端的迹象。啊！等我回到你身边，我要把你，把我们的所有孩子搂在怀里，搂上一千次。想着你丈夫，想着你爱人。

莫里斯

1807年5月10日于罗森堡德·伯格大公司令部

又：愿我的奥洛尔乖巧懂事，会想念我，会跟你说想念爸爸！

同年六月，我父亲陪同缪拉，而缪拉则陪同拿破仑出席了著名的蒂尔西木筏和会[1]。七月回到法国，我父亲又马不停蹄，跟随缪拉和皇帝再赴意大利。拿破仑去那里册封一批新的国王和亲王。

在冒险经过萨瓦与蒙塞尼的所有峭壁悬崖之后，我在皮埃蒙特的一个烂泥坑里栽了跟头。那是一个墨黑的夜晚，天气极为可恶。另外那烂泥坑又是处在一片树林里，是个著名的险要

[1] 1807年7月7日拿破仑与俄国沙皇在涅曼河一只木筏上会见，会后签署了蒂尔西和约。

地段。就在我出事的前一天，那里发生了一起杀人越货事件，一个都灵商人被人杀了，财物被洗劫一空。我们一手持刀，一手握枪，站岗放哨，直到搬来救兵，也就是说，坚持了三个钟头，我们才走出泥坑，再度启程。不久我们的马匹就不够用了，接下来道路变得崎岖难行。好不容易来到海边，却又迎面刮起大风，我们都认为船只会翻倒在环礁湖里了。最后总算来到美丽的威尼斯。不过在这里，我还只在水道里见到浑浊的脏水，只在杜罗克的餐桌上饮到品质极劣的葡萄酒。从巴黎动身以来，这是我将在床上度过的头一夜。皇上只在这里驻跸一周。我没时间跟你写更多话。我爱你，你是我的生命，我的灵魂，我的天主，我的一切。

1807年9月28日于威尼斯

亲爱的朋友，这个日子应该告诉你，如果有可能，我会双倍想念你，既然我来到一个充满我们的爱情、痛苦、烦恼与快乐回忆的地方。啊！在大路两边的花园里漫步的时候，我的心是多么地激动！这些花园并不能说让人觉得十分惬意，但是这里面最重要的是我对你的爱，是我迫不及待地要回到你怀抱的心情。月底我们肯定能回巴黎。在那里不可能比此地更让我觉得无聊。我已经在考虑要操办什么节庆欢宴了。所有战友说的几乎都是同样的打算，尽管他们没有我这么强烈的动机，期待早日结束这些荒唐可笑的事情。在我看来，这里的气氛因为高贵，因为尊荣，因为刻板，也因为无聊而显得凝重。亲王病了，基于这个理由，我希望我们能够赶在皇帝一行之前回国。

这样一来，我不久就会与你，我永远的天使，永远的魔鬼，永远的神明重逢了。要是到都灵后读不到你的来信，我会揪你小耳朵的哦。别了，千遍万遍地亲吻你，亲吻我们的奥洛尔和我母亲。到都灵后我再给你写信。

1807年12月11日于米兰

我父亲的生命，这个如此纯粹、如此高贵的生命，接近终点了。关于他的故事，我只有一个可怕的灾难要讲述了。从此我将由自己的记忆引导，由于我只打算写一写自己和家人的故事，并不打算书写当代历史，我也就只会从亲眼目击的角度，来讲述西班牙战争。那时正处于对我来说陌生的不能理解的外部事物，开始像神秘画卷一样给我留下深刻印象的年代。请读者允许我稍许退回去一点，从我开始感受自己的生活时讲起。

我童年的故事

一

应该相信，既然生活的开端如此甘甜，童年又是一段如此幸福的年月，那么生活本身就是一件美好的事情。我们中没有一个人不把金色的童年当作一段美好的梦幻来回忆。童年的经历，件件都是后来的岁月所无法伦比的。我之所以说那是一段梦幻，是因为我想到了幼年，我们的记忆在幼年漂浮不定，在整体的波涛之中，只抓住几个单独的互不连贯的印象。这些迅如闪电的记忆，在别人看来无足轻重，在我们每个人看来却具有如此强大的魅力，这是什么原因，恐怕没人说得清楚。

记忆是一种因人而异的能力，而且，它在任何人身上都谈不上完美无缺，因此就给我们留下了千百个前后不一，自相矛盾的地方。我的记忆一如许多别人的记忆，有的地方非常发达，有的地方又极不健全。头天发生的细小事件，要费大力才记得起来，而且大多数细节是永远想不起来了，但是要我回想稍稍久远一点的事情，我的记忆却能上溯到大多数别人可能回不到的幼年。这到底主要是取决于我身上这种能力的天性，还是取决于某种早熟的感知生活的能力呢？

也许在这方面我们的天赋差不多是一般无二的，也许我们对往事记得清楚还是模糊，要看它们让我们激动还是不激动？有些内部原因让我们对震动周围世界的外部事物几乎无动于衷。有些不大理解的事情，我们有时也想不起来。遗忘也可能仅仅是由于不曾理解或者不曾注意某件往事。

无论如何，这都是我一生中记得的头一件事情，它发生在久远的过去。那时我才两岁，一个保姆没把我抱紧，让我从她怀里掉下来，砸在一具壁炉角上。我吓坏了，前额上受了伤。这次神经系统的震撼与激动，使我的精神打开了感知生活的大门。那时我就看见，现在我仍看见那壁炉上淡红色的大理石台板，看见我的血流到台板上，看见保姆惊恐的面孔。我也清楚地记得医生来家诊病的情形。记得他在我耳后放置蚂蟥吸血，记得我母亲的担心，和因为酗酒而遭辞退的保姆。我们搬离了那座房子。不过现在我不清楚它坐落在什么地方。因为我从未回过那所房子，但只要它还在，我觉得就能认出来。

因此，我们一年后在船运粮仓街住的那套公寓，我记得不很清楚，也就不奇怪了。然而，从那开始，我就有了清晰的，几乎不会中断的记忆。只不过从发生壁炉事故直到3岁，那段时间我都是没完没了地在我的小床上度过的，我并没有睡着，只是静静地注视着窗帘的几道褶皱，和房间墙纸上的花形图案。

我也记得在房间里乱飞的苍蝇，以及它们发出的嗡嗡声很是吸引我的注意。我还记得当时看到的物体常常有重影。这种情形我没法解释。有好些人曾跟我说过，他们在幼年也有过同样的感觉。尤其是烛焰在我眼前出现重影，我意识到这是幻觉，但是没法避免。现在我甚至觉得，那是我囚禁于摇篮的生活里所享有的一种惨淡娱乐。今日在我看来，那段摇篮生活非常长，并且沉陷在一种温软的无聊之中。

我母亲很早就关心我的发育生长，而我的大脑则没做任何抵抗，可是它却没有丝毫超前。如果家人听之任之，不采取任何措施，我的生长发育可能会非常迟缓。我十个月就能行走。说话虽晚，但一旦开始牙牙学语，就很快学会了所有的词句。到4岁我就能很顺畅地阅读了。我表妹克洛蒂德也一样，我和她由我们俩的母亲交替教育。家人也教我们祈祷。我现在还记得，虽然除了最后一篇祷告词的头几句话，别的我什么也不理解，但我能一口气从头到尾把一天从早到晚要念的祷告词都背出来。最后那篇是晚上，我们姐妹俩常常并排枕着同一个枕头，这样念道："天主啊，我把心奉献给您。"我至今仍不清楚为什么独独理解这一句，而不理解其余的祷告词，因为这一句话虽然不长，却很玄奥；不过我终究还是理解了这句话。而这也是祈祷时我对天主和我自己唯一有个概念的地方。至于我用法语念得很好的《天父经》《信经》和《圣母经》，除了"请您赐给我们每日的面包"一句，我都能像鹦鹉学舌一样用拉丁语背诵出来，虽然我并不能理解这些祷文。

家人也训练我们背诵拉丰丹的寓言。那时期那些诗歌仍在我的文学圈地范围里，我差不多把它们都熟记在心了。我认为，当时我是那样厌倦于背诵它们，以至于尽可能拖延，到很晚以后才去弄懂它们的意思，大约是在十五六岁的年纪才发现它们的美妙。

从前大人们习惯在孩子的记忆里塞一大堆超出其理解力的文学瑰宝。我所指责的大人们强加给孩子的工作可不是一件轻松事儿。卢梭尽管在《爱弥儿》里将这件工作完全删除，却还是冒险任其学生老早就将脑袋塞得满满的，以至于长大后到了该学那些知识的年龄，却什么也学不进了。尽早让孩子习惯于一种有节制的日常的训练，以开发头脑的各种能力固然不错，但是人们急着让他们享用美食，这就过度了。

现在几乎没有适合幼儿阅读的文学作品。所有为幼儿创作的漂亮诗歌都矫揉造作，充满了不属于他们的词语。只有摇篮曲的歌词才真正适合他们的想象力。我最早听到的诗句就是我母亲用人间能听到的最温柔最清亮的声音唱出来的，大概读者诸君都熟悉的下面这几句儿歌：

我们进谷仓去看
看白羽母鸡下蛋
下一只漂亮银蛋
给心爱宝宝当饭

诗韵并不复杂，可我却并未记住。然而大人们每天晚上都拿来许诺的那只白母鸡和那只银蛋却给我留下了强烈的印象，不过次日早上我从未想到要他们兑现。诺是一许再许，天真的希望也随之生了又生。勒克莱尔朋友，这件事，你还记得吗？因为你也一样，被那只神奇的银蛋诱哄了好多年。它并没有激起你的贪财之心，但你觉得，这是那只好母鸡送你的最有诗意、最最雅致的礼物。要是真给你那只银蛋，你会拿它做什么呢？你嫩弱的小手捧它不起，而你躁急多变的性子很快就会厌倦这乏味的玩具。一个蛋是什么东西：一个玩不坏的玩具是什么东西？不过想象可以无中生有，凭空创造，这是它的本性，而那只银蛋的故事或许就是所有唤醒我们贪欲的物质财富的故事。欲望多，拥有少。

圣诞节前夕，我母亲也给我唱一支同类型的儿歌，由于每年才听到一次，今日我记不起来了。我所清楚记得的，是那时我绝对相信那个蓄着一部白胡须的小老头，那个圣诞爷爷是从壁炉烟管下来的。他大约在午夜时分来家里，在我们的小鞋子里放一个礼物，等我一觉醒来，就在鞋子里发现了它。午夜！这个孩子们一点也不熟悉，大人们把它作为孩子结束守夜、上床睡觉的时刻来解说的神奇时辰！我做了多么令人难以置信的努力，来强撑着眼皮，在那个小老头出现之前不睡过去！我渴望见到他，但也怕见到他。但我从未一直撑到他露面的时刻。次日醒来，我第一眼就望向壁炉边我的鞋子。看见那个白纸包裹，我是多么激动啊！因为圣诞爷爷极爱整洁，从不忘记细心地包好他的礼物。我光着脚丫跑过去，一把抓起我的宝贝。那并不是个价值昂贵的大礼物，因为我们那时并不富裕。那是个小礼物，一个橙子，要不就只是一个美丽的红苹果。但我觉得那果子是那么珍贵，以至于几乎不敢对它下口。在那上面想象还在起作用，那是孩子的全部生活。

卢梭希望删除那些奇迹，理由是那是谎言。我完全不赞同他的见解。理智与怀疑来得相当快，而且是自然而然地来的。对圣诞爷爷的真实存在产生疑问的头一年，我记得很清楚。我那时5岁或者6岁，觉得应该是母亲把蛋糕放在我鞋子里的。这让我觉得这回没有前些次美，也没有前些次好。我还感到，不再能相信那个白胡子小老头是某种遗憾。我发现我儿子相信圣诞爷爷的时间比我当年长久。男孩往往比小女孩单纯。他和我一样，在平安夜也使劲撑着，想一直守到午夜。但和我一样，他没有成功。第二天和我一样，他见到了在天堂的厨房里制作的神奇蛋糕。不过他生出疑问的头一年也是圣诞老人访问的最后一年。应该给孩子端上适合他们年纪的饭菜。不要提前。他们需要神奇的时候就得给他们神奇。一旦他们开始厌倦神奇了，就得当心千万不要延长错误，阻碍他们的理智自然发展。

从儿童的生活中删除神奇，是违反自然规律的事情。童年难道不是人类的一个神秘阶段，里面充满无法解释的奇事吗？孩子是从哪里来的？在进入母腹成形之前，他难道不是在人不可进入的神的怀里的某种生命？赋予他以活力的那一小块生命难道不是来自他将来要返回的未知世界？人类灵魂在我们幼时这种如此迅速的发育，这个从一种像似混沌世界的状态向一种有理解能力的社会性状态的离奇过渡，语言的这些最初概念，教人不仅给外部物体，而且给行为思想感情命名的这种难以理解的精神工作，这一切都来自生命的奇迹，而我不清楚是否有人曾对此做过解释。听到幼儿发出的第一个动词音，我总是感到惊奇。我明白名词是大人教的，而动词，尤其是表达爱的动词，他们则是无师自通！例如孩子第一次知道对母亲说他爱她，他所接受、所表达的，难道不是一种高级的天启吗？这个工作中的精神漂浮其上的外部世界，还不能让他对灵魂的功能形成任何清晰的概念。直到这时，他只是通过需要而活着，他的智力仅是通过感觉而形成。他看见，他愿意触碰、品尝；所有那些外部物件，他大多不知其用处，也不能理解其因果，因此一开始在他眼前，大概是一种捉摸不透的视觉。在这时开始了内心的工作。想象被这些物件充满。孩子在睡眠中做梦，大概在没睡着的时候也做梦。至少他长期不知清醒状态与睡眠状态的不同。一个新物件让他高兴或者令他恐惧，其原因谁能说清楚？是谁启示他生出美丽与丑陋的空泛概念？一枝花，一只小鸟绝不会让他惧怕，而一个变形的面具，一头吼叫的动物则让他恐惧。因此我们得通过打动孩子的感官，这个好感或者厌恶的对象就会启发孩子领悟信任与恐惧这两种不可能教会的概念。因为这种好感和厌恶已经在还不能理解人类语言的孩子身上显现出来了。因此他身上具有某种先于教育所能给予的概念而存在的东西，而这正是取决于人类生命本质的秘密。

孩子自然生活在一个可说是超自然的环境里。对他来说，那里的一切都是奇迹。在那里，他乍一见到外部的所有东西，大概都觉得神奇。不加区别地、没有分寸地匆忙对打动他的所有事物做出评价，对他并无帮助。最好是让他自己去寻找这种评价，并在一生中以自己的方式来立身。如果在他一生中，我们不让他犯下无意的错误，而我们的解释又超出他的理解力，则会把他推进一些更大的、甚至永远于他正直的评价有害，从而不利于他的灵魂道德发育成长的错误。

因此，寻思最先能教给孩子什么神的概念是徒劳的，我们找不到一个最好的概念来描述那个在天上看到地上所做一切的好天主的存在。等孩子稍大，就得让他理解天主是个并无偶像面孔的无限存在，天不单是包围着我们和我们所住地球的蓝色穹窿，还是我们思想的圣地。不过试着让孩子看穿象征有什么用呢？对他来说，任何象征都是一种现实。这个无限的以太，这个造物的深渊，总之这个吸引各个世界的天，在孩子看来要比我们往他思想里延入的定义壮美宏大。他其实只要感觉宇宙的壮美就够了，如果我们希望让他理解宇宙的力学，那会把他逼疯。

个人生活难道不是集体生活的概括？观察过孩子的生长发育，看到他由幼年而青少年的过程，看到他直到成年的所有变化的人，也就直击了人种的发展简史。因为人类也有其童年、少年、青年与成年。唉！只要我们回溯到人类的原始时期，就会看到各个民族神奇的形成过程，也可以看到现代理智翻译或转述的历史、初生的科学、哲学与用象征与隐语书写的宗教。诗，甚至寓言是原始时期的真话，相对的现实。因此，人、人类，以及我们文明仅仅触及的民众都有其童年是一条永恒的法则。蒙昧人生活在神奇之中，他并不是傻子，也不是疯子，更不是野蛮人，他是诗人，是儿童。他像我们的祖先那样，只咏唱诗与歌。他觉得诗句比散文自然，颂歌比演讲辞自然。童年是唱歌的年纪。给儿童写歌，怎么写也不为多。寓言只是一种象征，是让孩子领略美感与诗意的最佳形式，它是美与真的最初表现。

拉丰丹的寓言对幼儿来说太深奥太复杂。它们充满了睿智的道德教育。但也许不应对幼儿进行道德教育：真要这样做，会把他们领进一座观念的迷宫，使之在里面迷路，因为任何道德都包含一种社会观念，而幼儿是不可能接受任何社会观念的。我更喜欢让孩子接受诗与情里面包含的宗教概念。当母亲对我说，我若不听她的话，就会让圣母娘娘和天使们在天上难过得哭泣，于是我的想象就深受触动。这些美妙人物和他们的泪水在我身上引出恐惧与无限的柔情。想到他们的存在让我害怕，但他们的痛苦又马上让我感到歉疚，生出对他们的体恤之情。

总之，当孩子喜欢神奇追寻神奇时，我希望人们给予他神奇，而当神奇不再是他的天然食物，他已经厌倦了神奇，并且以其疑问提醒你，他意欲进入现实世界时，我就希望人们听任他摆脱神奇，而不去想方设法延长他的错误。

我和克洛蒂德都不记得我们学习阅读时有过多少困难。我们的母亲一直对我们说，她们并没怎么教我们。不过她们说我学习阅读很执着，并举了一个天真事例。有一天，我不准备上字母课，就回答我母亲："我就快念a了，但我不会念b。"似乎我的抵拒持续了很久。字母表上的所有字母，除了第二个，我都念得出。当人们问我为什么不念这个字母时，我沉着地回答说："因为我不认识b。"

我自己追忆出来的第二件往事，是一件微不足道的事情，因此肯定也就无人曾想到要对我述说。这就是门窗玻璃匠的大女儿初领圣体那天穿的白衣裙与白面纱。我那时大约在3岁半左右，我们家住在船运粮仓街一幢房子的四楼。底层就是玻璃匠的店铺。他有好几个女儿，常来和我们两姊妹玩耍。她们的名字我记不起来了，记得的只是那个大女儿，因为她那件白衣服在我眼里是世界上最美的衣裙。我能够毫不厌烦地欣赏。可我母亲忽然说，她那衣裙都泛黄了，而且没整理好。我听了感到异样的难过。当时我觉得，你让我厌恶我欣赏的东西，就大伤了我的心。

我记得另一次，我们在跳一种圆舞，还是这个女孩唱道：

> 我们不再去树林，
> 因为桂树被砍断。

我知道我之前从未去过树林，或许也从未见过桂树。但是我大概知道树林与桂树是什么，因为那两句歌词勾起我很多遐想。我退出舞圈，就为了想象那两句词儿，竟然陷入了一场深深的忧伤。我不想把心事告诉任何人，但我会自愿大哭一场，因为我觉得失去了那迷人的桂树林，很是伤感。虽然我仅仅是在遐想中进入了那树林，但马上就觉得被人家剥夺了那个美景。对于儿童的独特心理，你能怎么解释就怎么解释吧，但那条法则在我身上打的烙印是如此之深，以至于我永远都忘不了那件事给我的神秘印象。每当有人唱起那支圆舞曲，我就觉得自己又被同一种忧伤侵染，从此，我一听到儿童唱那支歌，就会陷入那同样的又歉疚又伤感的心境。我总是在想象中看到那座树林在遭受砍伐之前的样子，我在现实中从未见过那么美丽的树林。我看见那树林里铺满了新近被砍下的桂树枝，我觉得我恨死了那些砍伐树木的人，因为他们把我永远逐出了树林。那么，像这样开始着最天真舞蹈的天真诗人，他有什么样的想法呢？

我还记得悦耳动听的圆舞曲《吉罗弗雷，吉罗弗拉》。所有儿童都熟悉那支曲子。那歌词里仍然提到大家都去的神秘树林瑟莱特，并且在那里遇到国王、王后、魔鬼与爱神阿莫尔。对孩子们来说这同样是些神秘人物。我不记得曾经怕过魔鬼，我认为我幼年并不相信有魔鬼，而且大人也阻止我相信魔鬼，因为我的想象太容易受影响，而且我容易产生恐惧。有一次有人送我一个礼物，一个全身涂着金红色油漆精致而锃亮的小玩偶——意大利驼背小丑波利希乃尔。我先是有些害怕，尤其是因为我很喜欢一个布娃娃，我想象它与那个驼背小怪物放在一起会很危险，就把那个布娃娃小心翼翼地塞进衣柜。我同意和波利希乃尔玩耍；在我看来，它那套由一根发条带动在框框里旋转的瓷质赌具，把它置放于现实与纸盒之间的某种中间地带。在我上床睡觉的时候，大人想把它塞进衣柜，与布娃娃在一块。可是我说什么也不同意，大人只好让步，顺着我的意思，让波利希乃尔在火炉上睡觉。那时我们卧室里有只小火炉，不是很简朴的那种，至今我还记得它是长方形的，面板上涂了胶。虽说从4岁起我就没有回过那套公寓房间，但有个细节我仍然记得，那就是房间凹室是间小房子，门上装着黄铜格栅，后面衬着绿布帘子。除了一间充作餐厅的前厅和一个充作我的教养室的小厨房，套房里就只剩了一间白天兼做客厅的卧室。大家看得出，那套房间绝无奢华可言。我的小床晚上就摆在凹室外面。我姐姐当时送到外面寄宿。当她回家住时，就睡在我旁边的长沙发上。那是一张绿色的长沙发，蒙着乌德勒支绒布。虽说那套房间里没有什么值得注意的器物，可那些摆设仍然历历如在眼前，应该认为，我的头脑在那里开始接受一项有关它自身的持久工作，因为我觉得那些器物充满我的梦想，我天天看着它们，久而久之，也把它们用旧了。入眠之前，我有一项特别的娱乐，那就是用指头拨弄床边凹室门上的黄铜格栅。铜棍发出小小的声音，在我听来，非常悦耳，有如天籁。

每逢那时，我就听到母亲说：“听，奥洛尔又在弹格栅了。”

回过头来说我的波利希乃尔。它仰面朝天，躺在火炉上睡觉，两只瓷质眼珠望着天花板，带着一脸的坏笑。后来我没有再见过它，但是在我的想象中我还见到它，而且我每天入睡时，都在为这个时刻在笑、从房间各个角落注视着我的小坏蛋的生存方式操心。夜里，我做了个噩梦。波利希乃尔起来了：它凸起的前胸上覆着一件由红草席做成的背心，从火炉上引了火，在房间里到处跑，时而追逐我，时而追逐我的布娃娃，长长的火舌都快舔到我们了，吓得那布娃娃不要命地逃。我的惊叫吵醒了我母亲。我姐姐睡在我旁边，她问清楚我是受到什么惊吓之后，把波利希乃尔拿到厨房里，说那玩偶是个凶娃娃，不适合我这样大的孩子。从此我再没见过波利希乃尔，但梦中被火烧的感觉还是持续了一些日子。在此之前，我喜欢玩火，此后不但不敢了，而且一看见火我就怕得要命。

那时我们去夏约看小姨吕茜。她在那里有幢带花园的小房子。我那时虽然能够行走，却总是想让我们的朋友皮埃莱抱着。把我从夏约抱到大马路，对皮埃莱来说是个不轻的负担。晚上回家时，为了促使我下决心自己行走，我母亲吓唬我，说要把我独自扔在马路中间。那是夏约街与香榭丽舍的拐角。那时有个矮个的老年妇女正在那里点路灯。我坚信大人不会抛弃我，就停下来，打定主意绝不行走。我母亲与皮埃莱往前走几步，看我独自留下是否害怕；可是由于街上几乎空寂下来了，那点灯的老妇听见我们的争吵，就朝我转过身，声音沙哑地对我说：“你可得当心我。那些不听话的孩子都是我收拾的。我把他们关在路灯里，关一整夜。”

似乎是魔鬼给那个老妇人出了这个最能吓唬我的主意。我记不起是否曾受过同样要命的恐吓。点灯的老妇与她那闪着火星的点火器马上在我眼里变得神奇起来。我想象自己已经被关在那水晶玻璃的监牢里，被那个穿裙子的波利希乃尔随意喷出的火焰烧烤。于是我一边发出尖叫，一边去追赶母亲。我听到那老妇哈哈笑着，她放回灯罩发出的吱嘎声让我直打哆嗦，我觉得自己被人举起来，与那地狱的风灯一起悬吊在空中。

有几次我们从水边去夏约，消防泵站的烟与声音让我惊骇，至今我仍心有余悸。

我认为，恐惧是孩子最大的精神痛苦。逼迫他们靠近或者触摸令他们恐惧的器物，说这是一种治愈恐惧的办法，我可不赞同。应该做的不如说是让他们远离引起恐惧的器物，并让他们把注意力从那上面散开。因为神经系统控制着他们的身体组织，当孩子们认识自己的错误时，看到自己被逼迫去接近或触摸所惧怕的器物，就会感到一种强烈的苦恼，从而没有时间去摆脱恐惧。这样一来恐惧就会变成一种不可能被他们稚弱的理智消除的肉体痛苦。那些胆小的神经质妇女也是一样。鼓励她们克服可笑的懦弱已是大错，但强迫她们这样做就更是有错。而且强迫常常在她们身上引起真正的神经质发作，尽管严格地说痛苦开始时神经并未起作用。

我母亲倒没有这份残忍。当我们经过消防泵站的时候，她见我脸色苍白，一副支持不下去的样子，就把我交到善良的皮埃莱怀里。皮埃莱让我把头埋在他胸前，他让我生出信赖，也让我放下心来。用精神药治疗精神病，比违背天性，用更大的肉体痛苦来医治肉体痛苦要好。

正是住在船运粮仓街期间我得到了一本古旧的神话简写本，至今我还保存着这本书。书中配着一些最为滑稽可笑的版画。当我想起当年凝视那些怪诞画面的兴致与钦佩之情时，觉得那些版画还像当年那样出现在我眼前。我没读文字，就靠这些插图，很快便得知了古人编撰神话的主要素材，而不可思议的是我竟然对此产生兴趣。家人带我去看了几次《永生的六翼天使》的皮影戏，和表现童话故事的大众喜剧。最后，我母亲和我姐姐给我讲贝洛童话。书上的故事讲完后，她们就现编现讲，我觉得她们的故事一点也不比书上的差。

通过故事，家人对我说起天堂，让我充分领略了天主教寓意中最清新最漂亮的东西。以至于天使与爱神、圣母娘娘与仙女、波利希乃尔与魔法师、戏剧里的小魔鬼和教会的圣徒，都在我脑子里混作一堆，并在那里制造出人可想象到的最最奇特的诗歌大杂烩。

我母亲有些宗教观念，由于她从未拷问过这些观念，也就从未因疑问而清除这些观念。因此，她从不费力把奇迹当作真实的具有象征意义的东西来向我介绍，只管向我灌输就是，作为一个并不自知的画家与诗人，她在她的宗教里，信仰所有美的善的东西，弃绝所有阴暗的对人有威胁的东西。她跟我说美惠三女神和缪斯九人姊妹，就和说对神的三德和十童女一样认真。

如果灌输或者倾向性引导就是教育，那么我在学会阅读之前就痴迷于传奇小说则是肯定的事了。情况是这样的：

我那时还不会阅读童话故事，即使是最最初级的读物，那些印刷文字也不能告诉我什么意思，是从大人的讲述中我才理解了要我阅读的东西。我是不会主动去读书的。我天性疏懒，要做出巨大努力才能将之克服。因此我在书上只是寻找图画。但是我通过眼睛和耳朵获得的东西一齐沸腾着涌进我的小脑袋，我整天沉迷其中，竟到了常常忘记现实世界，也不知自己身在何处，处在什么环境的地步。由于我长期有个坏毛病，喜欢在火炉边玩火，而母亲又没有请佣人，我看见她不是忙着缝缝补补，就是烧饭做菜，常常只有把我关进她为我发明的监牢，才能腾出身手做事。所谓监牢，就是用四把椅子围成一圈，中间放个没生火的小火炉，等我累了，就放进炉里坐着。因为家里还没有奢华到配个软坐垫，那些椅面都是用秸秆充填的，我就使劲用指甲去抓去抠。也应该认为，母亲就是牺牲那些椅子让我抠的。我记得我那时还是那么小，还没法轻松地投入抠秸秆这项娱乐，我得爬到炉子顶上才能使两个手肘撑在一把椅子上，然后以近乎奇迹的耐心来玩指甲。不过我一直有动手的需要，屈服于这种需要，我也就顾不上椅子上的秸秆了。我大声地编创着我那些没完没了的、被我母亲称作我的长篇小说的故事。那些可笑的作品，现在一点也记不起来了。我母亲倒是跟我提过好多次，但那是在我起念写作之前很久的事情。她很权威地声称这些故事无聊乏味，因为它们又冗长，又横生枝杈，离题太远。有人说这是我一直没有改掉的老毛病，因为就我自己来说，我承认写的东西自己是不大清楚的。时至今日，我还是像4岁那样，在创作这种作品时随兴所至，信马由缰，没法改变。

看来我的故事就是我那小脑袋里缠着的各种念头的大混合。我那些故事里总有个串总的东西，并且，故事里的主要人物，总少不了一个善良的仙女、一个好心的王子和一位美丽的公主。坏人不多，大奸大恶的人是绝不会有的。一切安排布局都受一种乐观的欢乐的思想影响，就和童年一样。让人觉得奇怪的是这些故事的持续时间以及其后续。因为头天晚上讲断的故事，第二天我总能接上。我母亲是无意识地不由自主地听我讲那些冗长的胡乱编造的故事，或许她在不知不觉之中帮我接上了。我的小姨也记得那些故事，现在还乐于说起这些往事。她回忆说，她那时常常问我："喂，奥洛拉，你那位王子还没从森林里出来？你的公主很快就会穿好燕尾袍，戴好金冠了？""别打她的岔！"我母亲说，"我只有趁她坐在四把椅子中间开始讲故事时才能安静做点事情。"

我则记得更清楚，我那时对假装一个真实动作的游戏来了热情。起初我打不起兴致，当我姐姐或者玻璃匠的大女儿来拉我玩"牛蹄子"或者"热手板"等经典游戏，我觉得它们一点也不合我意，很快就厌倦了。不过与表妹克洛蒂德或别的同龄孩子一起，我一下就迷上了适合我的想象力的游戏。我们模拟战斗，穿过树林逃跑。在我的想象里，那些树林扮演了那么重要的角色。接下来，我们中的某一个迷路了，余下来的人就去寻找她，呼唤她。她在一株树下，也就是说，在一把长靠背椅下睡着了。我们来救助她：我们中的一个做其余人的母亲或者将军，因为外面的军队组织肯定在我们的家庭里留下了印象。我有好几次充当皇帝，在战场上指挥大军格杀。我们把布娃娃、小男孩和夫妻玩偶都撕成碎布条。似乎我父亲的想象力和我们一样年轻，因为他看到过外部的恐怖战争场面，看到孩子们在家里搬演那种场面，他很难受。他对我母亲说："求求你，把这些孩子的战场打扫打扫：我说这话是有点怪。可是看到满地的胳膊大腿，还有那些破烂的红衣服，我真受不了。”

我们没意识到自己的凶残，因为那些布娃娃和小玩偶是在不声不响地忍受着这场杀戮。不过当我们骑着想象的战马奔驰，挥动无形的马刀砍杀那些家具和玩具时，我们任由一种让我们狂热的冲动所驱使。大人们责备我们玩男孩的游戏，的确，我和表妹肯定渴望具有那种男子汉大丈夫的激情。我特别记得，有一个秋日，晚饭已经上桌了，房里黯淡下来。那天我们没在自己家，据我记得的情况，我认为是在夏约小姨家，因为她家挂有床幔，而我们家没有。我和克洛蒂德在树木间，也就是在床幔褶子下追逐。在我们眼里，房子消失了，我们处在一片真正的日暮时分的景色之中。大人们唤我们去吃晚饭，可我们没听到。我母亲走过来要把我抱上桌，我永远都会记得，当我看见灯光、桌子和周围的真实物件时，是多么惊愕。我被动地从一个全面的幻觉中走了出来，但是为这个如此突然的醒转付出代价。有时我人在夏约，却以为是在巴黎自己家，有时反过来，人在巴黎，却以为是在夏约。常常得费点气力，来确定身在何处。而我后来注意到，我女儿还是个孩子时，就以一种很明显的方式，来忍受这种幻觉了。

我认为从1808年以来我就没去过夏约，因为，去西班牙旅行之后，一直到我姨父把他那位于建造罗马王宫地皮上的小产业卖给国家，我都没有离开过诺昂。不管我是否弄错，我都要在此说一说夏约那座房子。因为那是一座真正的乡村建筑。夏约当年并不是像今日这样建造的。

我明白，那是世界上最为简朴的居所，虽然今日那些留在记忆里的物件浮现出来，显露了它们的真实价值。不过，在当时我那个年纪，那是一座天堂。我可以描述出房间与花园的平面图，因为它们一直在我脑海存在，历历如在眼前。花园对于我尤其是个快乐的所在，因为那是我唯一熟悉的地方。尽管当时有人对我祖母说她如何如何，我母亲还是生活在与赤贫相邻的拮据之中，日子过得非常节俭，操持家务也很勤快，与普通民家妇女可以一比。她不带我去王宫花园炫耀妆容，因为我们没有鲜丽衣裳，也不把我打扮得过分俗艳，让我在看热闹人的注视下滚铁环或跳绳。我母亲特别喜欢看戏，我也早早有了这门嗜好，我们只有几次上戏院才离开寒碜的蜗居。最常去的地方还是夏约，在那里我们总是在一片欢叫声中受到接待。起初徒步旅行，还有经过消防泵站都让我很不愉快，但是一旦置身于花园，我就认为是来到了我那些故事里中了魔法的岛屿。克洛蒂德可以在花园里躺一整天晒太阳，这时比我还要欢快活泼。她以从未有过的好心与欣喜欢迎我光临她的伊甸园。我们两个相比，她肯定比我优秀，不仅身体健美，而且不像我这么任性。我很喜欢她，虽然有时也和她争吵几句。不过事情总是由我挑起的，她回以几句讽刺，稍微羞辱我一下。当她对我不满的时候，就拿我的名字奥洛尔开玩笑，称我为“熬烙尔”（恐惧），一句让我恼怒的咒骂。可是面对一片溢红滴翠的小花园，一个花团锦簇的地坛，我能长久赌气吗？就是在那里我见到了圣母娘娘最早的丝线。它们在秋阳照耀下呈现白色，熠熠生辉。那天我姐姐也在那里，因为是她学识渊博地给我讲解圣母娘娘是怎样亲自把这些绚丽的丝线绕到她的象牙纺槌上的。我不敢折断它们，只好矮下身体，从下面钻过。

花园是长方形，其实很小，但我觉得很大，虽说我一天在里面走上二百圈。它是按旧式风格规规矩矩地设计的：种了一些花，栽了一些菜。没什么视野，因为四面都是屋墙。不过里处有块铺沙的台地，每边都置放着一只古朴古拙的大陶缸，可以从石砌阶基拾级而上。我觉得这块台地是个理想的场地，我们在上面搬演战斗游戏，你追我逃，好不热闹。

也是在那儿我头一次见到了蝴蝶，还有硕大的葵花。它在我看来有百尺之高。有一天，外面传来巨大的喧嚣声，把我们的游戏打断。有人在高呼：皇帝万岁！外面有人行走，脚步纷乱杂沓。人走远了，但呼叫声继续传来。的确，皇帝从这儿经过，就离我们几步远，我们都听见了马匹疾走的蹄声，还有人群激动的呼喊。我们没法透过院墙看到外面的情形，但是我记得，在当时我的想象里，那场面非常壮观。而且我们都被一种隐显的狂热崇拜所激动，使出全身力气呼喊：皇帝万岁！

那时我们就知道皇帝是怎么回事了吗？我想不起来，不过很可能是我们不断听人谈起他。不久我就对皇帝有了清晰的概念。准确的时间我可能说不出来，但应该是在1807年底左右。

皇帝在林荫大道检阅军队。当我母亲和皮埃莱好不容易钻进人群，挤到受阅部队旁边时，皇帝到了距离玛德莱娜大教堂不远的地方。皮埃莱把我高高举起，超过了士兵们头戴的筒状军帽，好让我能够看到皇帝。这个高出一溜脑袋的物体，不由自主地撞进了皇帝的眼睛。我母亲叫起来：“他在望你呢！你要记住这事，这会给你带来好运。”我认为皇帝听见了这些天真话，因为他完全在望我，我认为自己还看到他苍白的脸上浮现出一丝微笑。而起初，这张脸上的冷漠严峻让我骇怕。因此我忘不了他那张脸，尤其忘不了他的眼神。他的任何画像都不曾表现出他这种神情。他在那个年代已经相当发福，肤色灰白，军装外面罩件燕尾礼服，但我说不准那礼服是不是灰色的。我看着他的时候，他手上拿着帽子，我好像有一阵子被那两道清亮的目光吸住了。起初它们是那么冷峻，突然一下变得那么善良，那么温柔。后来我还见过他几次，但都看不清楚，因为我距他没这么近，也因为他很快就经过了。

我也见到了罗马王，那时他还是个被乳母抱在怀里的婴儿。他在杜伊勒利宫一眼窗户后面，朝外面路过的行人微笑。由于孩子彼此间产生好感的作用，看到我他笑得更开心了。他的小手上拿着一粒大糖果，朝我这边扔过来。我母亲想走过去捡给我，但是守护那眼窗户的安全人员不许她迈过警戒线一步。乳母示意那糖果是给我的，得捡给我，但是没用。也许对那位军人来说，乳母的话不算命令，他也就装聋子，不予理会。这一节很叫我伤心，就走过去问母亲，为什么这个士兵如此无礼。母亲解释说，他的职责就是守护这个高贵的孩子，阻止别人靠得太近，因为有些居心不良的人很可能加害于孩子。我觉得有人可能加害于孩子这个想法有些过分，但那时候我才9到10岁，因为那位小国王最多两岁，这件轶事也就只是一段提早说的离题话了。

我记得的4岁前的一件事，就是第一次为音乐而激动。

我母亲那天想去巴黎附近一个村庄看个人。现在我不清楚是哪个村庄。他家那套房子是在很高的楼层上。窗户很小，往街道上看，只看到周围房子的屋脊，和很大一片天空。我们白天在那里待了好一阵，可我什么也没有注意到，因为完全被一支六孔竖笛发出的声音吸引了。那乐器一刻也没停，演奏了好多乐曲，我觉得很好听。乐声是从最高阁楼之中的一间传来的，距离甚至相当远，因为我问母亲这是什么声音时，她几乎都没听到乐声。我那时的听力很好，十分敏感，这件小乐器奏出的旋律，我一句也没漏掉。隔得近，这乐器的声音很尖锐，隔得远，声音很是柔和，我被深深地吸引了。我觉得好像是在一个梦里听到它。天空清澈，蓝得耀眼，这些悠扬的旋律似乎在屋顶上飘飞，渐渐隐没于天空本身。谁知道这吹奏者是不是一个灵感飞扬的音乐家？此时此刻除了我，他再没有别的专心的听众？他也可能是个音乐小学童，正在练习《摩纳哥畅想曲》或者《西班牙狂想曲》。无论如何，我都体验到了音乐带来的难以言表的快乐，面对那扇窗户，我是真正处在心醉神迷的状态。通过那眼窗户，我平生第一次泛泛地理解了外部事物的和谐，我的灵魂既被悦耳的音乐，也被天空的瑰丽陶醉了。

二

正如读者诸君所见，我童年的回忆都是些幼稚事情，但如果诸君中的每一位通过读我的文字，也来回首自己的往事，如果他愉快地发掘生命的最初激动，如果他觉得自己在一个钟头里返老还童了，那他和我都没有浪费时间，因为童年是美好的、纯真的，而最好的人就是保留最多、丢失最少原始的纯真和情感的人。

父亲在西班牙战役之前的事情我记得不多。他常常不在家，我好长时间都见不到他的人影。不过1807年到1808年之间的那个冬季，他待在我们身边。因为我隐隐记得我们在灯光下安安静静进的晚餐，记得我们吃的一盘甜食，那当然是很寒碜的甜食，因为那就是用牛奶煮的意面，加了点糖。我父亲装出想把一盘都吃掉的样子，拿好吃的我的失望开心。我也记得他把餐巾卷起来，打结，做出各种形状，有僧侣面孔，有兔子，还有傀儡，让我哈哈大笑，非常开心。我认为他大概是太娇宠我了，因为我母亲不得不插在我们中间，阻止父亲鼓励而不是制止我的任性。有人曾告诉我，父亲在家的时间不多，但过得是那样幸福，以至于他时刻守着妻子孩子，不愿让她们走出他的视野；他花上整天整天的时间跟我玩耍；他穿着整整齐齐的军服，抱着我在大街上马路上行走，也不觉得羞耻。

肯定地说，我那时是很幸福的，因为父母家人是那么爱我。我们贫困，但我却根本感觉不到。父亲担任缪拉的参谋。如果不是这个职务让他入不敷出的话，他领取的薪金本可让我们过得富足。我祖母省吃俭用，刻薄自己，却让她儿子过上人家所要求的并不理性的奢侈生活，甚至还让他举债置办马匹、衣服和装备。我母亲经常遭受指责，说她胡乱花钱，不善持家，使得家里更加拮据。那时家里的情形，我记得那样清楚，以至于可以肯定地说，我母亲是没有任何地方该受这种指责的。她亲自整理床铺、打扫房间、缝补衣服并且烧饭做菜。这是个非常勤劳非常勇敢的女人，每天黎明即起，半夜才睡，一辈子都是这样。我不记得曾见她偷过一分钟的懒。除了家里的亲戚和杰出的朋友皮埃莱，我们不接待任何人。皮埃莱既有一个父亲的爱心，又有一个母亲的细心。

我终身怀念皮埃莱这个价值无法估量的男人。现在是讲述他的故事、描绘他的画像的时候了。

皮埃莱是香槟地区一个小产业主的儿子，从18岁起就成了国库的雇员，并一直在那里占据一个卑微的职位。这是个最最丑陋的男人，但是他丑得那么善良，以至于唤来了信任与友谊。他长着一只硕大的塌鼻子，一张厚嘴，一双细眼。他一头金发固执地鬈曲着，他的皮肤白嫩粉红，是那么滑稽，以至于他总是显得年轻。在40岁那年，他发了一次大火，原因是他去给我姐姐当证婚人，市政府的一个职员竟十分认真地问他成年了没有。其实他身体相当高大壮硕，脸上也起了皱纹，由于面部神经抽搐，使他总是显出一副可怕的狰狞嘴脸。或许就是这个抽搐妨碍了人们对他可能具有的脸型得出正确概念。不过我认为尤其是在他少有的安宁时刻，他那面相上纯洁真率的表情让人产生幻觉。他没有丁点被人称为才智的东西，但由于他评判任何事情都是凭良心良知，人们便可以就生活中最为微妙最为棘手的事情征询他的意见。我不认为世界上还存在比他更纯洁，更正直，更忠诚，更慷慨也更公正的人。正因为他并不知道自己的灵魂之美，之少有，他的灵魂就愈加美好。由于相信别人的善良，他从未料想到自己是个例外。

他有一些很平常的爱好。他喜欢饮葡萄酒、喝啤酒，喜欢用烟斗吸烟，喜欢打台球，玩多米诺骨牌。他的时间，只要没和我们在一起，就必定是泡在普瓦索尼埃城厢街一家招牌为白马的小酒店里打发的。他在那里如在家里一样自在，因为他出入其中达三十年之久。直到生命的最后一天，他还把自己取之不竭用之不尽的诙谐，以及无与伦比的善良带到这家小店。他的一生是在一个默默无闻、变化不大的圈子里度过的。他在其中觉得幸福。再说他怎么会觉得不幸福呢？凡是认识他的人都喜爱他，他正直而单纯的灵魂从未冒出过为非作歹的念头。

不过他很有点神经质，因而易怒易生气。但是他的善良想必是不可抗拒，因为他从未让任何人受到伤害。我受过他多么粗暴的对待，挨过他多少辱骂，读者诸君可能想象不出来。他一边跺脚，横着那对小眼睛，脸涨得通红，显出最为狰狞可怖的面相，一边用不怎么文雅的语言，朝你甩出一连串最最激烈的指责。我母亲对此已经习以为常，不去认真了。她只满足于说一句：“唉！皮埃莱这下生气了。我们又会看到他的好面相了。”顿时皮埃莱就忘了生气，开始转怒为笑。母亲经常逗弄他，皮埃莱往往失去耐心，本也不足为奇。在他们晚年，皮埃莱变得更加暴躁，没有一天不抓起帽子，冲出母亲家，声称再也不踏进她家的门。但是一到晚上，他就又来了，想不起上午一本正经作的永诀。

至于我，他僭取了一种父亲的权利，如果他能实现他那些恐吓，那么这个父权就到了专横霸道的地步。他看到我出生，曾帮助我断奶。欲对他的性格有个概念，这倒是颇值得注意的一点。我母亲累得筋疲力尽，听到我的哭闹哀求，狠不下心来给我断奶，要是把我交给某个保姆，又担心她夜里照看不周，就这样在很需要睡眠的时期，她却被这事弄得失眠。看到这种情况，皮埃莱就自作主张，有天晚上来到我家，把我从摇篮里抱出来，带到他家，在那里照料了我十几二十天，夜里几乎不曾合眼，就怕我出什么意外。他喂我牛奶糖水，那么关心，那么细心，那么干净，不输任何照料婴儿的母亲。每天早上他把我送还母亲，再去上班，然后去泡白马小酒店。每天晚上他来接我，抱着我从所有街坊门前走过，他，一个二十二三岁的大小伙子，也不担心被人注意。当我母亲显出不让他这样做的样子，并且感觉不安时，他生气了，一脸涨得通红，责备母亲愚蠢的软弱，因为他没有选择母亲提出的那些名义。他对自己的行事方式十分满意，以此表明自己身正不怕影斜。当他把我送还时，我母亲看到我那么洁净，气色那么鲜朗，性子那么温和，不得不表示钦佩。

就爱好与能力来说，愿意照料一个十月大的婴儿的男人是非常少的，尤其是像皮埃莱这样的泡小酒店的男人，不说要他做，光是冒出这个念头，就是奇迹了。总之，他帮我断了奶，而且，正如他所宣称的，他也保全了他的名誉。

大家可想而知，他始终把我当作小孩来看待，我后来都40岁上下的人了，他还像对一个小男孩那样对我说话。对于回报，他是有严格要求的，倒不是要求感恩，他从未想到过要在什么方面给自己谋点好处，他要求的回报是友情。当人们明白了他的要求，问他为什么这样希望得到人家的友爱，他只会用这一句话作答：因为我喜欢。而他说这句话的语气是那样激烈，还带有一种神经的收缩，以至于牙齿咬得吱吱作响。要是我给母亲写封几句话的短信，忘记向皮埃莱表示问候，哪怕只有一次，而恰恰我又碰到他，那他就会转过背，不肯向我问好。你解释也好，道歉也好，都不管用。他把我当作没良心的人，当作坏孩子对待，他会怨我一世，恨我一世。他说这些话的方式是那样可笑，如果你没看到他眼睛里滚动着大滴泪水，会以为他是在演戏。我母亲熟悉他这种神经质的症状，对他说：皮埃莱，你住嘴。你是个疯子。为了让他早点结束这种状态，她甚至还会说些更有刺激性的话。于是皮埃莱清醒过来，屈尊听我解释。只要能够让他听进去，那么一句心里话，一个安抚，就可以马上让他平静，让他高兴。

他是在我出生之初认识我父母的，而且是以一种一见成友的方式。他有一个女亲戚住在梅斯莱街，和我母亲共一个楼梯平台。那太太有个孩子，跟我一样大，但带得很不精心。那孩子因为缺奶，整天哭叫不停。那太太多次外出，孩子深受其苦。在她有一次外出期间，我母亲进入她家，发现不幸的孩子饿得要死，便马上给他哺乳，并继续这样施救于他，而且什么也没说。皮埃莱前来看望这位女亲戚，正好撞见我母亲做这事，深受感动，从此就与她还有她的家人结下了忠贞不渝的永恒友谊。

他甫一见到我父亲，就同样对他生出真诚的友爱。他主动揽下父亲的所有生意，理清头绪，让父亲摆脱一些居心不良的债权人的纠缠，并以他的预见，帮助父亲慢慢满足另一些债权人的要求。最后，他让父亲摆脱了所有的物质器材方面的操心。如果没有一个熟悉军需生意并且精于替别人理财的人帮助，父亲是不可能摆脱这些麻烦的。是皮埃莱帮父亲挑选佣人，清理账单，领取收入，并且不管战争的意外把父亲带到什么地方，都安全可靠地把钱给他寄到手上。

我父亲每次出发参战，都要对皮埃莱说："皮埃莱，我老婆孩子就托你照料了。你得想到，要是我回不来，这就是你一辈子的事了。"皮埃莱认真执行了这个托付，因为我父亲去世后，他把一生都奉献给我们了。

有人很想指责这些家庭关系，因为世界上总有一些圣人。然而又有什么样的灵魂能被这些并不纯洁的灵魂判定是纯洁的呢？但是对于任何有资格理解皮埃莱的人来说，这样的猜疑总显得是对他的侮辱。他并没有足够的吸引力让我母亲干下对丈夫不忠的事，甚至都不可能动出轨的念头。他那样渴望母亲的信任，也那样以得到母亲信任为荣，如果他觉得自己有辜负这份信任的危险，哪怕只是在精神方面，他也有足够的良知与理智来远离我母亲。

后来，他娶了一个并无财产的将军的女儿为妻。两人组建了一个非常和睦的家庭。从我母亲嘴里我始终听到的是，那是个善良的值得敬重的女人。我看到我母亲与他妻子相处友爱。

当我们决定去西班牙走一趟之后，是皮埃莱帮我们准备的行李。其实对我母亲来说，出这趟远门并不谨慎，因为她当时已有七八个月身孕。而且她还要带我去，而我当时还是个拖累。但是我父亲通知我们，他要在马德里住一段时间，于是我认为我母亲疑心他有了外遇。不论动机如何，她执意前去与他团聚，并且——我认为——听任机会诱惑。她认识的一个军用物资供应商的妻子要动身去前线，并且愿意在她的马车上给我母亲提供一个座位，把我母亲一直送到马德里。

在这种情况下，那位太太唯一能依赖的人，就是一个12岁的骑师。于是我们一起上路了，两个女人，一个怀了孕，和两个孩子，其中最懂事、最听话的就是我。

我不认为当时我会闷闷不乐地与仍寄宿在外的姐姐和表妹克洛蒂德分手。由于我并未天天见到她们，也就并不清楚每周都重新开始的离别是长是短。我也并不留念家里那套公寓，尽管它几乎是我的全部世界，尽管我思想上还从未在别处生活过。动身之初最让我痛心的，是不得不把布娃娃留在那套无人的公寓里。它在那里面一定会觉得很无聊。

小女孩们对她们布娃娃的感情真是个相当奇怪的事情，我那样长久、那么强烈地怀有那种感情，以至于现在用不着解释，我就能指出它的特征。在女孩们的童年，当大人把布娃娃这种无生命力的玩偶放到她们手上，她们就一刻也没有弄错过这种玩偶的存在类属。这种玩偶大概让她们发育出一种母性的、可说是对生命的感情。至少对我来说，我不记得什么时候曾认为我的布娃娃是个有生命的玩偶：然而我却对我所拥有的某些布娃娃生出一种真正的母爱。准确地说这并不是偶像崇拜，虽然让孩子喜爱这类吉祥物的习惯有点野蛮。我还不怎么明白这种喜爱的性质，但我认为，如果我能够对它做出分析，我会觉得它与热情的天主教徒面对他们崇拜的某些圣人画像时所体验的情感相类似。他们知道画像并不是他们的崇拜对象本身，但他们还是在画像前顶礼膜拜，他们装饰画像，给它进香，奉上牺牲，不管人们怎么说，古人其实并不比我们更崇拜偶像。在任何时代，摆脱蒙昧状态的人既不崇拜朱比特[1]的雕像，也不崇拜玛门[2]的偶像。他们只是把朱比特和玛门作为外部的象征而尊重。但是在任何时代，在古代一如现代，不开化的意识受到相当大的阻碍，没法在天主与画像之间做出区分。

孩子们的情况一般也是这样。他们在真实与不可能之间。他们需要照顾或者需要责骂，需要抚摸或者需要打碎那种用儿童或动物形象做的吉祥物。那种吉祥物是大人送给孩子玩的，大人常常错误地指责他们玩厌得太快。反过来，其实很简单，他们是厌倦了，通过砸碎玩偶他们表达对谎言的抗议。有一阵，他们以为在这个不说话的人儿身上发现了生命，但很快玩偶就向他们显示了黄铜丝裹缠的肌肉、畸形的肢体，空虚的

〔1〕罗马神话中的主神。

〔2〕《圣经》里的财神，代表物质财富或贪婪。

头脑和用谷糠和麻丝充填的肚肠。现在这玩偶忍受着检查，服从剖尸检验，稍经碰撞，便笨重地倒下，并可笑地碎裂开来。这个只会激起他轻蔑的玩偶，怎么会引来孩子的怜悯呢？他越是欣赏它的娇嫩与鲜艳，一旦意外发现它并无生命并且易碎的秘密，就越是鄙视它。我当年和别的儿童一样，也喜欢弄坏布娃娃和假猫假狗还有假小人。但是也有例外，有些布娃娃就被我当作真孩童一样来照顾。当我给那小人儿脱去衣服，如果看到它被别针勾连着肩膀的胳膊晃晃荡荡，看到它脱离小臂的木手，我就不可能对它产生任何错觉，就会很快把它牺牲给暴烈好斗的游戏。但是它如果强健结实，身形完美，经受了最初的考验，如果它在第一次撞击中没有碰断鼻子，如果它的珐琅眼球具有某种我想象的目光，它就成了我女儿，我就会无微不至地照顾它，我要让别的孩子怀着令人难以相信的嫉妒来尊重它。

我也有一些偏爱的玩具，其中有一个我一直没有忘记，后来弄丢了，令我悔恨不已。因为我丁点也没有玩坏它，而且它很可能确如我记忆中的那样漂亮。

那是一张餐桌中央的装饰器件。餐桌应该相当古老了，因为我父亲小时候就拿那器件当玩具了。在这个时代完整的装饰器件一般是不复存在了，父亲是在祖母家翻一个衣柜时找到那玩意儿的，想起它曾让自己多么喜欢，就给我带了回来。那是个维纳斯女神的小雕像，是赛佛尔瓷厂烧制的素坯瓷。女神两只手上握着两只鸽子，脚下有个底座，附带着一只菱形小托盘。托盘周边是一圈镀金的铜质齿形花边，旁边立着一面镜子。在这件装饰器件上还有几枝充作烛台的郁金香。当人们把小蜡烛点燃，让人想到一池活水的镜子便反映出烛光、雕像，以及漂亮的镀金饰件。

对我来说，那件玩具就是我的一整个魔幻世界。当我母亲第十遍讲述《和蔼可亲的女人和佩尔西纳》的仙魔故事时，我便开始在想象中构造一些风景，或者一些魔幻花园。我认为自己是在一个湖泊里看到那些东西的原型的。一些从未见过的东西，孩子们究竟是在哪儿得到其形象的呢？

当我们马德里之行的行李准备完毕，我还有一个珍爱的布娃娃留在外面，家人大概想我随身带着它，但这不是我的想法。我觉得要是不把它留在房间里，它就会被弄坏，或者被别人拿走。于是我帮它脱去衣服，很精心地给它做了一番洗理，然后让它睡在我的小床上，仔细给它盖好被子。动身之际，我跑去看了它最后一眼。由于皮埃莱答应我每天早上来给它喂饭，我就开始落入所有孩子都有的状态，对这类生物的真实性产生疑问。这种状态委实特别，一方面是理智初生，另一方面是需要幻觉，双方在渴望母爱的内心激烈交锋。我抓起布娃娃的两只手，把它们交叉放到胸前。皮埃莱提醒我这是死人的姿态。于是我把它的两只手举起来，合在头顶上，摆出失望或者祈祷的姿势。我很认真地把这样摆的原因归结为一种迷信思想。我认为这是对善良仙女的一个呼唤。在我外出期间，它保持这个姿势，就将得到保护。因此皮埃莱还得答应我不破坏它的姿势。世界上再没有比霍夫曼那个名叫《胡桃夹子》的疯狂而富有诗意的故事更真实的事情了。这是儿童根据现实获取的精神生活。我喜欢那个乱成一团落入怪兽世界的故事结局。孩子的想象和那位德国短篇小说家的著名梦想一样丰富，一样混乱。

除了想念布娃娃缠了我一段时间以外，整个西班牙之行，一直到阿斯图里山，我都想不起什么了。不过我还感觉到那些大山让我生出的惊愕与恐惧。在层层叠叠横亘在天地之间的山岭间穿行，一个又一个急转弯时时给我带来惊吓。好像我们被禁闭在这大山里了，往前不见道路，返回亦无可能。在路边空地上，我平生头一次看到了开花的牵牛花。那些粉色的小铃铛上面精致地画着白线，很让我惊讶。我母亲本能而又自然地给我打开了美的世界，让我在最最稚嫩的年纪就接触了所有的美好感受。所以每当天上出现美丽的云彩、绚丽的阳光，地上出现清澈的流水，母亲就让我停下脚步，对我说："喏，你看，这多漂亮。"我自己也许发现不了这些景象的美，但经母亲一指点，它们立即显现出美来，就好像我母亲拿了一把有魔力的钥匙，让我的精神对我未曾拥有、而她却深植于心的感觉敞开门扉。我记得我们的旅伴对母亲让我分享的质朴审美毫不理解，经常说："唉！天哪，杜潘太太，您和您女儿可真是奇怪！"不过我不记得母亲是否对我写过一句话。我认为她是有障碍，因为那时我母亲勉强会写几个字，不会费力去熟记那徒劳无用的拼写法。但是她说话却很行，就像鸟类天生会唱歌，并未刻意去学。她声音柔和，发音清亮，一开口就让我着迷，令我信服。

由于我母亲在记忆方面是真正的脑残，头脑里无法留住两件事，她就努力在我身上抗击这种缺陷，因为从很多方面考虑，这种缺陷都是有遗传的。因此，她时时刻刻叮嘱我："你得把看到的这些记住。"每当她这么嘱咐时，我也就的确记住了。这次也一样，看到这些盛开的牵牛花，她就对我："你去闻闻，很好闻的，一股蜜香味。别把它们忘记！"因此这就成了我记得的头一次嗅觉的显现。通过无须解释大家都知道的记忆与感官的联系，后来我一闻到牵牛花的气味，就想到西班牙山区那个地方，想到我头次采摘那些花朵的大路边。

可那个地方究竟是在哪儿呢？天知道！我若看到一定会认出来。我认为是在潘柯尔博[1]那边。

另一个我不会忘记，换上别的孩子也会惊愕的情况，是这样的：我们来到一个相当平坦的地方，离一些住房不远。夜色清淡。但是路边生长着一些大树，不时给路面罩上浓浓的暗影。我与小骑师坐在马车座位上。车夫勒马放慢步子，转过身，对小骑师叫道："说你不害怕。我这几匹可是些好马。"我母亲并不需要别人向她传话，她明白车夫在说什么，因为她斜身靠着车门，和我一样看得清楚：他们是三人，两人在大路这边，一人在对面，距我们有十来步远。他们显得矮小，都站着没动。"那是劫匪。"我母亲叫道，"车夫，莫往前走了，快掉头！我看见他们的枪了。"

车夫是个法国人，开始笑起来，因为看到枪这句话向他证明，我母亲根本不清楚遇到的是什么敌人。他认为不说穿比较谨慎，就挥鞭抽马快跑，果断地让马车飞速从那三人面前驶过。那些人没有半点反应，仍然一动不动地待着。我清楚地看到了他们，可我说不出来他们是什么人。我母亲恐惧地望着他

〔1〕西班牙北部靠近法国的一个山区小乡镇。

们，认为看清了他们戴的尖顶帽子，认为他们是某个兵种的军人。可是马匹受了刺激，再说它们也很恐惧，就拉车快跑了相当长的一段路。车夫让它们放缓步子，下车对几位乘客说："喂，两位太太，"他仍是一脸笑容，"你们看见枪了吗？他们应该有些邪恶念头。因为他们自见到我们起，就一直站着未动。不过我知道我的马是不会干傻事的。它们要是把我们翻倒在这儿，那我们就摊上大祸了。""可说到底那是些什么人呢？"我母亲问道。"可爱的太太，恕我直言，那是山上的三头大熊。"

我母亲更害怕了，央求车夫赶紧上马，尽快把我们送到最近的住宿处。但是这人看来是习惯了这类遭遇。今日在通衢大道，日暖花开的仲春时节，那种熊大概难得碰到了。车夫告诉我们，只有在发生车祸的情况下，那才可怕。说完他不慌不忙，顺顺当当地驾车把我们送往下一个驿站。

至于我，没有丝毫害怕。在我那些纽伦堡游戏盒里，我认识好几只熊。我让它们吞噬了我那些即兴编就的小说里的几个坏人，但它们绝不敢攻击我善良的公主。肯定我把自己和公主的冒险经历等同起来了，只是我没有意识到而已。

大概读者诸君也不期待我把如此遥远的往事理出顺序。在我的回忆里它们都是支离破碎的。而我母亲也不可能在后来帮我把往事串接起来，因为她的记性比我还差。下面我将讲述印象深的几件主要事情，不过是记起什么就讲什么。

在一个外面看上去很好的客栈，我母亲还经历了一件不大靠谱的恐怖事。我之所以还记得那个客栈，是因为我在那里头一次见到一种五彩斑斓的草席，替下了地中海民众家常见的地毯。那天我累得筋疲力尽，因为我们在燠热闷人的天气里赶了一天路，一进为我们敞开的客房，我的第一个动作，就是扑到草席上睡觉。在饱受动乱之苦的西班牙，也许我们住过一些很糟糕的旅店，所以母亲高兴地叫起来："撞上好时辰了！这些房间真干净，希望今夜能睡个好觉。"可是过一会儿，她走出走廊，发出一声大叫，并且立即跑回房间。原来她在地板上见到一大摊血迹，便以为进了一家杀人越货的黑店。

封塔尼埃太太（此刻我记起了旅伴的名字）嘲笑母亲少见多怪，但是不让母亲把旅店悄悄检查一遍，任何事情都不可能让她下决心睡觉。我母亲是一个相当特别的胆小鬼。活跃的想象力时刻让她冒出极端危险的念头，但她好动的天性与敏慧的头脑又同时让她生出靠近检查观察可疑对象，以避免危险的勇气。我不怀疑，母亲做这种事非常敏捷。总之，她属于那些因为天生有守护本事，因为怕死，总担心出什么事，而时时保持警醒的女人。

于是母亲拿起一支火把，想带上封塔尼埃太太一起去做检查。可是那位太太既没有母亲这么惧怕，又没有母亲这么胆大，并不打算去做这番检查。当时我觉得自己为勇敢的巨大本能所驱使（其实也没什么好夸的，因为我根本不明白母亲为什么惧怕），总之，见母亲独自一人去做令旅伴后退的事情，我就毅然决然地牵住她的拖裙，而那个小骑师本就是个天不怕地不怕，任什么人什么事都不放在眼里的淘气鬼，也拿起一支火把跟我们走。我们就这样开始了暗查。我们踮起脚尖，怕惊动老板，因为我们听到他们在厨房说笑。我母亲把一道门边的那摊印迹指给我们看。的确，那是血迹。她把耳朵贴在门上，而她的想象力是那样兴奋，以至于她以为听到了门内的呻吟声。“我肯定，”她对小骑师说，“里面有个不幸的法国士兵，这些可恶的西班牙人把他杀了。”她用一只颤抖的然而却是下了决心的手推开门，只见里面赫然摆着三具尸体……三具刚刚宰杀，供家人与旅客食用的猪的尸体……

我母亲笑起来，回来跟封塔尼埃太太说起自己的惧怕，免不了自嘲一番。至于我，那几头血淋淋的被开膛剖肚的猪倒挂在墙上，干巴巴的鼻头碰到地面，那场面比我能够想象到的任何景象都更叫我恐惧。

但那个场面并没有让我对死亡得出明确的概念，还得要另一个场面才让我懂得死亡是怎么回事。然而在我被四把椅子围着编出来的传奇里，在我和克洛蒂德玩的战争游戏里，我已经杀了许多人了。我认识死亡这个词，却不知道死亡这种事。我与游戏伙伴在战场上装过死亡，在地上躺一会，闭上眼睛，我没觉得有什么不好玩的。在另一个客栈我完全知道了死亡是什么。那里有四五只鸽子，是准备给我们晚餐做菜吃的。因为在西班牙，鸽子肉与猪肉是旅客的基本食物。而在战争与饥荒年代，能够吃到鸽子肉，也够奢侈了。有人从中拿了一只活的给我玩。那鸽子让我很是开心，也让我充满柔情。因为我从未有过这样美丽的玩具，而一个有生命的玩具是多么宝贵啊！但是我不久就感到一只活物是一件不方便的玩具，因为它总是想逃走，我给它一会儿自由，可刚一松手它就飞了，害得我在整个房间里追它。再说对我的亲吻它无动于衷。我用最最动听的名字称呼它，但也没用，因为它不懂我的意思。我被它搞烦了，就问另几只鸽子放哪去了，小骑师回答说正在宰杀呢。“那好，”我说，“把我这只也宰杀了吧。”我母亲希望我放弃这个残忍的想法，可我不肯，甚至又哭又叫，让她大觉意外。她对封塔尼埃太太说：“得让这孩子知道她要求的是什么，不然她以为死亡就是睡着了哩。”于是母亲牵着我的手，把我和那只鸽子带到厨房。厨师正在那里宰杀鸽子的那几个兄弟。我不记得厨师是怎么动的手，但我看见了鸟儿惨死前的挣扎和最后的抽搐。我发出撕心裂肺的尖叫，以为我已经喜爱上的那只鸟儿遭受了同样的命运，竟号啕大哭起来。我母亲先是把那只鸟夹在腋下，这时把它活泼泼地拿出来。我顿时破涕为笑，开心极了。但是晚餐时堂倌端上另几只鸽子的尸体，并且告诉我，这就是我看见的那些羽毛光亮、目光柔和、模样是那样美丽的小家伙，我顿时厌恶起这道菜来，碰都不想碰一下。

我们越往前走，战争的景象就越是惨烈。我们在一个头天刚刚被焚烧的村庄过夜。客栈被烧得只剩一间厅堂，而且厅堂里只剩一张餐桌一条长凳。只有一些生洋葱可供食用。我倒是乐意享用，可是我母亲和她的旅伴似乎不打算碰一碰。她们不敢在夜里赶路，只好在客栈将就，一夜不曾合眼。我就在餐桌上睡着了。她们用马车上的软垫给我铺了张床。那床委实太舒服了。

我说不出我们那时处在西班牙战争的哪个确切时期。在父母亲有可能帮我们理清记忆顺序的时候，我从不费心去弄清楚这一点。而现在世界上再也没人能帮我弄清这一点了。我认为我们是1808年4月从巴黎动身的。我们进入西班牙境内朝马德里赶路时，在马德里爆发了5月2日事件。我父亲是2月17日到的巴荣讷。他于3月18日从马德里给我母亲写了几句话。大概是在这时期我在巴黎见到了皇帝。其时皇帝刚从威尼斯返驾，准备移驾巴荣讷。因为我见到皇帝的时刻，太阳正在西斜，照进我眼睛，之后我们回家晚餐。我们离开巴黎时，天气还不热，一进西班牙，却已是酷暑难当。如果5月2日事件发生时我在马德里，那么这样一个灾难一定会给我留下强烈印象，既然一些小得多的事情我都记得很清楚。

下面就是一个几乎固定在我记忆里的小事件：快到布尔戈或者维把里亚时，我们遇到一个王后。那只可能是伊特卢里亚王后[1]。而大家都知道，那位王后的出走是马德里五二运动的第一原因。我们遇到她的日子可能是在五二之后几天，正是她前往巴荣讷的路途上。查理四世国王呼唤她去那里，让王室全家在帝国的鹰爪下团聚。

由于这场相遇给我留下了深刻印象，我能够较为详细地讲出相遇的一些情节。但如果不是在我们停车吃晚饭的某个小村庄遇到王后的，我就说不出是在哪里遇到她的了。那个村子的客栈里停了一辆驿车，院子里处，是一个相当大的花园，里面有些向日葵，让我想起夏约那些花。我头一次见到人们收获这种植物的种子。大人告诉我，葵花籽很好吃。那个院子的一个角落还有只喜鹊，关在笼子里养着。那喜鹊会说话，这又是一件让我惊讶的事情。它说的是西班牙语，意思大概是“法

〔1〕伊特卢里亚王后（1782—1824），本名玛丽亚-路易莎·约瑟芬·德·波旁，是西班牙的长公主，伊特卢里亚国王的妻子。

国佬去死吧”或者“戈多伊去死吧”[1]。我只听清了头一个词。它以真正是魔鬼般的声调，翻来覆去地重复着“muera，muera”[2]。封塔尼埃太太的小骑师对我说，这鸟儿生我的气，希望我死。以前我也许还不把童话故事太当真，此刻听到一只鸟儿说话，我是那样惊讶，便觉得童话故事确是真的了。我根本不明白可怜的鸟儿只会机械地学舌，并不理解这句话的意思。在我看来，既然它说话，就应该有思想，能推理。于是我对这个一边用喙啄笼子一边不停地叫喊“去死吧去死吧”的妖怪生出极端的恐惧。

不过一个新的事件让我分了心。一辆硕大的马车打头，后面跟着两三辆，刚刚驶进院子，车夫们一下地，立即以不寻常的速度，张罗着换马。村民们一边呼喊“王后娘娘，王后娘娘”，一边试图挤进院子。客栈老板和另外几个人连声说“不，不是王后娘娘，不是王后娘娘”，把他们往外推。那些车夫很快换好马，速度是那么快，连站在窗边的我母亲来不及下楼看个究竟，他们一行就离开了。不过话说回来，她就是下楼也没用，人家根本不许她靠近那几辆马车。客栈老板看来知道秘密，因为就在他们对外面的人说不是王后的时候，一个佣人抱我走到主要的马车旁边，对我说：“见见王后娘娘！”

这是一件让我非常激动的事情，因为在我的传奇小说里总

[1] 戈多伊（1767—1851），西班牙政治家，任过西班牙首相，是玛丽亚-路易莎王后的情夫，因代表西班牙与法国签订和约，获得“和平亲王”之名。

[2] 西班牙语：去死吧，去死吧。

有一些国王和王后，我想象他们都是些英俊美丽、光彩照人、雍容富贵的人物。然而我在那里看见的可怜王后却是穿着一件轻薄时尚、被一路尘土染黄的小白袍。她女儿看上去八九岁年纪，穿着和她一样。母女俩都是黑发褐肤，显得很丑。至少我保留的她们给我的印象是这样。她们像有什么发愁事，一副心神不安的样子。在我的记忆里，她们没带跟班随从。与其说她们是出门，不如说是出逃。接下来，我听见母亲以一种无关痛痒的语气说："这又是一个逃命的王后。"

的确，那可怜王后母女救了自己的命，却把西班牙交给了外国人。她们去巴荣讷，在拿破仑的羽翼下寻求保护。肉体上的安全，拿破仑会给予她们，但这却是她们在政治上失势的标志。大家知道那位伊特卢里亚[1]王后是查理四世的女儿，是西班牙的长公主，嫁给自己表兄，帕尔玛老公爵的儿子。拿破仑想霸占帕尔玛公国，就拿托斯卡纳与这对年轻夫妇做交换，并赐以王国名号。他们曾于1801年来巴黎，拜会第一执政。他们在巴黎受到隆重接待。大家知道年轻王后在以儿子的名义放弃权位后，于1804年初返回马德里，以重新掌握卢西塔尼亚王国的大权，战事的胜利大约保证她在葡萄牙北部的统治。只是由于查理四世国王的无能，也由于和平亲王的那种政治不怎么光明正大，此后一切都成了问题。我们后来卷入了这场针对西班牙民族的可怕战争。这场战争就像一道天命落到我们头上。它大概启发拿破仑认识到在那些王室成员前来寻求支持时将他

〔1〕意大利古地名，即后来的托斯卡纳。

们控制在手上的必要性。伊特卢里亚王后与她的孩子随年老的查理四世生活，玛丽亚-路易莎王后[1]与和平亲王住在贡比涅。

当我见到那位王后时，她已经处在法国的保护下。奇特的保护把她从西班牙人民传统的敬爱中拽离出来。在一场反抗外国侵略者、决定民族存亡的激烈斗争中，西班牙人民眼睁睁地看着所有王室成员就这样离去，心里好不沮丧。3月17日，在阿兰胡埃斯城，民众尽管仇恨戈多伊，还是希望留住查理四世。5月2日，在马德里，民众希望留住太子堂弗朗索瓦·德·保尔和伊特卢里亚王后。4月16日，在维托里亚，民众希望留住斐迪南。在所有这些场合，人民都试图卸下拉车的挽马，强行留住这些心惊胆战、失去理智、不了解人民、出于对人民的恐惧而出逃的国王君主。不过在命运的引导下，他们做过抵抗，有的是抵抗威胁，有的则是抵抗民众的祈求。他们就这样逃往何处？贡比涅和瓦朗西的囚禁地。

大家会认为，在我看见上述场面的年月，那位王后为什么隐姓埋名惊慌出逃，我一点也不理解。不过她阴沉的面容我始终记得很清楚，它似乎同时显露了留下的担心和出逃的恐惧。她面对的是既不愿守卫他们，也不愿放他们逃跑的民众，她父母在阿兰胡埃斯城的处境大概就是这样。对这些愚蠢的君主，西班牙民族已经感到厌倦。不过民众宁肯要这样的蠢人当君主，也不喜欢外国来的聪明人当君主。作为民族，他们似乎把

[1] 玛丽亚-路易莎王后（1751—1819），本名玛丽亚-路易莎·德·波旁-帕尔玛，西班牙王后，查理四世之妻。

拿破仑那句铿锵有力的话当作座右铭：脏衣服要在家里洗！不过拿破仑的意思似乎更有限定性。

我们是在五月到达马德里的。一路上吃了那么多苦，以至于旅程最后几天的事儿我什么也记不起来了。不过我们平安无事抵达目的地，这也算得上奇迹了。因为西班牙好几个地方发生了暴乱，到处是闷雷滚滚即将骤临的暴风雨。确实，我们循着由法国军队保护的道路往前走，但面对新的西西里匪帮，法国士兵自己也没有一处地方是安全的。而我母亲一手抱个孩子，另一手牵个孩子，只会有更多地方要担心害怕。

见到我父亲，母亲忘了自己一路上受的惊吓，吃的苦头。至于我，一进安顿我们的那些套房，见到那轩敞奢华的气派，满身的疲惫顿时一扫而光。那些房间是在和平亲王的宫殿里。在那里，我才是真真切切实实在在地进了我的童话世界。缪拉也住在这座宫殿里，就在下面一层。这座宫殿是马德里最豪奢最舒适的住所，因为这是王后与其情夫共享鱼水之欢的地方，也就比合法国王的宫殿更为富丽奢华。我认为我们的套房位于四楼。房间宽大，都铺着深红色的锦缎。墙上的涂饰、床铺、圈椅、沙发，无不金光灿灿，金碧辉煌，在我看来它们就像整个用黄金打制的，就像我的童话世界里的那些饰品器具。

墙上挂着一些巨幅油画，让我有些恐惧。那些硕大的头像仿佛要从画框里走出来，始终盯着我不放，让我很是烦恼，不过很快我就习惯了。另一件让我惊奇的器具是装饰有普绪喀雕像的镜子。我从镜子里看见自己在地毯上行走。一开始我没有认出自己，因为我从未见过自己从头到脚的模样，也从未对自己的身体有过一个概念。就我的年龄来说，我的身体是相当矮小的，可是我看到镜中的自己是那样高大，竟被她吓坏了。

尽管这座壮美的宫殿，还有这些富丽的套房让我惊艳，但它们的装饰也许都很俗气。至少它们很不洁净，养了很多家畜，比如兔子。这些兔子四处乱跑，无室不进，却未引起任何人注意。这些从容不迫的东道主，也许是唯一未被剥夺财产的东道主，是养成了被各套房接纳的习惯，还是趁大家都在专心干事，不慌不忙地从厨房踱步到客厅？其中有只毛色雪白、眼睛像两颗红宝石的兔子，立即跟我熟悉起来，行动很是随便。它在卧室角上普绪喀镜子后面安顿下来。我与它很快就结下了无可争议的亲密关系。不过它的情绪还是相当阴沉，好几次有人想叫它挪窝，它把人家的脸都抓伤了。然而它对我却从不生气，常常听着我讲那些优美动人的故事，在我的膝头上或者裙袍边上一睡就是好几个钟头。

我不久就玩到了世界上最精美最雅致的玩具，如布娃娃、绵羊、马、床铺、家庭，它们不是镏金镀银，系着流苏，就是包着布套，贴着亮片。这都是西班牙的王子公主们扔掉的玩具，有的差不多被他们玩坏了。我也相当迅捷地帮他们完成了破坏工作，因为在我看来，这些玩具粗笨，倒人胃口。不过它们价值真正不菲，因为我父亲“救下”两三个上了漆的木雕小人儿，把它们当作艺术品拿给我母亲。母亲保存了一段时间，大家都欣赏那两件东西。可是父亲去世之后，不知怎么回事它们又落到我手上。我还记得其中一个是穿着破衣烂衫的小老头，因为我看后感到恐惧。老头那衣服应该是真的，很有表现力。这个活灵活现地表现一个骨瘦如柴、伸手乞讨的可怜老乞丐的玩偶，是偶然流落到西班牙王子公主的精美玩具中的吗？

在一个王子手上，一个将贫困人格化的玩具终究是一件奇特东西，但是也可以引他思考。

此外，我在马德里，不像在巴黎那样专心于玩具。环境换了。外部的事物吸引了我的注意力，我甚至忘记了童话，因为在我看来，我自己的生活也有个神奇的表象。

我在巴黎已经见过缪拉。我和他的孩子一起玩过，但是没有留下任何回忆。也许我在巴黎见到他时他穿着和大家一样的衣服。在马德里见到他时，他穿着金光灿灿、带着羽饰的大礼服，给我留下深刻印象。大家称他为亲王[1]，而在童话故事和童话剧里，王子总是扮演最重要的角色。我看到他，以为看到了著名的方法里纳王子[2]。我自然也这样称呼他，没觉察到给了他一个讽刺。我在宫殿走廊里一见到他就发出那个可恶的名字，我母亲则使劲阻止我让他听见。人们让我习惯对他说话时称呼他“我的亲王”。缪拉对我很是友好。

也许是怕他处在目前的严峻局势下，看到一个参谋把妻子孩子带到面前，会表露些许不悦，也许大人们希望把这一切涂上军事色彩，每次他们把我带到他面前，都肯定要给我罩上军装。

那套军装是个奇迹。在我长大长高、已经穿不上它以后，它还在我家存放了很久。因此我可以仔细地回忆有关它的事情。它包括一件白色开司米的上装，上面镶着金色的饰带，钉

〔1〕法语亲王和王子为同一词。

〔2〕法语FANFARINET音译为方法里纳，有自吹自擂的意思。

着金纽扣，一件同色的配着黑色毛领的皮袄，一条紫红色的配有饰条绣着匈牙利式花边的开司米长裤。我也有一双红色摩洛哥皮配镀金马刺的马靴，还有马刀和丝质的军用腰带，腰带扣是金的，扣针上了珐瑯。胸披上用细珠子绣了一只鹰。正规军人的装束我一件不少。看到我的衣着和我父亲一样，缪拉或者把我当成男孩，或者假装看错，满面笑容地把我，还有他的参谋介绍给上门来的客人。他把我们接纳进他的亲友圈。他知道这是我母亲为取悦他动的小心思。

对我来说，这套漂亮的军装没有很大吸引力，因为穿着它很难受。确实，我学会了把军装穿得端整漂亮，学会了拖着小马刀在宫殿石板地上跑，学会了以最得体的方式披皮袍，可是罩着那个皮桶子我一身燥热，那些肩章饰带拘束我，回到家，母亲给我换上当时流行的西班牙服装，我觉得开心极了。那套衣服包括一件黑色的丝绸裙袍，上面绣着大的网格图案，膝盖以下坠着流苏，直达踝骨；一条起皱不起泡的黑绉绸头巾，镶着宽宽的绒边。我母亲穿上这套衣服美得惊人。从未见过一个真正的西班牙女人有她这么细腻的褐色皮肤，这么柔和的黑眼睛，这么秀气的脚，和这么凹凸有致的身材。

缪拉病倒了。有人说他这是荒淫过度所致，但这不是真的。他和我们西班牙驻军大部分官兵一样，患的是肠炎，尽管没到卧床不起的地步，但还是剧痛不止。他以为被人下了毒，又没耐心忍受病痛，因为他的叫喊声响彻这座凄凉得让人要睁着一只眼睡觉的巨大宫殿。我记得曾经被我父母的恐惧惊醒，因为他们第一次听到缪拉午夜惊叫。他们以为有人暗杀他。我父亲跳下床，抓起马刀，几乎光着身子，就往亲王的套房跑。

我听到这位可怜英雄的叫喊，在战场上他是那样凶狠，在战场之外却是这样懦弱。我很害怕，也开始尖叫起来。似乎我终于明白死亡是怎么回事了，因为我哭叫着说：“有人杀了我的方法里纳亲王！”缪拉得知我为什么事痛苦后，更加喜欢我了。过了几天，将近午夜时分，他上楼来到我们的套房，走近我的摇篮。我父母陪着他。他刚刚打猎回来，带来一只小鹿仔，亲手放在我身边。我在半睡半醒之间，瞥见小鹿的漂亮脑袋无力地斜贴着我的脸，就伸出双臂搂住鹿颈，又睡着了，也未能对亲王道声谢谢。不过第二天早上醒来，我又看到缪拉站在我床边。我父亲把孩子和小动物一起睡眠的情形说给他听了，于是他想来亲眼看看。的确，那只可怜的小动物可能出生才几天，昨天又被猎狗一顿猛追，已经是那样疲惫，以至于他们把它放在我床上，希望它能像小狗一样睡觉。可怜的小鹿蜷缩成一团，头靠着枕，身子贴着我胸口，四肢收起，似乎怕伤了我，而我仍搂着它的脖颈，和头天夜里一样。我母亲告诉我，缪拉当时觉得遗憾，不能叫一个画家来看看一个如此稚嫩的组合场景。他的声音吵醒了我。但一个4岁娃娃是不会接人待物的。我的头一个动作就是抚摸那只小鹿。它似乎想做出回应，因为我温暖的小床让它放心，使它温驯。

我把小鹿留在身边玩了几天，对它很是喜爱。但是我认为失去母亲它是养不活的，因为有天早上它不见了。有人告诉我，它跑了。家人安慰我，肯定地说它会找到母亲，在树林里会过得开心的。

我们在马德里最多住了两个月，但我觉得那段时间极其长。没有一个同龄孩子做我的玩伴，我常常独自一人玩上大半天。我母亲经常有要紧事要和我父亲一起出门，就把我交给一个马德里女仆照看。她是由人介绍来的，据说为人十分可靠。但是等我父母一出门，她就拿了花园通原野的侧门钥匙。我父亲有个名叫韦伯的仆人，是世上最好的男人，常常过来替泰蕾莎照看我。但是这个正派的德国人几乎不会说法语，跟我说的话我完全听不懂。而且他体味是那样重，把我抱在怀里，我还没明白是什么原因让我不适，就被那气味熏得晕晕乎乎。但他不敢说出保姆对我照看很少的事情。至于我，想都没想到要去告状。我认为韦伯是负责照看我的，便只有一个愿望，就是让他留在前厅，让我独自待在套房里。因此我对他说的第一句话就是："韦伯，我很喜欢你，你走吧。"而韦伯这个驯服的德国人也真的就走了。他见我独自待着，没吵没闹，就把门关上，去照看他那些马匹。那些马对待他兴许比我还客气点。这样，我就第一次领略了孤独的快乐，而且，远未对孤独生出恐惧或者烦恼，看到母亲的马车回来，我还觉得遗憾。一个儿童感受这种快乐是离奇的，然而我却是强烈地感受到了。我大约是被自己的静思打动了，因为我非常清楚地记得所想的事情，而外部千百件可能有趣得多的事情，我反倒忘记了。在上面讲述的往事里，我母亲的回忆支持了我的记忆，但在下面要讲述的往事，我得不到任何人的帮助。

我一发现这套宽敞的可以任意跑的房间只剩我一人了，就来到镜子前，试着摆出戏剧里的各种姿势。然后把我的白兔抱来，也强迫它摆同样的姿势。要不我就假装献祭，把一张高凳当祭台，要把兔子献给天主做牺牲。我不知道是在哪里见到的献祭仪式，也许是在戏台上，也许是在某种表现此类题材的版画上。我披上头巾装女祭司，而且我注视着自己的一举一动。大家现在会认为我那时并没有丝毫装妖卖俏的感觉。我的快乐来自这一点：看到镜中的我和兔子，我在游戏的兴奋状态下，相信自己是在演一出有四个演员，即两个小女孩、两只兔子的小戏。镜前的我和兔子用手势向镜中的两个角色致意、作祈祷，或者发威胁。我们与她和它一同跳波莱罗舞，因为除了戏里的舞蹈，西班牙的舞蹈也让我着迷。看到别人做的动作，孩子容易模仿，我便以这种敏慧模仿西班牙舞的姿势与优雅动作。那时我完全忘了镜中的舞者就是我自己，看到我一停舞她也停下，很是惊诧。

当我跳够了，模仿够了自编的这些芭蕾之后，就到露台上去悠思遐想。这个露台和宫殿正面一样长，很是宽阔壮美。如果我没弄错，栏杆是白色大理石的，被阳光晒得是那么烫，我都不能触摸。我个子太矮，不能从栏杆上面往外看，但是从栏杆间隙里，我可以分辨出在广场上经过的所有人或物。在我的记忆里，那个广场宏伟壮丽。广场周围，矗立着一些别的宫殿和华屋广厦。但是我从未见到民众。我认为在我逗留马德里的所有时间里，我都未见到居民。可能是发生五二暴乱之后，当局不再允许当地居民在总司令官邸周围穿行。因此我看到的只是一些法国军人，和在我的想象里比他们还要威武雄壮的人，如禁卫军马穆鲁克骑兵。那支部队的一个岗哨就设在宫殿对面的一座建筑物里。那些有着古铜色皮肤的男人，缠着头巾，穿着富丽的东方服饰，形成一个令我百看不厌的群体。他们牵着马匹到位于广场中央的一个大水池饮水。我没意识到，就是那一瞥，让我强烈地感到了诗意。

在我右面，一座教堂的宏伟建筑占据了整整一边广场；至少，它是这样浮现在我的记忆里。教堂有个镏金的球形屋顶，上面立着一个十字架。天空湛蓝湛蓝，我从未见过那么蓝的天空。在蓝天映衬下，这个十字架，还有球形屋顶，在夕阳照射下熠熠生辉。这个景象，我一辈子都不可能忘记。我凝视着这片美景，直到我的双眼浮现出那些红球蓝球。我们贝里话用一个源自拉丁语的极为贴切的词orblutes来称呼这个现象。这个词应该过渡到了现代语言。法语应该也有这个词，虽说我没见哪个作者用过。它没有半点模棱两可之处，很贴切地表现了一种尽人皆知，但仅仅被一些并不准确的弯来绕去的说法来表述的现象。

那些orblutes让我很开心，我自己也说不明白是什么原因。我乐于见到眼前浮现出那些炽热的颜色。它们附着在一切物体上，在我闭眼时仍不隐退。当orblutes处在完全状态时，能向你准确展现引起它的物体的形状。这是一种奇迹。于是目光所到之处，我都见到透映着火红色的球形屋顶和十字架。这种对孩子眼睛相当危险的游戏，当年我玩了那么多次，竟然未受惩罚，至今我都觉得惊讶。

然而我很快在露台上发现了另一个现象。一个迄今为止我没有任何概念的现象。广场上经常空寂无人，甚至在大白天，宫殿里以及宫殿周围也是一片死寂。有一天，这种寂静让我害怕，正好看到韦伯从广场经过，我便叫唤他。韦伯没有听到。但是从阳台另一头，有一个同样的声音在重复我的叫唤。

这个声音让我放心，因为我不再是孤单一人了。不过我又起了好奇心，想知道这个学我的叫唤寻开心的人是谁。我便走回套房，以为在里面能发现什么人。但是和平时一样，房间里就我一人。我于是又到露台，呼唤母亲。那声音又重复我的叫唤，但是很柔和，很清晰，这就让我生出很多想法。我把声音放粗，叫我自己的名字，那声音立即响起来，但要含混一些。我又把声音放细，那声音也细下来，但是清晰多了，好像有人在我耳边说话。这事我一点也不明白，只是以为除我之外，露台上还另有别人。但我又没看到别人，而且每个窗户都是紧闭的，我便极为开心地研究起这个奇迹来。

对我来说，最奇特的印象是听到自己的声音重复呼唤自己的名字。当时我想出一种怪异的解释，即我是双身人，在我身边还有另一个我，我看不见他，他却总是看见我，因为他总是回应我。这个解释就作为一种应该如此，从来如此，只是还没有被我意识到的想法而为我的头脑所接受。我把这个现象与orblutes现象作对比，那个现象一开始也让我惊讶，后面我虽然没有明白，但还是习惯了。由此我得出结论，世界上任何事物，任何人都有其映象，其副本，其另一个自我。于是我强烈希望见到另一个自己。我呼唤他一百次，我总是要他来我眼前。他则回应我：来吧，来这儿。当我变换位置时，我就觉得他离我近了或者远了。我进房间寻找他，呼唤他，他不再回应我。我去露台另一头，他不出声了。我走向露台中间，从这个中间一直到教堂当头，他都用柔和与不安的“来吧”回应我的“来吧”。如此看来，我的另一个自我在空中或者墙体的某个地方，只是怎么够到他，怎么看到他呢？我为此不知不觉地变疯了。

母亲回到家才让我中断寻找，而且我也不知道为什么，不仅没有问她，反而对她隐瞒了这件让我如此激动的事情。应该认为，孩子们都喜欢他们幽思遐想的神秘性，而且我肯定也不想让人解释我那些orblutes。我想独自发现问题，或许有些解释夺走了神秘的魅力，令我对一些幻觉感到失望。对这个新的奇迹我保持沉默，并且，有好几天因为忘记了我的芭蕾，我把可怜的兔子丢下不管，让镜子空自照着油画上那些一动不动的巨大人物。我耐心地等待，又抓住一个独自留在家的机会，再度开始我的实验。可是我没注意到母亲回家，听见我在大叫大嚷，便过来看看，终于撞见了我喜欢露台上晒太阳的秘密。这一来只能做点退让了：我问她那个重复我所有话的人在哪儿，母亲告诉我，这是回声。

对我来说幸运的是，她没有给我解释回声是怎么回事。她可能从未想到弄清楚这个问题。她告诉我这是空中的一个声音。这样一来这个未知事物也就对我保持了诗意。有好几天，我可能继续朝风中喊叫。这个空中的声音不再让我惊讶，但仍然让我欢喜。我满足于能够给它取个名字，并朝它叫喊："回声，你在哪儿？你听懂我的话吗？日安，回声！"

当孩子的想象生活如此发达之时，他的感情生活会姗姗来迟吗？我不记得在逗留马德里期间曾经想到姐姐，想到我善良的小姨，想到皮埃莱或者亲爱的克洛蒂德。然而我已经能够爱人了，既然我对某些布娃娃和动物怀有那么强烈的柔情。我认为孩子离别至爱亲朋时的冷漠，是因为他们没有能力估计离别时间的长短。当家人说起要外出一年时，他们不知道一年是否比一天长很多。用数字来让他们了解两者的差别是没有用的。我以为数字对他们的思维没有任何意义。当我母亲跟我说起我姐姐时，我觉得好像才离开她一天，然而我觉得时间走得很慢。孩子的能力平衡缺陷中有成千上万的矛盾，即使孩子的能力是均衡发展的，要解释这一点仍然困难。

我认为直到我母亲在马德里分娩，我的感情生活才显现出来。大人告诉我，一个弟弟或者一个妹妹将要出世。而几天来我看见母亲躺在一条长凳上。有一天，大人打发我到露台上玩，并且关上了套房的玻璃门。我没听到一丝呻吟声。我母亲很勇敢地忍受了疼痛。前几次她都很快娩出了孩子，但这一次她忍了几个钟头。不过大人只让我远离她一会儿，很快父亲就把我叫进屋，让我看一个小男婴。但我没怎么注意他。我母亲躺在一张长沙发上，脸色是那么苍白，五官是那么收缩，以至于我迟疑着不敢认她。接下来我突然一阵恐惧，就跑过去一边哭一边拥抱她，我希望她跟我说话，对我的抚摸做出回应。由于大人仍然要我出去，好让她休息，我难受了很久，以为她要死了，别人瞒着我不愿让我知道这事。我回到露台上哭泣，大人也没法让我对新生儿产生兴趣。

这个可怜的小男孩眼睛是一种非常特别的浅蓝色。过了几天，我母亲就为他眸子的浅淡颜色而烦恼。我经常听见我父亲和一些别人不安地说出晶体这个词语。最后，过了半个月，事情已经确凿无疑：孩子是个盲人。但是大家都不愿对母亲说穿，让她处在某种猜疑之中。在她面前，人们小心翼翼地传播一丝希望，说是孩子眼睛里会有晶体凝成。母亲听任别人安慰，可怜的残疾儿像正常婴儿一样得到亲人的疼爱与欢心，就好像他的出生并非他自己和家人的不幸。我母亲亲自给他哺乳，此时距我们穿越战火中的西班牙，登上返国之路，只剩两周时间了。

三

我父亲给他母亲的信：

在久痛之后，索菲于今晨分娩，诞下一个大胖男孩子。孩子像一只鹦鹉一样啼哭。母子都很平安。亲王打算月底之前动身回国。给索菲诊视过的御医说她十二天以后可以带孩子旅行。奥洛拉身体健康得很。我刚刚订了一辆驿车，准备把一家老小都安排进去。我们将踏上回家之途，打算趁凉爽在将近7月20日时赶到诺昂，并尽可能住久点。亲爱的好母亲，这个想法让我充满快乐。我们定会团聚，我们会有和睦的家庭生活，没有官司缠身，用不着担惊受怕，不再遭受磨难，这个希望给我力量！这份美满的幸福我渴望这么久了！

亲王昨天对我说，他准备先去巴雷日住几天，过后再赴目的地。就我这方面来说，我准备驾车直到诺昂水边。在那里我们提前感受“迦拿娶亲筵席”上耶稣以水变酒的奇迹[1]。我相信代夏特尔会自愿揽下奇迹这事。

我把新生儿的洗礼留到诺昂的节庆期间举行。那是敲钟进行宗教活动，请全村人跳舞的大好机会。镇长会把我儿子记入法国的人口数目，因为我不愿他什么时候要为什么事与卡斯蒂利亚的公证人和教士扯是非。

我没想到我前两封信都被拦截了。它们其实很无聊，无聊到在最最冷峻的警察面前也有人觉得它们优雅。我不过是给你描述了一下我弄到的一把非洲刀。有两页解说和引述文字。你会看到这件奇物的，还有不可驯服的“安达卢西亚之豹”，在预先征调全村的所有床垫，以装备它所选择的住户之后，我还会请求代夏特尔再给它配点装备。

再见，我的好母亲，我会把动身与到达的日期告诉你。希望能够早点见到你。索菲和我一样急于拥抱你。奥洛尔巴不得此刻就动身。如果做得到，那我们早已在路上了。

1808年6月12日于马德里

这封如此快乐、如此满足、如此满怀希望的家书，是祖母从她儿子那里收到的最后一封。大家将看到发生了什么灾祸，

[1] 迦拿是以色列地名。据《新约·约翰福音》，耶稣在此地举行的盛大婚宴上显示了以水变酒的奇迹。乔治·桑的父亲在信中用此典来表达返回家乡后会有的欢乐与惊喜。

使这些幸福的计划全部泡汤；大家也将看到，我可怜的父亲如此憧憬，并为之付出如此代价的这场亲人团聚，他领略其甜蜜滋味的日子是多么短暂。从这场灾祸的性质，大家将理解，这封信提到不可驯服的“安达卢西亚之豹”时说的趣话，竟含有令人恐惧的宿命的意思。

阿斯图里亚斯[1]的君主斐迪南七世，当时对缪拉及其手下的军官充满体贴之情，这匹烈马就是我父亲完成一次使命后，这位君主送给他的。我认为那次使命的地点是在阿兰胡埃斯这位君主身边。这是一份不吉祥的礼物。我母亲或是出于迷信或是出于预感，总是对这匹马心怀畏惧，不予信任。但她却未能促使父亲下决心尽快割舍，尽管父亲也承认，这是他唯一要带一点勇气才骑上去的马。这是他想彻底成为马的主人的又一条理由。再说他从驯服此马中尝到了乐趣。然而，有一次他还是说：“我不怕它，但是我骑不好它。因为我不相信它，它感觉到了。”

我母亲断言斐迪南把这匹马送给我父亲，是希望让我父亲送命。她还断言，由于仇恨法国人，助她分娩的那个马德里的外科医生害瞎了新生宝宝的双眼。她想象自己在阵痛发作极限后的疲惫之中，曾看见那外科医生用两个拇指按压婴儿的双眼，并且咬牙切齿地说，这孩子将看不见西班牙的太阳。

可能这是我可怜母亲的一个幻觉，但是，以当时的情势判断，这也同样可能是个事实，外科医生如我母亲所见，趁着套

[1] 西班牙西北部地区，曾为王国，现为奥维亚多省。

房里就他与她二人，迅速地下了毒手。再说他也许认为母亲当时处于既看不到他的行为，也听不到他的声音的状态。不过大家肯定认为，我并不把这个可怕指控的责任揽在自己身上。

在我父亲的信里，大家已经知道，他一开始并未察觉那个孩子的失明。而且我记得在诺昂，在我父母不在场的时候，曾经听见代夏特尔发现了这个事实。不过当时大家怕夺走他们最后一丝微弱的治愈希望。

我们是在七月上半月动身的。缪拉去做他的那不勒斯国王。我父亲得到休假。我不知道他是否把缪拉一直送到边界，甚至也不知道我们是否与他同行。我记得我们坐上驿车，我认为我们是跟在缪拉的车队后面。但是父亲在直到巴荣讷之前的任何事情，我都记不起来了。

我记得最清楚的，是我们的痛苦、饥渴、酷热与我一路上都没断的高烧状态。我们穿过大军的各路纵队，很慢地往前行进。现在我想起来，我父亲应该是和我们一起，因为我们走的是一条相当狭隘的山路，我们看见一条大蛇横穿马路，黑乎乎的一长条，几乎占了全部路宽。我父亲叫马车停下，自己跑上前，挥起马刀，将大蛇斩成两段。我母亲想拉住他，可是没做到，她一如习惯，怕这怕那，担心出事。

然而，另一个情况又让我认为，我父亲只是间或与我们一起，他得不时地归队为缪拉效力。这个情况给我的印象很深，所以我把它刻记在脑子里。不过由于发烧，我还处在一种几乎连续不断的迷糊之中，这件事便与其他能让我准确说出我目击事件的情况脱了节。有天晚上我和母亲伫立在一眼窗户前，看到仍被夕阳照亮的天空上弹火纷飞。母亲对我说：喏，这是一场战斗，你父亲也许在里面。

一场真正的战斗是什么，我毫无概念。我所见到的景象，向我显示的是一场大型烟火，一种欢乐喜庆的节目，一种节庆或者一种竞技。炮声和炮火在天空绘出的巨大弧线让我开心。我一边吃一只青苹果，一边把这场战斗当作一场节目表演来观看。我母亲当时不知对谁说："孩子们啥也不懂，真幸福！"

由于我不清楚当时的战事迫使我们走的是哪条路，也就说不出这是里约塞柯的梅迪纳战役，还是大名鼎鼎的巴西埃尔元帅指挥的某个规模小一点的战斗。我父亲作为缪拉本人的随员，这个战场应该没他的事情，因此他可能不在这个战场。但我母亲认为他可能被派去执行任务！

不管这是里约塞柯被拿下还是托格玛达被攻占，有一点都是肯定的，这就是我们的驿车要被征用去运送伤员或者比我们更重要的人员。我们得和行李、随军女商贩和患病士兵挤在运货大车上赶一段路。还有一点也是肯定的，就是次日或第三日我们的马车挨着战场行驶，我看到有个地方一片狼藉，很像我与克洛蒂德在夏约或船运粮仓街屋里对布娃娃和玩具车马进行杀戮的现场。我母亲双手捂面，空气中弥漫着臭味。我们从那些不祥之物较远的地方经过，我也就没法看清那究竟是什么东西。我只是问人们为什么把这么多破布撒落在地上。最后大车轮子撞到什么东西，只听那东西发出一声怪响，碎裂了。我母亲拉住我，不让我往外看。原来是一具尸体。接下来我又看见了好几具散落在路上的尸体。但那时我有病在身，是那么不适，以至于记不起曾被那恐怖景象强烈震撼。

我不但发烧，而且不久就体验了另一种痛苦，一种常常因生活的混乱而加剧的痛苦，不过与我们同行的生病士兵也感到这种痛苦的惶恐。这就是饥饿。一种极端的病态的、几乎动物般的饥饿。这些可怜士兵对我们很友好、很关心，但是他们把一种能够解释这种现象，只不过一个小情妇断然不会承认曾经患过，哪怕是童年患过的疾病传给了我。然而生活自有其兴衰变故，祸福相倚，当我母亲因看到我与弟弟处在这种状况而倍加痛苦时，士兵们与随军女商贩笑着对她说："唉！亲爱的太太，这算不了什么。这是你儿女一生的健康保证。这是军人子弟的真正洗礼！"

疥疮，既然必须以其名字来称呼它，从我开始，传染给我弟弟，后来又传给我母亲。再后来，我们把这个战争与贫困的可悲后果带给另一些人。好在我们血液纯净，加上极为细心的照顾，我们身上的症状渐渐变轻了。

几天之间，我们的命运幡然大变。不再住马德里的宫殿，睡金漆大床，铺东方地毯，挂丝绸帐幔，而是乘肮脏的运货大车，看到的是一个个被战火焚烧的村庄，和被炮弹轰炸的城市，尸体狼藉的道路，喉咙干得冒火，就在路边沟里找水喝，蓦然看到沟里凸显出带血的石头。尤其是饥饿难忍，粮草日渐短缺。我母亲以极大的勇气忍受着这一切，但是克服不了生洋葱、青柠檬和葵花籽让她生出的厌恶。我对这些倒是并无反感。但对一个要哺乳新生儿的女人，这是多么糟糕的食物！

不知在什么地方我们穿过一个法国兵营。在一个帐篷入口，我们看见一群士兵正在狼吞虎咽地喝汤。我母亲把我推到他们中间，央求他们让我吃点东西。这些好人马上微笑着把饭盒递过来，让我随意喝。他们的笑容真动人。我觉得汤的味道好极了。喝到剩一半的时候，一个士兵有些迟疑地对母亲说："我们是很愿意让你们喝下去的，可是你们也许不能再喝了。因为味道太重了。"我母亲走拢来，看着饭盒里面。只见汤里面有面包块，有很厚的油层，还有些黑乎乎的烛芯露出来：原来是用燃剩的烛头熬的汤。[1]

我记得布尔戈和一个把熙德的冒险故事作为壁画绘在墙上的城市（或是布尔戈或是另一个城市）。我还记得一座宏伟的大教堂，一些平民男子一膝跪地一膝承帽在里面祈祷，着地的膝下铺着一张小小的圆草席。最后，我记得维托利亚和一个一头黑发披到背上，里面长满虱子的女仆。在西班牙边界，我过了一两天舒服日子，天气变凉爽了，人不发烧了，食物也多了。我父亲完全与我们在一起了。我们取回了驿车。它载着我们跑完剩下的旅程。客栈洁净，有床睡，有各种食物可食。我们很久都没有见过那些东西了，因此我觉得它们都是新东西，尤其是蛋糕和奶酪。我母亲在封塔拉比小镇给我来了一番梳洗打扮。洗澡让我感到极为轻松。她用她的方法来照料我。洗浴过后，她给我从头到脚抹上硫磺，又让我吞服用黄油和糖调制的硫磺丸。我在硫磺丸的味道与气味里泡了两个月，至今想起那些东西，都只想呕吐。

我们看来在边界碰到一些熟人，因为我记得一场丰盛的晚餐，还有让我很厌倦的礼仪。我恢复了体能和对外部事物的评价。我不知母亲生出什么念头，要从海路回波尔多。或许一路

[1] 揣摩当时的灯烛是用动物脂肪做的。

上的车马劳顿把她累坏了，或许凭她在保健方面的直觉——她总是听凭直觉行事——她认为她儿女，还有她本人都沾染了可怜的西班牙的毒素，而海上的空气会帮他们排毒。天气似乎不错，大洋也风平浪静，因为坐小船沿着加斯柯尼亚海岸，在总是波涛汹涌的比斯卡依湾航行是一个新的冒失行动。但不管动机如何，一条铺了甲板的小船还是租下了。我们弃车登船出发了，就像开始一场游乐活动。我不知道我们是在哪里上船的，也不知道是什么人把我们一直护送到水边，并给了我们许多照顾。有人送我一大扎玫瑰，我在海上的日子一直留着它，以它来抵御硫磺味。

我不知道我们沿着海岸航行了多长时间，我又陷入沉沉昏睡之中，因此这段跨海旅行，只给我留下两个记忆，一是启航，一是到达。快到目的地的时候，刮来一股风，把我们的船吹得远离海岸，我看到领航员和他的两个助手显得很是惊慌。我母亲又开始恐惧。我父亲则开始操舵。由于我们最终进入了吉龙德水域，不知触碰了哪块暗礁，海水开始涌进底舱。我们马上往岸边行驶，但是底舱仍然灌满了海水，小船明显在下沉。我母亲抱着孩子上了驿车。我父亲则让她放心，说我们能够抢在小船沉没之前登岸。然而，这时甲板也开始被水淹了。父亲脱掉外衣，准备用一条披巾，把两个孩子捆在背上。“别慌，”他对我母亲说，“我用一条胳膊划水，一条胳膊抱着你，放心，我会把你们三人都救出去。”

我们终于触到了陆地，或者不如说，触到了一堵未被海水溅湿的石墙，墙上建有一座库房。库房后面，是几座民居。在我们靠岸的同时，有好几个人前来救助我们。他们来得正是时候，因为驿车也随着小船在沉入海水。来人及时朝我们扔过来一架梯子。我不知道人家是怎么抢救小船的，但有一点是确定的，就是小船得救了。事情持续了几个钟头，在此期间我母亲不肯离开滩头。因为我父亲在把我们送到安全地点后，又返回船上，先是抢救我们的衣服，接下来抢救马车，最后抢救小船。他的勇敢、力气与敏捷给我留下很深的印象。水手与当地人尽管富有经验，但他们对这个年轻军官的能干与果决深表佩服。他在救了自家妻儿之后，不愿扔下船老大和他的小船，而且他指挥的这场小规模的抢救行动，比他们还要适时应点。的确，他在布洛涅的兵营里学习了军事指挥，但是办任何事情，他都保持沉着冷静，不失理智。他把马刀当斧头或者当剃刀，砍伐切削都用上。他对这把马刀有一份非同寻常的喜爱（也许是他在最后一封信里提到的那把非洲马刀）。因为，靠岸的时候，在情况不确定，不知小船与马车是否会马上沉没，也不知我们来不来得及救出什么东西时，我母亲曾打算阻止我父亲返船，对他说：“唉！让我们拥有的一切都沉到海底好了，别去冒淹死的危险了。”父亲回答说：“我宁愿冒淹死的危险，也不愿放弃我的马刀。”这也确实是他要抢救的头一件物品。我母亲怀里抱着儿子，身边站着我这个女儿，也就觉得满足了。对我来说，我已经救下了那束枯萎的玫瑰，我救玫瑰是受爱的驱使，父亲救我们所有人，亦是受同一种爱的驱使。从淹没一半的驿车里钻出来，爬上救援楼梯时，我小心翼翼，不让它被海水打湿。我当时的念头就是保护它，一如我父亲的念头就是抢出他的马刀。

我记不起在这些遭遇中曾感受过丝毫恐惧。恐惧有两种。

有一种取决于气质，另一种则是由于想象。我从不曾感受过第一种恐惧，因为我的身体得天独厚，具有一种像父亲那样的沉着冷静气质。沉着冷静这几个字积极地表达了我们得自于体质的沉稳，因而我们也无可自夸。至于想象受到病态刺激（通常只是由鬼怪幽灵提供养料）而产生的恐惧，我整个童年都受其纠缠。不过到了理性驱散幻想的年纪，我又恢复了身体机能的平衡，就没有感受过任何一种恐惧了。

我们于八月底到达诺昂。我又开始发烧，虽不再觉得饥饿，但疥疮的症状加重了。我们在路上雇的一个西班牙的小保姆，名叫赛西利亚，也开始感受到被传染的症状，与我接触时只带着厌恶的表情。我母亲差不多已经痊愈，但是我可怜的弟弟虽然见不到丘疹了，然而病情要比我严重，受的折磨比我大得多。我们两个就是两团恹恹无力、滚烫发烧的肉。自从在吉龙特水域差点沉海以来，我比他稍稍清醒一点，也不过就是知道身边发生了什么事情。

一进诺昂的院子，我的意识就恢复了。这里肯定没有马德里的宫殿那样宏伟壮丽，但是在我看来这里是同样壮美的。因为在狭小的房间长大的孩子，见到一座大屋，是会生出敬畏的。

这不是我头一次见到祖母，但是那天以前见她的情形，我都不记得了。尽管她只有五尺身高，在我看来，却显得很高挑。她的脸色白里透红，神情庄重，让人肃然起敬。她那不变的装束由以下要件组成：一条长腰平袖、式样老套、未按帝国的时尚要求做出任何改变的褐色丝袍，她的在前额卷成一绺的金色假发，她的正中缀枚花边饰结的圆形小红软帽，这一切都使她在我眼里成了个独特的、与我见过的任何人都不相像的人。

这是我们，我母亲和我，头一次在诺昂受到接待。我祖母拥抱我父亲之后，也想拥抱我母亲，但我母亲阻止她这样做，说：

“啊！亲爱的妈妈，别碰我，也别碰这两个可怜的孩子。您不知道我们吃了多少苦。我们都惹了病。”

我父亲永远是个乐天派，听到这话笑起来，并把我送到祖母怀里：

“你设想一下，”他对祖母说，“这两个孩子出了些小丘疹，索菲的想象力受到很大震动，就以为他们得了疥疮。”

“是疥疮也好，不是疥疮也好，”我祖母把我抱紧贴在胸口，说，“我都要照料这孩子。我看明白了，这两孩子都病了，在发高烧。媳妇您赶快收拾好，带着儿子去休息，因为您在那边进行了一场超出人类力量的战斗。我呢，我来照料小孙女。您现在的状态，带两个孩子未免太耗气力。”

她把我带到她的卧室，对我的可怕症状没有表现丝毫厌恶。这个杰出的女人，那么讲究那么挑剔的女人，就直接把我放到床上。当时那张床，那间卧室都还清雅，对我具有一种天堂的效果。墙上张挂着大幅波斯壁毯，所有家具都是路易十五时代的。床是柩车的式样，四角都有大簇羽毛装饰物，挂着两重帐幔，还有许多被剪切出来的垂饰。枕头、床罩、其他配件，无一不精美雅致，其豪华程度让我惊讶。我不敢在一个如此精美的地方安身，因为我明白自己的病状会让人感到多么厌恶，而且我已经感觉到别人的轻侮了。但是，我很快就成了

乔治·桑与她同父异母的哥哥伊波利特（乔治·桑的祖母画）

大家关心和抚爱的对象，也就很快忘记了先前的不快。在祖母之后，我见到的第一个人是个9岁的壮男孩。他拿着一大束鲜花，一进屋，就很友好很快乐地把花朝我脸上扔过来。我祖母对我说："这是伊波利特。孩子们，你们拥抱一下。"我们也没问更多，就拥抱了。我与他一起度过好多年，却不知道他是我兄长：这是"小屋的"孩子。

我父亲把他抱起来，走到我母亲面前。我母亲亲吻他，觉得他长得很好。我母亲对我父亲说："好哇！他也是我的孩子，就像卡罗莉娜也是你的孩子一样。"于是我们在一起长大，有时是在母亲的照看之下，有时是在我祖母身边。

那天代夏特尔也在我眼前第一次出现。他下面穿着短一点的过膝裤，套着白袜子和南京土棉布制成的腿套，上面罩一件很宽很长的浅褐色上衣，戴一顶可折叠的鸭舌帽。他过来郑重其事地给我做检查。由于他是个称职的好医生，当他宣布说我是患了疥疮时，大家都得相信。可是这个病这时已经过了气，我只在过于疲倦时才发烧。他叮嘱我父母对外保密，别说我们患的是疥疮，以免在家里引起恐慌和沮丧。他当仆人们的面宣布，我患的是小皮疹，只在两个孩子之间传染了，并无大害，而且经过及时诊治与悉心照料，很快痊愈了，甚至连什么病症都不知道。

对我来说，在这间清凉雅致、通风良好的卧室，在祖母的床铺上休息两个钟头，再也听不到西班牙蚊蝇讨厌的嗡嗡声，觉得是这样舒适，就起来和伊波利特在花园里奔跑游戏。我记得他牢牢地牵着我的手，以为每走一步我都会摔倒。他把我当小女孩看待，我稍稍觉得有些屈辱，不久就向他显示我是个很刚毅的男孩子。这让他觉得高兴，就教我玩了好些很有趣味的游戏，其中有一个就是他称为堆屎团的堆沙游戏。我们取了细沙或者细土，用水濡湿，和熟揉紧，在大块石板上堆塑成糕饼的形状。接下来他偷偷地把这些糕饼放到炉子里。仆人们来取烤熟的面包大饼的时候，总是一边骂着，一边把我们这些烤得正好的怪异东西往外扔。由于他已经是个很爱搞恶作剧的孩子，仆人们的气恼让他很是得意。

其实我的心思从不曾诡黠，因为我天生就是个大大咧咧的女孩。我从小就被父亲娇惯坏了，养成了蛮不讲理、任性而为的性格，事先从不思考，也从无任何藏掖。伊波利特很快看出我的弱点，为了惩罚我的任性和生气，他开始狠心戏弄我。他偷走我的布娃娃，把它们埋在花园里，又在上面插一个小十字架。然后，又把它们从泥土里刨出来，头朝下吊在树枝上，用种种酷刑折磨它们。我单纯得信以为真，为这些布娃娃大流真泪。因此，我承认，我常常恨死了伊波利特。但是我没法记恨，他每次来找我玩，我都不知道怎么拒绝。

诺昂这个大花园和清新的空气让我很快康复。我母亲总是让我大服硫磺，而我也服从这种疗法，因为母亲有一种让我完全信服的影响力。然而我却是十分厌恶硫磺的，每次我都叫母亲闭合我的眼睛，捏紧我的鼻子，才把硫磺吞服下去。接下来为了摆脱硫磺的味道，我寻找最酸的食物，而我母亲一脑子的本能医学或者偏见，总认为孩童能够预知适合他们食用的东西。看到我总是啃一些没成熟的果子，她就拿些柠檬供我取食，而我是如此贪婪，竟把柠檬皮和柠檬籽都吞了下去，就像吃草莓一样。我把肚子填饱，不再感觉饥饿以后，有五六天时间光吃柠檬为生。我祖母见我的饮食如此奇怪，深感骇异，这回代夏特尔仔细诊视之后，发现我的情况越来越好，便认为自然让我有效地预选了能够救我性命的食物。

有一件事是肯定的，就是我很快得到痊愈，而且没有再患别的疾病。我不知道疥疮是否确如我们的士兵所说，是一种健康的保障，但我一辈子下来，能够照料一些患了著名传染病的人，尤其是一些谁也不敢接近的可怜的疥疮病人，但我再也没有发过一个丘疹，这倒也是确实的事情。我觉得自己甚至能够照顾鼠疫病人。我认为有时坏事也有好处，至少在精神上如此，因为我从未有过看到身体伤残而无法克服内心厌恶的事情。虽然厌恶很强烈，而且看到那些伤口和让人恶心的外科手术我常常几乎晕厥，但我总是想到自己患过的疥疮，想到祖母给我的第一个亲吻，因此，意志与诚意尽管是人为的，也能够控制感觉。

但是我虽然日见康复，我可怜的弟弟路易却迅速衰弱。疥疮虽然消失了，高烧却仍在折磨他。他的脸色苍白，黯淡的眼睛有一种难以言表的表情。看到他如此痛苦，我开始对他生出爱怜之情。直到那时我都没怎么注意他。但是当他躺在母亲膝头上，是那样痛苦，那样虚弱，母亲都几乎不敢碰他的时候，我变得和母亲一样忧愁，依稀明白了什么叫作担忧。通常，孩童们是最难感受这种事情的。我母亲为儿子的衰弱而伤心，担心自己的乳汁对儿子无益，便努力让自己康复，以便给孩子提供健康的乳汁。白天她都在室外度过，把坐垫和迭好的披肩摆在身边的阴影里，让儿子睡在上面。代夏特尔劝她多活动，以增进食欲，多吃富有营养的食物，提高乳汁质量。于是她在诺昂的大花园一角，就在一株大梨树脚下，开始营造一个小花园。今日那株梨树还在。

那株梨树有个如此奇特的故事，几乎像一部传奇小说，我也只是在很久以后才得知这个故事的。

九月八日，一个星期五，可怜的小盲人在母亲膝头上呻吟长久之后，身体冷了下来，无论什么都没法让他恢复体温。他不再动了。代夏特尔来了，把他从我母亲怀里接过去。他死了。忧郁而短暂的一生。谢天谢地，好在他还意识不到这点。

次日把他下葬。母亲背着我偷偷流泪。伊波利特负责带我在花园玩了一天。我几乎不知道家里发生的事情，只是隐隐约约地悟出和猜疑出家里发生了什么事情。似乎我父亲非常悲伤，这个孩子虽然残疾，却和别的孩子一样是他珍爱的宝贝。晚上，半夜过后，我的父母回到他们的卧室，忍不住抱头痛哭。两人间发生了怪异的一幕。过了二十年，我母亲才将这一幕详详细细说给我听。发生这一幕时我在场，但是睡着了。

我父亲也许是被祖母的看法打动了，在悲痛之中对我母亲说："可怜的索菲，这趟西班牙之行真是我们的一场灾难。你当时写信给我，说要来探亲。我恳求你千万别来。你不听，以为我这么说表明我出轨了，或者对你冷漠了。其实我是预感到有什么灾祸发生。你有孕在身，大着肚子，冒着千般危险，忍饥挨饿，痛苦难熬，还要时时刻刻担惊受怕，穿过西班牙，还有比这更不理智，更为冒失的吗？这一切你都经受住了，这是个奇迹；奥洛尔活下来了，这也是个奇迹！我们的可怜儿子要是生在巴黎，也许就不会失明了。马德里的接生医生以胎儿的胎位给我做了解释，他说孩子在母腹双手握拳，放在眼部，你在马车上长久坐着，对他产生压迫，闺女又常常坐在你膝头上，这样就妨碍了他的视觉器官发育。”

“现在你责怪我，可是事情已经发生了。”我母亲说，“我都绝望了。至于那个外科医生，那是个说谎的家伙，一个恶棍。我亲眼看见他按压孩子的眼睛。我相信我那会儿不是做梦。”

他们谈论了很久自己的不幸，我母亲情绪来了，辗转难眠，渐渐地哭泣起来。她不愿相信儿子是死于衰弱与疲倦，声称头天儿子还充满治愈的希望，是受了惊吓，发生痉挛。“现在，”我母亲抽泣着说，“他已经入土了，可怜的孩子！把钟爱的孩子，几分钟之前还在悉心照料，还在亲抚的孩子的躯体就这样埋进泥土，永远分离，这是多么残酷的事情！人家把他从你怀里夺走，把他放进棺材，把棺材钉死，放进洞穴，盖上泥土，好像怕他出来。啊，这是多么可怕呀！我不该让他们这样夺走我的孩子。我应该守护他，让人给他涂抹香膏！”

“当我想到被埋的人常常没死的时候，心里可不是滋味！”我父亲说，“唉！这种安葬尸体的方式确实是最野蛮的。”

“野蛮人！”我母亲说，“他们还没有我们野蛮。你不是给我讲述，野蛮人让死者躺在柳条编扎的板子上，用绳子吊在树枝上，把尸体风干？我更愿意看到死去的孩子吊在花园哪棵树上，而不愿去想他在泥土里腐烂！再者，”她被我父亲冒出的想法打动了，又补上一句，“他要是没死，的确！要是我们把抽搐当成了落气！要是代夏特尔弄错了呢？因为，他是从我怀里把他抱走的，他不让我揉搓孩子，温暖孩子的身体，说我加快孩子的死亡。他那么粗暴，你的代夏特尔！可他没准是个不晓事的人，分不清什么是嗜睡症，什么是死亡。喏，我是这样痛苦，简直要疯了。只要能再见到我的死儿子或活儿子，叫我干什么都行。”

我父亲起初反对这个想法，但是慢慢地也接受了它，他看看怀表，说：“没时间可耽误了。我得去找找这孩子。别弄出声响，吵醒别人。我保证一个钟头后把孩子给你带回来。”

他起床，穿衣，轻轻开门，去取了一把铁锹，跑到毗邻我们房子，与花园一墙之隔的墓地，走到新近挖填的地段，开始挖掘。天色阴暗，我父亲没带灯笼，视物模糊，看不清所发掘的棺材大小，及至将其全部取出，才吃惊地发现棺材太长了，不是收殓他儿子的那一具。这是我们村早几天去世的一个人的棺木。得在旁边挖掘。果然，他在那里找到了小棺材。可是在掏取棺材的时候，他的脚使劲撑在那可怜农民的棺材上，那棺材失去平衡，一头扎进旁边的深坑，尾部翘起来，打在我父亲肩膀上，把他推下坑。他后来告诉我母亲，说他被那死人推下坑，倒在儿子的遗体上，一时间感到无以言表的恐惧和不安。大家都知道他是个很勇敢的人，而且没有任何迷信。然而他却产生了恐惧情绪，额头上冒出冷汗。过了一周，他就在这块墓地，在为取出儿子遗体而搬动的农民旁边，占据了一席之地。

他很快恢复冷静，收拾好一片狼藉的场面，使任何人都没看出曾经有过的动静。

他把小棺材给我母亲带回来，并且迫不及待地启开。可怜的孩子确实死了，但我母亲乐意亲手给孩子最后一次洗洗身子。头一次大家见她太虚弱，阻止她给孩子洗抹。现在，她来了精神，又被眼泪激发了一些活力，就双手打着香膏，涂抹孩子的小尸体。她用自己最美的布单包裹他，把他放进摇篮，让自己生出痛苦的幻觉：她看着仍在酣睡的孩子。

第二天，她就这样把孩子藏在卧室里，亲自守护了一个白昼。但是夜里，所有虚构的希望都消失了，我父亲便在一张纸上用心写上孩子的名字，生卒日期，用两块玻璃夹起来，并团团转转用火蜡封口。

做这件奇特的事情时他表面冷静，其实内心极为痛苦。把孩子的姓名牌放进棺材后，我母亲用玫瑰花瓣盖住孩子。棺材被重新钉上，搬到我母亲亲自垦出的那个角落，葬在老梨树脚下。

从次日起，我母亲又开始热情地打理花园，父亲也帮她出力。大家见到他们在悲伤之中却从事这种幼稚的消遣，都觉得奇怪。只有他们才清楚自己热爱这隅土地的秘密。我记得在那离奇事故之后父亲去世之前不多的几天里，我见到我父母在花园辛勤劳作的情形。他们在花园里种植了瑰丽的王后雏菊。花期差不多有一个月。在梨树脚下，他们垒起一个土丘，铺上草皮，还辟了条盘旋小径，方便我爬上去坐坐。的确，我多少次爬上去，多少次在那里玩耍，在那里劳作，却没觉察到这是座坟墓！土丘周围有些幽美的曲径，旁边铺着草皮，筑着花圃，摆了长凳；这是个儿童花园，但设施完备，而且是好像施了魔法一样建起来的。我父母亲，伊波利特和我不停地在里面劳作了五六天。这五六天，是我父亲生命中最后的五六天，或许也是他领略过的最安宁的五六天，也是悲伤愁苦中最甘甜的五六天。我记得他不断把泥土和草皮运来，而且在去寻找泥土草皮时，他把我和伊波利特放在独轮小车上，乐滋滋地望着我们，有时装着要把我们倒下车，看我们依当时的情绪或是惊叫或者欢笑。

过了十五年，我丈夫让人把我们花园的整个格局做了改变，我母亲的小花园早就消失了。在我住修道院期间她放弃了打理小花园，在里面种了些无花果树。那株梨树长粗了。问题是得把它移走，因为它侵入一条小路，而小路无法改线。我为它争取了赦免。工人们挖掘小路，在孩子的坟墓上方设置了一个花坛。小路完工后，甚至是完工很久后，有一天园丁神秘兮兮地对我和我丈夫说，我们尊重这株梨树做对了。他很想说话，不等我们央求就把他发现的秘密告诉了我们。几年前，在种植无花果树时，他的锹碰到一具小棺材，起出来打开一看，是一个小孩的骨骸。他先以为是有人杀了婴儿藏尸于此，后来找到由两块玻璃夹着的尚未腐烂的姓名牌，读到可怜的小路易的名字，还有相距那样近的出生与死亡日期。他是个虔诚的教徒，迷信，不明白家人出于什么样的心血来潮，把这具他曾亲眼看到葬入墓地的遗体从那里移出来。不过他最终还是守住了秘密，只把事情告诉了我祖母。现在他把秘密告诉我们，是让我们想想该干点什么事情。我们认为没什么可干。要是让人把这些骨骸送回公墓，那就会公开一件大家无法理解的事情。而在王政复辟时期，教士们很有可能利用这件事来攻击我的家庭。我母亲当时还健在，应该尊重并保守她的秘密。我母亲给我讲述了接下来的事情，很满意孩子的遗骨未受惊扰。

因此孩子仍然躺在梨树脚下，而梨树也仍在原地。甚至它还长得很美，一到春天，在那座未为人所知的坟墓上方，就张开一树淡粉红色的花朵。今日来说这事，我看不到有丝毫不便。春天的繁花荫蔽着孩子的尸骨，没有坟地上的柏树那么重的阴气。花草是孩子的真正陵墓。至于我，历来厌恶纪念性的建筑物和碑铭。这种秉性得自我祖母的遗传，她也绝不愿意给她亲爱的儿子建陵堂勒碑铭，她很理性地说深悲剧痛是没法表达的，花草树木是唯一不刺激思想的装饰。

剩下来我要讲述的是一些很悲伤的事情，尽管它们给我的打击并未超出一个孩子极为有限的承受痛苦的能力，但我总是在怀念家人、回忆往事时看到那些事情，它们是那样新近，历历如在目前。我一辈子都觉得深受那些事情影响。

当纪念死者的小花园初见雏形以后，父亲便敦请祖母叫人把大花园的围墙拆了。一俟祖母同意，他便领着工人们干了起来。这是他去世前两天的事情。至今我眼前仍浮现出他手持铁镐，站在尘土之中，指挥工人撬翻那几堵古老园墙的情形。那些园墙轰然一声巨响，几乎不推自倒。响声吓我一跳。

不过工人们结束工程时他已经不在了。九月七日星期五，他骑上他那匹烈马去探望我们在拉夏特尔的朋友，在那里吃了晚饭，并且打发傍晚的时间。有人注意到他有些勉强，不像平日那样愉快，有时还显出忧郁之色，一副有心事的样子。新近儿子的夭亡一直郁结在他心里。他为人善良，尽可能不把悲伤传染给朋友。这是他在督政府时期一同演出《强盗头子罗贝尔》的朋友。他是在杜维纳夫妇家吃的晚饭。

我母亲总是有些吃醋，尤其是在染上这种毛病以后，对她不认识的人吃醋。看到丈夫不像原来答应的那样早早回家，她有些怨言，便幼稚地向我祖母表达她的担忧。其实她已经向我祖母忏悔过这个弱点，而我祖母也已经劝她理性做人。可是我祖母并不了解情到痴时是怎么回事，在她看来，我母亲的猜疑是很不理智的。按说我祖母应该同情我母亲，毕竟她对儿子的母爱里也带有几丝嫉妒，可是她对蛮不讲理的媳妇用的是那么严肃的语言，以至于媳妇常常害怕听到她的声音。有时我祖母还责骂她，虽然语气温和，用词有分寸，可是在一定程度上显得冷漠，这就使我母亲觉得受了屈辱，从而加重，而不是治愈猜疑的毛病。

那天晚上，我祖母成功地把我母亲彻底压服了，她对我母亲说，要是她像这样纠缠莫里斯，莫里斯会对她厌恶的，到那时他在家里感觉不到幸福，就可能去外面寻找。我母亲哭了，在反驳了几次之后，还是服了，答应不吵不闹，上床睡觉，不去路上等她丈夫，免得着凉患病，因为她近来又是劳累，又是悲痛，身子很虚。 她还有很多奶水；在精神痛苦、身体患病的时候，她有可能经受一些事故，突然一下就把年轻的外表和美丽的容颜毁掉。最后这点考虑对我母亲的影响，比我祖母劝说她的所有道理都充分。她对这种理由妥协。她要保持美貌以取悦丈夫。她上床躺下，并且像个理智人一样睡着了。可怜的女人，等着惊醒她的会是什么样的噩耗啊！

将近午夜，我祖母开始感到不安，不过她什么都没对代夏特尔说。那时她延长了与代夏特尔玩的皮克牌局，想拥抱儿子之后再上床睡觉。终于午夜的钟点敲响了，她回到自己的卧室，似乎听到屋子里有一种罕见的活动。有人在小心翼翼地行动。代夏特尔听到圣-让的召唤，尽可能不出声响地走出屋子；但是有几张门打开了，有个女仆见到代夏特尔被呼唤，却不知发生了什么事，但从圣-让的脸色上预感到出了大事。她脸上的困惑，再加上已有的不安，这一切都加速推出我祖母的担心。夜色深沉。天在下雨。我已经说过，我祖母尽管体质强健，但也许由于腿脚天生乏力，也许早期教育极为娇惯，从来就不善行走。她在花园里慢走一圈，也会累倒一整天。她一辈子只走过一次路，就是出狱时去帕西给儿子一个惊喜。她第二次走路就是1808年9月17日，到离家八九里远的拉夏特尔入口接回儿子的尸体。她独自一人动身了，穿着黑刺李色的小鞋子，没系披巾，就是当时的衣着打扮。 由于是出事一小段时间之后她才从家里的不安之中察觉情况有异的，所以代夏特尔比她先到一会儿。他已经在我可怜的父亲身边，已经确认我父亲死了。

不幸的事故是这样发生的：

出城过了标志城市入口的大桥，走出百步，大路形成一个三角。在这个地段，在第十三株杨树脚下，有人那天留下了一大堆石头瓦砾。我父亲过桥后策马一路小跑。他骑的是那匹要命的“安达卢西亚之豹”，韦伯也骑马跟在后面，离我父亲有十步远。在大路弯道口，我父亲的坐骑黑暗中碰到那堆石头。它没摔倒，但受了惊吓，大概又受了马刺的刺激，就猛然一下直立起来，那个动作是那样剧烈，以至于背上的骑手控制不住，被抛出去，摔到后面十来步远的地方。韦伯只听到这句话：“快来，韦伯！……我要死了！”他发现主人仰面躺在地上，表面见不到一处伤口，但是脊柱断了，已经断气了！

我认为当时有人把他移到附近的客栈。韦伯当时感到无以言表的恐惧，在他快马加鞭赶回来找代夏特尔的时候，从拉夏特尔城也迅速赶来救援的人。可是都晚了。我父亲连忍受痛苦的时间都没有。他只来得及意识到，在自己的军队生涯终于云开日出，前途似锦，再无阻障之际，在经过八年斗争，他母亲、妻子、儿女终于互相接纳，团聚在同一个屋顶下面，他内心可怕又痛苦的情感战争就将中止，他将感到幸福之际，他却被不宣而至且不容商量的死神抓住了。

在那个夺命的地点，我可怜的祖母绝望奔走的终点，她好像窒息了一样扑倒在她儿子的身体上。圣-让匆匆忙忙把马套上四轮马车，这时也赶来，让代夏特尔和我祖母上车，也把我父亲的遗体搬上去，因为我祖母不愿与儿子的遗体分开。那个绝望之夜的事情是后来代夏特尔讲给我听的。我祖母是绝对说不出来的。他告诉我，人心能够承受的痛苦，他那夜在回家的路上都承受了。在那段路上，可怜的母亲伏在儿子尸体上，只发出一种类似于临终咽气的嘶哑的喘息声。

直到我母亲知悉这个噩耗之前发生的事情我都不清楚。那是早晨六点，我已经起床了。我母亲在穿衣：她着一条白裙子，和一件白色的短上衣，然后她梳头。当代夏特尔没敲门就走进来的时候，我还望着母亲。看见代夏特尔的脸是那样苍白，那样惊慌，我母亲一下就明白了。“莫里斯！”她叫起来，“莫里斯在哪儿？”代夏特尔没有哭，只是咬紧牙关，话不成声，语不成句地说：“他堕马……不，您别去，留在家里……想想您的闺女……是的，很严重，十分严重……”最后，他做了努力，好像是横下个狠心似的，其实这完全与思考无关，用一种我一辈子也不会忘记的声调说：“他死了！”接下来，他好像抽搐似的笑了笑，坐下，号啕大哭起来。

今日我还知道当时我们所在的房间在什么位置。就是我现在所住，并在其中写作叙述这个可悲故事作品的房间。我母亲倒在床后一把椅子上。我看见她脸色灰白，浓密的黑头发散乱地披在胸脯上，双臂裸露在外。我连连吻着她的臂膀，听见她撕心裂肺的叫喊。她听不到我的声音，感觉不到我的亲抚。代夏特尔对她说：“您看看这孩子吧。您要为她活下去。”

我不再知道发生了什么。大概是很快被哭叫累坏了：儿童没有经受痛苦的力量。过度的痛苦和恐惧弄得我筋疲力尽，夺走了我感知周围发生的所有事情的能力。现在我能记起来的仅仅是几天以后，人们给我穿丧服时的事情。那身黑衣黑裤给我留下了十分强烈的印象。我为要穿这样的衣服而哭泣，然而我还是穿了西班牙人的黑袍子，戴上西班牙人的黑面纱。我大概从未穿过黑袜子，因为这黑袜子曾令我生出巨大的恐惧。我硬说人家给我装上了死人的腿，非要我母亲亮给我看她也穿了黑袜才罢休。那天我看见祖母、代夏特尔、伊波利特和所有仆人都是一身黑服。大人们不得不给我解释，说这都是因为我父亲死了的缘故。于是我问母亲：“这么说爸爸今天还是死的吗？”这句话让母亲十分难受。

然而我还是明白了什么是死亡，不过表面上我不认为死亡是永恒的。我对永远别离还没有概念，慢慢地又随着我那个年龄的无忧而玩起游戏，恢复快乐。看到母亲暗地里垂泪，我也不时地停止玩耍，对她说些稚气话，让她更加肝肠寸断。“爸爸什么时候结束死亡，回来看你呀？”可怜的女人不愿让我完全醒悟，只说我们要这样等很久。她也不许仆人们给我解释什么。她极为尊重孩子的童言童心，而人们在更全面更深奥的教育里，却过于忽略了这一点。

这期间整栋屋子沉浸在悲伤沉痛之中，村子里也是一片哀愁，因为只要是认识我父亲的人，没有一个不喜爱他的。他的去世在整个地区传布了一股真正的哀伤。甚至与他只有一面之缘的人也对这场灾难表示哀悼。伊波利特被一个场面深深震撼了。人们对我是小心瞒着，对他没有这么紧。他已经9岁，尚不清楚我的父亲也是他的父亲。他很是哀伤，但其中半是死亡景象半是某种恐惧。他只在夜里哭泣叫喊。仆人们把迷信与对我父亲的悼念混做一团，声称看见我父亲死后在屋里走动。圣-让的老妻发誓说看见他半夜三更穿过走廊，走下楼梯。“他穿着大军装，”她说，“慢慢行走，似乎没有看见任何人。”他从她身边走过，没有望她，也没跟她说话。另一个女人则看见他在我母亲那个套间的前厅。那是间很大的厅堂，没有装饰，只有一张桌子几把椅子，是用作台球房的。晚上走过这房间时，一个女仆看见他坐着，双手捧头，双肘撑在桌子上。肯定是某个家贼，趁着家人的恐惧，或者企图利用家人的恐惧，来窃取财物，因为连着好几夜都有一个白色的鬼魂在院子里游荡。伊波利特看见他，被吓出病来了。代夏特尔也看到他，威胁要一枪崩了他：他就不再来了。

好在我被相当精心地看护，也就没听到这些蠢话，而且死亡也未以迷信景象赋予的可怖面目出现在我眼前。我祖母把我与伊波利特分开了几天：他失去了头脑，何况他对我来说也成了个有点过于专横的伙伴。但是祖母看到我太孤单，看到我在她眼前安安静静，一副消极满足、耽如悠思遐想的样子，很快就担心起来。其实她没弄明白，这是我身体的需要。好像我一连几个钟头坐在我母亲或者她脚边的一个高凳上，垂着双臂，一声不吭，双眼专注，嘴巴微张，有时像个白痴。

“我看见她总是这样。”我母亲说，“她的性格就是这样；这不是发痴；请放心，她是在想什么事情。从前她想事儿的时候，总是大声说出来。眼下她虽然什么也不再说了，但正如她可怜父亲说的，她可没少思啊想的。”

“这是可能的，”我祖母回答说，“但想事太多，对孩子们并不好。她可怜的父亲小时候，我也见到他是这么思啊想的来着，可是过后他就得了一场病，萎萎靡靡的，打不起精神。得让这小家伙分分神，不管她愿不愿意，得让她振作起来。我们要是不当心，光顾着自己哀伤，会把她毁掉的。虽说她不懂什么是哀伤，但是能感觉到的。我的媳妇，你自己也得散散心，哪怕是肉体方面劳作劳作也好。你的体质强壮，应该做做体操。花园的活儿也可再捡起来。孩子也可随你爱上园艺。”

我母亲听从了我祖母的意见，可大概一开始也不是马上照做的。由于哭得太多，她从此得了可怕的头痛病，二十多年都不见好，几乎每个星期都被迫在床上躺二十四个钟头。

我想起了一件事情，决意告诉读者，因为有人把它当作指责我母亲的一个口实。时至今日，在好些人头脑里，仍然记着这件事。我在此把它讲述出来，为的是免于遗忘。我父亲去世那天，似乎我母亲写了这样一句话：从前我嫉妒呀！而今我不会再嫉妒啦！这句话是在她万分悲痛的时刻写的，只是对过去沉迷于一些臆想的痛苦表示一种苦涩的遗憾，以及与给她带来如此可怕痊愈的真切痛苦所做的一个对比。这句话或是被代夏特尔，因为他与我母亲总是无法真诚和好，或是被某个居心不良的仆人歪曲并传出去的。我母亲原本是带着一种怪异的满足语气这样说的：我终于不会再嫉妒了！在那么绝望的一天，在那种语境说的话，竟会被一些才智之士做出错误的理解，这事情真是荒谬到我无法理解。不过不久之前（1847年），我父亲的老朋友德·维特洛尔先生，昔日正统派最"有人性"的人对我一个朋友讲述这件事，就是从错误意义上理解的这句话。我要请德·维特洛尔先生原谅，但他还是被人可耻地欺骗了。人类的良知会奋起反对这样的解读。我曾见到我母亲的绝望。那种情形是不会被遗忘的。

说完这段离题话，我还是回到自己的话题上来。我祖母总是担心我太孤独，就给我找了个同龄的伙伴。祖母的贴身女仆朱莉小姐建议把她侄女找来。那女孩只比我大半岁。没过几天，小乌絮尔就被穿上丧服，领到诺昂来了。时至今日，我们的友谊持续了四十年，也算得上一段佳话了，尽管它总是经受着年龄的考验。

以后我会经常说到这个善良的乌絮尔。现在就从她对我的意义开始说吧。在经历了家庭的不幸之后，无论在精神上还是肉体上，乌絮尔都是我的救星。好心的天主愿意给我这个恩赐，即找来给我做玩伴的穷孩子并非灵魂低贱之人。富孩子（相比乌絮尔，我简直是个小公主）本能地滥用其地位的优势，要是穷伙伴听之任之，小暴君就会令人对他挥起皮鞭，一如在领主与奴隶之间经常见到的那样。我小时候很受溺爱。我姐姐比我大5岁，带着理性让小姑娘对妹妹通常生出的那种善意，事事都让着我。只有克洛蒂德对我不放让。这样几个月下来，我就没有机会变得易于与同类相处了。我总是独自与母亲在一起，不过她并不娇惯我，因为她嘴巴不饶人，也喜欢动手打人，并且践行这句格言：爱得深害得狠。不过在那些服丧的日子，她肯定没有力气来支持一场时时刻刻制止一个孩子的任性胡闹的斗争。她和我祖母都需要爱我、娇宠我，以此来安慰自己，减轻痛苦。我自然滥用了她们的喜爱。再说西班牙之行，疾病和我亲身经历的苦难，在我身上留下了一种经久不退的神经刺激。因此我极易动怒，失去常态。我冒出过成百上千的怪念头，不是作那种神秘的冥思遐想，就是想些做不到的事情。我希望有人把花园里的飞鸟捉来给我，要是有人嘲笑我，我就气得发狂，在地上打滚。我希望韦伯把我放在他的马背上。那匹马不是“安达卢西亚之豹”，“安达卢西亚之豹”在出事不久就被卖了。但是家人不愿意让我靠近任何马匹。最后我那些遭到反对的意欲成了我的精神折磨。我祖母说，这样频密的怪念头是一种想象力的证明，她希望排遣这种病态的想象力：可这并非易事，且短期内不可完成。

乌絮尔来到家里，马上就得到我的好感，但是最初的喜悦过后，我不自觉地感到，这是个很聪明很勇敢的孩子，于是我的支配欲又上来了，我强迫她服从我的所有意志。游戏中途，必须把她喜欢的换成我更喜欢的，但是等她更喜欢这个游戏，我马上又厌倦了。要不她就得保持安静，什么也不说，和我一起想入非非。如果我能坚持而她感到头疼的话，这是常有的事，我就会要求她陪我做下去。总之我是个可以想象到的最阴郁、最乖戾、最易怒的女孩。

谢天谢地，乌絮尔并不任由别人支配。她生性活泼，积极主动，而且是那么饶舌，以至于有人给她取了个绰号，叫作“叽喳嘴”。这个绰号她保持了很久。她总是那么机灵，小嘴巴很甜，常常让我祖母转悲为喜，破涕为笑。大家一开始还担心她任由别人欺负，其实她天生一副犟脾气，根本不需要人家教她怎么做。她与我针锋相对，我要是对她动手打她抓她，她必然回以脚踢牙咬。有一天我和她闹翻了，打了一场恶仗，她对我一直耿耿于怀。看来我们都有积怨要倾空，如果彼此都不愿让步，那就不如拼出全力打一架。战斗相当激烈，双方各有胜负。我不知道两人中谁最强，但是架没打完晚餐送上桌了，我们得一起出庭，而且我们都怕挨骂。我们当时是在我母亲的卧室，房间里就我们两人，于是我们赶紧洗脸，抹掉几丝血迹，并且互相帮着整理头发，在共同的危险中我们甚至互表殷勤。最后，我们一起下楼，并且互问是否再上楼来继续打。既然积怨被一笔勾销，乌絮尔便提议我们握手言和，相互拥抱。我们由衷地这样做了，就像两个老战士在一场决斗之后重归于好。我不知道这是否我们间的最后一仗，但是不论是战是和，我们从此都平等相处，并且彼此相爱到须臾不能分离的地步。乌絮尔与我们同桌吃饭，以后也一直如此。她也睡在我们房间，经常与我同睡在大床上。我母亲很喜欢她。每当她偏头风

乔治·桑的诺昂故居

发作的时候，乌絮尔就伸出清凉的小手，轻轻地、久久地捂着她的额头，帮她减轻痛苦。对乌絮尔给我母亲的这份帮助我有些嫉妒，但或许是玩游戏使一身兴奋，或许是娇弱体质遗留的毛病，我一双手总是滚烫滚烫的，要是我也去帮母亲，只会使偏头风加重。

我们在诺昂住了两三年。我祖母尚未想到返回巴黎，我母亲也未能下决心做人家希望她做的事情。我祖母希望把我的教育全部交给她负责，并且从此将我一直带在身边。我母亲则丢不下卡罗莉娜。不错，她现在是寄养在外，但很快就需要母亲以一种持续不断的方式来照顾。再说我母亲也下不了决心让我们姊妹分离。我的勃蒙舅公便来诺昂住了一个夏季，帮她做出决定。他认为事关我祖母与我的幸福，必须这样做，因为通盘考虑，即使我祖母能尽量如我母亲指望的那样长寿，我母亲能得到的也只是两千五百法郎的年金，靠这点钱是没法给两个孩子提供完好教育的。我祖母对我的眷爱与日俱增，倒不是因为我的小性格，那会儿也就勉强温顺而已，而是因为我与父亲惊人的相像。我的声音、面部轮廓、举止神态、情趣爱好，总之，我的一切都让她想起她儿子幼时的模样，以至于她有几次望着我玩耍，竟生出某种幻觉，以为儿子又回来了，以至于她常常叫我莫里斯，在说到我的时候总是称我儿子。

她很重视我的智力发育，我不知为什么，她有一个很远大的想法。她对我说的话，教我的课程我都理解，但她说得那么浅显，那么明白，以至于我的理解都算不上什么奇迹。但是我也显露了音乐方面的禀赋，虽然从未得到足够的培养，但我祖母为此感到高兴，因为这让她想到我父亲的童年，而且她给我上音乐课，也就重新开始了作为母亲的青春。

我经常听到我母亲在我面前提出这个问题：“孩子在这里，会比跟着我更幸福吗？我确实不知道，我也没法请人长期教她音乐。要是她祖母不常见到她，感情淡薄了，她父亲的遗产说不定会减少。可是，金钱与才华就能使人幸福吗？”我当时已经理解了这种推理，当我母亲与勃蒙舅公谈起我的前途时，他很激烈地劝她让步。我一副心不在焉的样子，其实在竖着耳朵听他们的对话。在知道金钱能够做什么之前，在受到一份财产威胁，对那份财产生出某种泛泛的恐惧之前，我很看不起金钱，其原因就在于此。那份财产其实也不多，其净值有一天大约折合为一万二千法郎年金。

但是比较而言也不算少了，只是这样一来，想到要和母亲分离，我就十分痛苦。于是一有机会与母亲单独相处，我就使劲亲她粘她，央求她别为了金钱把我交给祖母。虽然我喜爱这个如此温柔，从来只跟我好言好语的好祖母，但是我对她的感情，不能与我开始感到的对母亲的热爱相比。对母亲的感情支配了我的生活，直到有一个时期，处在由不得我的状态下，我夹在两个互相嫉妒的母亲之间左右为难，就像当年夹在父母亲之间那样，这种状况才有所改变。

是啊，我应该承认，一个时段到来了，在这个时段里，我置身于一个不正常的状况，夹在两种爱中间，尽管就性质来说，这两种爱不是斗争性的，但我却轮流成为这两个女人，以及我自己太少得到她们尊重的敏感的牺牲品。我在下面要如实地，以事情本身的顺序来讲述，并且我要努力从开始说起。直到4岁这个年纪，也就是说，直到西班牙之行，我都是本能地并不自觉地亲爱母亲。正如我前面说过的，我对任何亲情都没有意识，我像所有幼儿，像所有原始人一样，在幻想中生活。等到我那个盲目弟弟出生，看到我母亲为他而痛苦，我的情感生命才醒来。父亲的死亡给母亲带来的绝望让我更向感情生活方面发展，而当分离的概念在我的黄金年代中段突然冒将出来时，我开始觉得自己被这份亲情控制了。

我说我的黄金年代，是因为在那个时期，这是乌絮尔最喜欢的词语。我不知道她是从哪里听人说的，但是当她与我一起思考事情的时候，她三番五次对我使用这个词语；因为她已经与我同苦共忧，并且主要由于性格而不是由于比我大五六个月，她比我更理解现实世界。看到我一想到要与好母亲分离，留下来与祖母一起生活就哭泣，她就对我说：“可是有这样一座大宅子住，这样一个大花园散步，还有马车坐，有裙子袍子穿，每天还有好东西吃，不是蛮好吗？这就是富足生活。你不该哭，因为你，还有你的好母亲，永远都在黄金年代，永远都富裕。我每次去拉夏特尔看妈妈，她都说我在诺昂变得不好相处了，我摆贵妇人的架子了。我对她说：我处在我的黄金年代，而在黄金年代我有贵人气派。”

乌絮尔的推导并不能让我释怀。有一天她的小姑朱莉小姐，我祖母的贴身女仆想叫我高兴，就用她的观点来开导我，她问我：“你是想住回你那个小阁楼？再吃那菜豆饭？”这番话激怒了我，因为在我看来，小阁楼和菜豆饭是幸福和尊荣的标准。不过这时谈财富问题对我来说稍早了点。我大概是在七八岁时遇到这个问题的。在讲述我母亲对自己发起并投入有关我的斗争结局之前，我得大致说一说父亲去世后我们在诺昂过的两三年。我无法有条不紊地讲述，只能说个大概，而且与我的记忆一样，稍有些混乱。

首先我得讲一讲我母亲与我祖母这两个身体素质、所受教育与生活习惯都不相同的人是怎样在一起生活的。这确实是两个极端的女人：一个金发白肤，端庄严肃，娴静从容，举手投足都显露出尊荣贵气，一个真正出身高贵的萨克森人，雍容富贵的神态中充满保护人的优裕与善良。另一个褐发深色皮肤，面色苍白，奔放热情，但在上流社会人士面前显得拘谨，不自然，如果内心的雷暴过于强烈，也时刻准备爆发，一副嫉妒、痴情，既气愤又软弱，既恶毒又善良的西班牙女人的天性。两个天性与处境如此对立的女人能够相互接纳，当然并非没有要命的厌恶，在我父亲在世之日，她们俩争夺他的心太狠，以至于不能不相互怀着些许仇恨。我父亲去世后，痛苦使她们彼此靠拢，而她们所做的互爱努力也有了结果。我祖母无法理解强烈的痴情与暴烈的本能，但是对优雅美惠、聪明睿智和心灵的真诚冲动还是有敏锐感觉的。而这些品质我母亲样样不缺，因此我祖母常常带着某种好奇心观察她，寻思我父亲为什么如此爱她。她很快在诺昂发现了这个没教养女人天性中的能力与魅力。我母亲天生就是大艺术家的胚子，可惜缺乏后天的培养。我不清楚她特别适合干什么，但她无论对什么艺术无论干什么职业都有一种神奇的才能。她什么都不会，什么都没学过。我祖母责备她野蛮人一样的拼写，对她说，如果想纠正，只能靠她自己了。于是我母亲开始学习，但她并不是学习语法，因为年岁过了，而是专心学习阅读，不久就能基本无误地写信了，而且文体是那么稚拙，那么漂亮，连我祖母这个行家里手也很欣赏她的书信。我母亲虽然不识音符，但有条悦耳的嗓子，唱起歌来无比轻松，无比清爽。我祖母这个大音乐家，也喜欢听她唱歌。我祖母注意到她唱歌的情趣和自然方法。另外，在诺昂，由于不知道用什么事情来充实漫长的白昼，我母亲便开始绘画，虽然她从未拿过铅笔。她是凭本能作画，一如她做的任何事情。在临摹了几幅版画之后，她就拿着羽毛笔，蘸着水粉颜料画起肖像来。她那些肖像画与真人相像，其稚嫩的风格自有其魅力与雅致。她的刺绣稍嫌粗糙，但是速度是那么惊人，短短几天，就给我祖母绣了一件高级密织薄纱袍子，而且是从上到下满绣，就像当时人们所穿的那样。我们的裙袍帽子都是她做的，这不算稀奇，毕竟她做过很久的制帽工；稀奇的是她无论设计还是实施都飞快，情趣与新颖无与伦比。头天早上着手做的活儿，哪怕夜里不睡觉，第二天也得做成。再小的事情，她做起来都有一股激情，一分专心。在我祖母看来，这就是她的出色之处，因为我祖母本人一如当时的名媛贵妇，思想略微懒散，手工更是拙笨。我们的所有衣服，都是我母亲亲自打肥皂搓洗、熨烫、缝补修改，其手艺的灵巧与能干，不输给最好的专业技工。我从未见到她像富家太太那样，做些无用的或者费钱的东西。她既不做小钱包，也不做小隔热套，不做那些无用或无价值，自制比去店家购买更贵的小玩意。对于一个需要节俭的家庭，她一人顶得上十个女工。再说，她总是准备着手做任何东西。我祖母把针线盒弄破了，我母亲把自己关在房间里干了一天，晚餐时给我祖母带来一只用硬纸板做成的盒子，裁剪、粘贴、裱衬、缝制，各个环节都是她一手完成。大家觉得那是个做工精美、品位高雅的杰作。

其他事情也一概如此。要是羽管键琴失调了，她虽然不懂机械，也不识乐谱，但还是能理好琴弦，重装琴键，调准音律。她什么都敢动手，而且什么都做成了：如果需要，她会做鞋子，做家具，做锁。我祖母常说这是个仙女，我母亲倒也确有几分不凡。任何劳作，任何事情对她来说都不过于诗意，也不过于庸俗，不过于艰难，也不过于乏味；她怕的只是那些毫无用处的东西，常常小声说那都是老伯爵夫人的玩意儿。

因此这是一个聪明能干的女人。她有天生的才智，如果未因腼腆而发懵（在某些人面前她极为拘谨），她是才华照人灵光闪现的。我从未听见别人像她那样善于嘲讽和批评，得罪她是不妥的。当她安逸自在的时候，“巴黎街童”那种辛辣诙谐和优美的语言就冒出来了。世界上任何民族的语言都没法与之相比。在她的话语中，闪现着诗意和言人之未觉、述人之未语的新意。

对自己的睿智，她没有任何虚荣，甚至都不觉得自己聪慧。对自己的美丽她是确信的，但也并不因此而得意，常常质朴地说她从不嫉妒别人的美丽，因为她觉得自己这方面并不比别人差。不过由于父亲的关系，让她内心纠结的是，她以为上流社会的女人比她更聪明，更有教养。这证明她天生是多么谦逊，因为我认识的社会各阶层女人，与她相比，十有八九是真正的白痴。我见到有些女人高傲地鄙视她，还有些女人见她畏畏缩缩、言语谨慎，以为她羞于自己的愚蠢与卑微，可一旦她们试图啄破表皮，火山就会爆发，岩浆喷涌而出，把她们甩得老远。

应该说，有这种个性的人，可能是世界上最难对付的人。我陪着母亲度过了她在世的最后几年，可这绝不意味着我没有经受磨难、感受痛苦。她脾气暴躁到极点，为了让她安静，我得装出被激怒的样子。温顺与耐心会让她加剧发作。沉默会让她发狂。我发现她长期对我不公正，就因为我太尊敬她。我绝不可能对她发火。她生气虽然让我难受，却并不过于伤害我。我把她看作自我折磨的顽劣孩童，然而我却因她认为给我制造了苦头而过于痛苦。但是我稍有些严厉地与她交谈，而她在我幼时是那么温柔的心终于听任我战胜与说服。为做到这一步我费了大力。但现在还不是讲述这事的时候。

然而这个不曾出名的女人，必须得到完整而全面的描绘。如果我不把她心灵的所有力量与所有弱点都说出来，大家就不会明白为什么她总让我祖母（也长期让我）生出一种混杂的情感，既对她同情，又对她厌恶，既信任她，又惧怕她。她一身充满反差，因此很被人喜爱，也很被人仇恨，她自己也因此付出很多爱，又付出很多恨。在很多方面我都像她，只是没有她那么善良，也没有她那么粗鲁。从天性上看我是她很浅的印记，被教育做了很大改变的印记。我不可能有她那些怨恨，也不可能有她那些光彩，但是当我由恶向善的时候，也没有同样的价值，因为我的怨恨从不激烈，我的疏远也从不结仇。从一种极端情绪过渡到另一种极端情绪，刚刚诅咒过，转眼又爱上，才伤别人心，赶紧又安抚，非得有罕见的力量才做得到这样。我上百次见到我母亲把别人骂得狗血淋头，忽然一下又承认自己做得太过分，痛哭流涕地把刚刚被自己无端践踏的人抬到被自己敬仰的地步。

她对自己小气，对别人大方。有些不值钱的东西，她舍不得给，但突然一下怕自己做得不好，又给得太多。当她说冤家对头的坏话时，有些令人钦佩的纯朴。要是皮埃莱想快点借用她的怨言，或者只是因为亲眼所见，说了些与她抱怨相似的话，她会立即改变态度。“不，皮埃莱，”她说，“您这么想就错了。您没见到我在生气吗？我这时说的话都很偏激。过一会我就会后悔的。”

她就经常这样对我。她经常大发雷霆，对我发出可怕的指责，然而我敢说，她那些几乎全是无端指责。皮埃莱或者某个别人想说她是对的：“您说的是假话。”她叫起来，“我女儿很优秀。我认识的人中间，没有比她还好的。您这是枉费心机，我爱她胜过爱您。”

她本来像狐狸一样狡猾，蓦地又变得像孩子一样纯朴。她无意识地以最真诚的信义说假话。她的想象力，她缘于血统的热情总是摆脱她的控制，她想出一些别人难以相信的过错来指责你。然后突然一下她停止指责，说：

“我说的这些都不对。不，没有一句是对的。都是我胡思乱想瞎说的！”

四

我认为我如实地勾勒出了我母亲的性格。正如这个性格对我的影响我并非意识不到，在讲述自己生活时要让我无意识地略去这一点，这我是做不到的。

有人认为我需要时间来评价一个如此独特、如此充满矛盾的性格，尤其是在我走出童年时很少与她同住。在我生命的初期，我对她的全部认识，就是她对我的爱，深厚的爱，还有她后来承认的，她做了激烈的内心斗争，才同意与我分离。但是她的爱与我的爱不是同一个性质。她的爱更强烈，我的爱更温和。过去她由于操心事太多，对我的一些小过失长期不予追究，以致我也不觉自己有错，现在她开始强硬纠正我那些行为了。

对她我从来是极为尊敬。她总说世界上没有一个比我还温顺可爱的人。不过只有她这样认为。我并不比别人更好。但我对她是真正的好。我凡事都顺从她，但我并不是怕她，虽说她有些粗暴。对别人我是个难以忍受的孩子，对她我却是个乖乖女，因为我乐于对她顺从。然而她对我却是雷暴。我最早的生活概念是她给的，而且她给得符合自然在我身上创造的精神需要。不过，由于不专心和遗忘，孩子们经常做了大人禁止他们做和不曾决定做的事情。每逢这种情况，她就骂我打我，好像我是故意不听她的话，喜欢惹她生气讨骂似的。那时我从未想过她有可能不对。我从未对她有过怨恨和酸辣尖刻的表示。当她意识到自己做得太过分时，就把我抱在怀里哭泣，还拼命地亲抚我。她甚至对我说她错了，怕伤了我，而我见她恢复了温柔，是那么高兴，竟为自己招她打骂而请求原谅。

我们这是怎么了？要是我祖母也这样无理性，这样粗暴，哪怕只有我母亲的百分之一，我早就奋起反抗了。虽然我对祖母要惧怕得多，她一句话就可把我吓得面无血色，但她要对我有一丁点儿不公，我都不会原谅，而母亲对我的全部不公，我都视而不见，并且对她更加敬爱。

有一天我、乌絮尔和伊波利特在她房间里玩耍。她在绘画。因为她非常专心，也就没有听见我们弄出了她已习惯的喧闹。我们找到一个令我们的想象力大张的游戏。这就是渡江涉水的游戏。江是用粉笔在这个大房间的方地砖上画出来的，并且曲曲折折转了好多个弯。有些地方水很深。必须找到涉水点，并且不找错地方。伊波利特已经好几次溺水。我们帮他从深水里爬上岸来。他总是落水，因为他演的就是笨人或者醉鬼的角色，于是他在方砖地上游旱泳，一边挣扎一边抱怨。对孩子们来说， 这些游戏就是一台戏，一部戏剧传奇，一部小说，一首诗，一次旅行，他们在一个又一个钟头里模拟表演，梦想，真正为游戏带来的幻觉所浸染，所吸引。至于我，用不了五分钟我就一心沉迷其中，完全忘了现实，以为看到了树、水、山石、广阔的田野，而天空时而晴朗明丽时而乌云密布，行将落雨，增加涉江的危险。当孩子们这样从餐桌走到床铺，从壁炉走到门口，他们会以为是在多么巨大的空间行动！

我们——我和乌絮尔来到我们江边一个草嫩沙细的地方。她首先试了试，然后叫我去，说："您可以在这儿冒点危险，因为水深不过膝盖。"孩子们在这种微型剧里互相以"您"相称。如果像平日生活以"你"相称，他们就不认为是在演戏。他们总是扮演某些表现性格的人物，而且他们很紧地扣住了主题。他们甚至临场发挥，表演了很真实的对话，时机那么恰当，意思那么应景，连专业演员都难以做到。

听到乌絮尔的邀请， 我对她说，既然江水这么浅，我们就可以蹚过去，衣裙都不会打湿。 只要把鞋子脱了，把裙子卷上来就行。"但是，"她说，"要是碰到螯虾，我们的脚会被它们啃掉的。""没关系，"我对她说，"我们不能打湿鞋。还是不要招惹它们吧，因为我们还有很长的路要走。"

我一脱掉鞋，方地砖的冰凉就像真的江水一样让我打了个寒噤。现在我们，我和乌絮尔开始蹚水了。为了让大家更有幻觉，伊波利特想象用罐子取来水，倒在地里，这样便模仿了湍流与瀑布。这个创造发明似乎让我们兴奋到极点。我们笑啊叫啊，终于引起我母亲注意。她望向我们，看见我们三个光腿赤脚在蹚着一摊泥水，因为方地砖已经褪去颜色，我们的江水很不清澈。我母亲顿时生了气，尤其是对已患感冒的我。她一把揪住我的胳膊，用手好好训诫了一顿，然后一边给我穿鞋，一边数落我，并把伊波利特赶出房间，让我和乌絮尔罚站，一人站一个角落。我们的戏就落了这样一个出乎意料的可悲结局，大幕就在真正的眼泪和哭叫声中落下。

唉！这个结局让我受到最为沉重的震动，我将永远记得这个结局！我母亲在我们的幻觉达到顶点时突然袭击我，这种觉醒总是引起我很痛苦的精神震撼。不过那些打骂倒没给我留下强烈印象。我经常挨打，但是很清楚母亲打我并不太疼，就有点像摇晃我，或把我当个小包袱，推两下，扔到床上或者圈椅上。她的手轻柔灵活，不会把我往死里打，我和所有孩子一样，对父母有一种狡黠的信任，知道他们发怒生气都是有分寸的，他们更怕伤着孩子。这一次和前些次一样，我母亲见我伤心绝望，就一个劲地亲抚我哄我。对有些自尊心重的爱记恨的孩子，我母亲的做法也许是错误的，但是对我这个从不曾有过怨恨，还觉得不原谅所爱之人就是惩罚自己的孩子，她这样做是对的。

要回到我父亲去世后我母亲与我祖母的关系上来，我得先说说这两个女人彼此间存在一种什么样的天生厌恶，尽管这种厌恶只被克服一半，或更确切地说，由于激起相当激烈的反应，这种厌恶间或被完全克服。远离对方的时候，两个女人相互仇恨，一旦近距离相处，她们便无法阻止自己取悦对方，因为各人身上都有一种与对方截然不同的强大魅力。

这来自两人身上都有的正直与公正的本质，与她们不容自己不认对方杰出品质的大智慧。我祖母的偏见并不在自身，而是在周围。她对有些人心太软，姑息迁就他们的看法，其实心底是并不赞同的。这样，每次和她那些老朋友在一起，她就抛弃了不在她们面前的我母亲，似乎想为自己在内心接受我母亲，把她当女儿对待做辩解。然后等她再度与儿媳相处的时候，她就忘记自己刚刚说过媳妇的坏话，对媳妇表现出一种信任与一种好感。这种表现，我亲眼见过千百次，绝不是假装出来的；因为我祖母是我认识的人中最真诚最正直的一个。不过，她纵然显得严肃、冷漠，却是个易受感动的人；她也需要被别人爱，别人的丁点儿关注关心她都铭感在心，都心存感激。我多次听见她提到我母亲时说："她性格里有很多优点；她貌美迷人，神态很好，为人大方，连自己的衬衣都可送给穷人。她开明得像个贵妇，单纯得像个孩子。"

不过在一些别的时候，她记起了作为婆婆曾对媳妇有过的嫉妒，虽然引出嫉妒的人不在人世了，但她觉得嫉妒并未泯灭，于是会说："那女人是个魔鬼，是个疯子；我儿子从未爱过她。她控制我儿子，害他不幸福。现在儿子走了，她一点怀念也没有。"还有成百上千的怨言。这些话毫无根据，却可让她释放心中无药可治的苦楚。

我母亲的做法绝对一样。两人关系良好的时候，她说："我婆婆可是个高雅女人，到现在这把年纪，还像个天使一般美丽；她知识渊博，天下事情无所不知；她性格是那么温柔，人是那样有教养，跟她在一起，你就没法生气。要是她跟你说了句不中听的话，你刚要生气，她下一句却让你起念拥抱她。她要是不和她那帮老伯爵夫人打做一堆，那就可敬了。"

可是当我母亲暴躁的心里咆哮起雷暴时，就完全是另一回事了。年老的婆婆成了假正经，成了假仁假义的女人。她心如铁石，冷酷无情，是个死抱前朝观念的老顽固。这时就该我祖母那些用言论与看法挑起家庭纷争的老朋友倒霉了！对我可怜的母亲来说，那些老伯爵夫人，就是《启示录》里的畜生，她带着一种兴致与刻薄给她们从头到脚罩上衣服。她那个劲头，那些挖苦，连我祖母也觉得好笑，尽管她自己也是遭到挖苦的一员。

应该说，代夏特尔是她们完全和好的主要障碍。他绝不会在两人关系上捞好处，但也不会放过丁点激活这种旧痛的机会。这是他的天命。对于珍爱的人，他总是简单粗暴，不注意说话方式。对于仇恨的人，他怎么不是这样呢？他声称对亲爱的莫里斯的思想与心灵有影响，不能原谅我母亲在这方面超过他，于是事事都与她对着来，时时都企图惹她厌烦，过后他又感到懊悔，努力通过一些笨拙可笑的亲切表示来修复自己的粗鲁言行。他有时显得很爱我母亲。可是谁知道真假呢？人心是如此怪异，而一本正经的人又是如此容易被激情点燃！不过要是谁跟代夏特尔说出来，他会把谁吃掉。他有超越一切人类弱点的抱负。再说他就是做出求爱的表示，我母亲也不会答应，会用那么狠心的嘲讽让他死心。昔日的仇恨总让她语带讥讽，新的斗争引发的怨恨更让她口不留情。

当大家显得和睦相处的时候，当代夏特尔也许想竭尽全力变得不那么阴郁的时候，他便试着做到亲和有趣，爱逗弄人。可天知道他这番努力是怎么被人理解的，可怜的男人！这时我母亲就夹枪夹棒，含讥带讽地挖苦他，言语是那么机俏，思维是那么敏捷，讽得他失去理智，变得粗鲁伤人，弄得我祖母只好出面，说他不是，让他闭嘴。

每晚他们三人都玩牌。代夏特尔有个奢望，在所有游戏中都要做赢家，然而他却玩得很差，盘盘输。我记得有天晚上，我母亲每盘都赢。她并不算牌，但是凭着直觉和灵气，总是赢得开心。代夏特尔盘盘都输，气恼不过，大发怒火，样子很可怕。只见他把牌往桌上一扔，对我母亲说："我本该把牌砸你脸上。好叫你学学，打得这么差，还赢什么牌？" 我母亲愤怒极了，站起来，正要回话，只听见我祖母心平气和，不急不慢地说：

"代夏特尔，下回你再这样发输气，我向你保证，我会甩你一个大耳光。"

一个如此平和的声调，发出这么一个耳光的威胁，而这只美丽的、半僵半硬的、如此虚弱几乎连一手纸牌都举不起来的手，竟威胁要打一个大耳光，这可以算作世界上可想象的最可笑事情了。于是我母亲忍不住笑起来，重新坐下，没法再说什么做什么来给目瞪口呆、备遭侮辱的可怜迂老夫子雪上加霜了。

不过这则轶事是在我父亲去世后很久才发生的。有很多年，在这座办了丧事的屋子里，除了孩子们的笑声，听不到别人的笑声。

在那些年里，过着一种平静的有规律的生活，享受着一种从未感受过的肉体的舒适，吸着一种很少能满肺吸入的纯净空气，我的身体渐渐变得强健起来。而神经刺激停止后，我的情绪变得平和，性格变得快乐。大家看得出，我并不是一个比别人坏的孩子，而孩子们爱争吵，反复无常，大多数情况下肯定只是因为他们有痛苦，却不能或者不愿意说出来。

对我来说，药物曾让我如此厌恶，而且在那个年代，人们对药物并未滥用到那种程度，以至于我养成习惯，身体有了不适也绝不抱怨。我记得小时候我在游戏中经常几乎昏厥，我曾经采用禁食的办法来治疗这个毛病。换作今天，我也许不会用那种办法。这是因为，当我被交给代夏特尔的科学来治疗后，我就确实成了他那套任何时候都服催吐剂的办法的牺牲品。他是个能干的外科大夫，但他对医学一窍不通[1]，治疗任何疾病都是用那可恶的催吐剂。这是他的万应灵丹。我那时，我从前一直是个胆汁太盛的气质，但如果我是患了代夏特尔声称能给我治愈的胆汁病，那我可能早就活不下去了。我脸色不好，我头痛吗？这是胆汁太盛；快服催吐剂。催吐剂在我腹内一阵折腾，引起可怕的痉挛，却没有让我呕吐，反让我难受好多天。我母亲那方面则认为我是胆道生虫，这又是当时医学的一种担心。所有儿童体内都有虫，人们给他们大灌驱虫药，这个可怕的疗法不仅让孩子们恶心呕吐，而且败坏他们的胃口；而为了让他们找回食欲，人们又给他们服食大黄；接下来，我身上又起了丘疹，我母亲认为是疥疮复发，于是在我的所有食物中都加硫磺。最后这成了我的常用药。我们这代人真得有个铜打铁铸的身体，才经受得起人们为我们生存所做的种种治疗。

我是在将近5岁时学习写字的。我母亲让人为我做了大页的有横竖格子的写字本。但是由于她自己写字也像猫画的一样，如果我没打定主意，自己来寻找一种用其他符号表达想法的办法，在学会签名之前大概也涂坏了不少纸张。我觉得每天

[1] 在古代法国，外科大夫并不属于医生系列，有时理发师也兼做外科手术。因此外科学也不被人认为是医学。

照着字母表写字涂红让自己很厌倦，我没有耐心写一个一个的句子，在我们如人们可能认为很长的休息时间里，我就试着给乌絮尔、伊波利特和我母亲写信。但我没给他们看，怕人们禁止我做这样的练习写坏手。不久我就创立了一套供自己使用的书写方法。它大大简化了字母的笔画，并插有一些图形符号。我祖母意外地拿到那些书信中的一封，觉得很好笑。她声称看到我成功地用这种野蛮人的办法来表达自己的小想法很惊奇，建议我母亲让我独自乱画，想画什么就画什么。她说得有理，大人浪费太多时间，想让孩子写一手漂亮字母；在那段时间里，他们没去想字母写得漂亮有什么用。于是我被允许做自己的研究，把那些“作业”纸写完以后，我就回到我那套天然方法上来。我长久写的是印刷体，就像我从书本上看到的那些字母。后来是怎样写起大家都用的手写体来，我记不起来了，但是我记得的，是我像母亲一样，她学写字时，注意的是印出来的词语的组合方式。我数字母数目，不知出于什么本能我无师自通地学会了主要的拼读规则。后来，当代夏特尔教我语法的时候，我只用两三个月就通过了，因为每一课都只是确认我已经发现并且运用的规则。

这么一来，七八岁上我就会用拼写规则了，虽然不至于条条正确，但大多数学过拼写规则的法国人的水平还是有的。

通过独自学习书写，我能够理解所读文字的意思。而在词义上的理解又促使我去弄明白整句话的意思。因为我是先学会读而后才理解大部分词义并进而领会句子的意思。理解的范围每天在扩大，到后来我就能够独自阅读童话了。

我是那样喜爱童话，可我母亲自从忧伤压头、烦愁缠身，就不再给我读童话了，现在我自己能读了，这是多么快乐的事情啊！我在诺昂找到了德·奥尔洛娃夫人和贝洛的童话，那是在五六年间成为我的乐趣的一个老版本。《蓝鸟》《小拇指》《驴皮》《美人美人或走运的骑士》《绿色卷纸带》《小玩意》和《做好事的小老鼠》让我度过了多么愉快的时辰啊！这些故事我没有再读过，但现在我仍能从头到尾把它们讲出来。我不相信在接下来的精神生活里，还有比得上早年这些想象快乐的享受。

我也开始独自阅读《希腊神话缩写本》，从中获得很大的快乐，因为它有些方面像童话。但有些方面我不大喜欢；在所有那些神话里，在那些诗的字里行间出现的象征都是残忍的、血淋淋的。而我更喜欢我的故事里的幸福结局。然而林泉仙子、微风神、回声神，令人愉快的自然神话中的所有这些拟人化的神祇，使我把头脑转向诗，但是我的智力还不够发达，无望有时在树林里草地上不意撞见娜蓓们[1]和德侣亚黛丝们[2]的倩影。

在我们的卧室里有一张壁纸的衬纸很是引我注意。它的底色是深绿，平整单调，很厚，上了蜡，衬在画纸下面。这种将墙壁与画纸隔开的方式给小老鼠们确保了一条自由通道。晚上，在那张纸后面，上演着另一个世界的大戏，老鼠们蓬头垢面地奔跑，小爪子偷偷地刮擦着纸面，还小声地发出很是神秘

〔1〕希腊神话林泉仙女中的山谷仙女。

〔2〕希腊神话林泉仙女中的树木仙女。

的叫喊。但是最吸引我注意的还不是这些，而是壁纸边和壁板四周的装饰。壁纸边宽约一尺，绘着葡萄叶结成的花环，花环间或打开，簇拥着一套有半人半羊的山林神西勒诺斯和崇拜酒神的狂女们欢笑、饮酒、舞蹈画面的椭圆形肖像牌。每道门上方，有面更大些的肖像牌，上面绘着一个小画像。我觉得那些画像无与伦比。它们并不相似，我早上醒来看到的是一个林泉仙女或者一个穿着浅蓝衣裙、戴着玫瑰花冠、双手摇着一个花环跳舞的花神。我很喜欢这个画面，早上第一道目光就是投向它。花神似乎在对我笑，邀我起床，跑去跟她嬉戏。花神对面那个，白天我从写写画画的桌子上望得见，晚上，上床睡觉前做祷告时也可看见的小画像，则完全是另一种表情。它不笑，也不跳舞。那是一个严肃的酗酒狂女。她的袍子是绿色的，她的花冠是用葡萄藤扎成的，她的手臂伸出来拄着一根权杖。这两个形象或许分别象征春天和秋天。不管是什么，这两个大约一尺高的人物给我留下了强烈的印象。她们也许同样爱好和平，也同样无足轻重，但是在我的头脑里，她们一个欢乐，一个忧郁；一个通融，一个严厉，呈现了鲜明的对照。

我惊愕地注视那个酗酒狂女；我读过俄耳甫斯的故事，他就是被那些残忍的酗酒狂女砍死并分尸的。晚上，当摇曳的灯光照亮那条伸出来拄着权杖的手臂时，我以为见到了被一根标枪挑着的那位神圣唱颂歌者[1]的头颅。

我的小床靠墙，因而从那里看不到那个让我困扰的小画

〔1〕指极有音乐才华的俄耳甫斯。

像。由于大家都没有察觉我对它的成见，入冬后我母亲把我的小床挪到靠近壁炉的位置，从那里我背对着我是那样喜爱的林泉仙女，只看得见那可怕的酗酒狂女了。我并不是拿我的懦弱来炫耀，我那时已经开始觉得懦弱是羞耻了；但是我觉得那个女魔怪在固执地盯着我，用她不动的手威胁我，就把头缩进被窝，为的是睡过去时不看见她。可这没用。到了夜半时分，她从肖像牌上走下来，沿门边滑下来，变得像孩子们所说的“真人”一般大小，走到对面门口，她试图把漂亮的林泉仙女从肖像牌上拉下来。林泉仙女发出撕心裂肺的叫喊，但是酗酒狂女无所顾忌；她纠缠并撕扯壁纸，直到林泉仙女跳下肖像牌，逃到房间中央。另一个追着她过去。可怜的头发蓬乱的林泉仙女就往我床上跑，想躲在我的帐幔里面。于是酗酒狂女也朝我跑过来，用变成尖锐长矛的权杖把我们两个捅了上千下，下下见伤，疼痛难忍。

我叫喊、挣扎，我母亲来救我了。可是在她起床的时候，尽管我已经半醒，看到了母亲的所为，但是半睡的我仍然看得到酗酒狂女。真实与梦幻世界同时出现在我眼前。我清晰地看到酗酒狂女退缩了，我母亲逼近一步，她便离远一步，最后变成原来的大小，像老鼠一样缘门而上，爬回葡萄藤叶簇拥的框框里，摆回原来的姿势，恢复一脸的严肃。

我又睡着了，看见那个狂女还在做她那些事。她沿着壁纸边奔跑，呼唤所有的山林神和其他酗酒狂女。在所有肖像牌上，他们不是正坐在桌边餐饮，就是正忙于消遣娱乐，而酗酒狂女强迫他们与她一起跳舞，砸烂房间里的所有家具。

梦渐渐变得很模糊。我从中获得某种快乐。早上醒来，我看见的是那个酗酒狂女，而不是面对我的林泉仙女。由于我不再意识到床铺挪了位置，一时间还以为那两个小人在返回自己的肖像牌时弄错了地方，进了对方的门。不过等第一缕阳光照进屋，这个幻觉就消失了。白天我不再想这件事。

晚上，我的梦魇又来了，如此持续了很久。只要是白天，我就不可能认真对待那两个印在纸上的彩色画像，而一到交黑时分，我就恐慌起来，就不敢独自留在卧室里。不过我没说出这件事。因为我祖母嘲笑胆小行为，我怕有人把我的傻事说给她听。但我差不多有八年时间不能在睡前坦然注视酗酒狂女的画像。孩子们内心的怪念头和小脑瓜里隐瞒的事儿，大人无法想象。

德·勃蒙教士，即我的舅公来诺昂小住，对我的两位母亲来说是一个莫大的安慰，算得上生命的复苏。那是个快活人，就像那些老顽童，很少为什么事发愁；是个引人注目的才子，办法多，能力大；总之是个既利己又慷慨助人的人，天性使他有一副慈悲心肠，待人热情。独身使他形单影只，但是他的人格是那么可爱、那么迷人、那么亲和，以至于他就是没有替你分担痛苦甚至无力试着帮你排忧解难，你都得感谢他。他是我一生见过的最帅的老男人。他像我祖母，皮肤白嫩，眼睛温柔，五官端正，面相高贵；但他的轮廓还要清纯，表情还要生动。在那个年代，他还戴着鸽翅帽，上面扑了很多粉，穿着普鲁士式的燕尾服，下身则总是穿着黑缎短长裤，脚上穿着扣襻鞋。当他罩上那件紫色的提花絮棉真丝外套时，样子郑重得像是要请人画一张全家福。

他喜欢他富足自在的生活，他家的内部陈设是一种老式的舒适的奢华。他的伙食与他的胃口一样都讲求精美。在口头上他独断专行，蛮横无理，在事实上他温和开明甚至软弱。我经常想他，在心里草草描绘一个在长篇小说《康絮艾萝》里很被读者欣赏的僧侣肖像。他和那僧侣一样，是个大人物的私生子，讲究吃喝，耐不得烦，心直口快，为人精明，既容易动怒，又待人宽厚。我出于写小说的需要，着重描写了他们的相似。现在正是说出这句话的时机：以这种方式描绘的画像其实不再是画像了。当它们似乎伤害了那些认为从中认出自己的人时，它们就对作者、对自己本身表现了一种不公正，其原因就在这里。一幅小说的画像，即使有点价值，也终究是一个虚构的形象。人类的逻辑性是如此稀微，在现实中充满如此多的反差或不一致，以至于不可能在一个艺术品里描绘一个真人，这样做是完全得不到支持的。完整的长篇小说要是被迫向这种性质的要求屈服，那就不再是一部长篇小说了。那样写出来的东西就会无陈述、无情节、无焦点、无结局，就会像生活一样横生枝节，不吸引任何人了，因为每个人都想在一部长篇小说里找到一种生活理想。

因此认为一个作者想通过赋予作品人物某些有关本性的特征，来让读者喜爱或者憎恶这个那个人是愚蠢的。稍有不同就可写出一个约定俗成的人。我坚持认为文学如果不认真研究人与人之间的巨大差异，如果不在好或坏的方面极大超越作为小说人物原型的人类的优缺点，便不能照真人来摩写仿真的人物。 这就像演员演戏，只有在极大地超越或者削弱现实的前提下，其扮演的人物才像真的。把原型做漫画化或理想化处理，那也就不再是原型了，原型纵然认出自己，但是看到艺术与想象对自己所做的加工，也就无法抱怨或者无法自夸自炫了。

拉瓦特[1]常说（并非他的原话，但大意如此）：“有人提出一个论据来反对我的方法。我不认为这个论据能够成立。有人说一个恶人有时像一个正人君子。反之亦然。我回答说如果有人弄错这种相似，那是因为他不会观察，不会看人。人与人之间肯定存在一种平常的表面的相似。构成人们之间不相似的，也许只是一条线，一道轻微的皱纹，一个不起眼的地方。但这不起眼的地方就是一切。”

拉瓦特关于肉体差异的言论，如果用到艺术相对的真实性上面，那还要正确。音乐并不是模仿的和声，至少模仿的和声不是音乐。绘画的颜色只是一种诠释，对真实色调的精准复制并不是颜色。 因此长篇小说的人物并不是一些拥有原型的面孔。得认识千人才能描绘出一人。如果只研究一个人，就想把他描绘成一个丝毫不走样的典型，那这个人什么也不会像，也不可能像。

在此扯出这番离题话，是为了在后面不再提起。读者甚至不需读了这段话才来将我的德·勃蒙舅公与《康絮艾萝》里我那个僧侣做比较，因为我写的是一个温顺纯良的僧侣，而我的舅公则完全相反，动辄生气。他有很多艳遇，如果没有，他会跟自己过不去的。他们之间还有上千处不同，用不着我将它们一一指出，就是小说中的那个女管家，也与我舅公的女管家大

〔1〕拉瓦特（1741—1801），瑞士哲学家与神学家。

为不同。我舅公的那个女管家一片忠心，待人真诚，是个优秀女人。她对我舅公闭着眼睛。她继承了我舅公的遗产。这也是她该得的。不过我舅公对她，有时也像我小说里那僧侣对布里吉特女士那样说话。因此在一部艺术品里显得最为真实的情节，在现实里也不会假的。

我舅公对女人没有任何种类的偏见成见。只要她们人美心善，出身和过往经历从来不问。他也是这样接受我母亲的，终生对她怀有一种父爱般的感情。他对我母亲的评价甚好，把她当作一个心好但脑瓜不灵的孩子对待，有时要训几句，有时也哄一哄，要是别人对她不公正，他会拼命地保护她，要是她对别人不公正，他也会严厉地予以制止。在我母亲与我祖母之间，他始终是一个一碗水端平的调解人，一个说话让人信服的和事佬。他为我母亲推挡了代夏特尔的一些心血来潮的提议，公开说代夏特尔的想法不对，而代夏特尔面对我舅公这堵坚定又诙谐的保护墙也无计可施，既不能生气，也不得发作。

因此，在我们沉重的家庭生活里，舅公这个可爱小老头的轻佻也成了件好事。我经常注意到，一些人，只要人好，他们身上便处处都好，甚至包括他们看得到的缺点。我们先以为会为他们感到痛苦，但是渐渐地我们却从他们那里得到好处，他们在某一方向或多或少具有的东西，纠正了我们在相反方向或多或少具有的东西，他们使我们的生活恢复平衡，而我们意识到，为了抵制我们生活中的恶习与极端，我们很需要向他们靠近。

起初舅公的安逸与诙谐似乎有些让人不快。他虽然很真诚地怀念他至亲至爱的莫里斯，但也想让其母其妻两个悲痛的女人散散心，他做到了。跟他在一起大家很快就恢复了一点活力。舅公那么有才气，脑子那么活络，无论是讲故事，还是开玩笑，或者以自嘲自讽来逗别人开心，其方式都是那样优雅，以至于别人不可能抗拒他的吸引。他打算让我们在祖母的主保瞻礼日演戏，给她来场惊喜，为此早早地作了筹划安排。给我母亲的卧室充作前厅的那个大房间被改作戏厅，因为几乎从不上楼的祖母在那里不大可能撞见我们排演。我们在一些大酒桶上铺上木板，充作戏台。由于演员们——就是伊波利特、乌絮尔和我——个子都不高，站在这个台子上也不会碰到天花板。虽说这个台子有点像木偶戏台，但布置得漂亮迷人。裁剪、粘贴和涂绘布景等活儿由我舅公亲自动手。他并且写好剧本，教我们演角色、念台词、唱歌和做动作。他还充当提台词的人。代夏特尔有支竖笛，便充当乐队。大家确定我没有忘记西班牙的波莱罗舞，尽管有将近三年没叫我跳过了。因此我独自承担起全剧的舞蹈部分，而且也跳得非常成功。剧并不长，剧情也不复杂。只算得上最最简朴的应时剧。结尾是出示一束献给玛丽亚的鲜花。我们三个中间伊波利特年龄最大，也最懂事，所以台词最长。但是当作者发现三人中记性最好的是乌絮尔，而且她特别乐意不慌不忙地念她角色的台词，就加长她的对白，显露我们滑稽可笑的多嘴饶舌的真面目。这是我们戏里最有趣的部分。乌絮尔在戏里保留了她叨唠伶俐嘴的诨名，并且向祖母致了大段贺辞，还说了些没完没了的套话。

我要是少了几分把握就不会跳波莱罗舞。那时我还不到腼腆和笨拙的年纪。我还记得代夏特尔对我不耐烦，因为他

诺昂故居的餐厅

诺昂故居的餐厅　缪塞、肖邦、巴尔扎克、福楼拜、屠格涅夫都曾是餐桌上的宾客

或是由于情绪激动，或是由于能力不够，不是吹不准音调，就是抓不住节奏，我跳到末尾，即兴来了个击脚跳，和一个大旋转，乐得祖母哈哈大笑。这正是大家希望产生的效果，因为可怜女人的脸上有三年未见过笑容了。可是，突然一下，好像她被自己吓着了，眼泪唰唰地流下来。这时我正跳得如痴如狂，大家赶紧抓住我的脚，让我停下，并迈过成排的照明灯，由人抱过去，送到祖母膝头上，接受她上千个由泪水浇灌的亲吻。

大约在同一时期，我祖母开始教我音乐。尽管她有一半手指麻痹了，嗓音也发颤了，但是还唱得很好听，为伴唱而弹奏的两三组和弦是那么和谐悦耳、那么洪亮，以至于当她把自己关在房间里，悄悄地唱读某出老歌剧，又允许我留在她身边时，我真是处于心醉神迷的状态。我在老羽管键琴下面找块地方坐下来，她的爱犬布里央允许我同它分享一角地毯。我真想在那里坐上一辈子，因为那发颤的嗓音和尖细的琴声是那样让我着迷。尽管那条嗓子和那件乐器都有所缺损，但唱出奏出的仍是得到透彻理解和深刻感悟的美妙音乐。从那以后我听过很多人演唱，他们的唱法也很了不起，但是我虽然听得多了，却没听到更好的音乐。我祖母会演奏演唱很多大师的乐曲，她熟悉德国作曲家格鲁克和意大利作曲家皮契尼，对他们始终保持公正不偏的态度，说他们各有长短，不应妄作比较，而应欣赏其个性。她还背得出意大利作曲家列奥和杜朗特、德国作曲家哈斯的某些片断。我只听她唱过这几个作曲家的作

诺昂故居的木偶剧房

品。我虽然不能指出她唱的是哪些片断，但只要再听到，应该还是听得出来的。那是一些简单但是宏大的概念，一些古典的平稳的形式。即使是她年轻时最最时髦的事物，我祖母也能清楚地分辨出其薄弱的方面，不喜欢我们今天称之为“洛可可”的时尚。她喜欢明快、质朴和庄重的风格。

她教我音乐的基本原理。她讲得是那么明白，让我觉得也并不很难学。后来，当家人为我延师授课时，我反倒什么也不明白，于是厌倦了这门功课，认为自己并不是这方面的材料。不过后来我还是觉得，这其实不能怪我，而是老师的过错，要是一直由祖母教下来，今日我早就是音乐家了，因为我是学音乐的材料，因为我理解音乐之美，因为这门艺术的美给我的感受，要比别的艺术更强烈，更让我激动。

五

我的小脑瓜里总是充满诗意，而我一读诗歌就全神贯注。贝尔甘[1]那本老掉牙的《儿童之友》，从未让我生出强烈兴趣，因为我认为他被吹得太狠了。有几次我母亲给我们大声朗读德·冉莉夫人[2]的长篇小说片断。就是那个被人过于遗忘，却有些真才实学的善良女士。她那些偏见，那些常常虚伪的半拉子道德和她个人的性格（她似乎并未在新旧社会间持什么立场）今日还有什么要紧？相对于她所受的局限，她所描绘的天地却是能多宽广就多宽广。她的真实性格想必十分优异，她的一些长篇小说展现了很广阔的前景。在年岁的寒冰覆盖下，她的想象力保持了勃勃朝气。若论细节，她是货真价实的

〔1〕贝尔甘（1747—1791），法国作家、剧作家。

〔2〕德·冉莉夫人（1746—1830），法国贵夫人，有伯爵夫人与侯爵夫人的头衔，女作家。

艺术家，地地道道的诗人。

她有一部长篇小说出版于王政复辟时期。我认为这是她写的最后几部长篇之一。自出版以来我从未听人说起过这部作品。我是十五六岁时读的它，也许说不出它是否有过成功。我记不太清它写的是什么了，但是它曾给我以强烈的感受，并对我的全部生活产生了影响。这部小说名叫《巴图艾卡人》，显然是一部推崇社会主义的作品。巴图艾卡人是个小部落，在现实或想象中存在于一个群山环绕、难以翻越的西班牙山谷。在不知什么事件之后，这个部落主动把自己封闭在一个各种资源应有尽有的地方。若干世纪以来，这个部落就在那里繁衍绵延，与外部文明没有任何接触。这是个小型的田野共和国，统治它的是一种质朴理想的法律。生活在那里的人必须恪守道德。这是生活幸福充满诗意的黄金时代。一个年轻男子，我记不起他的姓名了，就生活在那里纯朴的原始风习之中。有一天他偶然发现了久已失落的通往现代世界的小路。他冒险碰运气，就离开他遁隐的温柔之乡，带着天然必有的单纯与正直，一头扎进我们的文明。他看到一些宫殿、军队、剧院和艺术品，又看到一个宫廷、一些上流社会女人、一些名流学者，大感惊讶，极为欣赏佩服。但是他也看到一些乞丐、一些被遗弃的孤儿，看到教堂门口倒着的伤者，富家门前饿死的穷人。他更加惊愕。有一天，他看到一个贫穷的女人抱着面色苍白奄奄一息的孩子在哭，就在一家面包店的货架上拿了个面包给她。结果人家把他当作窃贼，恐吓他；他的朋友责备他，竭力给他解释私产是怎么回事。他不明白。一个美丽的妇女引诱他。她头发上插着人造花，他以为是真的，但没闻到香味，不免大为诧异。当人家跟他解释，说这不是花的时候，他心生骇异，对这个在他眼里如此美丽的女人惧怕起来，他担心这个女人也是人造的。

我不知他看到到处是谎言、欺骗、串谋和不公后有多么失望。这是伏尔泰笔下的老实人冈第德或者休伦人那样的形象，不过构想得更加单纯质朴。这是部纯良真诚没有苦涩的作品，其细微处包含了无尽的诗意。我相信那位巴图艾卡的年轻人回到他的山谷，找回他的道德，却找不回原来的幸福了，因为他饮了世纪毒杯里的酒。当年我觉得这本书很吸引人，现在要是让我重读，我不会愿意，因为我怕再也找不到当年那种感觉。

就我记忆所及，德·冉莉夫人的结论并不大胆；她并不认为社会有错。而从多方面考虑，进化法则本身把人类改变成什么样，她就接受什么样的人类是有道理的。不过我觉得，一般而论，她置放在陪同主人公考察现代社会的那个所谓良师益友嘴里的那些理由是相当无力的；让我读来既无快感，也不信服。不过大家想一想，那时我才16岁，刚从修女院出来，还在服从天主教戒律，对官方社会还没有自己的定见。反过来，《巴图艾卡人》的幼稚推理吸引我，令我着迷。说来也怪，最早唤醒我社会主义和民主的本性的人，竟是德·冉莉夫人，当年御弟、当今国王路易-菲利普的教师与朋友。

不过我说错了，我有这些本性，要多亏我独特的地位，多亏我处于“脚踏两条船”的境地，即占了两个阶级的出身，多亏我对母亲的敬爱，这份敬爱遭到社会偏见的反对和碾压，在我能够理解社会偏见之前因之而备觉痛苦；也多亏我先后接受的哲学与宗教教育，多亏我自己的生活让我在最为稚嫩的年

诺昂故居的琴房

龄就见到的反差。因此我信奉民主主义，不仅是因为我母亲传给我的血统，而且是因为这种平民血统在我心里，在我的生命里激起的斗争。如果一些书籍对我发生影响，那是因为它们的倾向仅仅让我确认并确立我的倾向。

然而童话故事里的公主国王们还长久是我的喜爱。这是因为，在我的童年梦想里，这些人物是和善、仁爱和美丽的典型。我喜欢他们的奢华和他们的首饰。但这一切他们都是从仙女那儿得来的；那些国王与现实中的国王毫无共同之处。再说他们行为不端的时候会遭到鬼神两界的惩

诺昂故居的书房

诺昂故居的小剧场

治。从这方面看，他们遭受的制裁比人间的司法更严峻。

仙女和鬼神们呢？这些无所不能、用根魔棍轻轻一拨，就能让你进入一个神奇世界的角色在哪里呢？我母亲从来不愿告诉我他们并不存在，现在我为此对她怀着无限的感激。我要是敢于对祖母提出同样的问题，她也许云里雾里摸不着边际。她满脑子都是让-雅克·卢梭和伏尔泰的观念，会毫不留情毫无内疚地拆毁我想象世界的魔幻建筑。我母亲则完全是另一种做法。她对我什么也不肯定，但也不否定。理智很快就来感谢她了，我自己也已经想到，我那些梦幻是变不成现实的；但是，希望之门虽然不像早期那样大开，却也没有关上锁死，还允许我在周围寻找，好找条缝隙往里面瞧瞧。总之我还可以醒着做梦，而且也没少做。

我记得在冬季的晚上，我母亲给我们朗读小说，有时读贝尔甘，有时读德·冉莉夫人的城堡之夜的故事，有时又读我们找得到但我现在记不起来了的另一些作品的片断。最初我是聚精会神地听。我坐在炉火前我母亲脚边。我与炉火之间隔着一架老旧的立式隔热屏，屏上蒙着绿色塔夫绸。我透过因为用久了而变稀薄的塔夫绸，隐约地看见火焰。炉火中不时迸溅出小火星，我眼睛一眨，它们就变亮了。于是渐渐地我就不在听母亲念的那些语句了。她的声音把我投进一种精神的麻木之中。在那种状态下我没法跟随母亲的思想。我眼前闪过一些画面，然后定格在绿色的隔热屏上。那是一些树林、江河、建筑物巨大怪异的城镇（我现在还经常梦见那样的建筑）、带着从未见过的花园的魔幻宫殿，花园里各种飞鸟，天蓝色的、金色的、紫红色的，在花丛中扑扑乱飞，任人捕捉，正如那些玫瑰花任人采摘。玫瑰花有绿色的、黑色的、紫色的，尤其是蓝色的。蓝色的玫瑰花似乎曾长久是巴尔扎克的梦想。它也是我童年的梦想。因为孩子们一如诗人，都喜欢并不存在的东西。我也看见一些小树丛、一些喷泉、一些神秘的深渊、一些中国桥、一些挂满黄金珠宝之果的树木：总之，我童话故事里的整个奇幻世界变得明显，可以感觉到，于是我快乐地沉湎其中。我闭上眼睛都还看见它们。但是当我睁开眼睛，又只能在隔热屏上看到。我不知大脑是如何把它们定格在绿屏上而不是别处，但可以肯定的是我在那块绿屏上看到了一些前所未闻的奇幻画面。

有一天这些画面变得那么完整，我好像被吓坏了，就问母亲看到没有。我咬定隔热屏上有一些蓝色的大山。母亲把我抱到她膝上，一边唱歌，一边摇晃我，要让我还魂。我不知道她本人也在想象一种幼稚的精怪，是否为我过于兴奋的想象力提供养料，但是我知道那个精怪很讨我喜欢，好长时间都给我带来快乐。下面就是她的创作。

我们的围墙里有片小树林，里面种有榆树、槭树、白蜡树、椴树和丁香。我母亲选了一处地方。园子里有条曲曲弯弯的小径，小径尽头，便是一片无路可走的密林。在伊波利特、保姆、乌絮尔和我的帮助下，母亲在密林里开辟了一条小路。小路两边是紫罗兰、报春花、长春藤。从那时以来，长春藤长得那样茂盛，几乎都侵入整片树林了。这样一来，无路的密林就成了一个小安乐窝：丁香树和山楂树下面摆了一把长椅；天晴的日子我们就去那里学习和背诵功课。我母亲把活儿拿到那儿做。我们也把玩具，尤其是石头砖头搬到那里建房子。我们——我和乌絮尔给那些房子取了浮夸的名字：这是仙女城堡，那是睡美人宫殿，等等。看到我们没完没了地在那些粗糙建筑里实现梦想，我母亲有一天就放下她的活儿，来跟我们一起干。她对我们说，给我把你们那脏兮兮的石灰石和碎砖块拆下来。去找些覆着青苔的石块，找些红的绿的小石子，还有贝壳，这些东西都要漂亮，否则我就不参与了。

这下我们的想象力被点燃了。问题在于不能把不漂亮的东西带回来。我们开始寻找以前踩在脚下却不认识的宝贝。我与乌絮尔做了那么多的讨论，以确定那块青苔是不是足够柔细，那些石头形状好不好看，这些小石子是不是光亮。起初我们觉得个个都好，但不久就有了比较，好坏之间的差别给我们留下很深的印象。慢慢地，我们觉得什么都不合格，不能拿来建我们的新房子了。保姆只好把我们领到江边，捡拾一些漂亮的绿石、大理石和在低浅的流水里闪闪发亮的珊瑚石。但是这些石子离开河床后渐渐失去水分，其色泽也随之褪去，这就给我们带来持续的失望。我们把它们一次又一次浸入水中，让它们恢复光泽。在我们的领地，有一些很亮的石英，一定量的菊石和种类繁多美不胜收的洪积层前化石。过去我们从未注意过这些东西，现在它们中最不起眼的，也成了我们的惊喜，也让我们有一番发现，也是我们的战利品。

家里养了一头驴，那是我认识的最好的驴。我不知道它年轻时是否和所有同类一样调皮捣蛋，但现在它老了，很老很老了，也就消了怨气，也不任性了。它迈着庄重的不疾不徐的步子行走；因为年纪大、服务好而受尊重，从未受过惩罚和斥骂；它不仅是最无可指责的驴，也可说是最幸福的得到评价最高的驴。大人把我们——我和乌絮尔放在柳条筐里，一人一边，挂在驴的两侧，驴就驮着我们这样行走，从未起念甩掉我们。散步回来，驴恢复了平常的自由状态，因为它从未被绳子拴过，也不知草料架为何物。它总是在各家院子里、村子里或花园草地上游荡，信步所之， 完全自主，慎重地使用各种器具，却从未做过一件错事。它经常心血来潮，走进屋里，甚至走进我祖母的套间。有一天我祖母发现它进了她的化妆间，正把鼻子对着鸢尾花粉盒嗅着，神情严肃，像在思索。它甚至学会了开门，那门按照当地的古老方法，只上了闩子。由于它非常熟悉整个底层，它就总是寻找我祖母，因为它很清楚，祖母会用甜食招待它。它不在乎会招人笑话。它可不怕别人的讥讽嘲弄，总是摆出一副独有的逆来顺受的神气。它唯一的不足是无所事事以及由此而来的孤寂无聊。有天夜里，它发现洗衣房的门是开着的，就走上七八级台阶，穿过厨房、衣帽间，启开两三间房的门闩，来到我祖母的卧室门外。它发现那道门上了锁，就开始用蹄子刮门，通报它来了。我祖母不知是什么声音，以为来了窃贼撬门，就摇铃召唤贴身女佣。那女人也没掌灯就跑过来，在门口一头撞上驴子，吓得尖声大叫。

但这是一段题外话。我回过来说我们的散步。家里把那头驴交给我们调用。每天它都用筐子驮回一些建房用的石头。我母亲从中选出最漂亮的或者形状最奇特的。当材料备齐备足后，我母亲就在我们面前，用她勤劳有力的小手开始建造了。但她建的不是房屋，也不是城堡，而是一个假山岩洞。

一个假山岩洞！在这之前我们不曾有过任何岩洞的概念。我们那个岩洞仅四五尺高，两三尺深。不过对孩子们来说，尺寸算不了什么。他们有把物体看大的能力。由于工程要持续几天，我们在那几天里便认为我们的假山要一直堆到天上去。当假山岩洞堆成后，它在我们头脑里便获得了我们原来梦想的尺寸。即使是今日，我仍需要回忆踩在最下面几层石块上，可以摸到假山顶，需要看见被假山占据至今仍在的那块小场地，才不会认为那是一座大山的岩洞。至少那假山岩洞很漂亮；我永远都不会认为它不漂亮：虽然那只是把一堆经过挑选的颜色交相映衬的艳丽小石子，和覆盖着茸茸苔藓的石块、精美的贝壳垒起来，上面垂挂藤蔓，周边铺着草皮的建筑物。但光有这些还不够；还得加一眼泉水，一道瀑布，因为一个少了活水的岩洞，就如同一个没有灵魂的肉体。然而小树林里缺水。怎么办？我母亲不会被这点小事难住。一个用作肥皂盒的绿釉底大陶盆被埋进岩洞口里边的泥土里，旁边种上花草遮掩。我们往陶盆里注满清水，并且每天换水，以保持新鲜。“可瀑布呢？”我们急切地问我母亲。“你们明天就会见到的。”我母亲说，“可是我没让人叫你们，你们不能去看岩洞，因为得请仙女帮助，你们去看，可能会惹她不高兴。”

我们老老实实地遵守这条规定，到了说好的时刻，我母亲来叫我们，从小路把我们领到岩洞对面，不许我们往后看，然后，她把一根小棍子放在我手上，拍了三下巴掌，同时吩咐我用小棍子击打岩洞中央，于是那里显出一个洞眼，洞眼连着一根接骨木水管。棍子敲到第三下，从洞眼里就涌出一股水流，冲到水管里，漫溢的水量是那么大，都淹到我和乌絮尔的脚边了，我们都很满意，兴奋得发狂，发出快乐的叫喊。接下来，水流从两尺高的坎子上跌落到由陶盆做的水潭里，形成一挂清澈透明的水帘，持续了两三分钟，等水流尽才消失。来水是由藏在假山岩洞后面的保姆把一水罐水倒进接骨木水管的。落进陶盆的水激起清波，溢出盆边，浇灌着周围的花草。因此幻觉虽然为时短暂，但却是完美的，很有趣味，后来我在阿尔卑斯山和比利牛斯山看到巨大瀑布时，所感受的惊讶与崇敬，我不认为超过这次。

由于我祖母尚未看到这一工程，当假山岩洞至臻完善之后，我们便去郑重其事地请她光临小树林。我们做了一切安排，要让她意外地看到瀑布。我们以为她会很喜欢，可是，她要么是觉得那东西太幼稚了，要么是跟我母亲搞不来，那天不仅不对我们的杰作表示欣赏，反而嘲笑我们，而那个充作水潭的陶盆（我们为了让她开心，抓了些小鱼在里面养着）给我们带来的讥讽多于夸奖。就我来说，我是极为沮丧，因为我觉得世上再没有比我们那奇妙的假山岩洞还美的东西。当别人极力打消我的幻想的时候，我确实是深感痛苦。

由驴子驮着兜风总是让我们很开心。我们每个星期天就坐在驮筐里去教堂望弥撒，还带着午餐，望完弥撒后就在毗邻教堂的圣夏尔蒂埃老城堡进食。那个城堡由一个老女人看守，她在庄园被荒弃的宽敞房间里接待我们，我母亲乐于在那里打发白昼的部分时间。

那里最打动我的事情，是那个老女人的怪异外表，然而她却是个真正的农妇，她根本不考虑什么星期天不星期天，这一天就和平常日子一样忙着她的活儿，尽管星期天歇工是黑谷农民一条严格的习规。这个老女人是给村里某个信奉伏尔泰学说研习哲学的庄园主帮佣？我不清楚。我忘了她的姓名，但却记得那城堡在以后许多年里还保持的庄严气象。那是个令人生畏的庄园，状态非常完整，尽管家具都搬走了，但还能住人。里面有宽敞的厅堂，有巨大的壁炉，还有，我记得很清楚，一些地牢。

这座城堡在当地历史上很出名，是省内最坚固的建筑，长期充作下贝里地区君主们的住所，曾被菲利普-奥居斯特[1]亲率大军围困，后来又被英国军队占领，在夏尔第七[2]征战时代被法国人夺回。这是一座巨大的方形建筑，四边各建有一座

〔1〕菲利普-奥居斯特（1165-1223），法国卡佩王朝第七代国王。

〔2〕夏尔第七（1403-1461），绰号胜利者夏尔，法国国王。

乔治·桑家乡的古老教堂（建于11世纪）

大碉楼。产业主人厌倦于维护，想把城堡拆毁，作为建筑材料卖掉。工人们成功地拆除了屋架，拆毁了所有的围墙和内墙，但是碉楼是用罗马人的水泥筑成的，壁炉也没办法连同基础一起拆除。它们连同四十尺高的烟囱管还耸立在空中，三十年来的冰霜雷雨也未能移走一块砖头。总之，这是一座宏伟的废墟，还能在若干世纪里经受时间的侵蚀和人类的破坏。城堡基础是古罗马人打的，主体是封建时代早期建的。

当时去圣夏尔蒂埃也算出行了。去那里的马路一年有九个月泥泞难行。得走草地上的小路，或者冒险骑着可怜的毛驴走马路也行，只是它不止一次驮着东西停在溜滑的胶泥中不肯往前走。今日修起一条又宽又平、有美树夹驰的大路，我们去圣夏尔蒂埃只要一刻钟。但是路好走了，城堡给我的印象，却比难以抵达的时候更加强烈。

家里的安排终于完成了，我母亲在把我留在祖母家，由她完全负责我的教育的同意书上签了名。我对这种安排是那么反感，以至于大家都不再跟我提这件事，至少在它被接受的时候。家人商量好，让我不知不觉地逐步离开母亲。作为开始，她独自动身去巴黎，因为她急着再见卡罗莉娜。

由于我半月之后就会跟随祖母去巴黎，而且我看见已经在为此准备马车与行李，所以我也并不太骇怕担忧。家人告诉我，在巴黎我住的地方离我亲爱的妈妈不远，每天都会看到她。然而，当我离开母亲独自待在这座在我看来又开始显得和刚住进来的日子一样空阔巨大的屋子里时，还是感到某种恐惧。另外我也得与我很喜爱的保姆分手，因为她要出嫁了。这是父亲去世后我母亲请的一个农妇，以接替那个西班牙女人塞西莉娅。这个出色的女人仍然健在，还经常来看我，给我带她家的美洲花楸树上结的果子。这种树在我们国家相当少见，虽说国内有很大一部分地区都引进了这种果树。卡特琳娜的美洲花楸树是她的骄傲和光荣，她说起那棵树来，就像某座壮伟纪念碑的卫士兼导游介绍自家建筑时一样自豪。她家人多，因而有些困难。我经常有机会帮她。照顾我们童年的人，我们能够照顾其老年，也是一种福分。世上再没有比卡特琳娜还温和、还有耐心的人。她宽容甚至欣赏我做的傻事说的傻话。她把我娇惯坏了，但我并不抱怨，因为我不可能长久得到保姆的溺爱。我尚未足够感觉保姆容忍与温和的价值，就为之付出了代价。

保姆她是哭着离开我的，尽管她要嫁的是个优秀丈夫，相貌英俊，为人很正直，聪明，另外还有钱；守在这样一个男人身边，比跟一个爱哭的任性孩子在一起更有意思。可是这姑娘善良的心不作盘算，而她的眼泪也让我第一次有了分离的概念。“你为什么哭呀？”我问她，“我们会再见面的！”——“是啊，”她回答我说，“可是我要住到两三公里以外的地方，不能天天见到你们了。”

这番话引发我的思考。我开始为母亲的不在而痛苦。其实我只与母亲分开十五天，可在我的记忆里，这十五天比刚刚过去的三年，甚至可能比接下来她仍然与我一起度过的三年还要清晰。唯有痛苦在童年记下生命的感受，这话说得多么实在！

然而在这十五天里并没有发生什么引人注目的事情。我祖母注意到我不开心，就努力用功课来让我分心。她给我上课，对我的书写和背诵寓言，比我母亲要宽容许多。不再有责骂，也不再有惩罚。在责骂惩罚方面她素来很有节制。而她为了得到我的敬爱，给我比平时更多的夸奖，更多的鼓励，还有更多的糖果。这一切想必让我觉得非常舒适，因为我母亲很严厉，对我的萎靡不振与心不在焉没有丝毫同情。唉，孩子的心是个微小世界，已经和大人的一样怪僻与轻率。我觉得祖母的温和中，有着比母亲的狂怒中更加严厉更加可怕的成分。直到那时为止，我一直敬爱祖母，信赖她，让她满意。而从那时开始，在她面前，我觉得自己变得冷漠、谨慎，而且这种状况持续很久。祖母的爱抚让我不舒服， 甚至想哭，因为这让我想起我亲爱的母亲更加热烈更加冲动的搂抱。另外，与祖母在一起，过的不是轻松日子，少了一种亲热气氛，缺了一种自然流露。对她必须保持尊敬，而这让我觉得冷冰。我母亲有时让我畏惧，但这只是一时片刻难受而已，过后我又在她膝上怀里撒娇承欢，又“你呀你”地称呼她，而和祖母一起，可以这样说，就连爱抚也是客客气气的，像似什么仪式。祖母郑重其事地亲吻我，好像是奖赏我的良好操守。她不怎么把我当孩子对待，因为她是那样希望让我养成“仪态”，改掉无法克服的疏懒随意。其实我是天性如此，但我母亲也从未坚持抑制我这毛病。从此不得再在地上打滚，不得高声大笑，不得用贝里乡音说话。站得站直，得戴手套，得安静，或者与乌絮莱特[1]在角落里小声说话。我身体组织的每一个冲动，都受到一种小小的很温和但持续不断的压制。人家并不凶我训我，但是人家用

〔1〕乌絮尔揣为贝里方言，用巴黎话称呼大概成了乌絮莱特。

"您"来跟我说话，这一称呼就把什么意思都包含在里面了。"我的姑娘，您的站姿像个驼子；我的姑娘，您走路像个农村大嫂；我的姑娘，您又把手套丢了！我的姑娘，您太大了，不适合做这样的事了。"太大了！我那时才7岁，之前从没听人说过我太大了的话。这就让我生出一种强烈的恐惧，以为母亲动身以来我突然一下变得这么大了。接下来，还得学习各种礼仪习俗。在我看来，这是些滑稽可笑的事情。得向来访的人行屈膝礼。不得再进厨房，不得以"你"来称呼仆人，以便让他们丢掉以"你"来称呼我的习惯。甚至也不能以"您"来跟祖母说话。应该用第三人称：我的好妈[1]愿意允许我去花园吗？

我祖母这个杰出女人想用一种对她本人伦理上的尊重，对她想强加给我的文明习惯法则道义上的遵守来震撼我，她这样做是有其道理的。她既然负责我的教育，就要跟一个任性的难以调教的孩子打交道。她曾看见我母亲劲头十足地管教我，认为我母亲不但没有平息那些病态的冲动，反而刺激了我的感觉，虽然把我压服了，但是没有让我改掉毛病。实际情况也可能是她说的这样。神经系统受到过度震动的孩子，人家越是在震撼他时突然一下制服他，他的暴躁发作就恢复得越快。我祖母很清楚，通过一种持续的和缓的提醒来抑制我，她就可以让我屈服，养成一种本能的服从，做到不争斗，不流泪，一直到清除我的抗拒意识。果然，她几天工夫就做到了这一步。我从

[1] 对奶奶的昵称。

未冒出过抗拒她的念头，但还是忍不住当她面对别人进行了反抗。从她控制我后，我就觉得当她面干傻事，就是促使她责骂我，而她表达得那么礼貌，却又那么冷漠的责骂，让我一直冷到骨髓。我强行压住本能的反抗，以至于感到一阵阵痉挛的颤抖，她对此感到不安，却不明白其原因。她首要的目的是让我变得听话守纪，她达到了目的，而这么快达到目的，让她也觉得意外。“你们瞧见了吧，”她说，“她多么温良，多么乖巧！”我祖母使用完全不同于我那一时暴君一时奴隶的可怜母亲的办法，轻而易举地把我改变过来了，她为此而沾沾自喜。

但是我亲爱的祖母很快就有了更大的意外。她希望我对她毕恭毕敬，同时又如痴如狂地爱她。她记起她儿子童年的情形，庆幸在我身上又找回了当年的感受。唉！只不过这件事既不取决于她也不取决于我。她没有考虑我们之间年龄的悬殊和代沟。大自然是骗不了的。尽管我祖母在我的教育上用心良苦，费尽力气，我还是毫不迟疑地说，一个手脚不灵、年事已高的祖辈，绝对做不了一个母亲，而完全由一个老妇来管教一个少儿，则是时刻都在违背自然的某种事情。天主知道自己让生育能力停止在某个年龄是干了什么。应该由一个年轻的还在生命鼎盛期的女人来养育婴幼儿。我祖母一本正经的作派让我心里难受。她的卧室阴暗，点着熏香，我一进去就偏头痛，就痉挛性地打哈欠。她怕热，怕冷，怕穿堂风，怕一缕阳光。每当她对我说：“安安静静地游戏吧！”我就觉得她把我和她自己关在一个大盒子里。她叫我看一些版画，我却是视而不见，我头晕。外面一条狗在吠，花园里一只鸟在啁啾，让我打个激灵；要是能够，我真愿变成狗或者鸟。而当我和她一起在花园里，尽管她没给我加任何束缚限制，我在她身边也像是被施了魔法，总觉得这也要注意那也要当心，都是她已经让我想到的事项。她行走费力；我总是在她身边，帮她拾起经常掉落的鼻烟壶或手套。她自己是不可能弯腰去捡的，因为我没见过比她更虚弱，更打不起精神的人。然而她并不瘦削，气色鲜润，并无疾病，这样的无行动能力让我不耐烦到极点。我曾见过上百次我母亲被剧烈的偏头痛折磨的情形：她像死人一样躺在床上，两颊苍白，牙关紧咬。我经常为此感到绝望。但是我祖母的恹恹无力手脚不灵却是某种我没法弄明白的事情，有时我觉得她是装出来的。

这种情形也与出身有点关系。这是她早期教育的过错。她也是在一个盒子里生活得太久，血液失去了循环所需的活力。当有人想给她放血的时候，却连一滴也抽不出来，因为她的血都沉积在脉管里。我有一个吓人的担心，怕自己变成她那样子。当她吩咐我在她身边时不要乱动也不要吵闹时，我觉得她是让我去死。

总之，我的全部本能都在反抗这种身体上的尊敬。我只是在能够设身处地替人着想之后才对祖母生出真正的敬爱。我承认，迄今为止，我对她只是精神上的尊敬，和不可克服的肉体上的远离。可怜的女人，她觉察到我的冷漠，想通过指责来战胜它，却反而使我更加冷漠，从我的眼睛就可发现一种自己也没意识到的感情。她为此深感痛苦，而我没准比她更痛苦，却没法保护自己免受痛苦。再说，我的智力发育之后身上形成一种巨大的反作用，于是她看出来她弄错了，我并不是忘恩负义和死犟之人。

我认为我们是在1810年与1811年之交的初冬动身去巴黎的。因为在我头一次居住诺昂期间，拿破仑以战胜者的身份进入维也纳，并娶了玛丽-路易丝为妻。我记得花园里的两处地方，在那里我听到这两个让我全家关心的消息。我向乌絮尔道别，可怜的孩子很伤心，但是我以后回诺昂会与她重逢的，再说去看母亲我是那么高兴，以至于其余的事情几乎都感觉不到了。我第一次尝到了分别的滋味，开始有了时间概念。我计数着远离唯一喜欢之人度过的日子与钟点。我也喜欢伊波利特，尽管他喜欢戏弄人；他也为在这座大宅里头次剩下他一人而哭泣。我同情他，要是能够，我真希望祖母把他也带上。但总的来说，我没有为任何人流泪。我脑子里只有我母亲。我祖母琢磨了我一辈子，小声对代夏特尔说（其实孩子们都听见了）：“这小丫头倒不像我以为的那样多愁善感。”

从诺昂到巴黎，当时路上足足要三天，有时还要四天。而我祖母是乘驿车出行的。但是她不能在车上过夜。坐在四轮豪华大马车上，一天跑上一百公里，她就累得一身骨头散了架。那种旅行马车是一种真正的带轮子的房屋。大家知道，老年人，尤其是优雅的老年人出门旅行，会带上多少包裹箱箧，多少五花八门的小玩意和生活用品，给自己增添累赘。那辆马车上无数口袋装满面包禽肉蔬果、糖食点心、香水化妆品、纸牌书籍、旅行路线介绍，以及银钱，我还知道什么呢？有人也许会说，我们把一个月吃穿用的都带上了。我祖母和她的贴身佣人被枕头和压脚被罩裹起来，睡在后排，我占据前排长椅，尽管伸手舒腿不受限制，我却难以在一个如此狭小的空间容纳我的快乐，难以忍住不踢几脚对面的东西。在诺昂生活几年，我变得很好动，也开始有了很健康的身体；但是不久我就觉得自己在巴黎的空气里变了，没有原先活泼，但是更加体弱易病。巴黎的空气总是于我有害。

不过旅行并不让我觉得无聊。马车行驶容易催婴幼儿入眠。而这是头一次免于此苦。一路上连绵不断的新事物始终让我睁大眼睛，动着脑筋。

我们到了巴黎玛图林新街，进了一套漂亮的房间。房子面对着街那边一座偌大的花园。从我们窗户望出去，花园美景一览无余。我祖母的套间配着革命前的家具。这是她从那场没顶之灾中抢救出来的财物，都还很新，也很舒适。她的卧室挂着天蓝色的锦缎壁毯，家具也都蒙着同色的锦缎罩子。到处都铺着地毯。各个壁炉里燃着熊熊炉火。我从未住过这么好的房间，每样东西似乎都在追求某种舒适，成为让我惊奇的理由。而在诺昂，舒适性要差很多。但是我并不需要这一切：我是在船运粮仓街墙上钉壁板地上铺石板的寒碜房间长大的，并未享受过这些舒适的生活设施，而我祖母可能希望看到我对舒适的生活有更强烈的感觉。我只是在母亲来到我身边时才有活力，才露出笑颜。母亲每天都来，每次见面我对她的感情就要浓烈几分。我恨不得用抚爱来吞没她。可怜的女人发现这一点让我祖母痛苦，便不得不让我收敛，自己也克制过于强烈的感情表露。人家允许我们母女一同外出，因为不得不如此，尽管这不合先前的让我与母亲分离的目的。我祖母从不步行上街，再说她离不了朱莉小姐的随行招扶，但是朱莉小姐本身行动笨拙，注意力不集中，又是近视眼，若让她陪我出门，不是会把我丢失在街头巷尾，就是会让我被马车压死。要不是我母亲每天带我在外面转上一大圈，我是绝不会走什么路的。虽说我的腿短短的，可我跟母亲四处乱跑，就是为了能够由她牵着手，能够触摸她的衣袍，能够与她同看她要我看的景物。透过她的眼睛，我觉得一切都美。林荫大道是个有魔力的地方。中国的澡堂子，连同其丑得可怕的假山和傻乎乎的巴巴利猕猴，就是一座童话里的仙宫；在林荫大道上跳舞的灵巧小狗、玩具店、版画店和花鸟铺，都是令我欣喜欲狂的东西。凡是吸引我注意力的东西，母亲都在其前面停下来，与我一起兴致勃勃地观赏，因为她本人也是孩子，她通过分享我的快乐，让我加倍快乐。

我祖母极有鉴赏力，品位很高雅。她想培养我的情趣，对所有打动我的事物都要作一番评论。她常指点我说："这是一张没画好的人像，一堆不协调的刺眼的颜色，一首低俗的乐曲或一种低俗的语言，或一厥低俗的音乐，或一副低俗的妆容。"我只是好久以后才懂得她的意思。我母亲没这么艰深，比祖母质朴，就是更直接地与我交流印象感觉。几乎所有的艺术品或工艺品，只要形状还过得去，颜色还算清新，她都喜欢，就算不讨她喜欢，也让她开心。她对新东西情有独钟。在她看来，每个新的流行式样都是她见过的最美的款式。她不听我祖母的批评，觉得穿什么衣服都合适，没一件会让她变丑或者变俗。我祖母则是不无道理地忠于她督政府时期的长腰衣和大摆裙。

我母亲迷恋当今流行式样，看到我好妈把我打扮成"小小的旧时良家妇女"，自然难受。祖母有几件棉袍，穿过几次，但还有七八成新，就改成了我的棉袄，只是这样一来，我就几乎每天穿着深色衣服，平落落的腰身一直坠到髋部。因为这样显得很难看，就在两腋下面加条腰带。这倒是好看多了。我那时开始长出一头又长又密的褐发，在两肩之间摆荡，而且自然卷，就像头顶着一团湿海绵。既然我母亲让我好妈那么烦恼，那就得让她来操心我可怜的脑袋，给我剪个“中国式”的发型。

那确实是可以想象到的最难看的发型。它肯定是为没有额头的面孔发明的。人家把你的头发往相反方向梳，使之竖立，直到形成垂直的态势， 再在头顶正中部位将之缠扎成团，使得头颅成了顶个小发球的拉长的圆球，看上去就像奶油圆球蛋糕或者朝圣香客的葫芦。除了丑陋之外，还得受刑，头发得这样反梳直立，让人剧痛并失眠一个星期，才会接受这种强加的习惯。以后还得用绳子将头发扎紧，保持束缚，以至于额头皮被绷紧，眼角上吊，就像中国扇面上画的那些人脸。

虽然我当时对于美丑，对跟潮流还是反畸变绝对是漠不关心，但也是盲目地接受这种苦刑。既然我母亲希望这样，我让她高兴就是了；我带着一股艰忍的勇气承受痛苦。我的好妈觉得我这样很难看，大失所望。不过她认为还不至于要为如此小事闹到吵架的地步。再说我母亲也尽可能帮我好妈做工作，减轻我对她本人的依恋。

从表面看，起初这并不难，我母亲每天让人把我带出门，经常和我一起吃晚饭，或者打发晚上的时光。我只是在睡觉期间才与母亲分开。可是有一件事很快就使我的感情重新偏向母亲，因为在那件事上，我看出真正有错的是我亲爱的好妈。

自从我动身去西班牙，卡罗莉娜就没见过我，而且，似乎我祖母对我母亲提了一个主要条件，就是永远断绝我们两姐妹的来往。对一个十分老实、在严格教育下长大、并且一辈子都是正经生活榜样的孩子，她为什么这样憎恶呢？我不清楚其原因，并且直到今天我也没法想明白。既然承认了接受了母亲，为什么不能承认接受女儿呢？一个能够超脱自身所在社会偏见，以规避与自己思想心灵不相称的影响的人，却在这上面持有一种难以解释的偏见和不公！卡罗莉娜在我父亲认识我母亲之前很久就出生了，我父亲在世时把她当作亲生女儿来疼爱。她是我婴幼时的友善讲理的游戏伙伴。她人长得漂亮，性格娴静，在我看来，只有一个缺点，就是过于绝对地坚持秩序和虔诚观念。我看不出我与她接触有什么可担心的，也看不出当着大家的面承认她是我姐姐有什么可脸红的。只是有一点：她出身于非贵族家庭，可能出自平民阶级是一个污点。我说可能是因为我不知道她亲生父亲在社会上是什么地位。但是可以推定，卡罗莉娜的父亲和母亲一样，都是善良诚实的平头百姓。我不也是索菲·德拉波尔德的女儿，老鸟贩子的外孙女，克洛卡尔大妈的曾外孙女？人们怎么可以庆幸让我忘记了平民出身，却相信和我出自同一母腹的人只因父系祖宗中缺乏波兰国王和德·萨克森元帅，身份地位就比我低下？多么愚蠢的行为，或更确切地说，多么不可思议的儿戏！一个成年人，而且是一个有大才华的人，竟在一个孩子面前说出做出这种幼稚言行，要花多少时间，费多大力气，做多少完善工作，才能抹去孩子的印象？

我祖母就创造了这个奇迹，因为这种印象虽然从未从我心中抹去，却并不因此不为她的心灵对我的百般温柔所战胜。不过她费了老大气力来争取我的爱戴，如果我没有深刻的理由来为难她，那我就是个魔怪了。因此我不得不说一说一开始她在什么事情上犯了错。既然我熟悉了贵族阶级的生活与固执，我就觉得这不是她个人的过错。但是把一切都放在她一直生活其中的阶级来衡量，尽管她心灵高贵，理由充分，我觉得她也绝不可能完全摆脱这个过错。

上面说了我祖母要求让我姐姐与我完全断绝来往。由于我是4岁时离开她的，要忘记她也容易。我甚至认为，要不是母亲经常跟我说起姐姐，我已经忘记她了。至于姐妹之情，由于西班牙之行之前这种感情在我身上还未得到迅猛发展，如果不是人家要粗暴地打破它，如果不是家庭的一幕给我留下恐怖的印象，也许不会在很大程度上被唤醒。

卡罗莉娜当时12岁左右，在外寄宿，每次回来看望我们的母亲，总是求母亲带她上我祖母家看我，或者求母亲把我带回家与她见面。我母亲避开她的请求，不知用什么理由搪塞她，因为不能也不愿让她明白那强加给她的不可理解的规定。可怜的小姑娘的确什么也不明白，又忍不住要拥抱我的急迫愿望，便听从内心的呼唤，趁一天晚上我们的母亲去德·勃蒙舅公家吃饭的机会，说服看门女人陪她来到我家。一路上她高高兴兴，很是殷勤，只是对这个从未见过的祖母，她还是有点害怕，但她或许以为祖母本人也上弟弟家吃饭去了，或许是下定决心，不顾一切要见我，就这样来了。

那是下午七八点钟光景，我无精打采地独自在客厅地毯上玩，忽然听见隔壁房间有人走动，就见给我新找的保姆过来把门推开一条缝，轻轻叫我。我祖母坐在扶手椅上，像是睡着了。但是她的睡眠很轻。我踮起脚尖走到门口，不知人家叫我干什么，这时好妈转过身来，以严厉的声音问道：“闺女，你这么神神秘秘，要上哪儿去哇？”

“我也不知道，好妈，是保姆在叫我。”

“进来，露丝，你想干什么？为什么背着我叫我闺女？”

保姆有些窘迫，迟疑不决，最后说：“唉！太太，卡罗莉娜小姐来了。”

这个如此单纯如此柔和的名字对我祖母产生了非同一般的效果。她以为遇到了来自我母亲方面的公开抵抗，或一种瞒骗她的决定，只是由于孩子或保姆笨拙，才没有瞒住。她用我很少听到的生硬语气说道：“叫那孩子快走。以后永远也别在这里露面。她很清楚，她不得来这里看我闺女。我闺女不会再认识她。而我根本就不认识她。至于您，露丝，以后再企图把她领进屋，我就赶您走。”

露丝吓坏了，赶紧消失了。我是又恐惧又烦乱，几乎为自己成了令祖母生气的主题而伤心内疚，因为我觉得，她这种激动不是正常的，一定是受了很大刺激，很痛苦。看到祖母这样，我深感震惊，也就顾不上去想卡罗莉娜，再说我对她的记忆本就很模糊；但是在门外一阵低声交谈之后，我突然听到一声虽然被闷住，却仍然撕心裂肺的抽泣，一声发自灵魂深处的叫喊，它深入我的灵魂，唤醒了血缘的声音。这是卡罗莉娜在一边哭一边离去，她受了屈辱，沮丧、悲痛，自尊心与对我的质朴爱心都受了伤害。一刹那间我姐姐的形象就在我的记忆中被激活了，我认为眼前出现了还是在船运粮仓街时的她的身影，和在夏约时的她一个样子，高挑、美丽、纤细、温娴、谦恭和殷勤。她让自己成为我心血来潮的奴隶，为我唱歌催眠，或者讲美丽的童话故事。顿时我泪如雨下，朝门口冲去，可是太晚了，她已经离开了！我的保姆也哭了，把我搂在怀里，叮嘱我把忧伤藏起来，别刺激祖母。这时祖母叫我，想把我抱在她膝头上安慰我、开导我。我抗拒她的搂抱，逃避她的亲抚，我跑到一个角落，扑到地上，叫道："我要跟母亲回去。我不愿留在这里。"

朱莉小姐跟过来，想让我倾听理性的声音。她跟我说起我祖母，说我不肯望一望祖母，肯定把她气病了。"您好妈珍爱您，就是为您才活着。您也爱戴您好妈。可您这样让您好妈难过。"可是我一句话也没听进去。我只是拼命大叫，要我母亲和姐姐。我是那么难受，哭叫得喘不过气来，以至于根本不要想让我去向好妈说晚安。保姆送我上床睡觉。睡眠中我呻吟叹息了一夜。

我祖母大概也没睡好。自此我就明白我祖母是多么善良和温柔，我现在也确信，她在认为自己不得不给别人造成痛苦时，自己也感到痛苦。但是她的尊严禁止她表露出来，而且她通过一些转弯抹角的关怀照顾和宠爱来试着让你忘记这点不痛快。

我一觉醒来，发现床上多了个布娃娃。头天和母亲在一家玩具店看到它，就很想有一个。回家吃晚饭时，我把布娃娃的模样详详细细向好妈做了描绘。那是个好像在哈哈大笑的黑种小女人，露出一口白牙，黑黝黝的脸庞中间睁着两只亮亮的眼睛。她一身圆滚滚的，身材健美，穿件绣着金色流苏的粉红绉纱裙袍。这身打扮显得奇异、怪诞，令人喜爱；于是，早上，趁我还没醒来，可怜的好妈赶紧打发人去找那个黑人布娃娃，好满足我的心血来潮，忘掉昨日的不快。的确，我的头一个反应，就是大喜过望。我抱起那个小人儿，她的漂亮笑容引出我的欢笑。我像一个母亲亲吻新生儿那样亲吻她。只是我在注视着她，将她抱在胸前轻摇的时候，又想起昨日的事情。于是我想到母亲，想到姐姐，想到祖母的狠心，便把布娃娃扔了，扔得远远的。但是，由于她还在笑，可怜的小黑娃，我又忍不住把她抱起来，仍旧亲抚，并且把眼泪滴在她身上，沉湎在一种母爱的幻觉里，这是受伤害的子女对父母之爱在我身上激发的情感。接下来，我突然一阵头晕，便听任布娃娃落到地上，猛烈地呕吐起来，连胆汁都出来了，把保姆们吓坏了。

以后好几天发生的事情，我现在不再清楚。我得了麻疹，伴随高烧。 我大概避免不了这场病，但是激动与忧伤让它提前到来，或者使它更加严重。我的病情相当凶险。有一夜，有一个幻觉让我很是烦恼。家人在我睡觉的房间留了一盏灯，两个保姆睡着了，我却睁着眼睛，脑子像着了火。不过我觉得意识很清楚，盯着那盏灯，我很明确地知道那是什么。在灯芯上方形成了一个大蘑菇，黑烟从中冒出来，在天花板上投下它摇摇曳曳的影子。突然一下这灯花里显出一个清晰的形状，一个在灯焰中央跳舞的小男人。他慢慢地脱离灯焰，在周围快速地旋转，越转身形变得越大，先是到了真人大小，最后成了个巨人，其匆快的脚步踏得地面嘭嘭作响，而他狂乱的头发则像蝙蝠一样轻灵，一圈又一圈扫拂着天花板。

我发出恐惧的叫喊，有人跑过来安慰我。但是这个幻像连着出现了三四次，直到天亮才消失。这是我唯一记得的发生谵妄的事情。即使后来还发生过，但不是意识不到，就是记不起来了。

六

退烧之后，只是出于谨慎，我才需要卧床休息。我听见朱莉小姐与露丝小声交谈，议论我的病情和它变得如此严重的原因。

为了让我童年幸福，我被过分地交给这两人照顾。因此我得先说说她们的情况。

我父亲在世的时候，露丝就已经为我母亲帮佣了，我母亲满意她的贴家和好些优点，在巴黎重逢时见她没有工作，又希望我身边有个干净老实的女人，就劝我祖母雇下她来照顾我，带我散步玩耍。露丝是个强壮女人，长一头红棕色毛发，性格活跃又固执。她像小伙子一样结实，骑马也是一边一条腿跨着，夹着马像魔鬼一样飞驰，逢沟过沟逢坎过坎，有几次从马上摔下来，脑壳都跌破了，然而她却没有丝毫畏怵，照骑不误。旅行时， 她对我祖母帮助可大了，因为她什么都不忘记，样样事情预计在先，给车轮塞制动块，扶起故意落马的车夫，调整套索，在需要时自告奋勇穿上长统套靴，引车赶路。正如大家所见，这是个能干的女人，是布里那一带（因为她是在布里的田野里长大的）的女性车把式。她勤劳肯干，胆子大，手灵巧，又干净得像荷兰女佣人，而且她心直口快，为人公正，心地善良，一片忠心。但是后来我发现，由于家传的热情，生命力的旺盛，她有个要命的缺点：性格粗暴、强暴。由于她很喜欢我，在我婴幼儿期照顾精心，我母亲就认为给我找了个朋友，而她也的确把我看得很重。但是她有时暴脾气发作，而且蛮横专制，让我后来深感苦恼，使我的童年变成了某种苦难。

不过一切我都原谅她。说来也怪，尽管我性格独立，露丝让我吃的苦也不小，但我从未恨过她。之所以这样，是因为她为人真诚，亦是因为她本质上是厚道的，尤其是她一如既往，挚爱我母亲。朱莉小姐的情况则正好相反。她文静，彬彬有礼，从不大声说话，在任何事情上都显现出天使般的耐心，但是她不直爽，这却是我无法忍受的一种性格。我毫不迟疑地说，这是个才智高超的姑娘。从小城拉夏特尔出来时，她什么也没学过，就勉强会读书写字，可是在诺昂，她把大量闲暇用来读各种书籍。首先是读长篇小说。所有当贴身女佣的人都有这个爱好，这就使得我每次写长篇小说时，常常想到她们。其次是读历史书籍，最后是一些哲学家的著作。对她的伏尔泰，她比我祖母本人还熟悉。我亲眼见到她手捧卢梭的《社会契约论》，没什么读不懂的。所有著名的回忆录都被她吞食，保留在她冷静、积极和严肃的头脑里。她像个年老的外交官，一头扎进路易十四和路易十五、俄国女沙皇叶卡捷琳娜、奥地利皇后玛丽亚-特蕾莎和弗雷德里克大帝的宫廷阴谋里，谁要是一时脑塞，想不起旧时法国的王公贵族与欧洲的王室世家有什么亲戚关系，只消问她就行，她说起这些来如数家珍。不知她老年是否保留了这种能力与记忆力，但我了解她在这方面确实博闻强记，在另外好几个方面也很有知识，虽说她一句话也拼写不出来。

关于她我还有很多话要说，因为她让我受了很多罪，尤其是她向我祖母打的小报告，比起露丝的报怨投诉和出于好心而对我施加的打骂要让我不幸得多。不过她们俩我都不埋怨。她们是尽己所能来对我进行精神与肉体方面的教育，并且各依一套自认为最好的方法。

我承认我特别不喜欢朱莉，因为她恨我母亲。她以为在这上面表现了对主子的忠诚，其实她给主子带来的危害多于带给她的好处。简而言之，在我们家有由露丝、乌絮尔和我代表的母亲派，和由代夏特尔、朱莉代表的祖母派。

应该为我好妈的这两个佣人说几句好话。就是看法不同并未阻止她们非常友好地一起生活。露丝一方面从不放弃为第一个主子辩护，另一方面也总是表现出对第二个主子的崇敬与一片忠心。她们两人以尽善尽美的热情服侍我祖母到最后一刻，给她合上眼睛。因此她们一个通过对我个人的粗暴关心，另一个通过滥用对好妈的影响，而给我带来的种种烦恼，让我流出的多少眼泪，我都不予计较了。

她们在我的卧室窃窃私语。通过她们我知道了那么多家里的事情，但是那些事我是多么希望不那么早知道呀！那一天，她们（朱莉）说："瞧这丫头，爱母亲爱得发狂！可她母亲一点也不爱她。自她生病以来，一次也没来看她。"——"她母亲！"露丝说，"每天都来打听她的消息呢！不过她不想上楼，因为卡罗莉娜的事，还对老夫人生气哩。”——“这不要紧，”朱莉说，“她完全可以来看女儿，而不进老夫人的房间。可是她对德·勃蒙先生说，她怕染上麻疹。她只顾自己的小命！”——“您弄错了，朱莉，”露丝反驳道，“事情不是这样。她是怕把麻疹带给卡罗莉娜。凭什么要让她两个女儿一同患病呢？病一个就够让人担心了！”

我听了这番解释舒服多了，也不再那么急着要拥抱母亲了。第二天我母亲来了，到我房间门口，朝我叫道：“日安！”我对她说：“亲爱的母亲，快离开。别进来。我不愿把麻疹传染给卡罗莉娜。”——“瞧，”我母亲对陪她上来的不知谁说，“她，她还认得我哩！她不怪我。人家白费气力，白费口舌，再说什么做什么，都阻止不了她爱我……”

根据这些家庭内部的生活小场景，大家可以看出，在我祖母和母亲两位至亲周围，有些人在嚼舌根，搬弄是非，恶化她们的不和。她们的争风吃醋开始让我可怜的童心左右为难。作为一种嫉妒和一种持久争夺的对象，我不可能不成为某种成见的猎物，正如我不可能不是自己所引发的痛苦的牺牲品。

一俟病情好转，能够出门了，我祖母就小心地把我包裹严整，带我乘坐马车去母亲家，返回巴黎以来我还没在那里见过她。如果没记错，我认为她当时住在杜弗街。套间不大，阴暗低矮，摆着几件简单家具，客厅壁炉上，沸腾着一锅蔬菜牛肉汤。一切都很整洁。感觉不到富裕和浪费。从前有人是那样责怪我母亲，说她把我父亲的生活搞得一团糟，害得他债台高筑，以至于现在翻出所有的回忆，发现她其实很俭省，几乎到了吝啬的地步，我倒觉得欣慰。

头一个来给我们开门的人是卡罗莉娜。我觉得她像天使一样美丽，虽说她的小鼻子有点上翻。按我们相互的年龄来判断，她个头比我要高一点。她的皮肤是浅褐色，五官很秀气，表情精明中略带点冷漠与嘲讽。她沉着地迎面与我祖母打了招呼，她觉得是在自己家里。她激动地拥抱我，给我千般抚爱，又嘘寒问暖问了好多事情，然后不慌不忙地走上前去，不卑不亢地给我好妈搬来一把扶手椅，对她说："杜潘太太，您请坐。妈妈在邻居家。我去叫她回来。"接着，她去通知看门女人，因为她们没雇佣人，有些传话喊人之类的事情就请她帮忙。做完这事，她走回来坐在火边，把我抱在膝头上，又开始问我话，抚摸我，没怎么理睬那个曾那么残忍地侮辱她的贵妇人。

我好妈肯定为这个孩子准备了一些善良而又符合身份的话，以资安慰和鼓励，因为在她的想象中，这个孩子腼腆、羞怯，或者还在赌气，因此准备见到一个流泪或指责的场面。但是见到情况完全出乎她的预料，我认为她稍许感到惊愕，有些不自在，因为我注意到她总是在捏鼻烟，捏了一撮又一撮。

过了一会儿我母亲回来了。她热烈地拥抱我，又向我祖母打了招呼，但是目光冷漠无情。我祖母明白得抢在暴风雨之前开口，就很从容很有尊严地说："孩子，您让卡罗莉娜去我家的时候，对她与奥洛尔之间应该存在什么样的关系，大概没有理解我的意图。我从未想过要阻止我孙女喜欢什么人，和什么人亲。我也绝不反对奥洛尔来看您，和在您家里与卡罗莉娜见面。因此，孩子，我们一起努力，来消除这方面的误会吧。"

处置这件事情，不可能做得比我祖母还理智、还灵活、还公正了。在这件事情上面，她并不总是这样公正不偏的。一开始她肯定不愿同意我去见卡罗莉娜，哪怕是在我母亲家，再说我母亲原来也被迫承诺过，在散步时不把我带到她家，而且她也不折不扣地遵守了这个承诺。但是另一件肯定的事情，就是看到我对姐姐的记忆与感情超出她的想象，她就放弃了一个不可能执行的坏决定。但是她纵然做出这个妥协，还是保留了拒绝一个不喜欢见到的人登门的权利。她聪明而明确的解释堵住了任何抗议：我母亲感觉到了，于是她的愤怒就冰销瓦解。“好哇，妈妈。”她说，于是她们有意转开话题，说起别的事情。我母亲进门时心底是刮起了风暴，可是面对婆婆那种彬彬有礼柔中有刚的坚定，她只有如以往那样，卷起船帆，回港避风了事。

坐了一会，我祖母起身告辞，说还要去见几个人。她请我母亲把我留下，直到她过来接我。这又是一个让步，一种体贴，表明她并不打算妨碍和监视我们倾诉衷肠。皮埃莱及时赶到，搀扶着我祖母上了马车。因为他过去对我父亲表现得忠心耿耿，我祖母对他也很尊重，见到他总是一脸笑容。而皮埃莱也不是挑动我母亲与我祖母不和的人。相反，他一心只劝我母亲把心放宽，与婆婆和睦相处。不过他很少去看望我祖母，因为他每隔半个钟头就要点根雪茄吸，并且时时要做鬼脸，每说一句话都要加句他偏爱的诅咒：草袋子！在我祖母那里太受束缚。

我觉得母亲家是我唯一的家，真正的家。与母亲和姐姐在这里相聚，对我来说是多么快乐的事情啊！在我看来，我母亲是多么善良，我姐姐是多么可爱，我的朋友皮埃莱是多么滑稽，多么讨人喜欢啊！而这套与我祖母“铺了棉花”的舒适客厅（我是带着嘲讽这样称呼它的）相比如此简陋的公寓房，一时间成了我梦想的福地。我到各个角落察看，我看再小的物件时目光里都满怀爱意，从方解石的小座钟，插纸花的花瓶（玻璃圆柱体后面，纸花略微泛黄），卡罗莉娜在寄宿学校刺绣用的丝线球，一直到我母亲的取暖炉——那种贵妇淑女已不习惯使用的无产者家具，以及我在船运粮仓街最早即兴制作的老式三脚架，样样我都好喜欢！我不厌其烦地说：“我这边是在我们家，那边是在我好妈家。”——“草袋子！”皮埃莱骂了一句，“在杜潘太太面前，她可千万别说在我们家。不然她会怪我们教孩子像对菜贩子那样说话。”说完，皮埃莱放声大笑，因为他通常什么都笑，而我母亲则嘲笑他，我则叫道：“在我们家我们多开心呐！”

卡罗莉娜用手指做鸽子给我看；或者用一截棉线在我们指间翻来绕去，教我变出被孩子们称为床、船、剪刀、锯子等图形和线条组合。与这些唤醒我童年回忆的游戏相比，我好妈的美丽布娃娃和精美图画书似乎没有丝毫吸引力了；因为我虽然还是孩子，身后却已经有了一段童年、一段往事、一些回忆、一些遗憾、一段已告完结而一去不返的生活。

我饿了。在我们家没有蛋糕，没有果酱，但是有顶得上一切食物的经典的蔬菜牛肉汤：一转眼，我的下午点心就被人从壁炉上端到餐桌上。又见到我的瓷盘子，我是多么高兴！我从未吃得这么开心。我就像长年漂泊在外的游子回到家，心满意足地享受着小家的一切。

我祖母转回来接我；我的心揪起来了，但是我明白不能滥用她的恩惠。我带着一脸笑容跟她走，尽管眼里噙着泪水。

我母亲也不愿滥用已经做出的妥协，只在星期天领我回家。卡罗莉娜仍在寄宿学校，或许也开始学习乐谱制版手艺，她后来继续学习并从事这门技艺，勤勉努力，也小有获益，直到嫁人为止。星期天是她的假日。我是那样急迫地盼望星期天到来。那些快乐的日子过得像梦幻一样。到五点钟，卡罗莉娜去我的马雷夏尔小姨家吃晚饭，妈妈和我则去德·勃蒙舅公家与我祖母会合。每周聚餐一次，客人固定不变，这个家庭的老习惯很是温馨。今日生活动荡无序，这个习惯几乎消失了。对于生活有规律的有闲人士，这是最方便最惬意的见面方式。我舅公请了个蓝带厨娘[1]，此人只为有吃喝经验有鉴别能力的王公贵胄人家服务，投入了无限的自尊自爱来让这些人家满意。我舅公的管家布尔迪厄夫人，还有我舅公本人，对做吃弄喝这些重要工作实行开明的监督。到五点整，我们到了，我母亲和我，发现我祖母已经坐在火炉边的一把大扶手椅上，对面则是我舅公坐的大扶手椅，他们两人之间，是德·拉玛利埃夫人，她把脚搁在柴架上，裙子微微向上翻卷，露出穿着溜尖皮鞋的两条瘦腿。这位夫人是已故德·普罗旺斯伯爵夫人，也就是后来的路易十八夫人昔日的闺蜜，其丈夫德·拉玛利埃将军死于断头台。如果大家记得，我父亲的家书中经常提到这位将军。这是个很善良、很快活、感情外露、多嘴饶舌的人，待人

〔1〕法国古代给有较高业务水平的餐饮界从业人士颁授蓝色绶带，以证明其资质。

亲切，对人忠诚，说话大声，喜欢开玩笑，言语之中流露出稍许玩世不恭的意味。她当时根本不是个虔诚信教的女人，常拿一些本堂神甫，甚至别的教会人士作取笑对象，言语极为放肆。在王政复辟时期，她却变成了信女，一直活到98岁高龄，我以为都有点成仙入圣的气味了。总之，这是个杰出的女人，在我认识她的年代还没有偏见，而且我不认为她后来会变成虔诚过头，以至于量小褊狭、容不得他人的人。在一生的四分之三时间里对神圣事物是那样轻视之后，她也无权排斥不信天主之人。她对我很好，由于她是我祖母朋友中唯一对我母亲没有任何偏见的人，我对她也就表现出更多的信任与友谊。不过我承认，我原来对她并无好感。她的清脆嗓音，她的南方口音，她的怪异打扮，她的溜尖下巴（她吻我时戳得我的面颊生疼），尤其是她滑稽可笑的露骨表达，都阻止我认真对待她，并从她的宠爱中找到乐趣。

布尔迪厄夫人轻轻地在厨房与客厅之间来回走动。她当时只在40岁上下，是个褐色头发的强壮女人，胖乎乎的，而且是那种很打眼的胖。她是达克思人，一口加斯科尼乡音，比德·拉玛利埃夫人的发音还要响亮。她管我舅公叫“爸爸”。我母亲也有这么叫的习惯。德·拉玛利埃夫人喜欢装嫩，也叫爸爸，其实我舅公显得比她年轻。

自我认识德·勃蒙舅公起，也就是说在二十来年时间里他一直住着的套间，位于盖内戈街一座冷清大院里处一栋路易十四时代的房子里。房子的特点是各个部分都很同质化。窗子又高又宽：但是房子里挂了那么多帘子、壁毯、帷幔，摆了屏风，铺了地毯，以防止外部空气从细小的缝隙里钻进来，以至于各个房间都像地窖一样阴暗、沉闷。帝国时期，在法国，尤其是在巴黎，防寒技艺开始失传，现在对于中产人士来说，则是完全失传了，尽管涌现众多经济取暖的发明，其进步增添了我们的财富。时尚、需要和投机协同一致，引导我们建造一些开设更多窗洞的房子。这些丑陋脆弱的建筑实心部分少，墙体变薄，建造时间短，使得一套房间越小就越冷，取暖费用就越高。我舅公的套间是一种温室，是他以辛勤的劳作在一栋厚重的实心墙房子里造出来的。其实生活在和我们一样可憎多变气候下的人们的住所都应该是这样的。也确实，昔日人们在一个地方一住就是一辈子，窝在那里建，坟也在那里挖。

我那时认识的过着退隐生活的老女人只是生活在自己的卧室里。她们有宽大雅丽的客厅，一年在那里开一两次招待会，其余时间绝不进入。我舅公和我祖母从不开招待会，因此完全可以省去这种无用的徒增房租的奢侈。不过套房要不是这样，他们也许又会认为没地方住。

我祖母的家具是路易十六时期的，而当她隔三岔五发现什么更现代的物件，觉得好用或者漂亮，就毫无顾虑地往里面添。但是我舅公太有艺术家素质，不允许自己做出丁点浪费。他家的一切：门上的线条或者天花板的装饰都是同样的路易十四风格。我不知道那套价值不菲的家具是他继承来的还是自己收藏的，但从火钳风箱到床到油画框，那样一套完整的老东西，对今日的一个爱好者来说，也许是一个新的发现。他的客厅里有几幅好画，还有几件大小相当可观、价值相当不菲的球形脚家具。由于这些东西并未再度成为时尚，由于人们偏爱帝国时期流行的古罗马风格的象牙椅，和模仿埃尔柯拉诺姆城[1]的家具，用镶金包银的桃花心木或漆成青铜色的木材制成的可恶产品，而不喜欢这些精美物件，这些真正的艺术品，我舅公的家具只对他自己有价值。我远无能力评价这样一套收藏的艺术价值与情趣，甚至我还想对母亲说，这些东西太旧了，一点也不美。然而美丽的物件自身带有一种连不理解它们的人也常常接受的印记。每次我走进舅公家，就觉得仿佛走进一座神秘的庙宇，由于他家客厅的确是一处封闭的圣地，我就小声央求布尔迪厄夫人让我进去。于是，趁着祖母舅公他们晚饭后玩纸牌的当口，布尔迪厄夫人给我一个小烛台，把我悄悄领进那间大客厅，让我在里面待上片刻，叮嘱我不要爬上家具，不要让蜡油流淌。我小心记着她的叮嘱，把烛台放在一张桌子上，就迈着庄重的步子，在这个勉强被我微弱的烛光照到天花板的大房间里走动起来。因此我只是模模糊糊地看到挂满墙壁的拉吉利埃尔[2]那些巨幅画像，美轮美奂的佛兰德斯家庭内景画，和意大利大师们的作品。我从那些镏金镀金部件的闪光中，从窗帘帏幔的大褶皱中，从这间令人敬畏似乎不敢居住，唯我独自占有的房间的静寂中获取快乐。

对我来说，有这种想象的占有就足够了，因为从幼年开始，实在的占有就从来不是我的快乐。宫殿也好，马车也好，首饰甚至艺术品也好，都从未让我生出占有的愿望。但是我又

〔1〕古意大利城市，在庞贝城附近，被火山灰覆埋，1711年后被发掘出来。

〔2〕拉吉利埃尔（1656–1746），法国画家。

喜欢在富丽堂皇的宫殿里走一走，喜欢看着优雅华丽的马车从眼前疾驶而过，喜欢摸一摸翻一翻做工精致的首饰，喜欢凝视以某种形式显现人类才智的艺术品或工艺品。但我从未觉得需要对自己说：这是属于我的；我甚至不理解别人为什么有这种需要。把稀罕物件或者珍宝送我是做了错事，因为我不可能不很快就把它转送给某个欣赏它有占有它的欲望的朋友。我只看重来自所爱的并且已经离世之人的物件。不管它们有多大价值，我都十分珍惜。我承认，要是债主逼我卖掉房间里的旧家具，我会很痛苦，因为它们几乎都是我祖母传下来的，一生中不管什么时候都让我想到她老人家。至于其他人的任何东西，我从未有过占有的企图，我觉得自己属于那些过流浪生活的吉卜赛人，贝朗瑞[1]说他们：看到，就是拥有。

我并不仇恨奢华，相反，我喜欢奢华。但只是为我自己。我尤其喜欢象征爱情的珠宝首饰。我没见到比这些金属与宝石的组合更漂亮的创作，因为它们可以在如此玲珑的尺寸里做出最巧妙最讨人喜欢的造型。我喜欢仔细端详华丽的服饰、料子、颜色：让我着迷的是其意旨情趣。要是能够，我愿做个做首饰或者做戏服的匠人，为的是永远创新，为的是通过这意旨情趣的奇迹，赋予这些贵重材料以某种生命。但这一切没有任何让我喜欢的用处。美丽的袍子碍手碍脚，珠宝首饰容易划伤皮肤：在任何事情上，讲究柔软舒适的习惯催我们衰老，断送

〔1〕贝朗瑞（1780—1857），法国诗人，谣曲作家，其爱国民谣获得巨大成功。

我们性命。总之，我不是天生富贵的命。要不是已开始感到老年的不适，我真会生活在贝里地区的一座茅屋里，不求别的，只要干净就行。住在那里面，我会像住在一座意大利别墅里一样满意。

对于朴素的共和主义者来说，这并不是美德，亦不是奢望。难道在艺术家眼里，茅屋不是常常比一座以艺术史上最可怜的宪章派风格建造与装修的现代丑陋宫殿更美，更富有色彩、韵致，布局更合理，特色更鲜明吗？因此我就不明白，当代艺术家怎么如此贪图钱财，怎么如此需要奢华，怎么如此渴望幸运。如果世界上有人能够舍弃奢华，用很少的、几乎是乌有的东西，给自己创造一种理想的生活，那么这人一定是艺术家，既然他拥有给最不起眼的东西都赋予诗意的才具，拥有按照诗的直觉与旨趣规则给自己建造窝棚的能力。奢华在我看来是蠢人的办法。

然而我舅公却完全不是这样。他是天生喜好奢华。再说我也很赞同，只要碰到好机会，弄得到，而且价钱比丑陋家具划算，陈设些精美家具也无妨。他那些宝贝或许就是这样淘来的。因为他家底并不厚，出手又很大方，这就等于说他是穷人，不可能头脑发热，心血来潮，一掷千金来满足自己的喜好。

他吃得很少，但是爱吃美食；不过他是有节制有品位的嘴馋，不讲排场，也不炫耀，甚至他以不重虚名但求实效自嘲。听他讲述其烹调理论是一件趣事，因为他一时带着可以用来处理任何政治与哲学素材的严肃性与逻辑性，一时又带着可笑的并不相称的兴致来展开分析。“没这么愚蠢的家伙，竟把自己吃破产了。”他说，言语诙谐、口音高雅冲淡了话语的粗俗，“做一份鲜香软嫩的煎蛋，比叫人用炒鸡蛋做借口，来给自己上一块烧焦的老抹布，也贵不到哪里去嘛。关键是自己得清楚炒鸡蛋是什么。当一个家庭主妇弄明白了这点，我宁愿请她来主持我的厨务，也不愿请一个让小学徒们叫先生，给烂肉安上最浮夸名字的卖嘴皮家伙。”

整个晚饭期间，桌上的交谈都是这个调子，谈的都是有关大路货食物的话题。我在上面引了他一小段话，为的是让大家想象这位教士的性情。今日这种类型的人已经见不到了。我祖母极爱吃甜食，虽说吃得很少，她关于制作香草奶糊和炒松软鸡蛋卷的方法，也有一套科学理论。布尔迪厄夫人引发了和我舅公的争吵，起因是她在调味汁里放多或者放少了丁点儿肉豆蔻；我母亲笑话他们的争吵。只有拉玛利埃大妈忘了在晚餐时唠叨，因为她正在狼吞虎咽海吃山喝。至于我，一顿晚饭，上菜、讨论、分析、品味，如此郑重其事，时间拖这么久，早让我无聊得要死。我总是吃得很快，边吃边想别的事情。饭桌上坐太久总让我不适，于是我获得许可，可以不时起身离桌，去和一只名叫巴贝的老贵宾犬玩耍。这条狗一辈子就是在怀孕生仔，并在餐厅一个角落给孩子哺乳中打发时间。

白天，当我与母亲四处走动的时候，便是头天晚上让我觉得无聊的事情也让我和她快乐。我以自己的方式给她描述我郁闷无声地观看着的那一个个荒唐可笑的小场景。她听了放声大笑，为看到我同她一样，也蔑视与厌恶那些“老伯爵夫人”而非常高兴。

然而，在这些老贵妇当中，肯定有一些有某个长处的人，既然我好妈与她们来往密切。但是我还没到评价人们真正的才德的年纪，除了总是让我生出好感的德·帕尔代央夫人，在那些道貌岸然的人身上，我只看到粗俗与可笑的一面。

我父母在我面前说过上百次，说我是个优异的小女孩，不会去争漂亮图虚荣。我把漂亮当作对我良好品行的夸奖，因为每次我表现不好，家人都说我长得好丑。因此我觉得，对孩子们而言，美貌还有个纯粹精神方面的词义。也许我天生就不会自我崇拜，可以肯定的是，我祖母在做出巨大努力让我达到她希望的漂亮程度时，也拿走了我本可以拥有的些微漂亮。她希望让我整个人变得漂亮，注意修饰打扮，举止优雅。到那时为止我具有健康的正常的儿童天生就有的优美。但是人家开始觉得我个子太高，不适合保留那分天然的优美，而那种优美之所以为优美，仅仅是因为它是天然的平衡与自在。在我好妈的观念里，有一种后天养成的优美，不管是行走起坐，还是向人致意，拾取落地的手套，在餐桌上拿刀持叉，或是给人介绍某件物品，都有方式方法；总之，一种应该早早教会孩子的全面模仿，以便通过习惯使之成为其第二天性。我母亲觉得这一套很是可笑，而我认为母亲有理。优美在于身体结构，如果本身不具备，而通过人为的方法使之具有，只会使身体显得更不自然。在我看来，一个男人或一个女人装模作样，矫揉造作，比什么都丑陋。约定俗成的优美只适合剧院（正因为这个原因我要更大声地表示，艺术的道理并不是现实）。

在昔日浮华社会的男人女人生活里，这个约定俗成的东西是一篇那么重要的文章，以至于演员们尽管做了大量研究，今日还是难以给我们一个清晰的概念。这些优美人士已经衰老，其中有一些我还认识。我声明，尽管他们旧日的崇拜者两性兼有，我却没见过比他们更可笑更讨厌的人了。我喜欢一个扶犁耕田的农夫，一个伐木砍树的樵夫，一个头顶筐篮的洗衣妇，一个与小伙伴在地上打滚的孩子，要胜过他们百倍。骨架长得美的动物就是优美的模特。骏马高贵的气派、骄傲的姿态、大方又灵活的动作是谁教的？鸟类无法描述的优雅是向谁学的？年轻山羊不可模仿的舞蹈和蹦跳又是从哪里学来的？ 蔑视那种旨在艺术地捏鼻烟，自命不凡地穿绣花衣、燕尾袍，带佩剑与扇子的旧式优美吧！有人告诉我们，西班牙的美丽贵妇能以说不出的优美把玩扇子，因为这在她们身上是一种艺术。这话没错，但是她们的本性也投入其中。西班牙的农妇跳波莱罗舞，比我们歌剧院的女演员跳得还好，而她们的优美只来自于她们美丽的身体结构，带着其特征。

因此，“优美”，一如人们在大革命前的理解，也就是假优美，成了我童年的烦恼。我没有一个方面不需要调教，没一个动作不被批评。这引起我持续的不耐烦，于是我经常说：“我宁愿做头牛做匹驴，只要人们让我随意行走，照我理解的那样吃草，而不愿意被人改变成一条博识的狗，学习用脚后跟走路，学习如何举手投足。”

在有的事情上面坏事也是好事，因为也许是这种无时无刻不在的烦恼让我对矫揉造作产生厌恶，并让我在思想情感上保持真挚自然。虚伪、做作、假模假式让我反感。即使它们被巧妙地抹上一层亮油，包上虚假的纯朴外表，我也能看出来。我只能从真实与纯朴中看到美和善。我年纪越大，越认为希望真实是人类品格、精神工作和社会生活行为的首要前提是正确的。

再者，我看得很清楚，这种所谓的优雅，即使真漂亮，真吸引人，也不过是笨拙与身体衰弱的掩饰。那些那么善于在地毯上走路，那么会致敬行礼的美丽太太英俊先生，却不会在好天主的大地上走三步路而不累得要死。他们甚至不会开门关门，没有力气拿起一块劈柴塞进炉膛。他们搬把扶手椅都要叫仆人帮忙。独自一人他们无法进屋出门。没有仆人充当他们的臂膀、手脚、大腿，他们的优美有什么用？我想到我母亲，她的手脚都比别人秀气，却每天能在野外走十来公里路再吃午饭。她搬大石头，或者推独轮车就像穿针引线或者用铅笔写字一样容易。我宁愿做一个洗碗女工，也不愿做像我每天在陈腐麝香味中打着哈欠观察的那些女人一样的老侯爵夫人。

今日的作家们啊，你们不断诅咒当代的粗俗，在所有那些破烂旧事物的废墟上哭泣；你们借鉴凡尔赛特里亚农宫的宁芙仙女形象，在这个君主立宪王朝和资产阶级民主时代创造了一种头上扑粉的文学[1]，我祝贺你们不曾在旧时好色调的残余中度过幸福的童年！你们因为不曾有过我那样的烦闷，才对现在与未来无情无义，才会对你们仅仅是从画中认识的迷人过去的骨灰瓮情有独钟！

〔1〕旧时法国贵族以在头上扑粉为优雅。

七

我很无聊，但是我还算不上不幸。我被人疼爱，而且我生活中缺少的也不是爱。因此尽管有其痛苦，但我对这种生活却也无可抱怨，因为最大的痛苦应该是所体验的感情得不到鼓励。我的不幸和我的命运恰恰是被这些时而缺乏理智或体贴，时而缺乏公正或节制的极端感情伤害并撕裂。我一个朋友，一个十分睿智的男人，经常做一个让我总是觉得震惊的思考。他是这样展述的：

“人们制定了一些规则，一些道德的律条，以改正天性的毛病或者促使天性完善。”他说，“但是人们没有为指引和开导情感制定规则。我们有一些宗教和哲学，可以用来节制我们的欲望，控制我们的情绪。人们以最简单的方式教育我们灵魂有各种义务，但是灵魂有各种冲动，给它的情感提供各种特别的色调和面貌。它有些能力转化为过剩，有些衰弱就变成疾病。如果您咨询友人，如果您在书中寻找一种治疗方法，您会得出一些不同的见解，做出相反的判断。证据就是，即使是最合法的情感道德，也没有一成不变的规则，而每个人只考虑自己，以自己的观点来评判咨询者的道德状况；再说，您给他的咨询建议毫无用处，治不了任何疾病，纠正不了任何怪僻。例如，我就没见到哪儿有《爱情入门》书卖。然而爱，任何形式的爱，却支配了我们的全部生活：子女对父母的爱，兄弟姐妹的骨肉之情，夫妇之爱，父爱或母爱，友爱，仁爱，善心或者博爱。爱到处都在，就是我们的生活本身。是啊！爱摆脱了一切引导，避开一切榜样，拒绝了一切教训。它只服从自己，它变得专横、嫉妒、猜疑、苛求，它死缠烂打，无常多变，它心血来潮，贪图肉欲，抑或野蛮，抑或贞洁，抑或禁欲，依照其充实和占有的灵魂性质，不是崇高忠诚，就是凶狠自私，不是最最良善，就是最最歹恶。为改正滥用爱的状况，没有什么入门指导可做。因为爱就是其本性的极致，而且爱越贞洁，越神圣，常常就越极致。做母亲的常常因为爱孩子过头而使他们不幸，因为过于想让孩子虔信反使他们不信宗教，因为过于想让孩子谨慎反使他们冒失，因为过于希望孩子温柔多情、知恩图报反使他们忘恩负义、冷漠无情。而夫妻之间的嫉妒！允许达到的范围在哪里？禁止超过的极限在哪里？一些人断言有爱就有嫉妒，另一些人则声称真爱没有猜忌和怀疑。在这方面，应该教会我们自我观察、自我治疗，热情泯灭时振奋精神，热情过盛时予以抑制的良知规则在哪里？这个规则，人类尚未将它找到，这就是我说我们活着如同盲人，以及诗人给爱的眼睛蒙上布带、哲学家却不知道给它解下的原因。”

我的朋友如是说，他把指头戳到我的伤口。因为我整个一生，都是别人情欲的玩物，从而也是其牺牲品。只说在我幼年，我母亲与我祖母因为都渴望得到我的爱，便竞相争抢我心灵的碎片。我的保姆本人只因为极其喜欢我，才迫害我、虐待我。按她的想法，她希望我完美。

从一进入春季开始，我们就打包装箱，备办行李，准备回乡下。我亟须回乡调养。也许是生活过于安逸，也许是从未适应巴黎的空气，我的身体日渐衰弱，一眼就看得出瘦了。或许不应该考虑让我与母亲分开：我认为当时若感觉不到人家依了我的意愿，我没准都没命了。于是我的好妈邀请我母亲与我们同回诺昂。由于我在这方面表现的不安让别人担心，大家便商量好，由我母亲带我乘车，露丝陪同，我祖母则带朱莉乘另一辆车。那辆四轮大马车已经卖掉了，取而代之的是一辆两座小马车，因为家里的财务状况稍微有点拮据。

我在前面不曾提到我姨父马雷夏尔，和他妻子我的好小姨吕茜，以及他们的女儿我亲爱的克洛蒂德。我记不起那段时间和他们有什么特别的来往。我看望他们相当勤，但是他们住在哪儿我现在记不起来了。一般是我母亲领我去他们家，但有几次我祖母接待了他们，也做过少有的几次回访。她不很喜欢我小姨直爽坦率的性格，但是她很公正，不会看不出小姨对我父亲的感情，以及小姨姨父杰出和踏实的优良品格。

因此我快乐地与我母亲和卡罗莉娜一起待了两三天，时时都厮守在一起。然后我可怜的姐姐回了寄宿学校。我认为克洛蒂德也被送到那里安慰她，陪她住了一段时间。而我们就动身了。

我认为，1811年在诺昂度过的那段时间，是我一生中少有的尝到了全部幸福的时期之一。我就像在船运粮仓街那段时间一样快乐，尽管那时没有大套房、大花园。对我来说马德里是一个让人激动但也是难堪的战场，我从那里带着疾病回来，父亲突然去世给我家带来的灾难，接下来我母亲与我祖母之间的争斗（它开始让我感受恐惧与忧愁的滋味），这已经是接受不幸与苦难磨砺的过程。不过1811年的春季与夏季万里无云。证据，就是那一年没给我留下任何特别的记忆。我现在知道那一年乌絮尔是与我一起度过的，也知道我母亲的偏头风比前几年轻了些，还知道我母亲与祖母有些失和，但她们那时把分歧掩饰得那么好，以至于我都忘了她们曾经闹过意见、现在也仍然不睦。那段时间也可能是她们一生当中彼此最为理解的时期，因为我母亲不是胸有城府的女人，把自己的感觉藏起来超出了她的能力。当她受了刺激，即使孩子在场，她也做不到隐忍不发。

屋里也比先前多了一些欢乐。时间并未让深悲剧痛休眠，但是减轻了痛苦的程度。我几乎每天都看到祖母和母亲在悄悄哭泣，但即使是她们的眼泪也证明，她们不再时时刻刻想着她们怀念的对象。可以这样说，最最强烈的痛苦并未引发危机；而一种恒久的危机却引发了痛苦。

德·拉玛利埃夫人来诺昂我们家住了一两个月。她和代夏特尔在一起很快活，称他为小老爹，从早到晚讥笑他。她肯定没有我母亲那么机智，但她的玩笑里从无怨气。她与代夏特尔有友情，对我母亲却无敌意，她甚至总认为我母亲是对的。这个轻佻的老女人其实为人善良，容易相处，只是因为唠叨、喧嚷、情绪冲动，还有炸耳的笑声、稍嫌重复的好话，以及思想与言语都不怎么连贯才让人生厌。尽管她的饶舌是众所周知，她的不学无知却是异乎寻常。她把“艾匹塔拉姆”（祝婚诗）念成“艾匹特尔阿拉姆”（给灵魂的信），把梅菲斯特（《浮士德》中的魔鬼）念成“梅斯特菲”。但是她经得起嘲笑，不会生气。对自己的错误，她哈哈大笑，和笑别人的错误一样开心。

在风和日丽的季节，小花园、岩洞、草坪上的长凳、瀑布都一派生机。老梨树下的花坛背着我们，悄悄地遮掩了我弟弟的坟墓，得到显著的改善。一个盛满水的大木桶放在旁边，以供我们浇灌。有一天，我头朝下栽进这个木桶，要不是乌絮尔赶来相救，我就淹死了。

在我母亲的这个花园里，我们各有一个小花园。其实母亲的这个花园本身也小得很，要让我们满足都不容易。可是人天生就有某种产业精神，只要给孩子四尺见方土地，他就会喜欢这块由其耕种、并且大小与其力气相适应的土地。这一点总让我寻思，不管你是不是共产主义者，你都得承认私产。不管你是在一定范围内限制还是扩大私产，不管你是按照特性还是按照时代需要，以这种方式还是那种方式定义私产，有一点都是肯定的，就是人耕种的土地和他的衣服一样，是属于他个人的财物。他的卧室或他的房屋仍是一种衣服，他的花园或他的卧室是他房屋的衣服。而值得注意的，是这种对人的本能的观察，它证实了人需要产业，但似乎不需要幅员广大的产业。产业越小，人看得越重，产业料理得越好，就变得越珍贵。一个威尼斯贵族对其宫殿的喜爱，肯定不如一个贝里农民对其茅屋的珍惜，而一个拥有数十平方公里土地的资本家，从这份巨大财产中获得的快乐，要小于一个在自己的阁楼间栽培一盆桂竹香的艺匠。我一个律师朋友有一天笑着对一个心满意足地跟他说自己地产的客户说：“土地？您以为只有您才有土地？我也有，在我窗台上，在那一只只花盆里。它给我的快乐，要多过您那些土地给您的快乐；它带给我的烦恼，要少过您的土地带给您的烦恼。”后来，这位朋友继承了一大笔遗产，有一些土地，一些树林，一些农庄，但随之也有了一些烦恼。

将近7岁时我开始忍受代夏特尔的家庭教育。有相当长的时间我对他无可抱怨，因为他对伊波利特有多么粗暴多么严厉，在头几年对我就有多么温和多么耐心。由于这一点我进步很快，因为他冷静的时候课讲得又清楚又简短，但脑子一旦发热，讲得就含糊了，有时陷入了缠夹不清的境地；他要是生气发怒，连话也讲不连贯，语无伦次，结结巴巴，完全听不出是什么意思。伊波利特脑子很灵，一点就通，而且记性很好，但代夏特尔还是对他不好，经常凶他。代夏特尔不愿考虑一个健壮孩子的活动需要：上了那么久的课，他当然更要活动活动。尽管我跟哥哥很友好，但我也承认，这是个让人难以忍受的孩子。他一心想着的事情就是破坏、摧毁，就是嘲笑与捉弄别人。有一天，他把一些燃烧的木柴扔进壁炉，说是要“拿凶恶的众神作牺牲”，然后把屋子点燃了。还有一天，他往一块大木柴上撒火药，让它在炉膛里爆炸，把一锅炖牛肉都掀到厨房中间。他管这叫研究火山爆发理论。接下来，他把一口锅拴在一些狗的尾巴上，放它们在花园里乱窜，并发出瘆人的叫喊，以此作乐。他给一些猫穿木屐，也就是说，给它们爪子套上核桃壳，然后把它们扔到冰上或者地板上，看它们打滑、摔倒、爬起来又摔倒，一边发出可怕的诅咒。还有几次，他说自己是希腊大主教卡尔夏斯，借口要在厨房桌上拿希腊神话中的伊菲革尼亚女神作牺牲，他拿起刀来对着一些没那么出名的牺牲品：在对左右两边一顿大砍之后，他砍伤了别人或者他本人。

有时，在我并不像他那么奋激的性格容许下，我也稍微参与他的疯狂举动。有一天我们在家禽饲养场观看宰杀一头肥猪。伊波利特认为也可以对园子里的黄瓜来这么一下。他把一根小木钎插进黄瓜顶端，按他的说法，这就是猪的脖颈。接着，他用脚踩压这些倒霉的瓜菜，把汁液榨出来，乌絮尔用一个旧花瓶接了，用来做血肠。而我则在旁边一本正经地点燃一堆想象的火，用来烤猪肉也就是黄瓜。我们的动作就和我们看到的屠户的操作一样。这个游戏让我们那么快乐，以至于我们宰杀了一根又一根黄瓜，先是选最肥的下手，到后来最瘦的也留不住了。我们利索地把一大片黄瓜都糟蹋了，那可是园丁重点关照的对象。我请大家想象一下，园丁看到这个蹂躏场面，该是多么痛苦。伊波利特在这片狼藉的尸体中间，活像与希腊军队交战杀红了眼的特洛伊英雄阿贾克斯。园丁告了状，我们受惩罚。但这并不能让黄瓜们复活。那一年我们没有吃黄瓜。

我们的另一个恶作剧就是被我们村的孩子称作“骗狗”的事情。在花园小径或者道路中间挖个洞，填满泥浆，面上铺一层小木棍，再盖上小石片，撒上浮土或者枯叶，陷阱便告完成，这时便可躲在树丛里，窥视过路人的行动，他们要是踩中陷阱，脚陷泥坑，便会怒骂哪个可恶的顽童，做出这等恶作剧害人！要是洞挖得稍深一点，腿都会挫断。但是我们的洞面积大，不会发生这种危险。有趣的地方，就是看到园丁耙净小路上的枯叶、在最美的地段感觉脚下踏空的惊恐。要修好这段路，少不了一个钟头。有一个晴朗的日子代夏特尔也踩中了陷阱。他总是穿着漂亮的起棱白袜、短罩裤，打着漂亮的南京夏布护腿，因为他很讲究从脚到大腿的穿着打扮。他的鞋子里极其干净讲究，一如所有卖弄学问的角色。这是一个特征符号，凭此肯定可以认出他们来，即使他们并未从事教师职业也如此。代夏特尔这样穿戴以后，走路时膝弯子总是绷得直直的，只剩一双脚在外面。我们跟在他后面，要更好地感受看见他踩中陷阱的快乐。 突然一下脚下垮塌了，代夏特尔双腿陷在为他的白袜子而精心准备的黄色烂泥里。伊波利特装出受惊的样子，于是代夏特尔把所有的怒气都发在乌絮尔和我身上。但是我们并不怕他，等他捞起他的鞋子，我们早就跑远了。

由于代夏特尔打起我可怜的哥哥来很凶狠，又由于他只愿意对小姑娘们说些傻话，我们三人，伊波利特、乌絮尔和我便串通一气，以后再发生什么事情，就往我们身上栽。我们甚至为了更好地变换角色，还安排一场小喜剧，一度获得成功。那是伊波利特开的头："你们看，这些小傻瓜，"每当他打破一个碟子，或者惹发一条狗在离代夏特尔耳朵过于近的地方吠叫，都马上大声说，"就只会干坏事！我的小姐们呐，你们到底有没有个完？"然后他就逃走。而代夏特尔还站在窗边兀自纳闷，怎么没见到那两个小丫头呢？

有一天代夏特尔去集市卖牲口，因为他摆在第一位的工作，是我们农庄的耕种收获和经营管理，伊波利特正在"大人房间"里明智地研习他的功课，忽然想到要装出一副地道的大人模样，便穿上猎装，戴上鸭舌帽，在房间里踱起四方步。猎装很长，一直拖到脚跟。他就两脚探在外面，两手叉在背后，在房间里踱着，一举一动都是个老学究模样。接下来，他专心于模仿老学究的语言。他走近黑板，用粉笔画了几个图形，开始论证演算，然后生气，变得结巴，骂学生是极端无知又粗鲁的傻子，再后来，他对自己的模仿才能感到满意，就走到窗前，粗鲁地叫唤园丁，说他修剪树木的方式不对，批评他，训斥他，咒骂他，威胁他……完全是代夏特尔的做派，连声音都是我们平时听惯的代夏特尔那副响亮的大嗓门。无论如何，园丁是个单纯质朴的小伙子，容易轻信别人。兴许是伊波利特学得太像，兴许是距离太远，难辨真伪，园丁竟信以为真，开始回嘴，并且小声嘀咕，表示不满。可是当他发现真正的代夏特尔就在几步开外，正在冷眼旁观这一幕，把模仿者的每一个动作每一句话都看在眼里听在耳里时，这可怜的小伙子是多么惊愕啊！代夏特尔本可以一笑置之，但是他不能容忍别人攻击他的人格，再说，伊波利特也是倒霉，没有见到被树木遮掩的代夏特尔。代夏特尔从集市回来比大家期望的要早。他不声不响地上楼进他的房间，听见淘气鬼正粗喉咙大嗓子训斥假想的伊波利特："你不做功课，字像猫写的一样难看，拼写就像做亏心事，拼也拼不全；啪！啪！这是赏你耳朵的，畜生呐你真是！"

就在这时代夏特尔一把推开门，于是一幕戏变成了两幕：当假扮的代夏特尔抽打假想的伊波利特耳光的时候，真正的代夏特尔抽打真正的伊波利特耳光。

我跟代夏特尔学语法，跟我祖母学音乐。我母亲让我阅读和书写。没人跟我谈论任何宗教，尽管让我读了圣史。大家给我信仰自由，任我随意驳斥古代的奇迹。母亲让我在她旁边，跪在地上祈祷。她自己不会忘记祈祷，她也从来没忘过祈祷。

教堂内景

她的祈祷甚至相当冗长；因为我做完祈祷，上床躺下了，还见到她跪在地上，双手捧面，在聚精会神地祈祷。不过她从不去忏悔，周五也吃荤腥，但礼拜日的望弥撒是从不漏过的，即使有事而不得不缺席，她也要以双倍的祈祷来弥补。当我祖母问她为什么持这种半信半不信的态度，她回答说："我有我的宗教，那种规定好的宗教，我信，但我厌倦了。我受不了那些教士。那是些伪君子，我是绝不会把内心的想法告诉他们的。因为他们会往歪的方面理解。我认为我没做过任何坏事，因为即使我做坏事，也是迫不得已，由不得自己。我不会改正我的缺点，因为我无能为力。但我是真心敬爱天主，我认为他善良，不会在彼世惩罚我们。我们干的傻事已经在此世给我们太多的惩罚。不过我还是很怕死。但并不是因为害怕当面接受天主的审判，而是因为热爱生活。我是信赖天主的，因为我确信从未有意冒犯过他。"

"但您在冗长的祈祷里对天主说什么呢？"

"我对他说我爱他；我告诉他，想到他我就忘记忧愁了，我祈求他让我在彼世与丈夫重逢。""但是您去望弥撒干什么呢？您一点也听不懂？”

“我喜欢在教堂里祈祷；我知道天主无处不在；但是在教堂里，我更清楚地看见他，而且我觉得这种共同的祈祷更好。我在祈祷时很分心，而且为时过长，但毕竟有段足足的时间全心祈祷天主，这让我觉得欣慰。”

“但是，”我祖母又问她，“您见了假装虔信的男女就走开？”

“是的，”我母亲回答，“因为他们容不得别人，而且虚伪。我认为天主如果可以憎恶他的造物的话，那他最憎恶的尤其会是那些假仁假义的虔信男女。”

“您这么说也就指控了您的宗教本身，因为假装信教最虔诚的那些男女也是在世的最被人憎恶最坏的人。这种宗教也就

教堂内景

是坏宗教，而人越是远离这种宗教，也就越是好人，这难道不是您的看法的后果？”

“您也问得太久了，”我母亲说，“我不曾习惯对我的感觉进行理性思考，我是一觉得被人推就动，凡是心让我做的事，我绝不会问脑子要理由。”

从这些对话，从给我安排的教育，或不如说从我虚缺的经过思考的宗教教育，大家可以看出，我祖母其实根本不是天主教徒。她并不像我母亲那样，仅仅憎恶那些伪善的信男信女，她还憎恶伪善，憎恶她冷酷无情地评价的天主教。她并非不信神，她并不是无神论者。但她信奉的是那种由18世纪的哲学来教育并能够由其说明特征的自然宗教。她说自己是自然神论者，以同样的轻蔑拒绝了所有的教义、所有的宗教形式。她说她很崇敬耶稣-基督，把耶稣的教义当作一种完美的哲学来崇拜。她怜悯总是被一种多少有些可笑的虚构所包裹的真实。

我在下面会说，她的评判哪些被我保留，哪些被我丢掉，哪些被我接受，哪些被我拒绝。不过，我应该说，在我童年，随着我的身体逐步发育，我的本能更把我推向母亲质朴的信任人的信仰，而不是推向我好妈稍稍冷漠的批评性审视。我母亲不知不觉之中把诗意带进她的宗教感情，而我需要诗意；不是那种成熟思考后安排和成就的，像当时人们力图成就的以对18世纪实证主义做出反应的诗意，而是存在于事实本身，并且我们在童年就感觉到，虽不知其为何物也不知人们如何为其命名的诗意。总之一句话，我和民众，和我母亲，和在好天主与魔鬼面前稍显卑屈，有时把两者搞混，力图使所有大自然的神秘力量都变得对自己有利的农民一样，需要诗意。

我痴迷不可思议之事，而我的想象力并未从祖母给我作的解释中获得好处。我以同样的乐趣阅读古代犹太人和异教徒的奇迹。我本是巴不得信仰这些奇迹的，但我祖母不时断然地干脆地唤醒我的理智，我也就到不了信仰这一步了。但是我不愿在内心否定任何事情，也就为自己报复了这事给我造成的郁闷。这绝对像我的童话。当时我对童话也只剩五成相信，只是在某些时刻，在情绪冲动的时候才相信。

宗教感情按个人情况表现的差别，是体质上的事情，因此我不像祖母那样，因为大多数虔诚信士的恶习，就是憎恶假模假样的虔诚。虔诚信教是我们精神能力的一种狂热，正如陶醉是我们肉体能力的一种兴奋。任何葡萄酒，喝多了都醉人，这不是酒的过错。有的人是海量，喝多了越发清醒。有些人喝一点儿就变得糊涂，或者发狂。但总的说来，我认为葡萄酒只不过让我们身体的优劣强弱显现出来罢了，而容易上头的人，或者性格易狂的人，就是喝世界上最好的葡萄酒，也照样上头发狂。

因此，按照它所依据的某种教条，宗教狂热是一种灵魂状态；由酿造这种液体的酒瓮是牢固还是易碎，而表现得或者可敬，或者可憎，或者可怜。这种对我们人身的过度刺激使我们或成为圣人，或成为迫害者，成为殉教者，或成为刽子手。如果宗教裁判所和酷刑折磨是天主教徒发明的，那就肯定不是基督教的错。

一般而言，假虔诚们让我反感的事情，并非他们不可克服地死抱身体构造的缺点不放，而是他们的生活与观点缺乏逻辑。他们的话白说了，他们像我母亲那样做：他们拿起宗教，又把它放下，而且他们没有我母亲有理由获取的那种权利，因为她并不以正统来自炫。我当年虔诚信教的时候，什么也不放过，每移动一步都要弄清楚，都要问我谨小慎微的良心，是允许我迈右脚还是左脚行走。今日我如果还是虔诚的信徒，那我或许没有力量去容忍他人，因为性格是永远不变的。不过我会容忍自己，由于成熟的年纪会把我引向一种讲究实际的逻辑，我也就不会觉得有什么活法相当清苦了。因此我从不明白那些去跳舞，袒露肩膀，只想把自己打扮美丽，但接受了所有圣事，从不忽略宗教信仰任何规定的上流社会贵妇人，怎么会认为她们彼此间相处非常融洽。我这里说的不是伪君子，因为伪君子不是虔诚信教的人；我说的是很天真的女人。我经常打探她们的秘密，以便毫无顾忌地破坏她们的信心，然而她们以各自的方式来给我解释她们的秘密，这样一来，我就没有先前那么激进了。

有些男人虔诚相信天主教的所有规定都是极好的，他们热烈地捍卫天主教规的原则，却又不遵守任何教规，这我同样不理解。我觉得要是我相信此行为比彼行为好，那我会毫不犹豫地实施此行为。进一步说，如果没有实施此行为，我不会原谅自己。我知道有些人聪明而且真诚，在他们身上逻辑的缺失是我从未弄明白的事情。对我来说，回首往事也许能明白这点。诚然，通过纸写笔录，我平生第一次能够有条不紊地回忆往事，并能够通过回忆自己是怎样成为又怎样中止成为虔诚信女的过程，分析并信任与怀疑交锋的灵魂的处境。

到七八岁光景，我差不多会自己的语言了。这太早了，因为家人马上安排我学习别的课程，却忽略了让我温习语法。家人让我乱写乱画了很多东西，关心我的文体，只是在我的语言偶然出错时才提醒我。随着我被书面表达的天赋所引领，一些不正确不规范的用法渐渐潜入我的语言。在修道院，由于我已具备相当的法语水平，也就无需跟班上课了。的确，布置给同龄学生的作业，我轻轻松松就完成了，只是在后来，当我致力于形成自己的文体时，才经常感到困惑。以后我会讲述，离开修道院时，我怎样重修法语，又怎样在十二年后，在想为读者大众写点东西时，发现自己还一无所知，我怎样开始新的学习，可是由于为时太晚，这种学习对我基本无用，这也是我还在使用中学习语言，以及我担心永远学不会语言的原因：然而纯粹、正确尤其是今日我思想的需要，我绝不会因为粗心大意与心不在焉而出错；我要出错，就是因为真正的无知。

不幸来自于代夏特尔的认知。他也持有那种支配着人类教育的偏见，认为要完善我的语言知识，就必须教我拉丁语。我很乐意学习人们想让我学的所有知识，我顺从地吞下拉丁语的基本规则。但是人们教儿童学法语、拉丁语和希腊语耗费了太多时间： 要么是教授它们的方法不对，要么它们是世界上最难学的语言，因为对孩子来说，学一门语言是最长久最困难的功课：除非是语言天才，否则人们中学毕业，还不会拉丁语和法语，希腊语就更不用提了。对我而言，学习拉丁语会虚耗光阴，大量占用本可用来学习法语的时间，而且是在学习语言最有成效的年纪。

好在我及早停学拉丁语，这就使得我的法语比同代大多数人都要好，尽管我的法语知识也有限。我这里说的不是文人墨客，虽然我怀疑他们在中学并没有形成自己的形式与风格，我这里指的是大多数经典学科都学得很好却没把语言当作一门专业来学习的人。只要我们稍加留意，就会发现一般人写封三页纸的书信，都不可能不出现语言或拼写错误。我们还会注意到，二三十岁的女人，只要受过一点教育，法语写作普遍好过男人。在我看来，这个现象的原因在于，她们没有耽误八九年时间去试图学习一门死亡的语言。

上述这一切是为了表明，我总是觉得为男孩子教育采用的办法是可悲的。而且我不是唯一持这种看法的人。我听到所有男人都说，他们在中学耽误了时间，失去了对学习的热爱。从中学教育中获益的人只是例外。因此，建立一个制度，让中等之资的人不再为杰出人才的需要做牺牲，难道不可行吗？

八

我们在代夏特尔的卧室里自习功课。那个房间肯定非常洁净，但是充满了薰衣草香皂的气味。到后来这种香味成了让我恶心的气味。我的功课不长，但我可怜哥哥的功课持续了一下午，因为他被迫在老师的眼皮下温习功课，并且准备作业。可他也确实不老实，只要不被老师盯着，他连书本都不翻开。他溜到野外，一整天都见不到人影。天主创造这个顽童，并且把他放到人世，肯定是来让代夏特尔吃苦头的。可是代夏特尔这个天生的暴君， 并不把他的开溜当作灵智的苦修。他把伊波利特整得好苦，除非孩子是铜打铁铸的，才经得起这强力的约束，不致爆裂。

代夏特尔不教他拉丁语，因此把他折磨得要死的不是拉丁语，而是数学。伊波利特表现出数学才能，在这门功课上也确有些本事。他厌恶的并不是课程本身，但他更愿意活动，更喜欢快活，在这两方面他有强烈的需要。代夏特尔教他音乐。六孔竖笛是代夏特尔最喜欢的乐器，伊波利特不管情不情愿都得学习，于是家人给他买了一支黄杨木的六孔竖笛。而代夏特尔吹奏的是他那支乌木上镶嵌象牙的六孔竖笛。每次听到伊波利特吹错音符，就用竖笛猛击他的指头。有一支菲舍的小步舞曲，竟然让倒霉学生的手上磨出了老茧。在给喜爱的学生讲课时，代夏特尔不管如何生气，都能在一定程度上克制自己，因此他这种做法就更为有错。我父亲小时候从未受过他的粗暴对待。对我他也从未动手打过。但伊波利特好搞恶作剧和嘲讽人，他就对这孩子怀有某种憎恶，只不过由于我父亲的关系，他对这孩子还是有一分真正的关心。他没有任何义务教育伊波利特，而他执着地教育伊波利特却绝不是出于报复，因为即使花费如此高昂代价从学生这里得到满足，他也很快就会厌倦。他是出于良心强迫自己担负起这个任务。而且说实话，其中也有感恩的原因。

伊波利特坐在他的课桌边，趁老师没注意，捕捉飞虫玩。我凑到他旁边温习功课。这时候乌絮尔总在那里。代夏特尔喜欢这个充满自信、并不怕他、回答他的话很合时宜的小姑娘。和所有性子暴烈的男人一样，代夏特尔有时也喜欢有人公开顶撞自己，碰到不怕他的人，他会变得温良宽厚，甚至软弱。伊波利特的错误与不幸在于从未当面说他偏心、狠心。如果他威胁代夏特尔，说要去祖母那里投诉，或者离家出走，哪怕只有一次，代夏特尔也肯定会改变对他的态度。可是伊波利特既怕他又恨他，只能通过报复来安慰自己。

代夏特尔肯定很狡黠，具有魔鬼般的头脑，能够注意到并指出荒唐可笑之处。在讲课的时候，他常常因农庄开发经营上的具体事务需要处理，而被叫到屋里或者院子里。这种外出离场给嘲讽他提供了机会。伊波利特拿起他的乌木竖笛，以少有的模仿才能，表演起老师的做派。的确，再没有比代夏特尔吹竖笛更滑稽可笑的事情了。一个如此庄重的人物，竟手持这样一件乡村乐器，而他平日那张眉头紧锁、苦苦巴巴的脸庞中间，竟然竖着一根直直的管子，这已经是一件让人觉得好笑的事情了。除此之外，他摆弄竖笛时显出一副极为自命不凡的神态，优雅地圈起指头按着气孔，左右摇摆着硕大的身躯，做作地抿紧上唇，使得他的面孔似乎成了世界上最最可笑的面孔。他尤其是在吹奏菲舍的小步舞曲时施展了他的全部技巧。伊波利特已经将这支曲子熟记在心，当代夏特尔那威胁性的嘴脸和乐谱出现在眼前时，他虽不能流畅地将其读出来，却能将其背出来。通过反复多次模仿老师，他并非自愿地学会了吹奏这支曲子。我相信除了这支曲子，他再没有学过别的音乐。

乌絮尔上课的时候非常乖，课间休息时则很是活泼好动。她到处攀爬，所有书都要翻开看看，拖鞋香皂什么的都要摸摸碰碰，听到伊波利特对先生的衣着打扮、生活习惯和举止做派的嘲讽丑化，笑得在地上打滚。先生的书柜搁板上总有一些用小袋装着的种子，他做实验把它们撒播在园子里，不断地希望借助使植物适应气候的方法，给省里引进一些作饲料用的、作蔬菜吃的或是燕麦类的新植物，并且庆幸自己的风光压倒了农业促进会那些竞争对手的荣耀。我们小心翼翼地把他那么严格地亲手筛选过的种子混在一起，我们把菘蓝和油菜，荞麦和黄米混在一起， 以至于播下的种与长出的苗对不上号，种的是芜菁，收的是苜蓿。代夏特尔一篇接一篇，积了一大堆手稿，要向农业公司的同仁们论证沃乡的卡代先生是头蠢驴，羊圈里的卢吉埃先生是头笨牛，因为他就是用这些不怎么上得台面的词语来与农业促进会那帮竞争对手的体系交锋。我们把他那些文章的纸页弄乱，又在好多词语上添加字母，以制造编写错误。有一次代夏特尔把经过这样“修饰”的手稿发到印刷厂排字，拿到印刷厂送来的小样后，气得大发雷霆，大骂印刷厂的工头是白痴，排出的东西竟有如此低劣的错误。

他的藏书里有好几本强烈地刺激着我们的好奇心。其中有一本名叫《大奥伯特与小奥伯特》，还有几本乡村经济和家庭经济教材，年代很是古旧，里面废话连篇。有一本书名我记不起来了，被代夏特尔当作古版书珍藏，放在书柜最上面的搁板上。我也说不出书上写的是什么，到底有多值钱。我们没法从头到尾浏览它一遍，因为爬梯子去取它放它要占去我们躲过先生看管的一部分时间。就我记忆所及，书上什么内容都有：治疗人畜疾病的药物、药方、菜肴、助消化的烧酒和毒药。上面还有魔法，那是最吸引我们的内容。伊波利特听代夏特尔说过一次，上面有段命令魔鬼显形的咒语。关键是要在那一大堆文字里找到这段咒语。我们为此翻阅它不止二十次。每次认为就要翻到魔法篇的时候，就听到楼梯上响起了代夏特尔沉重的脚步声。也许径直请求他翻到那页给我们看是更简单的办法，他在心情好的时刻，说不定会满面笑容教我们呼唤魔鬼的方法，但我们觉得冷不丁地发现秘密并在我们私下试验更有刺激性。

最后，有一天代夏特尔去打猎，伊波利特来叫我们。他在好几本魔法书中找到了，或者认为找到了用来念咒语的魔法。里面有些要念的话语，有些要在地上用粉笔画的线条，不知还有没有被我遗漏，和我们无法实施的别的步骤。或者是伊波利特嘲弄我们，或者是他多少相信咒语的效力，反正我们做了他吩咐我们做的事情：他拿着书指挥，我们则在地上往各个方向画线。那是一些毕达哥拉斯式的图表，有正方形，有菱形，有星形，有黄道十二宫的符号，有很多数字和别的神秘难解、在我的记忆里相当模糊的图形。

我记得清楚的，是当时我们一边施法一边生出的激动。书上说法术成功的头一个迹象是在某些数字或某些图形上冒出一种蓝色的火焰。我们便带着几分不安，等待这个奇迹出现。不过我们并不相信这种事情。伊波利特的思想已经相当自由，不为迷信所羁缚，而我在母亲和祖母（她们在这点上是一致的）影响下，也习惯了视魔鬼的存在为一种欺骗，一种吓唬小孩子的虚构。但是乌絮尔笑归笑，心里其实害怕，便离开房间，怎么说也没法让她再进来。

于是就剩我和我哥哥继续施法。由于不再靠着快乐支持，我们便凭着几分勇气行事。我们不由自主地点燃了想象之火，而对某种奇迹的期待也让我们有点兴奋。只要冒出火焰就可以叫停了，不必再坚持做下去，让中间数字下面的地板被魔鬼吕西菲的两只角顶穿。“罢！”伊波利特说，“书上写了，不敢做到底的人可以飞快擦去某些数字，以叫刚冒头的魔鬼回到地下。只不过必须防止他的眼睛升上地面，因为一旦被他注视，你就没法在对他说出这番话之前把他送回去了：我不知道自己敢不敢，但至少我希望看到他的两只角尖。”

“可我们要是被他注视了，必须跟他说话，”我说，“那跟他说什么呢？”

“我肯定，”伊波利特回答道，“我要命令他把代夏特尔带走，连同他的六孔竖笛，和他那些旧书。”

我们这样闲扯，肯定是把这事当作玩笑，但这并不说明我们未受触动。孩子们虽拿神奇事物当游戏，却不可能不感到几分震撼。在这方面，古人们也曾是一些比我们还要轻信的孩子。

我们竭尽全力完成了实验，但不仅魔鬼并未出现，而且连一点火星子都未见到。只不过当我们把耳朵贴在地砖上时，伊波利特声称听见了预兆头一批火星喷溅的小响动。他这是嘲弄我，我不会上当受骗，但我装出倾听，并且也听到什么动静的样子。这虽然只是个游戏，却是让我们心脏怦怦直跳的游戏。我们的玩笑让我们心安，让脑子保持清醒。但我不清楚如果缺了谁，我们还有没有胆量玩这种地狱游戏。我不认为伊波利特后来试着独自玩过。

然而费了如此大的气力却一无所获，我们还是有点沮丧，只好以承认缺乏条件来安慰自己：书里规定用来完成魔法的物品，我们只拥有一半。我们决心把那些物品全部弄到手。果然，几天之内，我们采集了一些草，收集了一些抹布。但由于一大堆别的科学配方我们都看不懂，有很多配料我们完全不认识，事情便做不下去了。

我母亲在秋季开始时离开了我们。她不可能扔下卡罗莉娜不管，她发现自己不得不轮流照顾两个孩子。她给我讲了好多道理，劝阻我跟随她回巴黎。我闷闷不乐：不过我们到十月底就都回巴黎。最多分别两个月。头年一想到要跟母亲彻底分离就生出恐惧，那段时间由于与母亲几乎不间断地住在一起，恐惧已经消失了。母亲让我理解卡罗莉娜需要她，再说我们很快就会在巴黎团聚，而且来年她还会来诺昂。于是我听从了她的劝说。

这两个月顺利地过去了：我习惯了好妈的威严架势；变得乖乖听话，相当理性，而从她那方面说，她对我也稍微放松，不再一个劲地要求我讲究衣着，注意仪表。在乡下，我放任自流、马虎随便的毛病也没那么触眼了。回巴黎后，与上流社会那些有貌无脑的小女人比起来，她对我的心直口快和村姑做派感到惊骇，才重新开始对我无甚益处的那种小虐待。

正如大人所允诺的，我们于寒冷初至的日子离开诺昂。家里还决定让伊波利特到巴黎上寄宿学校，以纠正他乡下的粗野作风。代夏特尔自告奋勇送他上巴黎，选择一所注定有福拥有一个如此乖巧学生的学校，并把他安顿好。于是家人给他准备行李；由于他要和代夏特尔去夏托卢搭乘公共马车，大家便协商好，让我们一起穿过那片长满灌木杂草的荒地。我们坐在马车上，由圣-让和两匹老马拉车，伊波利特和代夏特尔骑着农庄里温驯的母马伴行。但是动身前几天，大家发现，骑马走这段路，得准备马靴，因为初领圣体时穿的短长裤和白袜子已经不适合这个季节了。

一双马靴！这是这个胖大小伙子多年的梦想、抱负、理想，也是他的烦恼。他曾经试着用代夏特尔的旧靴筒和他从马车房找出来的一大块皮子做马靴，那皮子或许是哪辆报废马车上的挡风皮。他花了四天四夜，裁剪、绞缝，把皮子拿到马的食槽里浸泡软化，终于做成一双不成型的，像是爱斯基摩人做的靴子，可是上脚头一天就撑裂断线了。因此，当鞋匠给他送来一双真正的钉着跟铁和马刺鞘的马靴时，他如愿以偿了。

我相信我见过的人最强烈的快乐，就是伊波利特当时感受的那种快乐。一生的头次旅行，而且是去巴黎！而且是骑马旅行，还有很快就会摆脱代夏特尔的想法，这些快乐与拥有一双马靴的幸福不可同日而语。在伊波利特回忆往事的时候，他本人还把那次他作为孩子所感到的心满意足，置于后来所领略的一切快乐之上。他经常说："初恋？我深信是快乐的！可是我的初恋对象却是一双马靴。我向您保证，我那时觉得很幸福，很自豪！"

照当时流行的式样来看，那是一双轻骑兵的马靴，靴筒套着多少有些紧身贴肉的长裤。那双靴子我现在还记得，因为不管我愿不愿意，我哥哥都让我那样关注和欣赏它们，以至于我被它们迷得夜里做梦都见到它们。动身前一天伊波利特就穿上马靴，睡觉也穿着，到巴黎才脱下来。可是他睡不着，倒不是怕马靴把床单被子划破，而是怕床单被子磨去马靴的光泽。于是他半夜起床，来到我的卧室，就着壁炉余火的光亮，察看马靴。我的保姆就睡在隔壁一个小房间，想把他打发走，可是做不到。伊波利特把我叫醒，让我看他的靴子，然后坐在炉火前，不愿睡着，因为这会失去感受幸福的几个时辰。然而他再兴奋，也抗不过睡意来袭，当保姆把我叫醒，准备动身时，我们看见伊波利特从椅子上滑下来，在壁炉前的方砖地面上呼呼大睡。

在1811年与1812年之交的冬季我较少见到母亲。人家让我渐渐习惯与她分离的生活。从我母亲那方面说，她也觉得应该在卡罗莉娜身上多花些时间，因为卡罗莉娜没有好妈宠爱，这一点也支持了她希望看到我打定主意的想法。这回我有了适合我年龄的消遣和快乐。我祖母与德·法尔热夫人有来往，这位老夫人的女儿德·彭卡蕾太太有个可爱的闺女，名叫波莉娜。大人们让我们认识了。我们一直保持密切来往，直到两人都嫁人为止。因为彼此相距远了，各人也有了一些新情况，这些到时候我都会讲述。波莉娜后来出落成一个楚楚动人的姑娘，但那时还是个身体单瘦的小女孩，面色稍显苍白，活泼好动，讨人喜欢。她有一头浓密的鬈发，一双眼睛很蓝，五官端正。她跟我年纪差不多。由于她母亲是个很有才智的女人，她这个做女儿的也毫不矫揉造作。不过她的风度身姿比我优雅，走路比我轻灵，东西也有收捡，不像我那样经常丢失手套和手帕。因此我祖母时时都叫我拿她做榜样。要是我如家人所望稍有一点自尊心，要是我没有那种终身都不可抗拒的喜爱偶遇之人的需要，这准是个让我憎她恨她的好办法。

因此我喜欢上了波莉娜，她也听任我喜欢。这是她的性格。她为人善良真诚，讨人喜欢，但有点清高。我不知她后来是否变了。如果是，我会很惊愕。

我们一同上学做功课。在巴黎，由于我祖母无暇在这方面照顾我，德·彭卡蕾太太就好意让我加入波莉娜的课程，亦让波莉娜加入我的课程。我们俩每周三次在我们家跟一个男教师学书写，跟一个男教师学舞蹈，跟一个女教师学音乐。别的日子，德·彭卡蕾太太来接我去她家，亲自辅导我们复习这些功课的要点，并且让我们在她的钢琴上练习弹奏。她是个杰出的音乐人，唱歌很有热情，十分大气。她的优美嗓音和在一架比诺昂的羽管键琴更柔和音域更广的乐器上弹奏的伴音增强了我对音乐的兴趣。除了音乐，她还教我们地理和一点历史。她为此采用了当时声名大噪的戈蒂埃教士的方法。我认为那些方法很好。那是一种游戏，有一套小球与筹码，像乐透摸彩那样的工具。我们在娱乐中学习。

德·彭卡蕾太太对我很和蔼，总是鼓励我。但是，或许是波莉娜比我更不专心，或许是做母亲的都有促使子女快速进步的愿望，她对波莉娜要稍许粗暴一点，有时甚至像拿破仑那样地夹她耳朵。波莉娜哭啊叫啊，但是课还是圆满结束。然后，德·彭卡蕾太太就带我们散步，到她母亲家玩耍。老太太在玛图林家农庄街或者胜利街有套底层的公寓房，在不远处还有个花园。我在那里玩得很开心，因为我们在那里经常找到一些孩子。确实，他们年纪比我们大，但是他们愿意邀请我们加入他们的游戏，如捉迷藏和抓强盗。这是——我认为——德·法尔热夫人二女儿德·布洛斯夫人的孩子，因而也是波莉娜的表兄表姐。那个男孩子，我只记得名叫艾恩斯特。那个女孩相对于我们已经是相当大的人了，但是她很快活，活泼好动，非常聪明。她名叫康斯当丝，当时进了英国人修道院，后来波莉娜与我也进了那里。还有一个小男孩，名叫斐尔南·德·普吕恩莱，尽管长了个大鼻子，一张脸还是讨人喜欢。他是我们游戏中的长老，因而对两个小女孩的赌气或者任性，也是最宽容最客气的一个。我们有时在一起吃晚饭，饭后大人们便把我们留在餐厅尽情玩耍，我们在那里闹翻了天，甚至几个做妈妈的也来加入我们的游戏。这是某种移植到巴黎的乡村游戏，我很需要这种游戏。

我也间常见到亲爱的克洛蒂德。我与她的争吵远比与波莉娜多，因为她以更多的爱来回报我，对我的过错也不采取睁只眼闭只眼的态度。我生气时她也生气，我给她做样子时她坚持生气，接下来我们会拥抱，会生出更多的柔情，就像我和乌絮尔那样，甚至比我和乌絮尔还要好，因为我们是睡同一个摇篮、吃同一个人的奶水长大的，我们的母亲谁先叫就先给谁喂奶，虽说后来我们没有很多时间在一起，但是我们之间总是存在着超出亲族等级的血缘之爱。我们从孩提时起，就把对方视作孪生姊妹。

伊波利特是半寄宿，在不住校的日子和假期，他就和我们一起上舞蹈和书写课。接下来我要讲讲几个老师，他们的事情我是点点滴滴都记在心里。

舞蹈教师戈勾先生是歌剧院的舞蹈演员。每当我们的脚没站成外八字，他就把那把小型小提琴拉得吱吱嘎嘎地响，还要强扭硬搬我们的脚。有几回代夏特尔来观课，也给教师帮腔，调子比他还高，竟指责我们走路跳舞不是像狗熊，就是像鹦鹉。不过我们厌恶代夏特尔那种做作的步态，也觉得戈勾先生像一个准备击脚跳的微风神一样出现在一个房间里特别滑稽可笑，于是等他一动身，我们，我哥哥与我就赶紧把脚转成内八字。由于他硬要我们两脚分开站成“第一姿势”，我们怕长久站下去会弄成八字脚，就往相反的方向扭，并悄悄地称之为“第六姿势”。大家知道舞蹈的原则只承认五个姿势。

伊波利特呆手呆脚，动作笨拙，戈勾先生因此宣称他从未经手过这么愚钝的耕马。伊波利特换脚把整个屋子都震动了，他的击打则撞坏了墙壁。人家要他抬头，不要伸颈，他就用手托起下巴，一边跳一边托着。教师忍不住笑起来，代夏特尔则一本正经地对学生大发了一通脾气，虽然学生以为自己表现了良好的意愿。

书写老师名叫卢本先生。这是个很有抱负的教师，能够用他的方法教坏最能写字的手。他强调手臂与身体的姿势，好像写字是一种舞蹈动作：但是一切都在于我祖母希望教给我们的东西。一切都必须体现“优雅”。于是卢本先生发明了好几种刑具，以强迫学生抬起头，张开手肘，用三根手指握笔，小指头按在纸上以支承手的重量。由于这种运动规则和肌肉紧张状态与儿童的天生柔韧灵活最不相容，他便发明了：1. 一顶鲸须冠以撑起头颅；2. 一根用帆布带从背后与鲸须头套连接的腰带，以稳定上身与两个肩膀；3. 一根木棍，用螺丝钉固定在桌子上，以拦住手肘；4. 一个大点的羊毛指套，套在右手食指上，一个与之相连的小套环，用来套羽毛笔；5. 一个木头底座，开有斜槽，装有小轮，用来维持手与小指的姿势。除了这些按卢本先生的方法学习书写不可缺少的用具之外，还请加上尺子、纸张、羽毛笔、铅笔等物品，如果它们不是由教师供应的话，本是不值钱的东西。下面大家会看到，教师做点小生意，多少补偿了一点通常开给书写课的菲薄报酬。

起初所有这些发明逗得我们大笑不止，但试用五分钟之后，我们不得不承认，这是地道的酷刑，它们害得我们指关节强直，手臂僵硬，那根连接头冠与腰带的帆布带则让我们发生偏头痛。我们抱怨、投诉，可是人家不想听，以至于直到卢本先生让我们的书写变得完全不可辨读的时候，我们才摆脱这位教师。

钢琴教师名叫德·维里耶太太。这是个少妇，总是穿一身黑服，聪明、有耐心，仪态高雅。

除了上面这些老师，我个人还有一个教绘画的女老师，柯勒兹小姐。她自称是一个著名画家的女儿，也可能是这么回事。这是个善良女子，可能也有点才华，但她却不努力让我也有点才华，因为她教我画画，用的是最愚蠢的方法，我连一根线条都不会画，她却要教我画影线，我对一张脸的整体结构毫无概念，她却要我先画圆圆的可恶的大眼睛，还要我再画出长长的可以一根一根数的睫毛。

总的说来，所有这些课程多少有点白花钱。它们太表浅，没法让我们实实在在地学习艺术。它们只有一个好结果，就是让我们有事可做，并且养成了自我照料的习惯。但它们最好能够检测我们的能力，再让我们选定一门可以攻读的专业。这种让小女孩什么都学一点的方法肯定比什么都不让她们学要好。时至今日这仍是通行的做法。有人称之为赋予小女孩们“消遣的才华”。顺便说一句，那些整天被迫听着这些女孩子唱歌弹琴的不幸邻居是不赞成这种做法的。但是我觉得，我们每个人都有适合某件事情的专长，那些从小就什么都来得的人，长大后反倒什么都不行。既然如此，也许应该选择并发展最为擅长的方面。至于一无所长的小女孩，也许不应该用她们根本不理解的课程去劳累她们。她们本来单纯善良，学了这些课程后，有时反而变得愚蠢自负。

不过所有事物我们都应考虑好的方面，我所批评的教育也有好的一面，这就是同时培养所有能力，从而可以说使灵魂得到完善。一切在于人类的智力与情绪。身为音乐家完全不知绘画的乐趣是一大不幸，反之亦然。诗人以所有艺术感觉完善自己，如对单独一门艺术没有感觉则会受损。古人的哲学部分延续到中世纪、到文艺复兴，囊括了从体育健身一直到音乐、到语言、到精神与肉体方面的所有发展。但这是一个合乎逻辑的整体，而哲学总是处在这座建筑物的顶端。教育的各个分枝连接着科学之树，当古人们学习演奏竖琴，学习竖琴的各个调式，为的是颂扬众神，或者传播诗人们的神圣之歌。这与今日我们学习奏鸣曲或者抒情歌时所做的事情并不相似。我们如此完善的艺术同时又是在本质上被糟蹋的艺术，我们称之为在上流社会的消遣艺术，以此来溢美它们并不怎么尊贵的用途。

教育是什么就是什么，善良的祖母逼我早早掌握这些艺术门类的基本知识，我并不后悔。即使它们在我身上没有产生任何娱乐别人的结果，至少也是我本人的一个纯净而不变质的快乐源泉，而且，在智力充沛敏捷的年纪给我灌输这些知识，既未给我造成痛苦，也未让我产生厌恶。

不过我还是要把舞蹈除外，因为戈勾先生让它在我眼里变得可笑，还有伟大的书写艺术，因为卢本先生让它在我心里变得可憎。德·安德雷泽尔教士来看我祖母时，有几次进入我们正在上课的房间，一见到卢本先生，他就大声说："向美字教授致敬！"不管这个头衔含不含有同音异义的文字游戏，卢本先生都很当真地接受了[1]。接下来教士说："天呐！要是按卢本先生的方法，借助枷锁束身衣和铁铐子来教真正的纯文学，我们会少掉多少文人，多出多少书呆子！"

〔1〕法文美字教授还可理解为纯文学教授。

当时我们在蒂卢街8号有一套很雅致的公寓房。它在中二楼，对于这个楼层来说，它相当高，而对于巴黎的公寓房来说，它也相当宽敞。和玛图兰街那套房子一样，它有一个精美的客厅，但家人从未进去过。餐厅临街，我的钢琴放在两个窗户之间。那时马车的声音、巴黎的吆喝叫卖声，比今天来得频密，而且花样也多。手摇风琴和访客的来往对我的干扰是那么大，以至于我学习起来没有任何乐趣，只是为了问心无愧而已。

卧室实际上成了我祖母的客厅。它朝向一个院子。院子尽头是个花园和一座帝国风格的大独立屋。我认为那屋里住的是一位军队的前供应商。他准许我们去他的花园里奔跑。说是花园，其实只是院子里处，栽了几棵树，铺了沙而已，但我们在那里找到了修路的办法。在我们楼上，住着佩里耶太太，一个非常漂亮娇艳的女人，卡西米尔·佩里耶的嫂子。三楼住的是梅宗将军，一个飞黄腾达的士兵，其财富肯定可观，但他是1814年最先背弃皇帝的军官之一。他的随从、勤务兵、驮着行李的骡群（我认为他去过西班牙，或者从那里回来）进进出出，把个院子和屋子搞得人喊骡叫、沸反盈天。但是给我印象最深的是他母亲，一个年老的农妇，竟然衣着不改，乡音不变，还是坚守着乡下那种省吃俭用、精打细算的习惯，在最冷的寒冬腊月天里，她尽管冷得直哆嗦，佝偻着身子，也要来到院子里，监督工人锯木柴、称煤炭。她看到看门人选了块稍大点儿的劈柴，就与他大吵了一架，并从他手上夺下那所谓的“看门人的劈柴”。这事好坏两方面都有；但是我要向大家挑战，从现在起，在很长一段时间内，看谁能够让农民由穷变富，而不吝啬到极端。这个可怜老太婆的生活就是一种无休无止的劳累，无休无止的操心，无休无止的疯狂。

我们在蒂卢街这套公寓房里一直住到1816年。1832年或1833年，我想租房住，在公寓门口看到一张招租的招贴，便走进去，希望是祖母从前租过的而那时正好空着的那套，没想到招租的是院子里处那栋独立屋，并且，我想是，一千八百法郎租金，这远远超出了我当时的收入。但我还是饶有兴致地察看了房子，为的是在那个植了树的院子里走一走。那里还是当年的模样，一成未变。同时我也是为了从对面看看祖母房间的窗户。当年我在花园玩耍，忘了回家，祖母就在窗前召唤我。通过与看门人交谈，我得知这栋房子并未更换业主，房东仍然健在，就住在我想租的那套中二层的房子。我希望至少能满足我再看一眼那套房间的愿望，就借口与房东商谈租金，让人通报布盖先生。他没有认出我来。我要不是有了准备，也会认不出他来的。当年我看见他时他还年轻，步履健捷。现在的他则已经是个不出卧室门的龙钟老人，为了在表面上遵循医嘱活动手脚，在床边放了张桌球台。那个房间正好是当年我祖母的卧室。尽管如此，除了连着别的套间的我那个卧室，套房里其他房间的布置都没有丝毫改变。装饰还是帝国时期的风格，天花板、房门、护墙板，我甚至认为还有前厅的壁纸，都是当年的东西，只是变黑了、弄脏了、被烟熏黄了，散发着粗劣烟草的气味，而不是祖母当年那种清新的香气。尤其让我印象深刻的是屋子、花园、房间的狭小，当年我觉得它们是那么宽敞，在记忆中也是如此。这座充满我回忆的居所是这样丑陋、阴暗、凄清，我的心为之一紧。

至少还有让我回想起童年往事的部分家具，甚至让我和波莉娜那么开心的那块大地毯还在。那是一块路易十五时代的地毯。对我们来说，上面每个花纹图案都有其名字与意义。那个圆块是个岛屿，这块底色部分就是一个待渡的海湾。一个冒出紫红火焰的圆形花饰就是地狱，而一些花环则是天堂。而有着菠萝图案的边缘则是古代有名的赫西尼亚大森林。我们的小脚踏着这块古老的地毯，在上面做了那么多神奇的、冒险的、惬意的旅行！儿童的生活是面魔镜，不知其秘密的人从中只见到一些实物，而知晓其秘密的人则从中见到他们梦中所有令人愉快的画面。但哪天魔镜不灵了，或者破碎了，那么碎片就会四散而去，永远不再复原。

对我来说，这些四散而去的碎片就是直到十七八岁一直充实我巴黎生活的所有人物，和几乎所有事物。我祖母和她的所有老年男女朋友相继去世。我的社会交往有了变化。我被人遗忘；在那么长的时间里天天见面的人，大部分也被我遗忘。我进入了人生的一个新阶段。前一阶段对我而言完全消失了。如果我在那个阶段停留太久，还望读者原谅。

我间常去看望父亲的几个外甥，尤其是大外甥勒内，就是住在格拉蒙街漂亮小公馆的那个人和他的人丁兴旺的家庭。我还没有提过他的孩子，为的是不让这种复杂的辈分关系把读者搞糊涂。另外，关于他的儿子赛普蒂姆，我也没什么可说，一来我不怎么了解他，二来他也没给我什么好感。我祖母的梦想是让我嫁给他或者他的堂兄弟，奥居斯特的儿子雷翁斯。可是在他们看来我不是一个富有的婚姻对象，因此我相信他们本人，还有他们的父母从未往这方面想过。保姆们的闲聊，让我很早就无意中得知了善良祖母的想法。用这类婚配嫁娶的想法来烦扰孩子们，其实是一种极为愚蠢的行为。我在需要考虑婚姻大事的年龄之前就为这事操心了，它在我思想上制造了很大的不安。雷翁斯让我喜欢，因为一个孩子可以取悦于另一个孩子。他性情快活，活泼好动，对人也殷勤。而赛普蒂姆则冷漠，不苟言笑，至少他给我的印象是这样，因为我认为祖母更愿意让我嫁给他，她与赛普蒂姆父亲的关系要好过和雷翁斯父亲的关系。但是不论嫁给雷翁斯还是赛普蒂姆，我都极为恐惧，因为父亲去世后，他们的父母没看过我母亲，而且他们对母亲的看法不好，说她的坏话。

因此我认为，我的婚姻将是被迫与母亲、姐姐和亲爱的克洛蒂德断绝关系的信号，而那时候我是那样顺从祖母，从未冒出过抗拒她的意愿的想法。这样一来我与维尔纳夫家的人的关系就相当别扭，虽然我也爱着他们，有几次在他们家与孩子们玩耍时，我笑着笑着就突然想哭。无中生有的恐惧，毫无理由的痛苦。其实当时没有任何人打算把我与母亲分开，而那两个孩子比我幸福，也没想到要用婚姻来束缚他们的或者我的自由。

赛普蒂姆的姐姐爱玛·德·维尔纳夫，今日的德·拉罗什-艾蒙太太，是个迷人的女子，妩媚、温存、易动感情。我从孩提时起就对她生出一种特殊的好感。与她相处我很自在，她只要稍稍猜出我内心的苦恼，稍做鼓励，我就会向她敞开心扉。可是她远远想不到我在她膝头上欢笑，在她周围蹦跳之后，竟会带着满腹的烦愁离去，竟会责备自己对父亲这边的亲人，对人家当作我母亲的冤家对头来说起的人友好。

爱玛和赛普蒂姆的母亲勒内·德·维尔纳夫太太，是帝国宫廷里有名的美人，当年曾担任奥尔登丝王后的宫廷女官。我有几次晚上见到她穿着燕尾长袍，戴着古代的冠冕形发饰。她这身装扮光彩夺目、耀花我的双眼。不过我怕她，也不知为什么。

勒内是国王路易的侍从。这是我认识的最和蔼可亲的人之一。我把他当父亲一样敬爱，直到我周围的一切都被打碎为止。接下来，在他晚年，他张开双臂呼唤我，我也欢喜地跑过去扑进他的怀抱：人不跟自己赌气。

伊波利特在代夏特尔给他安排的寄宿学校没住多久。他在那里找到一些与他同样狂野甚至比他还要顽劣的男孩子。他们让他那样充分地发挥了他吵吵闹闹、不守纪律的才能，以至于我祖母见他学习比在诺昂还要差，就在我们动身时把他接了回来。

俄罗斯战役规模巨大的准备活动就是在我上面说到的那个冬季进行的。在我们去过的所有人家，都遇到一些准备回部队来与家人告别的军官。大家还说不准是否会深入到俄罗斯心脏。大家是那样习惯了胜利，以至于不怀疑一过国境，在俄罗斯的头几段行军路程上打几仗，就会通过一些光荣的条约获得满意的结果。大家是那么少地想到气候，以至于我记得有个老太太想把自己所有的毛皮大衣送给一个在骑兵部队当中尉的侄儿。这份母亲般的担心让侄儿大笑不止。他穿着绷得紧紧的过于狭小的骑兵短上衣，年轻气盛，亮出自己的马刀，说在战争中就用这个取暖。好心的老太太提醒他说，他去的是一个长年为冰雪所覆盖的国家。但眼下是四月份，花园里鲜花盛开，空

1815年祖母牵小奥洛尔在诺昂接待军中来客（阿尔封斯·拉劳兹画）

气温暖。年轻人，尤其是法国人乐于认为，他们永远都不会有十二月。在那要命的大败退路上，那位自负的年轻军官一定不止一次后悔没收下那些毛皮大衣。

深思熟虑的人——天主知道每个事件之后一定会有这种人——声称，他们曾经推测这场大规模行动凶多吉少，他们曾经指责拿破仑是个轻率的征服者，他们曾经预感会发生某种大灾大难。他们的话我根本不信，或者我至少没听见有人表达过这种担心，即使是那些因为制度或因为嫉妒，而对帝国的伟大抱着敌意的人。看着孩子们开赴前方的母亲们怨怪皇帝连年征战，不知疲倦，让自己忍受在这种情况下不可避免的个人担心与悔恨折磨。她们诅咒野心勃勃的征服者，但我从未见她们对获胜有过一丝怀疑。那时我什么都听到，什么都理解。背叛拿破仑的人脑子里从未冒出过拿破仑有可能战败的想法。他们很清楚，背叛拿破仑，是战胜他的唯一办法。那些对拿破仑抱有成见但是正大光明的人，一方面诅咒他，一方面又对他怀有绝对的信心。我曾听见祖母的一个女性朋友说："哎！等我们占了俄罗斯，又拿它做什么用呢？"

另一些人则说拿破仑正在考虑征服亚洲，说俄罗斯战役只是通往中国的第一步。有人叫着说，他想当世界主宰，他不尊重任何民族的权利。他会走到哪一步打止呢？他什么时候才会满足呢？这是不能容忍的。他干的一切都成功了。

没有人说他有可能失败，让法国为他曾用来使之陶醉的光荣付出昂贵代价。

我们于1812年春季一同回到诺昂。我母亲来与我们一起度过了一部分夏季，而每年冬天都回父母家的乌絮尔又与我做伴了，我和她都很高兴。除了对我的感情，乌絮尔还喜欢诺昂这个地方。这里的好处她比我更有感受，也享有比我还大的自由，因为除了上她小姑朱莉的缝纫课和计算课，其余时间她完全自主。我应该说她并未滥用这分自由，也应该说她生性就是个勤劳的人。我母亲教她读书写字，因此当我在上代夏特尔或者好妈的课程时，她远未想到去外面奔跑，而是守在我母亲身边，她爱戴我母亲，给我母亲以非常体贴的关心。她善于让自己成为有用的人，因而我母亲为无法冬天带她去巴黎而惋惜。

这个可恶的冬天让我可怜的乌絮尔失望。在这方面她与我完全不同，认为回家是遭受流放。这并不是因为她的父母生活贫困。她父亲是个专营帽子的商人，挣的钱相当多，尤其是在集市上，他去那里把一车又一车满载的帽子卖给农民。他妻子帮他售货，在集市上站台。乌絮尔不愿回家，是因为她家有很多孩子，也就有些不方便之处。

饮食方式与生活习惯一年一变，又不能抱怨，乌絮尔无法忍受。家人认为“富裕”有可能让她晕头转向，便后悔让她“头一个吃到了白面包”，打算把她接回来，送她去学门手艺。我不愿意听人谈论这事，而我祖母还犹豫了一段时间。她有心留下乌絮尔，说她有朝一日可以帮我管家，在我家里既可以成为有用之人，又可以不间断地享受快乐生活：可是距那个日子还有一段时间；谁也不知道会发生什么事情。再说乌絮尔也不是一辈子当“贴身丫头”的性格，她太傲气、太自主、太自由，以至于无法认为她会为几个钱而屈服于别人的意志。她要做的是“公务”，而不是在私人家帮佣。因此，在一个她喜欢也被喜欢的家庭里，这是需要向她做出保证的事情。如果发生什么不测事件，她没法在我们家做下去，那么，她没有学到手艺，又过惯了好日子，会落得什么结局呢？朱莉小姐认为可怜的孩子将会极为不幸，因此坚持不能再长久地让她在我们家过好日子，否则，一旦我们不在，她想起这里的日子会很痛苦的。我祖母妥协了。于是大家决定，等我们再度动身去巴黎时，乌絮尔就可以离开我家。可是直到我们动身，家人怕扰乱我们眼前的幸福，也没把这个决定告知我和乌絮尔。的确，我的好日子行将结束了。在失去乌絮尔的同时，我也很快失去了母亲的伴护，掉进了佣人使女群体，遭受她们看管约束。

这个1812年的夏天还没有乌云。每个星期日，乌絮尔的三个姐妹就过来和我们玩一整天。按照地方上的习惯，人们把姓氏阴性化，用作大女儿的名字。她[1]是个非常善良的人，长着一副天使般的美貌。我对她保留了很大的好感。她给我们唱轮舞曲，教我们玩“短腿马”“造房子”《接子儿》《拖小盒》《盲人找伴》，总之我们那地方的各种游戏。那些游戏的名字与玩法都很古老，就是在《巨人传》提到的海量儿童游戏名称里也不见得都找得到。所有那些游戏都让我们着迷。家里、花园里和小树林里都响着我们游戏和欢笑的声音。但是到白日将尽的时辰，我玩够了，要是连着这样玩两天，我会受不了的。我已经养成了学习的习惯，在游戏当中常常为一种莫名的无聊而难受。我也许不会轻易对自己承认，我后悔上音乐课和历史课，可此时我却想上了。在那些儿童游戏和无目的的活动中我随波逐流的大脑，此时竟在我不知不觉之中感到厌烦，看到我亲爱的戈迪约娜也不觉得快乐。星期日晚上，我会期望乌絮尔的姐妹下个星期日不再来，可是到了下个星期日一大早，我游戏的兴致与快乐就死灰复燃，并且还持续了几个时辰。

我的德·勃蒙舅公在这一年又来探访，好妈的主保瞻礼日又准备了一些“惊喜”。我们已经不再幼稚和自信到期待演戏。我舅公只是照着《烟斗》的乐曲写了几段歌词，我在午餐时边唱这些歌词边送上我的花束。乌絮尔朗诵一大篇亦庄亦谐的散文。伊波利特用六孔竖笛吹奏费什的小步舞曲，一个音也没吹错，那天他甚至有幸往代夏特尔的乌木竖笛里

[1] 指乌絮尔姐妹中的老大、后面提到的戈迪约娜。

吹了气吐了口水。

我们接待的来访与做的回访让我与一些少年儿童有了联系，他们成了我一生的朋友。我父亲头一批书信里提到的弗勒里上尉有一儿一女。女儿是个可爱又杰出的人儿，可惜嫁人后不久就亡故了，而她的兄弟阿尔丰斯则始终是我的一个兄弟。我父亲的朋友，也是他1797年快乐的演戏尝试的伙伴杜维纳夫妇有个儿子，我是从他出世之日起就看着他长大的，今日我称他为老友。最后是距我们最近的，过去住在现在还住在一座文艺复兴时期漂亮城堡的邻居。城堡在古代为黛安娜·德·普瓦蒂耶所有。这位邻居帕佩先生白天带着妻儿来我们家玩耍。我们认识的时候，他儿子居斯塔夫还穿着连衫裤。以上三个男孩都比我小好几岁，现在都成了一家之父。我认识他们的时候他们还扎着包片戴着防跌软帽，我已经强壮有力的手臂抱起他们在我家花园树上摘樱桃，他们整天欺负我（因为我从小就带着一丝母爱喜欢小男孩），但是后来他们常常认为自己比我有理性。现在他们中两个年长一点的都有点秃头了，而我也头发花白。今日我难以让他们相信他们是孩子，他们也想不起我责备他们做过的无数“坏事”。确实，四十年的友谊可以补偿许多傻事，如撕裂的袍子、弄破的玩具、疯狂的要求，我就不一一列举了，但这里提到的都是可信的！这些傻事多少也要怪我，因为我忍不住与伊波利特哥哥和乌絮尔一起嘲笑他们的丑陋。

不过要不了那么久我们就觉得他们可爱到要嘲笑我们的丑陋了。

秋天，在我们的游戏和金色梦想之中，从俄罗斯传来的消息奏出了悲惨的音符，让我们迷幻的眼睛前滑过一些痛苦而可怕的图像。我们开始听大人们读报，莫斯科大火作为一个伟大的爱国主义行为让我震惊。我不清楚今日是否应该这样评价那场灾难。俄罗斯人对我们作战的方式肯定是不人道的、野蛮的，在自由国家不可能发生同样的行为。荒芜自己的田野，焚烧自己的房屋，使广大地域的民众缺粮挨饿，以便让入侵军队处于饥寒交迫的困境，如果是人民自发如此行事，那么这是英雄的壮举。但是敢于像路易十四那样声称“国家即朕，朕即国家”的俄国沙皇，却根本未倾听过民意。他把民众赶出居所，他让民众的田地荒弃，他把民众当作可怜的牲口，押着他们在前面挡子弹，他没有征询民众的意见，也不劳神给他们留个避难所。那些可怜人要是碰到我们的胜利大军，要比服从一个无人性、无良心、无任何人权概念的政权的野蛮命令，不知要少受多少压迫，少破多少家产，少生多少绝望。

假设罗斯托普辛在火烧莫斯科之前能够采纳几个富裕豪强家庭的建议，这个巨大城市的居民也许就不会被迫接受牺牲自家房屋和财产的命令，而且可以怀疑，若是当局征询他们的意见，若是他们发表声明，行使权利，他们会一致表示同意这样做。俄罗斯战争，就是被暴风雨打翻，把货物扔到水里以减轻负载的船舶。沙皇就是船长；扔到水里的商品就是民众；得救的船舶就是君主政治。若是政权极为轻视人民的生命财产，不把人民的生命财产当回事，那就必须去绝对君主制度里寻找这样一种制度的理想。

从我们经历俄罗斯灾难之日起，拿破仑又开始代表法兰西的个性、独立和尊严。当我们的军队与同盟国的战斗落进一种致命错误之时，那些做出不同判断的人，有的准备背叛，有意对大众的良心撒谎，另一些，即新生的自由主义之父，也可能诚心诚意地落进了自由主义之中。不过，历史开始对他们在这件事上面所扮演的角色进行惩罚。在俄国人亚历山大将成为我们自由主义首席代表的时刻，就不是忽然想起皇帝侵犯了政治自由的时刻。

我头一次听到人们辩论法国前途这个可怕问题时才8岁。至今我仍认为我们民族是不可战胜的，皇帝的宝座就像天主本人的宝座一样稳固。当时的民众自幼受到胜利的自豪熏陶。贵族这头怪物长大了，与各个阶级阶层有了联系。生为法国人，这是一种身份，一个衔头。鹰是我们全民族的纹章。

我的婚姻与社会交往

一

我母亲在德·勃蒙舅公一个老友家吃晚饭时见到一些人。过了三天，她把我带到乡下，住在那些人家里。次日她就离开我，对我说："你身体不好，乡下空气对你有好处。下周我来接你。"

她把我留在乡下住了四五个月。

我接触了一些新人物，走进了一个新圈子，偶然把我突然扔到这个圈子，天意让我在这里见到一些杰出人物，一些高贵朋友，得到一段中止痛苦的时间，和人际交往方面的一个新面貌。

洛埃蒂耶·杜普莱西太太是性格最直爽最厚道的女人。作为一个富有的继承人，她从小就爱上了她的雅姆·洛埃蒂耶叔叔。这位叔叔是个退伍的轻步兵上尉，年轻时的暴烈脾气曾经吓坏了家人。不过内心的直觉没有欺骗年轻的安热尔太太。[1]雅姆果然是最好的丈夫、最有责任心的父亲。我认识他们的时候，两人已结婚十年，生了五个孩子，但仍如头一天一样相爱。他们也一直是这样爱着。

安热尔太太虽然只有27岁，头发却已经灰白了。她少了几分妩媚，完全不会卖弄风情，却有着小伙子一样的活泼与爽快。不过她的面容漂亮、精致。娇艳的气色与花白的头发形成对比，使她的美貌显得十分独特。

雅姆年龄在四十上下，额头很高，但是两只眼睛又蓝又圆，闪现出智慧与快乐的光芒。他的整个面容映现出心灵的真诚与善良。

五个孩子都是闺女，其中一个由雅姆的长兄抚养，另外四个，一律男孩的衣着打扮，在屋里奔跑打闹，把家里弄成了我所见过的最热闹最欢快的居所。

城堡是一座路易十六风格的大别墅，坐落在布里的中心地段，距默伦约摸八九公里路程。周围并无风光秀丽充满诗意的景色，但有一座很大的围场，和很美的植被：盛开的鲜花，大片的草地，一年四季都有人居住的舒适方便的住所，邻近有个大农庄，周围草场上牧放着好些壮牛肥羊。我和安热尔太太一见倾心，结下了友谊，尽管她有男子神气，却无男儿习惯，我多少受过男儿教育，却无男子神气。我们有个共同点，就是全无女人的诡黠亦无女人的虚荣，我们首先觉得，在任何人任何事情上面，我们都绝不会成为对手，因而我们可以赤诚友爱，

〔1〕安热尔是洛埃蒂耶·杜普莱西太太的名。

绝无失和闹翻的危险。

是安热尔太太劝我母亲把我留在她家。她原以为我们会在她家住一星期。谁知我母亲才住一天就厌倦了。由于我在离开这座花团锦簇春意盎然的怡人围场，和这些坦诚友好的人时唉声叹气，安热尔太太便由她的性格与善意做了决定，解决了这个难题。她是一个如此完美，叫人无可非议的家庭的母亲，我母亲也就不用担心人家会说什么，再则由于这所房子对她的厌恶与怨恨来说是个中立地段，我母亲马上就同意了。

然而，一周快过完了，母亲似乎没有来接我的意思，我就开始感到不安了。倒不是担心母亲把我抛弃在一个我觉得完美可敬的家庭，而是怕我成为人家的负担，于是我坦白地说出自己的为难。

雅姆把我带到一边，对我说："我们知道您家的历史。我在军中也略知令尊一二。在巴黎见到您那天，我得知令尊去世后家里发生的事情；您怎么由祖母抚养，又怎么回归母亲监护。我寻思您为什么无法与母亲融洽相处。有人告诉我，并且我见到您母亲五分钟也明白了，她无法禁止自己在您面前说她婆婆的坏话，这就严重地伤害了您，而您只能低头默忍，不能回驳她，这就更让您苦恼了。您闷闷不乐的样子促使我关注您。我对自己说，我已经喜欢您了，我妻子也会一样喜欢您的。您会成为她一个可靠的交往对象，一个讨人喜欢的朋友。您曾一边叹气一边说起在乡间生活的幸福。我答应给您这份快乐。那天晚上我对令堂实话实说，她也同样坦诚地告诉我，说看厌了您这张苦脸，只希望您早日嫁人。我回答说，一个有陪嫁的姑娘要嫁人，再没有比这还容易办的事儿了。只是她的生活方式让您这做母亲的没法选择，因为我看出来了，您是个希望选择的人，而且您是对的。于是我就劝她来这里住几星期。你们在这里也见到了，我们接待好多朋友，或者我的同学同伴。我很了解他们，对他们知根知底，不会让她看错人。您母亲信了我的话，就来了；但她又觉得乏味，就走了。我肯定只要您愿意，她会同意把您留下来，跟我们在一起。您本人愿意吗？您会带给我们快乐的，我们已经完全喜欢您了。您仿佛就是我女儿，我妻子都对您爱得入迷了。在婚姻大事上，我们不会让您烦恼的。我们绝不会跟您提这件事，因为我们要是提，就好像要摆脱您，我和安热尔可不想造成这样的印象。不过，要是我们周围的人，经常跟我们来往的正派人中间，您觉得哪一个中意，就告诉我们，我们再真心诚意地告诉您合不合适。”

安热尔太太也过来央求我留下。他们的真诚与同情是不可能弄错的。他们想当我的父亲母亲。我按习惯称他们父母，我始终保留了这个习惯。全家老小，甚至男女佣人，马上习惯了这个称呼。佣人们对我说：“小姐，您父亲找您。小姐，您母亲问您情况如何。”比起详详细细的大段叙述，这几句话更加凸现了安热尔先生和太太这两个杰出人物对我的拳拳之爱与体贴关心。安热尔太太拿来衣服鞋子让我换上，因为我的衣服鞋子都穿脏了。我有一间书房可用，一架钢琴可弹，还有一匹好马可骑。我的幸福都溢出来了。

一开始，一个正派的退伍军官向我献殷勤，总是缠着我，让我有些恼火。他身无长物，只拿半饷，而且是个农民子弟。可我不忍心打消他的念头。我一点也不喜欢他，但他又是那样老实，以至于我不敢认为他是爱上了我的陪嫁。我把这件事告诉了雅姆老爸，说他让我心烦，可我又不能拒绝，怕伤他面子，以为我是嫌贫爱富，看不起他。我说我不知该怎么办才能摆脱他。雅姆老爸揽下这件事，结果那老实小伙子走开了，对我并无怨言。

我姨父马雷夏尔和德·勃蒙舅公，还有皮埃莱等人给我介绍了几个婚姻对象。借用上流社会的语言，其中在财产甚至出身方面也有让人很满意的，尽管我表兄奥居斯特有言在先，说没一个财产出身都过得去的。我把他们一概拒绝了，当然不是断然拒绝（虽然我母亲坚持要我这样做），而是相当巧妙地拒绝，以便求得安宁。我无法接受被一些陌生人，一些从未见过我，因而只是把婚姻当作“一笔生意”来做的人求婚的想法。

我住在普莱西的好心父母看到我并不急迫，也就向我表明他们并不急于看到我选定婚姻对象。总之我在他们家的生活适合我的习性，有利于治疗我患病的心灵。

母亲给我造成的痛苦，我并未完全说出来。我不需要细述她那些强暴行为，也不需要说明她为什么那么做，虽然那些原因是那样离奇，以至于不像是真的。再说，细述那些行为，说明那些原因又有什么用？我在心里已经千百次地原谅了她的行为。由于我不认为自己比天主还好，也就确信天主也原谅了那些行为。那么，又何必让许多读者来评判它们呢？没准这些读者平时也不见得比我可怜母亲神经质发作时还有耐心，还要公正。我忠实地勾勒了我母亲的性格，表现了她的长处与弱点。在她身上可以看到的，只有一个主要不是由个人体质，而是由社会等级影响造就的命运样本：显得有资格享有的人被拒绝的权利；原本宽宏大量，被迫怀疑一切，甚至不再能控制自己的人的失望与愤怒。

只有这点才值得述说。其余的仅仅与我有关。因此我只告诉大家，我无力承受她的痛苦所带来的不可避免的结果。父亲的去世对我来说是场灾场，虽然当时我年幼无知不能理解，但整个青少年时期都不得不忍受和感知其后果。

最后我虽然理解了那些后果，但这并未给我必要的勇气来接受它们。我也许需要全面容忍，但要这样做，先得了解一个做妻子的对丈夫的深情厚谊，和一个做母亲的对儿女的慈柔心肠。我为自己的单纯、缺乏经验、容易心平气和而骄傲。我母亲常常有理由对我说："等你吃了我这么多苦，就不再是个'平和圣女'了。"

我成功地忍住了，事情完了；但是我生了好几次闷气，心里好不难受，过后感觉自己又被自杀病缠上了。这种怪病总是改头换面出现在我的想象里。这次我感受的是绝食而死的愿望，而且我差点忍不住满足了这个愿望。因为我要拿出那么大的毅力才能进食，因为我的肠胃拒纳食物，因为我的喉咙紧锁，什么也咽不下，因为我忍不住怀着窃喜对自己说，这次饿死终于主动找上门来了。

因此我去普莱西正是病情很重的时候，并且我的忧郁正在转向麻木。也许这是因为我小小的年纪在情感上经历了过多刺激的缘故。

田野的空气，有规律的生活，品种丰富分量充足的食物，一开始我就可以从中选择最能为我败坏的胃口所接受的东西：缺少烦恼不安尤其是友谊，我需要它超过其余一切的神圣友谊，很快就治好了我的毛病。迄至那时为止我不知道我多么喜欢乡间，乡间于我是多么不可缺少。我原以为只喜欢诺昂。现在普莱西像伊甸园一样征服了我。在这个平平常常的乡野，单单一个围场就包含了整个自然界，值得一看。这个围场虽然范围广大，却是风光迷人，麋子在浓密的矮林间、在树林深处的空地上、在古柳树下荒草丛中那些幽秘的池沼周围跳跃！有些地方洋溢着处女林的诗意。在任何季节，一片郁郁葱葱的树林都是令人欣赏的美景。

屋子周围还有绚丽的鲜花、香气四溢的橙树，还有一个蔬果茂盛的菜园。我一直喜爱蔬果。这个园子比诺昂的园子莳弄得精心，安排得更为合理，乡野风味没有那么重，但景色也比诺昂差一点，没有那样引人遐思。但由两旁树枝荫盖的小路是多么幽长，绿意盎然的前景是多么悦目，在沙道上策马奔驰是多么美好的时刻！还有，年轻的客人，总是欢悦的面孔，一些顽劣孩童变得如此乖觉。欢叫、笑闹、玩疯的抓小偷游戏、摔下来折断颈根的荡秋千，我觉得自己还是个孩子。此前我都忘了这点。我恢复了当寄宿生时的爱好。疯狂的奔跑，毫无来由的大笑，因为喜欢声音而闹出的声音，因为喜欢运动而进行的运动。这不再是诺昂那种兴致勃勃的散步，或者死气沉沉的冥想，不再是人们疯狂投入以抖落忧愁的活动，或者沉湎其中希望能够永远忘记自我的沮丧。这是真正开心的游戏，是多人的娱乐，是家庭的生活。虽未料到，我却是适合这种家庭生活的人，要是让我忍受别样的家庭生活，我免不了又陷入忧郁。

就是在那里我最终放弃了进修道院的梦想。几个月来，每当外部生活发生危机，我就自然地想到修道院。在普莱西，我终于明白，只有在一种自由的空气里，在一个需要永远不变的广大空间里我才活得轻松，而且在作息时间上要不受强制，不能被强制离开乡野平静而富有诗意的生活场景。否则我的日子就过得艰难沉重。

其次，我在那里看到安热尔的幸福，并不是弄懂了爱情的激昂兴奋，而是理解了男女结合和真正友谊至善至美的甜蜜，理解了这种极度的信任，这份笃定且绝对的忠诚，这种人到中年后在她夫妇间居支配地位的心灵安全。在一个未获天允享受十年如此幸福的人看来，这十年抵得上别人一生。

我一直都喜欢孩子，不管是在诺昂还是在修道院，都寻求和比我年幼的孩子们经常来往。我小时是那么喜爱和照料我的布娃娃，以至于对它们表现出明显的母爱本能。我的安热尔母亲的四个女儿给她带来很多苦恼，但这是“珍贵的苦恼”，安热尔太太对我抱怨说，而且还有更好的说法：这是她的心肝宝贝，是她婚姻的骄傲，是她时刻关心的对象，是她未来的梦想。

雅姆只有一件憾事，就是没有至少生个儿子。为了给自己一个幻觉，他希望尽可能长久地看到女儿被打扮成男孩子。她们穿着长裤和钉着银扣的红礼服，看起来就像机灵勇敢的小士兵。经常来跟她们一起玩的有雅姆的姐妹龚多安·圣-艾格南太太的三个女儿，其中的老大跟我很好。还有路易莎·普冉，其父亲与我的雅姆老爸合伙经营一家工厂。还有几个本家或密友家的男孩子，如诺尔贝·圣-马丁，洛埃蒂耶家最小一支的儿子，欧热纳·桑德雷和一个老朋友的几个侄儿。我在这伙人中年纪最大，当小圈子的人聚齐后，我就领着大家玩游戏。即使是婚后很久，我在这伙人中仍然感受着和最小的一个同样多的快乐。

因此我又变得年轻，我在普莱西找回了真正的年龄。我可以读书、熬夜、思考。我拥有可以随意阅读的书籍，享有完全的自由。但是我并未冒出利用这份自由的念头。白天骑马奔驰，玩游戏，晚上一进卧室，我就坠入梦乡，醒后又从头开始。唯一思考的事情，就是担心有事情要思考。我曾经同时思考过多的事情，现在需要忘却那些观念啊念头啊，沉醉于平静的感情生活和青少年的活动。

似乎我母亲曾告诉这一家人，说我是个卖弄学问的人、才女、怪人。这让我的安热尔母亲稍稍害怕，但这样一来她就更关心我的不幸了。不过她等我显露才学和虚荣心却是白等了。我只允许自己在代夏特尔面前掉书袋，因为他本人也是个老学究，在任何事情上都要引经据典，究本索源，你没法不跟他讲理。但是在普莱西我那点小学生的知识有什么用呢？它迷惑不了任何人。于是我觉得忘掉它，比拿来喂养别人和我自己要惬意得多。我没觉得有任何辩论的需要，既然我的看法在周围没有遇到任何种类的反对意见。在这个昔日的市民家庭，出身这个怪物只是一个并不酸刻的玩笑题目，而且由于它没有门徒，它也就没有对头。大家并不惦记这事，也从不把它放在心上。

那时布尔乔亚还没有后来养成的那种骄傲自大，对金钱的喜爱也没有超出公众的道德信条。再说，即使别处的布尔乔亚是这样，在普莱西也完全是另一回事。雅姆有头脑，重名誉，讲道理。他太太人好心慈，对他一腔柔情，在他一文不名的时候就给他带来了万贯家财。纯洁的爱、完全的无私是这个高贵女人的宗教与道德。我怎么会与这个女人及其家人失和呢？无论发生什么事情都不会，永远不会。

我母亲、姐姐，还有皮埃莱很少来普莱西，一来就住一两天，看我在这里适不适应，想不想住下去。我一心想留下来，因此一直到春季快结束的时候，我与母亲都相处得很好。

在那段时间，雅姆先生与太太去巴黎住了些日子。尽管我住在母亲家，他们还是每天早上来接我，一起到他们所说的“小酒馆”吃饭，晚间再到林荫大道上散散步。所谓的小酒馆，不是“巴黎咖啡屋”就是“普罗旺斯兄弟”酒家；所谓散步，其实是到巴黎歌剧院、圣马丁门看戏，或到马戏场看哑剧。它唤醒了雅姆当年征战生涯的回忆。所有这些活动都邀请了我母亲，尽管她喜欢这种娱乐活动，但她通常都是让我独自去。似乎她想把自己做母亲的所有权利和职责都交给普莱西的那位太太。

有天晚上，看过戏后我们在托尔托尼酒家吃冷饮，我的安热尔母亲对丈夫说：“瞧，那是卡齐米尔！”一个身材单薄、相当优雅、长着一张快活脸蛋、具有军人步态的年轻人过来跟他们握手，并且回答他们关于他父亲的殷切问候。他父亲杜德旺上校是深受雅姆一家老小喜爱和敬重的人。年轻人在安热尔太太身边坐下来，小声问她我是谁。

“这是我女儿。”安热尔太太大声回答。

“那么，这就是我妻子啰？”他又小声问道，“您知道您曾答应把大女儿嫁给我的。我相信您许的是维尔弗里，但这位的年纪更与我相配。如果您愿意把她许给我，那我就接受了。”

安热尔太太笑起来，但这个玩笑却成了一个预言。

过了几天，卡齐米尔·杜德望来到普莱西，主动加入到我们这群孩子中间。他有活力，也开心，对我来说，这只能是显示他性格的好兆头。他并未向我献殷勤，甚至都没想到这点，如果他真那样做了，我们相处就尴尬了。我们的关系就是一种平平淡淡的伙伴关系。安热尔太太早就习惯叫他女婿。他对安热尔太太说：“您女儿是个十足的男孩子。”而我则对安热尔太太说：“您女婿是个乖男孩。”

我不知道是谁在促使大家继续公开拿这事说笑。斯塔尼斯拉老爹[1]从中看出蹊跷，趁我们在花园里玩捉强盗的游戏时对我喊道：“追着你丈夫跑吧！”卡齐米尔玩得来了性子，也大叫着：“放了我老婆！”我们彼此以丈夫妻子相称，既没什么为难，也没什么激情，要是换作小诺尔贝和小朱丝蒂娜，那就不一样了。

有一天，斯塔尼斯拉老爹在围场里不知就这件事说了我什么坏话，我挽起这只老狗熊的手臂，问他这么件无足轻重的事情，他为什么费这么多心思来诋毁。

“因为您想疯了要嫁给那小伙子。他将来一年坐享六七万或八九万利勿收入，肯定不愿意娶您做妻子。”

“我向您保证，我一分钟也没想过要嫁给他。这只是个玩笑，是在场的我们这些纯朴的人说起的。既然它到您这种多愁

〔1〕安热尔家个性怪癖的房客。

善感的脑子里可能变成真的，那就没意思了。我要求父亲母亲出面，马上制止这个玩笑。”

回到屋里，我第一个遇到的就是雅姆老爸，我向他提出了请求。他回答说：“你们要是把那个老家伙的胡说八道放在心上，那就干不了什么事了，你们竖根指头他也要讥讽一番的。问题不在这里。我们来认真说说话。的确，杜德望上校是有一份厚实的家产，一份不菲的收入，一半属于他太太，一半是他自己的。在他那部分财产里面，有些应该看作个人收入，如荣誉勋位团军官的退休金，帝国男爵的津贴，等等。他名下只有一块在加斯科涅的好地产。而他儿子不是他和太太生的，是个私生子，只有一半权利继承这份财产。但也许他能全部继承，因为他父亲爱他，又不会再有别的孩子。但就算他全部继承，也绝不会超过您的财产，而且一开始他还得不到那么多。这样看来，你们要像我们开玩笑说的那样，真的结为夫妻也并不是不可能，而且这个婚姻对他更有利。因此您就放心吧，想干什么就干什么。您要觉得那玩笑讨厌，拒绝就是了；要是觉得它无所谓，也就别太在意。”

“我觉得它无所谓。”我回答道，“我就怕一过问那笑话，自己就会变得可笑，并且使笑话反倒像真的。”

话说到这里打止。卡齐米尔走了又来了。再来时他对我更加认真，很坦诚明确地向我求婚。“这或许不合惯例。”他对我说，“我只愿意听到您在完全自主的情况下，独自发出的第一声同意。要是我不过于引您反感，但您又不能这么快地发出这声同意，那就请多给我一点关注，过几天，过段时间，等您愿意的时候，您再告诉我，是否准许我让父亲去向您母亲提亲。”

这番话让我听了很舒服。雅姆先生和太太对我说了卡齐米尔和他家那么多好话，以至于我没理由不更加认真地关注他。我从他的言语和为人里感到了真诚。他并未对我谈论爱情，承认对突然冒出来的这份强烈感情、这种热烈崇拜没有多少准备，总之，无论怎样，他都不善于以一种迷人的方式将这份强烈感情、这种热烈崇拜表达出来。他谈起一种经得起各种考验的友情，把我们主人家温馨和睦的幸福生活和他认为能够保证让我享有的家庭幸福做比较。“为了向您证明我相信您，”他说，“我愿意承认，我第一眼就被您优雅理性的神气打动了。我没觉得您美丽，也没觉得您漂亮，我不知道您是谁，也从没听人说过您，但是，当我笑着对安热尔太太说您将是我妻子时，我觉得脑子里突然冒出这个念头：若果真如此，我会很幸福的。每天这个模糊的想法都变得更加清晰。当我与你们一起玩耍欢笑时，我觉得认识您很久了，我们是老朋友。”

此前我一直犹豫不决：到底是回家还是待在修道院，当时刚刚做出决定，处在那样一个人生时段，我以为一种突如其来的爱情可能会令我恐惧。我不理解它，可能觉得它是闹着玩的或是觉得它可笑，就像在普莱西那第一个追求者的爱情一样。我的心也从未走在我的无知前面一步。我生命的任何不安都不会扰乱我的理智，或者让我的猜疑睡眠。

因此我觉得卡齐米尔这番合情合理的表白是友善的，征询两位主人的意见之后，我与他保持那种刚刚在我们之间取得存在权利的友伴关系。

我从未被人这么专一地照顾过，从未享受过这种心甘情愿的震撼和感动一颗年轻之心的顺从。我不可能不很快把卡齐米尔看作最好和最可靠的朋友。

我们与安热尔太太一起，安排杜德望上校和我母亲见了一次面。在此之前，我们没做任何打算，既然未来取决于我母亲的心血来潮，它完全可能使一切计划泡汤。要是她不同意，我们就不得再往这方面作想，相互保持尊重算了。

我母亲来到普莱西，与我一样，被杜德望老上校对美丽面孔的温柔敬意、满头银发和高贵善良的神气打动了。他们和两位东家一同聊起来。母亲后来告诉我："我说行，但没有把话说死。我还不知道他家儿子讨不讨我喜欢。他并不俊美。我喜欢有个英俊女婿来挽着走路。"上校挽起我的手臂，去看屋后的一块人工草地，一边和雅姆先生聊着农业方面的事。他行走困难，因为患有严重的痛风。当我们和雅姆与其他散步者拉开距离后，他带着浓烈的喜爱之情跟我说话，说他非常喜欢我，把收我做媳妇看作生活中的一大福气。

我母亲留下来住了几天，亲切而快乐，把未来女婿撩拨逗弄一番，以考验他的脾性，觉得他是个好小伙子之后，才动身离去。她允许我们一起留下来，由安热尔太太监管。杜德望太太回勒芒娘家有些日子了。大家说好，等她回到巴黎，就把婚期定下来。到那时做父母的应该把各自的财产盘整清楚，而上校则应该做好安排，把他生前愿意确保儿子过的生活定下来。

过了半月，母亲像颗炸弹一样又落在普莱西。她发现卡齐米尔在过一种混乱无序的生活，有段时间曾做过咖啡馆的侍应生。我不知她是从哪里打听来的这种无稽之谈。我认为这是头天夜里她做的一个梦，第二天醒来就把它当真看待了。大家对她的不满一笑置之，这让她气恼不已。雅姆倒是认真地回答她的话，对她说，杜德望一家几乎就没有离开过他的视野，卡齐米尔也从未陷进任何混乱生活。可是都白说了。卡齐米尔本人也抗议，说他觉得在咖啡馆当侍应生并不是羞耻，可是他离开军校就上了战场，军衔是少尉，到军队解散时才复员，上巴黎读法律，住在父亲家，享有一份可观的津贴，或者跟随父亲住到乡下，差不多享受婚生子的待遇，他从未有空闲，哪怕一星期，哪怕十二个钟头，到咖啡馆去侍候别人。可是他也白说了。我母亲固执己见，断言人家在玩弄她，把我带到外面，大肆攻击安热尔太太，说她习惯不好，屋子没格调，喜欢耍阴谋诡计，专门给有遗产的女孩子介绍冒险家，好从中获取报酬等等。

她的思维达到如此混乱的程度，以至于我为她的理性害怕，就努力让她分心，对她说我去准备行李，马上和她一起动身，到巴黎后，她会得到希望得到的所有信息，要是不满意，我们就不再见卡齐米尔。她马上安静下来。“是啊，是啊，我们去准备行李！”她说。可是我刚开始准备，她又说：“我思考再三，还是我走，因为我不喜欢这里。你喜欢这里，就留下来。我会去了解情况的，人家说什么，我会告诉你的。”

她当晚就动身了，然后又回来同样地闹。总之，我没有让人怎么请求，就留在普莱西，直到杜德望太太回到巴黎。当时考虑到母亲要对我们的婚姻做出决定，并且她又很认真地召我前去，我就在圣拉萨尔街一套新公寓里与她合住。房子是她租的，就在旧时的蒂沃利花园后面，相当狭小，也相当丑陋。从我卫生间的窗户可以望到那个巨大的花园。白天，我可以和我的哥哥去花园散步，门票很便宜。我哥哥刚刚来到巴黎，住在我们楼上的一间阁楼房。

伊波利特服完了兵役，尽管退伍前夕他被任命为军官，他却不愿继续留在军队。他过怕了当兵吃粮的生活。当年他热烈地投军入伍是指望获得更快的晋升：可是他看得清楚，维尔纳夫的疏懒怠惰一直延展到他身上，既然无望征战，获取功名，这种驻防部队的生涯就是使头脑昏愚，使前程无果。凭着他菲薄的退伍津贴可以过个温饱日子，我提出他可以住在我家，直

乔治·桑与丈夫弗朗索瓦·杜德旺男爵（弗朗索瓦奥居斯特·比亚尔画）

到考虑给自己谋个新职业为止。我母亲很喜欢他，也就未因此觉得有什么不快。

有伊波利特插在我母亲和我之间真是太好了。他善于找到这个病态性格的接头。这点他比我强多了。他嘲笑我母亲的激动，对她或是恭维或是讥笑。他甚至呵责我母亲。对伊波利特所做的一切，我母亲都忍而受之。伊波利特这个轻骑兵的“皮”厚得很，没那么容易刺穿，不像我这个年轻姑娘面皮太薄，容易受伤。而对我母亲的怒骂他显出一副满不在乎的样子，这也使得她的怒骂起不了作用，以后就不骂了。他发现我被母亲暴躁的脾气搞得如此痛苦，就竭尽全力安慰我。在他看来，这算不了什么，与警察的班房和军队的痛殴相比，这只是微不足道的折磨。

杜德望太太来正式看望我母亲。论心机与智力她肯定比不上我母亲，但她有一些贵妇人的做派，有个温柔天使的外表。任何人一接触她，就会被她受苦受难的神气、声息微弱的嗓音和高雅的漂亮面孔吸引而生出好感，而我则在长久得超出理智的这份好感中低着头。她主动来看我母亲，正好抚慰了我母亲自尊心容易受伤的地方，让她觉得很是受用。于是婚姻就定下来了；但是后来随着母亲一直持续到秋天的心血来潮，这事一时成了问题，断绝关系；一时又恢复来往，和好如初，害得我常常十分苦恼，病得不轻。因为我与哥哥枉自承认我母亲这样做其实是爱我，并未想到她说的那些话会伤人，我还是习惯不了她那一时高兴发狂一时闷闷不乐一时温柔似水一时把冷漠写在脸上或者表现出任性厌恶的脾气。

我母亲对卡齐米尔的看法并没有转好。她说，之所以厌恶他，是因为不喜欢他那个鼻子。她接受卡齐米尔的照顾，以考验他的耐心为乐事。卡齐米尔虽然不是很有耐心，但是得到伊波利特的帮助，加上皮埃莱居间调和，居然应付过来了。然而母亲仍然对我大讲他的坏话，以此为乐。那些指责是那样无理，以至于在她希望激怒或使之醒悟的人心里，不可能不产生一种与宽容或信任相反的感觉。

经过多次让人颇为伤心的磋商，我母亲终于下了决心，想以奁产制的方式把我嫁出去。老杜德望先生以我母亲直截了当地对他儿子表示不信任为由作了某些抵制。对这种保留产业的措施，我也鼓励卡齐米尔尽量抵制，因为它的结果几乎永远都是牺牲个人的精神自由，来保全不动产严格的不动性质。我不会为区区小钱卖掉诺昂的房子和花园，但可以卖掉部分田土，以获取一份足够的收入，来支付较大住房所带来的花销。我知道我祖母生前总是因入不敷出而拮据，但是我母亲坚持这个条件，我丈夫不得不做出让步，于是我母亲领略了最后一次显示权力的快乐。

我们于1822年结婚，婚礼期间接待来客又回拜，忙乎几日，之后在我们亲爱的普莱西朋友家休息几日，就由我哥哥陪伴动身去诺昂。在那里，善良的代夏特尔高兴地接待了我们。

二

在我与已故伟人的对话里，在我期待进入那个更加美好的，我们应该在比尘世更明媚更圣洁的阳光里相互认出来的世界的时候，我相当平静地邂逅了另一个灵魂，一个在其本质上不会更丑恶更不纯洁，在此世也不会更病态更苦恼的灵魂。

我说的是弗雷德里克·肖邦。在七月王朝治下，我退隐到诺昂居住。在那里的后八年，他是我的房客。

自1838年儿子莫里斯最终交给我监护后[1]，我就决心给他找一个比较暖和的地方过冬。从头年残酷的风湿病中康复以后，我希望能够这样来保护他。我希望同时找一个安静的地方，给他和他妹妹上点课。我也可以适量地写点东西。只要不

〔1〕乔治·桑于1822年与卡齐米尔·杜德旺结婚，1823年生子莫里斯，1828年生女索朗日。1836年由法院宣判与丈夫分居，但两人早在1830年就已分居。

会客访友，就可以省出很多时间，也就不必熬那么多夜了。

我每天都见到肖邦先生，我喜爱他的才华与性格。当我做动身计划与准备的时候，肖邦先生好几次对我说，他要是处在莫里斯的位置，疾病很快就会自愈的。我相信他，但我弄错了。在旅途我没有让他处在莫里斯的位置，而是让他坐在莫里斯旁边。好久以来肖邦的朋友们就催促他去欧洲南部疗养一段时间。大家以为他患的是肺结核。戈贝尔给他做了体检，向我发誓说他患的不是肺结核。“您要是给他新鲜空气，带他散散步，让他多休息，的确会救他一命的。”戈贝尔对我说。其他人很清楚，如果没有一个被他爱慕，又对他忠诚的女人拖他去南方，肖邦是下不了决心离开上流社会，告别巴黎生活的，就使劲劝我不要拒绝他如此适宜又很出人意料地表达的意愿。

其实我不该向他们的希望和我自己的关心让步。一个女人，独自带两个孩子去外地就够麻烦了，而且一个孩子有病，另一个因为身体健康、精力充沛，而好动爱闹。再说健康的孩子内心还没有感受过痛苦，也就不会担负起照顾病人的责任。

但是肖邦正处在一个让大家放心的健康时期。除了并未过于看走眼的格尔齐玛拉，我们都对他的身体有信心。不过我还是请肖邦问问自己在精神上撑不撑得住，因为多年来他一想到要离开巴黎，离开医生和朋友熟人，甚至离开他的公寓和钢琴就感到恐惧。这是个一丝不苟地严守习惯的人，生活中的任何改变，哪怕再小，也是他的一个可怕事件。

我带着孩子动身了，对肖邦说去佩尔皮央住几日，但是我没在那里见到他。由于他在一段时间内不会来，我就去了西班牙。我相信一些认为熟悉当地气候与资源的人的推荐，选了玛约克。其实那些人根本不了解西班牙。

我和肖邦共同的朋友蒙迪扎巴尔，一个杰出又有名的男人要去马德里。如果肖邦打算继续实现他旅行的梦想，蒙迪扎巴尔准备把他一直送到边界。

因此我在11月份带着孩子和一个贴身女佣动身了。第一晚在普莱西歇宿。在那里高兴地拥抱了我的安热尔母亲和在十五年前张开怀抱欢迎我的善良而亲爱的全家人。当年那些小姑娘如今都长大了，变得美丽，并且嫁了人。我最喜欢的托尼娜气质优雅，美丽动人。我可怜的雅姆老爸患有痛风，要靠拐杖行走。我是最后一次拥抱这对父女！托尼娜后来在生头胎孩子时去世，她父亲差不多在同一时期作古。

我们兜了一大圈，为旅行而旅行。我们在里昂看望了朋友，杰出的艺术家蒙戈菲埃太太、泰奥多尔・德・赛纳等人，又顺着罗讷河往下到阿维尼庸，从那里直奔沃克吕兹。那是世上最美的地方之一，既值得意大利大诗人彼得拉克喜爱，也配得上他那些不朽的诗句。从沃克吕兹穿过南部，参观了嘎尔的桥，我们在尼姆停留几日，一则探望我们的朋友亲爱的家庭教师布库阿兰，二来结识德・奥里勃太太，一个我应该保持友谊的漂亮女人。然后，我们抵达佩尔皮央，第二天就见到肖邦到达该地。他经受住了一路的颠簸。接下来乘船去巴塞罗那，从那里再乘船直达帕尔玛，不致过于劳顿。时间从容，大海平静，我们感觉气温渐渐升高。莫里斯几乎和我一样不晕船。索朗日稍觉不适，但是见到朝阳下被芦荟和棕榈树切割成锯齿状的陡峭岛岸，她乐得在甲板上奔跑起来，气色就和早晨一样清新鲜朗。

关于玛约克，我这里没什么可说，因为我已为那次旅行写了一大本书。我在书里讲述了与我陪伴的病人有关的不安。天一转凉，老天就突然下起倾盆大雨，宣告寒冬到来。肖邦也突然表现出肺部疾病的各种症状。要是莫里斯治不好风湿症，我不知道我会变成什么样。我们没有任何可以信赖的医生，就是最简单的药物也几乎弄不到。连糖也只有劣质的、把人吃坏的货色。

谢天谢地，莫里斯和妹妹从早到晚面对风雨，居然完全康复了。索朗日和我都没料到会遇到大雨，道路被水淹没。我们在一座废弃不用部分坍塌的查特勒修道院里找到了清洁卫生的安身处。这是最最别致的住所之一。我上午给两个孩子上课。白天余下的时间，他们奔跑嬉戏，我则写作。晚上，就着月光，我们一起在内院回廊奔跑，或在修道士的单人小房间里读书。尽管我们所在的是一个蛮荒地区，居民喜欢偷东摸西，但在这个浪漫的僻静处所，我们本可以过得惬意快活，可惜我们旅伴的痛苦模样，以及有些日子对他生命的担忧，夺走了我所有的旅行快乐和好处。

可怜的大音乐家是个可恨的病人。我所担心的事情终于来了，虽然还不算太不幸。肖邦的精神完全垮了。他虽然以相当充足的勇气忍受着病痛，却无法克服他的想象力的惶恐不安。在他看来，修道院的回廊里鬼影憧憧，充满恐怖。甚至在身体强健时他也这样认为，只是并不说出来，要我猜出他的心思。晚上十点，当我带着孩子在废墟探险回来，发现他坐在钢琴前，面色苍白，头发竖立，两眼射出惊恐的目光，要过好一阵才认出我们。

接下来他强颜作笑，给我们弹奏了刚刚创作的很精彩的曲子。更准确地说，这是刚才在那孤独、凄冷、恐惧的时刻，不知不觉地占据他头脑的一些撕心裂肺的可怕念头。

就是在那里肖邦创作了那些短小乐曲中最精彩的篇什。他谦虚地给它们取名为前奏曲。那是些杰作。其中好些表现了看到已故僧侣鬼影、听到周围哀歌的想法，另一些则是温柔伤感的。它们是在晴天白日，身体健康，在窗下听到孩子们的欢笑，听到远处吉他的弦声，听到湿漉漉的树叶下鸟儿的啁啾，看到粉红的玫瑰花在雪地上绽放的时刻出现在他脑子里的。

还有一些调子沉闷忧伤，一方面悦你耳，一方面则伤你

乔治·桑与肖邦（德拉克卢瓦画）

心。这是在一个凄冷雨夜冒出的乐思，在肖邦心里投下的可怕的沮丧。那天他身体状况不错，我和莫里斯就把他留在家里，去帕尔玛给我们的临时住所置办一些必要物品。下雨了，湍急的水流四处漫溢。我们冒着前所未闻的危险，打着赤脚，被出租马车抛弃，涉着洪水往家走，十几公里路，走了六个钟头，到家已是三更半夜。怕我们的病人不安，我们加快步子拼命赶路。的确，肖邦很是担心，但那分情绪好像凝成了某种平静的绝望，他一边哭，一边弹奏着他奇妙的前奏曲。看到我们进门，他站起来大叫一声，然后以失常的神气，怪异的声调对我们说："啊！我刚才清楚地知悉你们死了！"

当肖邦醒过神来，看到我们的模样，想到我们遇到的危险，他感到难过。不过后来他向我承认，在等我们回来的时候，他在一个梦幻中看到了那一切，但是，由于无法分清那是梦幻还是现实，他就弹钢琴，让自己镇定下来，弹着弹着，好像睡着了，于是以为自己也死了。他看见自己掉进一片湖水里，冰凉沉重的水珠有节奏地滴落在胸脯上。这时我让他听雨声，雨水的确有节奏地落在屋顶上。但他否认刚才听到了雨滴声。他甚至对我用悦耳的象声词来表示雨声生气。他竭力反对这种幼稚的声音模仿。他是有道理的。他的天才充满了大自然的神秘和声，这种和声由一些华美的等同物，而不是由一些对外部声音奴颜婢膝的重复体现在他的乐思里。那天晚上他创作的曲子充满了雨滴：它们打在修道院的屋瓦上噼啪作响，但是在他的想象和乐曲里，它们被表现为老天的眼泪，砸在他心上。

肖邦的天才是曾经存在过的最深刻最饱满的感觉与感情。

他让单独一件乐器来说无限的语言。他经常用一个儿童都可以演奏的十行乐句，概括一些意境高远的诗，一些力量无与伦比的戏剧。他从不需要重大的物质手段来写出自己的天才之语。他既不需要萨克管和大号来使灵魂充满恐惧，也不需要教堂的管风琴和人声来使灵魂充满信义与热情。从前他不为群众所了解，今日他仍然不为群众所认识。在艺术鉴赏与智慧方面必须来个长足进步，才能使他的乐曲变成大众化作品。

有朝一日，人们会演奏肖邦的音乐，对他的钢琴总谱不做丝毫改动；有朝一日，全世界都会知道这个与那些大师同样伟大、同样全面、同样博识的天才。他被看作那些大师的同类，却保留了比塞巴斯蒂安·巴赫更精妙，比贝多芬更有力量，比韦伯更动人的个性。他综合了这三位大师的长处，但他仍是他自己，也就是说，在趣味上更细腻，在风格上更崇高，表现痛苦时更有撕心裂肺的力量。只有莫扎特比他略胜一筹，因为莫扎特身体更加健康，生活也就更为全面丰富。

肖邦感觉到自己的长处与短处。他的短处就是不能控制自己的长处，使之过了头。他不能像莫扎特那样用一种均匀单一的调子来创作一个杰作（话说回来，也只有莫扎特有这种本事）。他的音乐充满了色调变化和意外。有很少的几次，它显得奇怪、神秘、动荡不宁。尽管肖邦担心得不到人们的理解，但他过分的感情还是在不知不觉地把他带到一些只有他熟悉的地区。对他来说我也许是个不称职的评判员（因为他问过我的看法，就像莫里哀问女仆的意见），因为我太了解他，以至于能够与他机体的每一根纤维同化。八年之中，我每一天都在洞悉他的灵感或音乐思考的秘密，他的钢琴向我揭示了他思想的驱动、困惑、取得的胜利或者遭受的折磨。我了解他就像他了解自己，一个与他的关系没有我这么近的评判员有可能迫使他创作出更容易为大众所理解的乐曲。

肖邦有时有些年轻时形成的让人愉快的思想。他写过一些波罗乃兹舞曲和浪漫曲，但没有发表。它们都舒缓迷人，或者很温和。后来创作的几支曲子也还清澈透明，折射出太阳的光辉。但是他这种平和的醉人的静思是多么稀少，又是多么短暂！对他来说，云雀在天空的鸣唱，天鹅在静水的浮游，就像平静之中美的闪光。玛约克峭壁上老鹰饥饿的怨叫，北风凌厉的呼啸，覆雪的紫杉那一派肃杀的景象更让他长久地惆怅悲凉，胜过橙树的芳香，葡萄藤的优雅，和耕者摩尔人的叙事抒情山歌给他带来的愉悦。

肖邦在万事万物上都这样表现他的性格。感受情爱的温柔、命运的微笑只是一时片刻的事，被某个漠不关心的人的笨拙，或者被现实生活微不足道的障碍败坏心情却要持续几日，甚至几个星期。说来也怪，一种真正的病痛却只给他造成一点轻微的伤害。他似乎没有勇气首先理解继而感受这种病痛。因此他深层的焦虑不安并非与不安的起因毫无关系。至于他可悲的健康，他英勇地接受了其现实的危险，却又为微不足道的恶化而痛苦不堪。这就是神经系统过分发育的人的故事和命运。

对细节的过度感受，对贫困的恐惧，对高雅舒适的生活的需要，自然使他在病了几天后就对玛约克产生了厌恶。只不过当时他的身体过于虚弱，没法上路。好转过来后，海边又刮起了阻航的大风，一连三星期汽船不能出港。这是唯一可以乘客的小船，虽然它很少载客。

因此，我们在瓦尔德摩莎查特勒修道院的小住成了对他的酷刑，对我的折磨。生病的肖邦在上流社会温和、快乐、迷人，在为他所专享的私生活中却让人失望。就他个人来说，再没有比他更高贵、更体贴、更无私的灵魂，更忠诚和更正大光明的交往，更让人愉悦的才气，和更认真更全面的智慧，但反过来，唉！也再没有比他更反复无常的性情，更阴暗与狂热的想象，更激怒别人的猜疑，更难以满足的心愿。而这一切都不是他的过错，而是他的病痛。他的精神被生吞活剥，一片玫瑰花瓣的褶折、一只苍蝇的影子都会让他流血。在西班牙的天空下面，除了我和我的孩子，其他的一切都令他反感、厌恶。他急于动身，这种焦虑比居家的种种不便更让他难受。

我们终于能够去巴塞罗那，并且在冬季末尾从那里，还是走海路，到达马赛。我喜忧参半地离开了查特勒修道院。我本可以单独带着孩子在那里过两三年。我们有一箱子优良的初级读物，我也有时间辅导他们阅读。天空变得非常瑰丽，岛子成了个迷人的所在。我们富有诗情画意的栖居让我们欢喜。莫里斯眼看着强壮起来，对于生活物质的匮乏，我们只是一笑置之。我本来有充足的时间专心工作，因为我不看护病人的时候，阅读了好些精彩的哲学和历史著作。而病人要是能够治愈，本也会非常温良和善。因为即便在他最最痛苦最最不安的时候，他的音乐也让这个圣所充满多么美妙的诗意！而在藤蔓披覆下的查特勒修道院是如此美丽，山谷里鲜花开得如此绚丽，我们山上的空气是如此纯净，天边的大海是那么蔚蓝！这是我住过的最美丽的地方，也是我见过的最美丽的地方之一。

可是我却几乎没有为此感到快乐！我不敢离开病人，每天我只能带孩子外出片刻，甚至经常出不了门。我自己也因为劳累，因为困守一隅，而成了病人。

我们必须在马赛停留。我请著名的柯维埃尔大夫给肖邦做了检查，他认为肖邦受到严重感染，但看到肖邦恢复很快，又充满希望。他觉得只要照顾得法，肖邦还可以活很长时间。他给肖邦做了精心治疗。这个尊贵而可爱的男人，法国的一流医生，最可靠、最忠诚、最有魅力的朋友，是马赛幸运与不幸运人的保护人。作为一个有信念的与时俱进的人，他在年纪很老的时候还保留了美好的灵魂和英俊的面容。他安详与敏锐兼有的面部表情总是被一丝温润的微笑和两道炯炯的目光照亮，吸引来同等分量的尊敬与友情。他还是身体最健康的人之一，肢体健全，充满热情，心脏年轻，头脑敏捷，体能良好，状态理想，还保持了高度的领悟理解思维能力。

对于我们柯维埃尔大夫像一位父亲。他不断地致力于让我们过得惬意。他照料病人，带孩子们散步，让我休息之外的时间至少充满希望、信心和精神的安适。今年，也就是十五年以后，我在马赛又见到他，觉得他比当年还要年轻，还要可爱。他刚刚经历并战胜了霍乱，仍然像头一天一样爱着他心灵的选民，仍然对法国，对未来，对真理充满信心，而本世纪的孩子们却不相信这一切了。可敬的老人，配得上一种令人羡慕的生活！

看到随着春天来临，肖邦的身体渐渐康复，适合一种很温和的治疗，柯维埃尔大夫便赞同我们去热纳亚住几天的打算。对我来说，与莫里斯一起重睹这座迷人城市的美丽建筑与瑰丽画卷，实在是一件赏心乐事。

归途，我们在海上遇到强风。肖邦因此相当难受。于是我们又在马赛那位杰出的大夫家休息了几日。

马赛是个宏大的城市，初来乍到的人都不喜欢，都厌恶这里燠热的气候和强悍的居民。但是人们还是在这里住下来，因为这里的气候本质上有益健康，这里的居民本质善良。人们明白，当一个人在这里，在一座富裕城市里，发现并获取各个程度的文明资源，当一个人在一定范围里，跑遍这个有不少地方与意大利许多吹嘘稍稍过分的地方同样陌生而秀美的普罗旺斯时，就能够习惯西北风的暴烈，习惯大海的怒涛，习惯无情阳光的炙烤了。

我顺利地把已经痊愈的莫里斯，和正在痊愈的肖邦带回诺昂。可是没过几天，莫里斯的病情反倒比肖邦严重了。他的心脏变得过于肥大。我的朋友帕佩是个杰出的医生，又因为很有钱，给朋友和穷人诊病都分文不取，他表示要彻底改变莫里斯的饮食制度。两年来，莫里斯坚持吃白肉，喝兑了少量红葡萄酒的水。帕佩医生认为，快速成长需要滋补，在给莫里斯实施放血治疗之后，他用一种与从前完全相反的摄生方法来补养莫里斯的身体。我开始对他生出信任，因为从此时起，莫里斯很快甩掉了病根，变得强壮结实。

至于肖邦，帕佩医生没发现他有任何肺部感染症状，只是稍有慢性喉炎，他觉得无望治愈，但也看不到有什么理由担惊受怕，提心吊胆。

玛约克之行以后，我想到调整自己的生活，解决好既让莫里斯学习，又让他不缺新鲜空气和运动这个难题。在诺昂这样做是可行的，我们的阅读足以替代中学的历史和哲学概念，以及希腊与拉丁语课程。

但是莫里斯喜欢绘画，我没法教他这门课。剩下来的课程，我们一同学习，我先一天自学，做准备，第二天再教他，但这些课程能否讲得更好，我也缺乏足够的自信。因为在教学方法上我是一窍不通，不得不创造一套适用于他的方法，同时也让自己初步学会这套方法应该阐释的知识。我还得同时为索朗日创造一套方法，因为她的智力需要用完全不同的适用于她那年龄课程的教育方法来启蒙。

这些工作超出了我的精力，除非放弃写作。我认真地考虑了这个问题。整年把自己关在乡下，我希望在诺昂，一边用我心灵能够拥有的知识来教育儿女，一边过日子，过心满意足的日子。可是我很快意识到，我根本不适合担任教师，更确切地说，根本不适合承担教书育人这个专门的任务。天主没有赋予我口才；我不能清晰而准确地表达，更不用说讲上刻把钟课我就声音嘶哑。再说，我对自己的儿女缺乏耐心，宁愿去教别人家的孩子。也许不应该对学生太投入感情，太过于关心。我主观意愿上已竭尽努力，但是常常在孩子身上发现抵触情绪，因而感到失望。一个年轻母亲对儿童的怠惰和心思没有足够的经验。不过我想起自己儿时的偷懒与喜欢干的事情，想起若不是家人强行纠正了我的毛病，我要么还是个懒惰之人，要么成了疯子，在抵抗累了之后会自杀了事，因为不知道怎样停止抵抗。

后来我教孙女阅读，倒是很有耐心，尽管我也是十分疼爱她；但我也老好多岁了！

有段时间对于怎样安排自己的生活我犹豫不决，在这种状态下，为了对这两个孩子更加有利，我的脑子里在思考一个严肃的问题。我问自己是否应该接受肖邦的想法，即把他的生活与我的生活组合在一起。如果我当时知道退隐生活是多么短暂，乡间的正经生活于他的精神与肉体健康是多么合适，我会毫不犹豫地说不。我还认为他对玛约克的失望与恐惧是由发烧造成的疯狂以及那个居所过于特别的性质引起的。诺昂提供了更为温馨的条件，僻静的住所没有那样肃穆，环境友好，具有治病疗养的各种资源。对他来说帕佩是个经验丰富又有爱心的医生。弗勒里、杜泰依、杜维纳及其家人，尤其是普拉纳、罗利纳，是他第一眼就结识的好友。大家也都爱他，都觉得自己打算把他与我一起来厚待。

我哥哥回到贝里居住。他定居在蒙吉弗莱田庄。那是他妻子继承的产业，离我们家有四五里路。我可怜的伊波利特对我的态度是那么怪异、那么失常，以至于生他的气也不算过于不近人情。但是我不能生他妻子的气，因为她对我总是那么好；我也不能生他女儿的气，因为她部分是由我抚养长大的，我把她当作自己的女儿来疼爱，像呵护莫里斯一样呵护她。再说，当我哥哥认识到他的过错时，他对自己的指控是那样全面、那样出奇、那样有力，一边诅咒发誓，一边痛哭流涕，说了上千句诙谐的幼稚话，以至于一个钟头不到，我的怨恨就一笔勾销了。换了另一个人，我是不会原谅其过去的，而且与之来往，前途也会很快变得不可忍受；可有什么办法呢？这是他，是我幼时的同伴，是生在福窝里的私生子，也就是说，是我们家惯坏的孩子。在社会上某些圈子，爱情之子（意即私生子）激起那样的关心，以至于他即使不是家里的王，也是最大胆最不受管束，无所不敢，干任何事都会得到允许的家庭成员，因为家人的心肠需要补偿他在社会上受的遗弃。

其实，虽然不能正式地，也不能合法地打算在我家里得到什么，伊波利特却总是让他爱吵好动的性格、善良的心地和无智的头脑在其中占突出地位。他把我从我自己家里驱赶出去，唯一的理由就是我不愿把他从我家里赶走。他使引我回家的斗争变得激烈，旷日持久。而他回到父亲的家，在门口流几滴眼泪，就得到原宥和拥抱。这只不过是又开始一轮（他）懊悔和（我）宽恕罢了。

伊波利特的活力，无穷无尽的快乐，与众不同的俏皮话，对肖邦的天才既热烈又幼稚的感情流露，只对他经常地，甚至在无法避免的酗酒之后的可怕时刻也表示的尊重，在极有贵族气质的音乐家那里得到好感。因此开头一切顺利，我在需要时甚至接受这个想法：肖邦可以和我们一起过几个夏天，休养生息，恢复健康；冬天他必须回巴黎工作。

然而在我的生活里与一个新朋友组合这种家庭的前景让我思考。我被我将接受的任务吓坏了，本来我以为它只限于西班牙之行。万一莫里斯又落入曾经把我磨得筋疲力尽的虚弱状态，那就只能放下授课的劳累，是的，但也得放弃写作的快乐。我能够从我安详的养精蓄锐的生活中拿出什么时刻去照顾第二个，而且是远比莫里斯更难照顾与安慰的病人呢？

因此面对一个新的要应承的义务，我心里生出某种恐惧。我并未因一分痴情而产生幻想。我对那位音乐家怀有很强烈很真切的母亲般的欣赏，但这种感情敌不过母亲对儿女的喜爱，唯一能够变得狂热的贞洁情感。

我当时还足够年轻，有力量抵挡爱，抵挡严格意义上的痴情。我的年纪地位，和女性艺术家的宿命，尤其是她们厌恶短暂分心时的不确定性让我很是担心，于是我决心不受任何事情影响，来放松对儿女的关心照顾。即使是在肖邦让我产生的温柔友情之中，我也看到一种虽然微小，但还是有可能发生的危险。

但深思熟虑之后，这种危险在我眼里消失了，甚至具备了一个相反的性质，即抵挡我不想再感受的不安的预防措施。我在生活中已经承受了那么多义务，疲惫不堪，现在再加一个义务，在我看来就是多了个过苦行生活的机会。我觉得自己以一种宗教的热情，受到这种生活的吸引。

要是我继续原来的计划，把自己在诺昂关上一年，放弃艺术，专心给儿女授课，肖邦没准就可以摆脱在我不知不觉之中威胁他的危险，即以一种过于绝对的方式依恋于我的危险。他还没有爱我到无法分心的地步，他的爱还不是排他性的爱。他对我怀有的是他在波兰时就有过的，以后在巴黎又感受过隐隐冲动的虚幻爱情，从中尤其可以看得出他对母亲的依恋。他母亲是他终身唯一痴恋、然而又习惯于远离她生活的女人。他为了专业而不得不离开我，因为专业就是他的名誉本身，既然他只靠工作为生。在巴黎住上半年，有些日子觉得不自在，流点眼泪之后，他就会恢复过优雅生活、获耀眼成功、受精神追捧的习惯。对此我不能怀疑，也不曾怀疑。

但是命运把我们推入一段长久的结合，我们也不曾想到会走到这一步。

由于被迫放下给儿女授课的事情，我就决定把它交给更称职的人，为此在巴黎办了一个为期一年的学校。我在皮嘎尔街租了一处房子，那是在一座花园深处由两幢小楼组成的公寓。肖邦住在特隆舍街。但他的住所潮湿阴冷。他的咳嗽又变得很重了。我发现自己不得不辞掉看护病人这个差使，否则就得把生命耗在难以做到的两地奔走上面。肖邦体恤我，不想让我跑，每天都来看我，苦着一张脸，声音衰微地告诉我他很好。他要求与我们共进晚餐，饭后再乘出租马车，冷得瑟瑟发抖地离去。看到他为扰乱我们的家庭生活而感到不安，我便提出让他来租下两幢小屋中的部分房间，我可以把它们让出来。他愉快地接受了这个提议。这样他在那里就有了自己的套间，在那里接待友人，给学生授课都不会打扰我。莫里斯的房间就在肖邦那套楼上。我和女儿住另一幢小屋。花园漂亮，相当宽大，可玩大游戏，让人很快活。我们请的老师男女两性都有，他们竭尽全力，把课教好。我尽可能少见客人，只限于和朋友们来往。我年轻漂亮的亲戚奥古斯蒂娜，我姐姐的儿子、由我负担并被我送去寄宿的奥斯卡，德·奥里勃太太（她出于与我一样的目的搬来巴黎定居）的两个孩子，这就是间常来与我家孩子相聚的小朋友圈子。我很喜欢这些孩子。他们每次来，总要把我家搞得乱七八糟，可我却很高兴。

我们用了差不多一年时间，来探索这种家办教育的方式。莫里斯觉得这样颇好。他绝不再怨怪他父亲未让他学习古典课程。他跟从欧热纳·佩勒丹先生、罗亚松先生和吉拉尔迪尼先生养成了阅读与理解的爱好，很快就能自学并独自发现新的领域。他的才智的天性推着他朝那些领域前进。这样一来，他就开始接受一些迄今为止只是凭本能接受的绘画概念。

我女儿却全然不同。尽管家里给她请的是苏埃小姐，一个学识广博、性格温和的日内瓦女子，提供的是很好的教育，她那躁动的脑子却无法专注于任何事情。这很让人失望，因为智力、记忆力与理解力她样样都很卓越。必须回归共同教育，因为这更能激励她上进，同时恢复寄宿生活，因为通过限制她分心的对象，使她变得容易说服。但是她不乐意进我替她选的第一家寄宿学校，我马上把她接出来，乘马车把她送到夏依约的巴斯甘太太家。女儿承认这儿确实比我家好。住进一幢迷人的房子，一个美轮美奂的所在，成为巴斯甘先生，一个有真才实学的人的私授课程格外关心的对象，她终于肯放下身架认识到，智力培养可能不同于一种无端受气的事情。因为这个爱争辩的女孩用的就是无端受气这个用语。她声称迄今为止人们编造人文知识，唯一的目的就是让小女孩们气恼。

做出这个把她与我再次分开的决定（下了更大的决心，也更伤感，但我不想让孩子看出来）之后，我就轮流在诺昂与巴黎居住。无论在诺昂度夏，还是在巴黎过冬，都和莫里斯在一起，因为他在任何地方任何时候都知道自己该干什么。肖邦每年来诺昂住三四个月。我经常延长在诺昂的逗留，有时立冬好久了才回巴黎，发现我的“常任病人”（肖邦以此自称）正在翘首望我回来，却并不怀念乡间生活。他住满半个月，就不喜欢乡间了，仅仅是因为我的关系，才能忍受着在那里多住些日子。我们离开了皮嘎尔街的小屋，因为他不喜欢那里，搬到奥尔良广场。善良而勤快的玛利亚妮在那里给我们安排了一种家庭的生活。她在那里住了一套雅致的公寓，我们在她两边各住一套。我们只须穿过一个种了树铺了沙，总是干干净净的大院子就可以见面，见面地点有时在玛利亚妮家，有时在我的公寓；当肖邦打算给我们演奏音乐时，也在他的套间见面。我们在玛利亚妮家吃晚饭，费用共摊。这是个很好的伙食组合，既像所有的组合一样省钱，又能让我在玛利亚妮太太家见一般客人，在自己家见至亲好友，并且在合适离开的时候回家做事。肖邦也为有个独立的雅致客厅而高兴，他可以去那里作曲或遐想。但是他喜欢来客，只把他的圣所用来给学生授课。他只在诺昂创作和写作。莫里斯有他自己的套房和画室，就在我楼上。索朗日在我旁边有个漂亮的小房间。放假的日子，她喜欢在那里与奥古斯蒂娜面对面玩投骰子跳子棋。她专横地把哥哥和奥斯卡从那里赶出来，声称男孩子没教养，一身烟臭，但这并不妨碍她转眼就上楼去画室惹他们生气，因而他们的时间就花在耻辱地被人从各自家里赶出去，然后又来敲门重新开始。还有一个孩子也加入这些来来去去，这些让邻里失望的怒骂与大笑。他就是莫里斯在德拉克卢瓦绘画工作室的同学欧热纳·朗贝尔，一个有头脑有才气有心肝的孩子。我几乎把他当作亲生儿子来对待，在叫他去诺昂住了一个月以后，他年年都去那儿，迄今为止在那里过了十二个夏天，还不算若干个冬天。

后来，我让奥古斯蒂娜完全和我们住在一起。家庭和家里生活于我日益珍贵，不可缺少。

要是在此详细述说这八年里我身边的名流与密友，那会要重写一大卷书。因此，除了前面提到的，我就只提一提他们的名字。他们是路易·布朗、戈德弗卢瓦、卡威亚克、亨利·马丁，以及当代最有才华又心灵高贵的女人波利娜·嘎西亚。后者是个天才艺术家的女儿，女歌唱家玛利布兰的姊妹，嫁给我朋友，为人低调的学者，有品位尤其有善心的路易·维亚多为妻。

在我很尊敬但关系并不密切的名人中，我见到的有密支凯维奇、拉布拉什、阿尔坎兄弟中的老大、索尼瓦、E.基纳、佩普将军等人。抛开才华与名气不谈，我喜欢回想大艺术家博卡日忠诚不渝的友情，和高贵的艺匠阿格里柯·佩迪吉埃的动人情谊；还有纯洁淡泊之人费迪南·弗朗索瓦和才华横溢、信仰坚定的无产阶级作家吉兰，那么诚实可爱的艾提延纳·阿拉戈，那么忧郁又那么真诚的安赛姆·佩泰丹，最优秀最和善的男人，玛利亚尼太太的至友德·博纳索兹先生等人的友情。

唉！这些交往大多被死亡或离去而中断，但是我的回忆和好感却并未冷却下来。在我仍见得到的人里，我愿意提到在世的头脑最清醒、见解最独特、知识最渊博的人之一阿邦蒂尼上尉，和情感很高尚、文笔很有诗意的作家奥尔登丝·阿拉尔太太。德拉图什说奥尔登丝·阿拉尔太太是既漂亮又快乐的女学者，是独立自主、有胆有识的才女，是光彩照人但举止庄重的妇人，既能优雅艳丽地出入上流社会也能沉静安详地过隐居生活，是能干而慈和、外刚内柔的母亲。

我还经常见到那个狂热又高贵的头脑，那个有儿童梦想和英雄性格的女人，那个女疯子，那个殉道者，那个圣女波利娜·罗兰。

我列出密支凯维奇的名字，是因为这是个与拜伦同等的天才，是由爱国热情与风俗净化引到心醉神迷的晕眩境地的人。

我列出拉布拉什的名字，是因为这是当代最伟大的喜剧演员，最完美的歌唱家。在私生活方面，这是个令人爱慕的才子，是一个可敬家庭的父亲。我列出索利瓦的名字，是因为他是有真才实学的抒情作曲家，性格高尚值得仰慕的教授，愉快的热情的严肃的艺术家。最后，我列出阿尔坎的名字，是因为他是充满独特新颖思想的著名钢琴家、博学的音乐家、心地善良的人。至于埃德加·基内，大家都是读其书识其人的：一个睿智的很重感情的人：他的朋友更知道他纯朴低调，为人仁慈。最后是佩普将军，纯洁而英雄的灵魂，一个让人想到普鲁塔克笔下那些人物性格的人。

在那个年代，通过形形色色的关系，我已经接触了社会的两个极端，既接触了富有阶级，也接触了贫苦民众，既接触了专制主义者的信仰，也接触了革命派的原则。我喜欢认识并理解推动人类前进并决定其变迁的各种动力。我专心观察，经常看错，有时也看得清楚。

我年轻时经历了失望，以后又受太多的幻想支配。先是病态的怀疑，接着是过度的好意与天真。我千百次上了某种梦幻的当，以为可

穿男装的乔治·桑（德拉克卢瓦画）

以将观念大战中的各种敌对力量融为一体。现在我的头脑有时仍这样简单，这是心眼太实的结果，虽说我早就应该根治了这个毛病，因为我的心流了很多血。

阿尔弗雷德·德·缪塞像（夏尔·朗代尔画）

表面看来，我在此讲述的生活是应好尽好。明媚的阳光照着我的儿女、朋友和我的作品。但是我没讲述的生活却是充满了辛酸。

记得有一天，我因为在私密生活中突然莫名其妙地遭遇同时来自各个方面的不公，很是气愤，就去诺昂我家花园的小树林里哭泣，就在昔日我母亲带着我，为我垒砌她漂亮的小假山的地方。我当时年龄在四十上下，虽说经常发作剧烈的头痛，但自觉身体比年轻时要好很多。也不知当时脑子是怎么想的，一时兴起，竟搬起一块大石头，也许是当年我见到强壮小妈妈运来的那些石头中的一块。我不费力气把石头举起来，又失望地任其落下，寻思道："唉！天主啊，我或许还有四十年要活！"

对生活的恐惧，对安息的渴望，虽说老早就被我赶跑了，此刻又以可怕的方式杀了回来。我坐在这块石头上，在滂沱泪雨中把满腹忧愁排遣一空。不过那一刻在我身上爆发了一场大革命：那两个钟头的沮丧之后，是两三个钟头的沉思和恢复平静，那天的情形始终清晰地留在我的记忆里，就像我生命中一件具有决定意义的大事。

我天生一种不从命不服输的性格。那是一种沮丧的忧伤的状态，其中交织着一丝遥远的，但并未为我所知的希望。我曾在别人身上见过这种状态，自己并未感受过。表面上我的身体组织拒绝这种状态。我必须彻底绝望后才会生出勇气。我必须到对自己说“你输了”的时候才会下决心全盘接受。我承认甚至顺从这两个字也让我气恼。在我有理无理形成的观念里，顺从是一种愚蠢的懒惰表现，它想的是逃避不幸的无情逻辑，是一种灵魂的软弱，它促使我们以利己主义者的身份来拯救自己的灵魂，促使我们伸出冷酷无情的后背来接受不公正的打击，促使我们变得麻木，对所受的苦难没有恐惧，从而对致使我们受苦受难的人没有怜悯。我觉得完全顺从的人对人类充满厌恶与轻蔑。他们不再奋力掀开压倒他们的山岩，而是对自己说，万事万物都是山岩，只有他们才是天主的孩子。

另一个解决方案在我前面打开。忍受一切，无仇无怨，但是肯定反对一切；在此世不为我本人生任何野心，做任何个人幸福的美梦，但是为别人的幸福抱很大希望，做很大努力。

在我看来，这倒是一个适合我天性的符合逻辑的最终结论。我可以不要个人幸福而活着，因为我没有个人的嗜好。

可是我有柔情，也有发挥这个本能的迫切需要。我必须爱，或者必须死。爱得轻微或者爱得不深，这是不幸；人可以不幸而活着。阻止人活着的事情，是放着自己的生命不使用，或者违背自己的生命条件而使用。

面对这个解决方案，我问自己有无能力遵而循之。我没有那么高看自己，不会将自己提升到做道德美梦的高度。再说，你们看到吗，在我们所处的怀疑主义时代，一道强烈的光亮显现出来：这是因为道德其实只是一道光亮，在灵魂里照着的光亮。我呢，在我的信仰里，加上天主的救助。不过不管人们接受还是弃绝天主的救助，理智都告诉我们，道德是真理在良心上显现的一个引人注目的结果，因此道德肯定指挥心灵与意志。

在我看来，道德这个傲慢的词语打上了过多的古代色彩，因此，通过把它从我内心的词汇表上剔除，并且只限于静思自己的自信，我就能对自己说（我认为是相当明智地），已经生成的自信是不会改变的，并且，为了打定主意坚持这份自信，只须在每次利己主义试图熄灭火炬时望望自己就行。

可以肯定，我被这愚蠢的人格搞得五心不定，心烦意恼，左右为难，因为灵魂并非时刻警醒着，它也会睡着，也会做梦；但在我看来同样可以肯定的是，我纵然认清了现实，也就是说，知道利己主义不可能让自己幸福，也无权摇晃叫醒我的灵魂。

怀着一种巨大的宗教热情和一股朝天主发出的真正冲动，这样计算过我的机遇之后，我觉得自己非常安宁，而且整个余生我都保留这份内心的安宁。倒不是说没有动摇，没有中断，始终一贯，我的身体平衡有时被我这种毫不宽容的意志压倒，不过我总是毫不含糊毫无争议地在思想深处和生活习惯上恢复平衡。

我尤其通过祈祷来恢复平衡。我并不认为祈祷是对上苍发出的一种选择、一种话语安排，而是与光辉理想与无尽完善做的一场交谈。

在我不再忍受，而是反抗的种种辛酸苦痛之中，我那“常任病人”的痛苦绝不是最小的一种。

肖邦总想住在诺昂，却绝对忍受不了诺昂的生活。他是典型的社交场上的人，不是过于正式、人数过多的社交场，而是私密的社交场上的人，是二十来人的沙龙的客人。在一般人离开后，常客围拢在艺术家身边，死活缠着他，要听他演奏表现他最完美灵感的作品。只有在这时，他才亮出他的全部天才与才艺。也是在这时，在让听客陷入深深的沉思或者痛苦的忧伤（因为他的音乐有时让你的灵魂感到深深的沮丧，尤其是在他即兴演奏的时候）之后，好像要抽走别人和他本人对他的痛苦印象和回忆，他忽然悄悄地转身面对一面镜子理理头发，整整领带，倏地变成了冷漠的英国人、无礼的老先生、多情而可笑的英国女人，和极其吝啬的犹太人。虽说这些人不乏喜剧色彩，但始终是些可悲的典型。由于他们得到深刻的理解和如此细腻的表现，大家便能乐此不疲地欣赏。

肖邦善于从自己身上掏出一些高尚的、迷人的或者怪异的东西，所有这些东西使他成为一个精英圈子的灵魂。人们毫不夸张地竞相与他结交。他的高尚性格、无私、大胆，当然还有他的自尊——所有低俗虚荣和放肆吹捧的冤家对头，以及他为人的可靠、接人待物的体贴周到，都使他成为一个既严肃又讨人喜欢的朋友。

肖邦是在公主王妃的膝头上长大成人的，把他从如此浓烈的宠爱中拉出来，让他过一种简朴的、单调的、不断用功的生活，无异于剥夺了他赖以为生的东西。确实，他原来的生活是一种并不自然的生活，因为，就像一个涂脂抹粉的女人，晚上回到家，要把他的激情与能力放下来，以免把夜晚交给兴奋与失眠。但是他原来的生活也是比退隐生活，比亲密关系局限于一个家庭一个单一圈子的生活更简易更活跃的生活。在巴黎，他一天要去好几户人家串门，或者他至少每天选一户人家去做客。这样一来，他就有二三十户人家可以轮流上门，用自己的亲临让主家陶醉或者着迷。

肖邦并不是专为其爱情而生的；他只是为他所要求的爱情而生；形形色色的美，形形色色的风雅，形形色色的微笑都能触动他的灵魂，使之以难以置信的轻易与主动沉湎其中。但反过来，一句笨拙话，一个暧昧的笑容也极易让他失望、醒悟。他在一个喜庆日晚会上缠绵上三个女子，末了独自离去，让三个女人都以为他独独迷上了自己，其实他一个也没放在心里。

在友情方面也一样，一见之下他兴奋，接下来感到厌恶、清醒，回复如初，如是者不断；他以对心仪对象充满魅力，但是让最亲爱的人暗生不满的迷恋为生。

肖邦亲口给我讲述的一件事表明，他并不依据要求别人给自己多少爱来给予别人多少爱。

肖邦曾酷恋一位著名大师的孙女。他打算向她求婚。但那段时间他在波兰也爱着一个女人，也想与之结婚。这事与他的诚实无关。他的灵魂在两份爱情之间游移。年轻的巴黎女子很欢迎他，一切顺利，然而有一天他与另一个音乐家去那女子家，那人当时在巴黎比他名气大，那女子竟然先请那人而不是肖邦就座。于是肖邦与她一刀两断，再不相见，并且马上将她遗忘。

这并不是因为肖邦的灵魂虚弱或者冷漠。其实事情远非如此。他的灵魂热烈而忠诚，但绝不会排他性地持续不断地爱上某个女人或另一个女人。他是轮流地交替地沉湎于对五六个女人的爱情。这些情感在他内心交锋，其中一种依次战胜其余各种，独占上风。

肖邦这个艺术家的极端典型，肯定不是为久活于此世而生的。他在此世被一个理想之梦，任何哲学的或仁慈的宽容都不反对用于此世的理想之梦吞噬。他从不愿意违背人的天性。他不接受任何现实的恩赐。这既是他的恶习也是他的美德，既是他的伟大也是他的卑小。对最小的污点他也毫不留情，对最微弱的光明他却满怀热情。只要能从中见到太阳，他兴奋的想象力不惜付出任何代价。

因此，做他喜爱的对象既甜蜜又无情，因为你给他些微光亮他会加倍回报，只要滑过一丝阴影他马上翻脸不认人。

有人断言，我在一部长篇小说里描写了肖邦的性格，对他做了非常精准的分析。此人弄错了，因为他以为从中认出了肖邦的某些性格特征。连李斯特本人也以这种过于简单以至于不大可靠的方法，在一部文体略显华瞻，但充满很感人的材料和很漂亮的篇页的《肖邦传》里真心诚意地弄错了。

我在《卡洛尔王子》里勾勒了一个天性果敢、用情很专、要求也专横的男人性格。

肖邦不是那样。天性不会描绘得像艺术，不管艺术变得如何注重现实。天性有点心血来潮，有些不合逻辑，可能并不实在，而是十分神秘。艺术之所以纠正不合逻辑，仅仅是因为它本身过于有限，没法表现它们。

这些明显的不合逻辑自有其特别逻辑，也只有天主才允许自己创造它们。肖邦就是这些不合逻辑的一个概括。他在原则上是低调的，在习惯上是温和的，在本能上是专横的，充满一种合情合理的本身并不为人所知的自尊。由此产生了他推想不出缘由，也并不固定在一个确定对象上的痛苦。

再说卡洛尔王子不是艺术家。这是个梦想家，除此之外什么家也不是，因为他没有天才，也就没有天才的权利。因此这是个比较真实的却不很讨人喜欢的人物。他是那样缺乏大艺术家的气质，以至于肖邦这个如此多疑的人每天在我的案头上阅读手稿，却从未有过丝毫怀疑写的是自己！

乔治·桑与李斯特（乔治·桑画）

不过后来据说出于作对，肖邦把自己想象成卡洛尔王子。一些冤家对头（他身边有些自称是他朋友的人与我为敌，好像刺激一颗痛苦的心不算谋杀），一些敌人让他相信，那部长篇小说刻画的就是他的性格。大概在那时刻他的记忆力衰弱了：他忘了重读的正是原来那部手稿！

那个故事与我们的故事大相径庭！甚至完全相反。我们之间并无那样的陶醉，也无那样的痛苦。我们的故事绝无写作长篇小说的材料，因为本质过于简单过于严肃，以至于从无机会就两人中的某人发生争吵。我接受肖邦的全部生活，同意他在我的生活之外继续他原有的生活。由于我并不能影响他的兴趣爱好，和他艺术外的想法，他的政治原则，对实际事物的评价，我对他的为人也就无法做出任何改变。我尊重他的个性，一如尊重德拉克卢瓦和其他走上不同道路的朋友的个性。

从另一方面说，肖邦在他的生活中破例给了我一份让我可以说引以为荣的友情。他对我始终如一。他对我大概从无幻想，既然他从未减少对我的尊重。我们能够长期和睦相处，原因正在于此。

肖邦对我的学习、研究进而对我的信仰一窍不通，又禁锢在天主教的教条里，他谈论我，就像阿莉西亚大妈在生命的末日所说："罢！罢！我很肯定，她爱的是天主！"

因此我们只有一次，唉！既是第一次也是最后一次说过对方的不是，除此之外，彼此间再未相互指责。一种如此高贵的情爱应该轰然碎裂，而不应在可鄙的争斗里消磨耗损。

虽然肖邦对我就是忠诚、殷勤、体贴、关心和尊重的化身，但对我周围的人，他却没有放弃粗暴的性格。对于他们，他一时慷慨一时怪僻，心态放任自流，变化无常，以至于总是由相互迷恋发展到相互憎恨。他的内心生命并未显露什么，也从不曾显露什么，虽然他的艺术杰作是他内心生命神秘而模糊的表达，但他的嘴唇却从未透露过内心的痛苦。至少在七年时间里他是这样守口如瓶的，只有我才能猜到并减轻他的痛苦，推迟其爆发。

为什么在第八年之前外部的种种事件没有让我们分开？！

我的爱恋没能创造这个奇迹：使他稍安勿躁，稍稍快乐，因为天主曾答应让他开心，同时也让他稍许保留健康。然而他的身体显然是每况愈下。我不知道还有什么药石能够阻止他日益加重的神经过敏。他的朋友玛图钦斯基大夫和随后他父亲的去世给他两次严重打击。天主教的教条给死亡撒下一些残酷的恐怖。肖邦没有为这些纯洁的灵魂梦见一个美好的世界，而是生出一些吓人的幻觉，我也不得不在他隔壁一个房间睡了很多夜，随时准备放下手头工作，去为他驱赶睡梦中或失眠时的鬼魂。他冒出了自己将死的念头，后面跟着斯拉夫诗歌中的种种迷信想象。作为波兰人，他生活在传说的噩梦里。幽灵鬼魂召唤他、纠缠他，然而，他并未见到他父亲和朋友在信仰的光亮里朝他微笑，他把他们无肉的面孔从自己脸边推开，并在他们冰冷的搂抱中挣扎。

诺昂变成了让肖邦反感的地方。春天重回那里还让他兴奋了一阵。但等他开始工作，周围的一切便变得黯淡起来。他的作品是自生的、神奇的。他并未寻找，也未预先做准备，就找到他的作品。他的作品忽然一下就来到他的钢琴上，完整、卓越，或者散步途中就在他头脑里唱出来，他马上把它搬到乐器上弹奏，让自己听见。这时就开始了我所见过的最为辛劳的耕耘。这是一个贯串努力、犹豫、焦躁，以重新抓住他听到的主旋律某些细节的过程：他构思一部作品的每个部分，把它反复分析，想把它写下来，但他总觉得没有清晰地再现这部作品，这种遗憾使他陷入某种失望。他把自己整天关在房间里，哭泣、踱步，折断羽毛笔，上百次地重复和改变节拍，写下来的次数与擦掉的次数一样多，第二天又重新开始，还是那样精益求精，那样拼命。他在一页曲谱上花了六个星期，最后还是回到灵感乍现的初稿。

我曾长期能够让肖邦同意对灵感乍现的初稿生出信心。但是当他准备更加相信我时，又怪我惯坏了他，使他要求自己不够严格。我试着让他散散心，带他到外面走走。有时把小孩都带上，租辆乡间大车，去外面旅行。肖邦虽然不愿意，我也把他从这种极度苦闷中拉出来，把他带到克勒兹河边，在泥泞的道路行驶两三天，栉风沐雨晒太阳，虽然饥肠辘辘，还是开开心心地到达某个风景胜地。在那里，肖邦仿佛复活了。头一天路途的劳顿让他筋疲力尽，但是他睡得香了！最后一天，他精神抖擞，青春焕发，回到诺昂，不费多大力气，就找到了解决作品问题的办法。但我也并非总有办法让他下决心离开那架给他烦恼多过快乐的钢琴。当我打扰他时，他渐渐表露出不快，我也就不敢再坚持。肖邦生气的时候很吓人，但由于对我总是隐忍不发，他那样子就像快窒息了，要死了。

表面看来，我的日子总是过得积极活跃，欢欢喜喜，其实比任何时候都痛苦。我虽然为自己放弃了幸福，可是不能让别人享受幸福，我还是感到失望：因为有好几件事让我深深地发愁，我打点起全部精力来加以应对。肖邦的友谊绝不是我忧愁中的避难所。他自己的痛苦就够他忍受了，再加上我的痛苦，会把他压垮的。尤其是他只隐隐察觉我有烦愁，却根本不明白是为什么。他评价任何事情观点都与我大相径庭。我真正的力量来自我儿子。他到了与我同甘共苦、分愁解忧的年龄，用灵魂的平等、早熟的理智与不变的快乐来予我以支持。我和他虽然并非在所有事情上都看法一致，但我们在身体方面很相似，在很多方面有共同的爱好和需要。再说，我与他有着如此紧密的血缘关系，就是有不一致的地方，也存续不过一天，只要面对面解释几句就行了。即使我们没有住同一座思想与情感的大院，但至少我们的隔墙上有一道大门是永远开着的，就是深厚的亲情与绝对的信任之门。

肖邦最近一次发病之后，精神极度萎靡，本来一直深深爱着他的莫里斯，却在一件微不足道的小事上，出人意料地被他伤害了。过了一阵他们拥抱和好，但是平静的湖水里已经落下了沙粒。接着石子就一粒接一粒落下来了。肖邦常常无端生气，有时别人一片好心也招来他的怒火。我发现肖邦的病情加重了，并且对着我的其他儿女来了。（肖邦对索朗日比较偏爱，理由是只有索朗日不宠他惯他，因此很少对她动气。对奥古斯蒂娜经常发火，而且带着吓人的牢骚。对朗贝尔也一样，朗贝尔从来猜不出是什么原因。）我们几个就数奥古斯蒂娜最娴静，最不会伤害人，被他无端发怒，很不快活。原来肖邦对奥古斯蒂娜多么和善呀！开始这一切大家都忍受了，但是，有一天，莫里斯终于听烦了他夹枪带棒的讽刺，打算离场出局，不再玩了。不能也不应该出现这种局面。可是我合理合法又不可缺少的介入，肖邦竟然无法接受，他垂着头，吐出一句话，说我不爱他了。

八年来母亲一般的关爱，换来的竟是这样一句话，多让人寒心！可是可怜的心虽然受伤，却还没意识到他已经走火入魔。我以为远离几个月，静心想一想，会疗好这处伤口，恢复温良的友情，公正的回忆。可是二月革命来到了，对这个不会屈服于社会形式某种震动的才子来说，巴黎一时成了可憎之地。尽管回波兰的道路畅通无阻，尽管在那里肯定有人忍受他，他却宁愿远离亲爱的家人，在异国饱受十年思乡之苦，也不愿看到被改变得面目全非的故乡。但是正如他从前逃离专制，现在他逃离自由！

1848年3月我有一刻与他重逢。我握着他冰凉颤抖的手。我想跟他说话。他抽出手走了。轮到我来说他不再爱我了。可我赦免了他这份痛苦，一切听天由命，让未来做裁决。

我不会再见他。有些居心不良的人插在我们中间。当然也有好人，但他们不知该做什么。有些不想揽事的人巴不得远离情感纠纷。古德曼[1]不在巴黎。

有人告诉我，肖邦至死一直像子女一样爱我，呼唤我，后悔离开我。人们认为应该把这点瞒着我，一直瞒到他死。人们也认为应该把我准备朝他跑来的消息瞒着他。如果重见我的激动会让他短寿，哪怕只让他早死一天或者一个钟头，这么做就对了。我并不是那种认为今世之情今世了的人。今世之情没准

〔1〕古德曼（1819—1882），德国钢琴家，肖邦的弟子。

只会在今世又开始。何况它们肯定在今世了不了。这种人世生活是一块帷幔，在某些人身上，痛苦与疾病使之变得更加厚重，它只间或为身体组织比较壮实的人掀开，而死亡则为所有人将其撕开。

我生活的一个重要内容，就是看护病人这个使命。发烧的病人激动兴奋也好，疲惫消沉也好，我都得接受，不过于惊愕，尤其是不发怨言。我在病人床头学会了尊重他们真正健康自主的意志，原谅他们在劫难逃的烦乱与狂躁。

熬夜看护，担惊受怕，悉心照料，干了一年又一年，我得到的酬报，就是经年累月的温情，信任与感谢，一时的不公或者错乱是没法在天主面前将其一笔勾销的。天主没有惩罚，甚至没有发现这一时之糊涂。我也不愿再提起那一时的痛苦。我不是以坚忍的冷硬，而是以痛苦和热情的眼泪，在私下的祈祷中忍受那份痛苦的。这是因为我对在生或在死中离去的人说："愿天主保佑你们！"是因为我希望临终时在那些对我闭眼的人心里找到同样的祝福。

译后记

乔治·桑(1804–1876)，本名吕茜·奥洛尔·杜潘，法国19世纪著名女作家，浪漫主义文学和女权主义先驱，一生创作了包括长中短篇小说、剧本、文艺批评等体裁在内的一百多卷文学作品，和大量书简政论作品，其中在中国翻译出版并且有较大影响的有《安蒂亚娜》（一译《印典娜》）、《木工小史》《康素艾萝》《魔沼》《小法岱特》等。除了不凡的文学创作，她还是法国文坛比较活跃的交际人物，一生交有许多政坛文坛艺术界朋友，其中著名的有卡莱尔、德拉图什、缪塞、司汤达、巴尔扎克、福楼拜、屠格涅夫、肖邦、德拉克卢瓦等。她家的餐厅客厅，经常高朋满座，可说是当时文坛艺坛的一个重要活动中心。

《我的生活故事》是乔治·桑花费八年时间（1847—1855）创作的一部自传性文学作品，主要写她家族的故事以及她自己从1804年到1847年的前半生经历。全稿从1854年起在报纸连载，1855年结集出版，共分五部分。第一部分《从丰特诺瓦到马伦哥，一个家庭的故事》，主要写吕茜·奥洛尔·杜潘的家庭故事。她父亲的外祖父是波兰国王的后人，法国大名鼎鼎的德·萨克森元帅，于1745年曾指挥军队夺得丰特诺瓦大捷。乔治·桑的父亲是法国第一帝国的军官，曾任法国元帅缪拉亲王的副官，跟随拿破仑·波拿巴特参加马伦哥战役。第二部分《我生命的头几年》（1800—1811），讲述吕茜·奥洛尔·杜潘父母的婚恋以及她自己的童年故事。第三部分《从童年到少年》（1810—1819）写吕茜·奥洛尔·杜潘的母亲与祖母争夺她的抚养权的斗争，写她夹在祖母与母亲之间做人的难处。第四部分《从神秘主义到独立》（1819—1832）讲述祖母的患病及逝世给吕茜·奥洛尔·杜潘带来的哀伤悲痛。巨额遗产使年方十七的她获得极大的自由。但是哀恸、绝望、与母亲的冲突使吕茜·奥洛尔·杜潘生出自杀的动机，是数周的乡下居留与婚恋生活挽救了她。最后一部分《文学与私密生活》，讲述乔治·桑这个笔名的由来，讲述多部作品的写作缘起与出版经过，讲述她在写作过程的精神体验与社会交往。随着名气加大，阅历渐深，她在作品里也表达了对社会前途、宗教作用、妇女条件等问题的关注与质疑。

乔治·桑从小是在父母亲讲述的故事中长大的，很小就表现出编创故事的非凡能力。这个能力在《我的生活故事》里得到了延续与发扬。一些家庭生活场景被表述得既真实又生动，一些生活小事更是讲述得有条有理，要而不繁。乔治·桑的祖母杜潘女士是个很有学养的知识女性，在思想观念与精神追求上也不落后于时代，在乔治·桑幼年就对她灌输了一些自由平等博爱的观念，因此乔治·桑这部作品里也体现了浓浓的人文情操，表现了对阶级差别、社会不公的憎恶与深刻批评，以及对个人自由的向往。由于父亲的身份与地位，乔治·桑从自己的耳闻目睹中经历过法国革命与帝国期间的一些重大历史事件，见识过法国一些历史人物，她在这方面的讲述，给历史留下了一些珍贵资料。因此有人称《我的生活故事》是一部表现法国革命前后社会变化的风俗大画，是记载了鲜活史料的历史文献。

在写作风格上，乔治·桑基本是依照年代顺序，朴实无华地进行述事。虽然文中议论较多，但因思想深刻、观点新鲜、见解不俗，倒也并不败坏读者胃口。但在全书结构上，法国文学批评家阿尔芒·德·彭玛丹的名言"我的生活故事……始于我出生之前"对她影响很大。因此她在讲述自己的童年故事之前，用了大量篇幅来讲述父母双方家庭的故事。她外祖这边的家境一般，做些简略交代也就过去了，但是她祖父，就是卢梭《忏悔录》里提到的弗兰柯依，是法国的包税人，有名的富豪，祖母家更是阀阅世家，皇亲国戚，在法国历史上很有影响的大贵族，多花些笔墨也并不为过。问题是，在19世纪上半叶，也就是作者开始写作本书的年代，法国文坛盛行书简文学。从18世纪的卢梭开始，夏多布里昂、司汤达、缪塞等人都喜欢直接用书简创作，或者在作品中大量插引书简。法国文学史的名著《危险的关系》就是一部长篇书简作品。乔治·桑深受这股潮流影响，在讲述家庭生活故事时，也引用了大量的家庭通信文字。这种方法在当时很是时髦，在今日的读者看来，却是一种过气的方法。当然作品中的书信是原汁原味的素材，可以直接见证事实，感受写信人当时的思想心理感情情绪，但是插引多了，难免使人感到冗繁、单调、枯燥。在本书的翻译过程中译者对书信尽量作了精选，但为了保持上下文的连贯畅通，有些书信不得不译，而有些书信则是重大的历史见证材料，如乔治·桑的父亲讲述自己参加马伦哥战役经历的文字，更是必须保留。这点需要向读者做出说明。

《我的生活故事》有十大卷之巨（甚至有不同版本将之分为二十卷），译成中文恐不下一百五十万字。时下的市场状况与读者的阅读条件和趣味也许都不允许将全书完整译出出版。在有限的篇幅之中，如何选取精粹部分翻译，这是个值得研究的问题。考虑到乔治·桑的主要文学作品在我国已有翻译出版，研究她的文学创作的专著编著也有若干面世，这方面的内容似可暂时搁置。另外，讲述其情爱关系的作品，不论译作专著，坊间亦可找到，比如法国传记大家莫洛亚的《乔治·桑传》，就曾由浙江文艺出版社出版，译者为朗维忠教授与敝人。因此这方面的内容也可暂时割舍。译者将选译重点放在乔治·桑的家庭生活与童年、青少年生活方面。一则是乔治·桑在这方面花的力气更大（八九百页的篇幅，这方面的内容占了近六百页），讲述得更细，二则亲情内容本就有亲和力，亲近感人，容易唤起译者和读者在精神感情上的共鸣。选译内容定下来以后，译本基本保持了原作的五部分格局与顺序，但是个别章节根据内容有上下相邻的移动。为了更加贴合与突出内容，五部分标题亦由译者另外拟定，这点亦需说明。

在翻译过程中，作者的精彩叙述常常令译者拍桌叫好。尤其是作品中有意无意表露的贯穿于传主祖孙三代的一种精神，让译者常常抚键沉思，感动不已，感慨系之。这种精神在杜潘太太身上，表现为在思想文化上追求进步，走在同代人，尤其是本阶级的同代人前面。这个大贵族出身的老太太，不仅不为阶级偏见与既得利益所囿，竟然与提出资产阶级革命指导思想与理论基础的伏尔泰、卢梭等启蒙思想家为友，接受他们的学说与思想，信奉自由平等博爱等观念，并且在女性自强自立男女平等方面，早早就形成了自己的独立思想，而且多才多艺，书信写得文采斐然、生动感人，儿子称她的书信比起法国书简文学大家德·塞维涅夫人也不遑多让，在音乐方面更是修养精深，堪称一时无两的专家。这种精神在杜潘太太的儿子、乔治·桑的父亲莫里斯身上，则表现为强烈的进取精神与毫不含糊的责任意识。这个贵族子弟渴望“马上立功”，而不愿在平庸社会厮混，当祖国处在危难之时，他抛弃个人恩怨，毅然应征入伍，希望上阵杀敌，报效祖国；在有的同辈在司令总部、后方宫廷四处钻营、卖身投靠时，刚直不阿的他放着皇帝与亲王身边的副官不做，主动申请上前线，要凭着勇敢来获取功名。他鄙视那些蝇营狗苟的小人，想的是不负民族厚望，不辱先人名声。这种精神在孙女身上，则表现为不畏偏见，不惧谗言，不与时代的垃圾同流合污，勇敢地追求个人幸福与自由。我以为，这种精神也许就是一种贵族精神。在当下语境里，贵族精神常常被理解为注重文化修养、珍惜荣誉、讲究礼貌、尊重别人，但是我想，追求进步、热爱自由、张扬个性、勇于担当，更是贵族精神的题中应有之义。

在翻译本书期间，译者特意实地探访了法国诺昂的乔治·桑故居。那是一座带有花园的简朴楼房，当地人称之为“城堡”。但是在我看来，那座房子与花园除了规模稍大，形状与当地农居也差不多，既无碉楼，也无雉堞，更无宽厚的围墙。进到里面，包括当年比较贵重的铸铁灶具与铜锅铜盆等厨具，一应家具摆设与我们后来参观的画家莫奈的故居差不多。但是有几个房间给我留下了很深的印象。这就是藏书丰富的图书室，带有全套卧具的书房，以及专门辟出供孩子们练琴排戏之用的琴房和木偶剧房、小剧场。我想，浓厚的阅读氛围、优质的全面教育、有的放矢的艺术培养，这也许是乔治·桑们的成材条件，但是旧制度下通过疆场洒血马上封侯来求富求贵的路子行不通了，新朝代精英们求知习艺、争取在精神与文艺领域领先，走的是否另一种求尊得贵的路径呢？

译者

2017年6月

鸣谢

Le traducteur,ayant béné ficié,pour cet ouvrage,du soutien du Centre national du livre,exprime ici ses remerciments à cet organisme.

译者得到法国国家图书中心（CNL）的支持与资助，在法国居留将近三月，实地探访，查阅资料，从而顺利完成本书的翻译任务。在此谨表示深深的谢意！

Bien acueilli et aidé,pendant son séjour en France, par le docteur Qiu Xiuxian et son épouse Xu Jinying,par le Musée George Sand et la bibliothèque nationale de la république française,le traducteur exprime aussi ses reconnaissances à ces camarades et à ces organismes.

在法国居留期间，得到老同学邱秀贤博士与夫人徐进英的热情接待与帮助，得到法国乔治·桑博物馆、巴黎法国国家图书馆的支持帮助，在此亦表示深深的谢意！

慢读译丛

格拉斯米尔日记

〔英〕多萝西·华兹华斯著　倪庆饩译

山海经

〔法〕儒勒·米什莱著　李玉民译

炉边情话

〔日〕幸田露伴著　陈德文译

那一张张鲜活的面孔

〔俄〕吉皮乌斯著　郑体武译

如果种子不死

〔法〕纪德著　罗国林译

品格论

〔法〕拉布吕耶尔著　梁守锵译

林荫幽径

〔俄〕蒲宁著　戴骢译

造园的人

〔日〕室生犀星著　周祥仑译

暖梦

〔日〕夏目漱石著　陈德文译

书籍的世界

〔德〕赫尔曼·黑塞著　马剑译

密西西比

〔美〕威廉·福克纳著　李文俊译

水滴的音乐

〔英〕阿尔多斯·赫胥黎著　倪庆饩译

存在的瞬间

〔英〕弗吉尼亚·伍尔芙著　刘春芳　倪爱霞 译

阿尔谢尼耶夫的青春年华

〔俄罗斯〕伊凡·蒲宁著　戴骢译

霜夜

〔日〕芥川龙之介著　陈德文译

闲人遐想录

〔英〕杰罗姆·克·杰罗姆著　沙铭瑶译

凯尔特薄暮

〔爱尔兰〕威廉·巴特勒·叶芝著　许健译

晴日木屐

〔日〕永井荷风著　陈德文译

我的生活故事

〔法〕乔治·桑著　管筱明译